U0632394

兵以诈立

我读《孙子》

增订典藏本

李零 著

中华书局

图书在版编目(CIP)数据

兵以诈立:我读《孙子》:增订典藏本/李零著. —北京:中华书局,2012.1(2024.6 重印)
ISBN 978-7-101-08322-4

Ⅰ.兵…　Ⅱ.李…　Ⅲ.兵法-中国-春秋时代-通俗读物
Ⅳ.E892.25-49

中国版本图书馆 CIP 数据核字(2011)第 227872 号

书　　名	兵以诈立——我读《孙子》(增订典藏本)
著　　者	李　零
责任编辑	樊玉兰　徐卫东
责任印制	陈丽娜
出版发行	中华书局 (北京市丰台区太平桥西里 38 号　100073) http://www.zhbc.com.cn E-mail:zhbc@zhbc.com.cn
印　　刷	河北新华第一印刷有限责任公司
版　　次	2012 年 1 月第 1 版 2024 年 6 月第 15 次印刷
规　　格	开本/700×1000 毫米　1/16 印张 26¼　字数 330 千字
印　　数	51001-54000 册
国际书号	ISBN 978-7-101-08322-4
定　　价	132.00 元

目　录

自　序

一

西谚云，战争是死亡的筵席(War is death feast)。
还有什么动物，比人更残忍，饥餐渴饮，自相残杀，
至今想不出办法，可以制止它。
以暴易暴，怨怨相报何时了？
可是，我们还要活下去——别被我们的同类吃掉。
兵法是生存哲学，我这么想。

葛兆光说，李零有兵法，时常拿我打镲。
他请我到清华演讲，特意向学生这么讲。
司马迁说，孙膑、吴起不会保护自己，
就像商鞅和韩非，作法自毙，下场很惨。
中国，玩兵法于生活者太多，我是虽讲而不会用。

《孙子》是一部兵书。
但《孙子》不仅是一部兵书，还是一部讲中国智慧的书。

智慧是个中性词汇，可以做各种解释，
学以致用不是学以致庸。

如果我们把它当作一部生意经，或传授阴谋诡计的书，那就错了。

有人说，华人最滑。

其实，聪明过头，就是傻。

谭嗣同说，“众生绝顶聪明处，只在虚无飘渺间”（七律《题江标修书图》）。

最近，“尊孔读经”又成热门话题。

这对中国的形象是帮倒忙。

我的看法，中国的经典，不是没人读（五四以来，一直有人读），而是经典的概念发生变化，读法和以前不一样，用不着哭天抹泪，说不读经典，就天塌地陷、亡国灭种，更不必瞎扯，人家的文明走进死胡同，非得求咱们拉一把，看在孔子的面上。

五四以来，孔子走下圣坛，重归诸子，提高了诸子的地位，五经也各得其所。

这是好事。

如《诗经》，现在多放在文学专业，和集部的书搁在一块儿讲；《尚书》、《左传》，也放在历史专业，和史部的书搁在一块儿讲；《易经》、《论语》和《孟子》，则放在哲学专业，和《老子》、《庄子》搁在一块儿讲。三礼，王文锦先生讲课，是在我们的考古系。

经典，当一般古书读，本来就五味杂陈，是个大杂烩。近代，大卸八块，解构重组，这很正常。不是不读，而是换个方法读。

另外，打利玛窦来中国，400 多年了，咱们的书，不光中国人读，外国人也读，比如国外的书店，汉籍之中，译本最多，要数《老子》、《周易》和《孙子》。《论语》是咱们的看家宝，翻译最早，但广大外国老百姓，读者寥寥，反而排在这三本书的后面。

道理何在，值得思考。

近代，有个毫无道理的说法，一直有人讲：

西洋科技好，中国道德高。

中国的道德，哪点比人高？
现在的道德，更是糟之又糟。
贪官豪夺，奸商巧取，
老百姓也无心学好（光靠勤劳，只能当“杨白劳”），
良心都揣在了裤裆里。

当年，西方初遇中国，他们对我们的看法，和我们的感受不一样。比如黑格尔讲中国哲学，第一是《论语》，第二是《周易》，第三是《老子》。三段论，排在前头的，最低级；排在后面的，反而高级。他最看不上《论语》，说这本书，一点哲学味道都没有，读过原书，只有一个印象，就是为孔子的名誉着想，要是他的书从来没人翻译，就更好了[①]。

西化后的中国，我们有了“哲学”概念，当然是西方的哲学概念。

1930—1934年，冯友兰写《中国哲学史》，一上来，先讲取材标准，什么是哲学[②]。日人高濑武次《支那哲学史》为兵书作提要，特别推重《孙子》，冯先生以为大谬。他说，兵家著述是哲学以外的东西，本书不能收，书中没有《孙子》。1962年，他写《中国哲学史新编》，才把《孙子》收进来[③]。

兵法里面有哲学吗？

北魏，魏太祖不懂中国书，他问李先：“天下何书最善，可以益人神智？”李先说：“唯有经书。三皇五帝治化之典，可以补王者神智。”（《魏书·李先传》）。这是尊孔读经风气下的传统说法。

然而，1984年，李泽厚先生写了篇文章，叫《孙老韩合说》[④]。他说，从孙子到老子到韩非子，“由兵家到道家到法家再到道法家，是一根很有意思

① 北京大学哲学系外国哲学史教研室译《哲学史讲演录》，北京：三联书店，1956年，第一卷，119—120页。

② 冯友兰《中国哲学史》，北京：中华书局，1961年，上册，25—27页。

③ 冯友兰《中国哲学史新编》，北京：人民出版社，1962年，197—201页。

④ 李泽厚《孙老韩合说》，收入所著《中国古代思想史论》，北京：人民出版社，1985年，77—105页。

的思想线索”，中国思想，从《孙子》的军事辩证法发展为《老子》的哲学思想，从《老子》的哲学思想发展为《韩非子》的帝王术，最后到《韩非子》，才“益人神智”，一字一句，“多么犀利、冷静和‘清醒’，然而又都是不可辩驳的事实”。汉以来的儒家，外面是儒术，里面是这类东西，《易传》代表的儒家世界观是继老，汉儒的统治术是承韩。

在他看来，中国智慧是孙子的遗产。近来，何炳棣先生再申此说[①]，也强调了《孙子》的重要性。

李先生说，《老子》受《孙子》影响，《易传》受《老子》影响，只是假说，未必被普遍接受，也很难被证明，但在以往的研究中，这是最高屋建瓴、洞察隐微，启发我们做深入思考的卓见，难怪屡被引用。

今天，读经典，有两本书不能没有，一本是《孙子》，上面说了，最有智慧，百代谈兵之祖；一本是《老子》，教我们放下“人”的架子，别跟人逞能，要谈宇宙人生，老子天下第一。

这两本书很短，都在五六千字左右，连读带讲，一学期，正好。还有一本，也很短，是儒经中的《周易》，但《易经》本身，离开《易传》，也就没意思，加上《易传》，字数也不少。数术无经典，《易传》很重要，研究中国的自然哲学，它是必读书。《论语》，我也很重视，没有理由不重视，但不是学哲学，也不是学道德（我有《论语》讲义，另外讨论）。这书的篇幅大了点。上面三本书，《孙子》、《老子》和《周易》，全都加起来，才顶得上一部《论语》。其他子书，多是皇皇巨著，不选没法讲。

《孙子》不是经典，什么是经典？

二

说起讲授《孙子》，我想向读者做点介绍，介绍一下我自己的讲课经验。

我是 1985 年从中国社会科学院调入北京大学，早先没有讲课的经验，头一回在北大讲课，就是讲《孙子》。北大，我是外来户。古文献，我是外行

① 何炳棣《中国思想史上一项基本性的翻案：〈老子〉辩证思维源于〈孙子兵法〉的论证》，收入所著《有关〈孙子〉、〈老子〉的三篇考证》，台北：中央研究院近代史研究所，2002 年，1—35 页。

(原来是学商周考古和古文字)。人太嫩,名太小,地位一点没有。

1986年,备课一年,我开始试讲,讲授对象是古文献专业的研究生,人很少,大概只有十人左右。当时,出于对北大的敬畏,我想学术一点。我给他们讲银雀山汉简,讲《孙子》中的疑难点,但效果不理想。

第二堂课,课堂里只剩两个学生。一个是中文系的学生,叫韩振宇,后来在某家报社当记者。他来,是代表其他学生跟我宣布他们的决定。韩说,同学们反映,您的课太深,听不懂,他们不打算再来听课,委托我跟您讲一声,我们都很忙,以后就不来了。

这是我头一回上课,头一回就给我来了个下马威。

我能说什么呢?人家不爱听,总不能拉着别人听。

走就走吧。

还有一个学生,叫魏立德(François Wildt),岁数跟我差不多,法国来的,留在教室里,不肯走。他说,老师,他们不听,我想听。我说,就俩人,还占这么大个教室,太没意思了。你要听,就到家里来吧。

那阵儿,我还住人大林园六楼我父母家里。没房,学校不分,我也不要。除了上课,不去学校。现在正好,彻底不去了。每次上课,魏立德都很守时,总是提前一点到,不到正点不上楼。我从窗子往外瞧,他在树下抽烟。

后来,他成了专家,真正的专家。他翻译过《三十六计》,在法国卖得很好。在我认识的西方学者中,他最懂法国理论,也最通中国兵法。特别是他讲奇正的文章,是理解最深刻的一篇(参看本书第七讲)。

1989年以前,学生经常不听课,在宿舍睡大觉,想来就来,想走就走,课堂里稀稀拉拉。他们还喝酒,我带的那个班,他们就拉我到宿舍喝酒。后来,发生了"柴庆丰事件",学校规定,酒不能喝了。但毕业是例外。为了庆祝,他们照例要和老师撮一顿。我记得,有一个班,他们拿啤酒一杯一杯灌我,碰杯时,总是说,谢谢您教我们兵法。我头有点重,但不及于乱,回家还能骑自行车,天不旋,地不转。

我觉得,他们只是客气。

这是往事,走麦城的事。

卖个破绽给你听。

凡是上我的课,我的态度一贯是,爱听就听,不爱听就不听,人来人去两由之。

有个学期,我做过试验,把《孙子》课扩讲,不光讲《孙子》,还讲其他兵书,学生不多。

那学期,有两个外国学生听课,一个是美国人,叫郭锦(Laura A. Skosey);一个是加拿大人,叫江忆恩(Alastair I.Johnson)。郭锦曾带安乐哲(Roger Ames)教授到我家谈话,看我和魏立德一起用英文翻译《孙子兵法》的讨论稿。后来,他做了一个新的《孙子兵法》译本,参考银雀山汉简的译本。在申谢中,他说他曾受益于我。江忆恩,后来在哈佛大学教书,我在美国,跟他通过电话。1995 年,他写过一本讲明代战略文化的书。他说,西方人一直有个印象,中国传统,重视战略防御,崇尚有限战争,低估"纯暴力",其实,它还有另一面。我的印象是,中国传统,确实不够凶蛮,但也不是"和平鸽"。

再往后,现在在康奈尔大学执教的罗斌(Robin McNeal)也听我的课,他在美国也讲兵书。

中国学生,我只辅导过顾青,研究《尉缭子》;还有张大超和田天,研究《六韬》。日本来的石井真美子,写过不少研究《孙子》的文章,最近也来听我的课。

1989 年、1990 年和 1992 年,我参加过三次《孙子兵法》研究会举办的国际研讨会。这最初的三届,我都参加了。在会上,我认识了不少军队学者,如军事科学院的吴如嵩、于汝波、黄朴民、刘庆等先生。地方学者,如河南省社会科学院的杨炳安先生,北京的穆志超先生,齐鲁书社的李兴斌先生等,也是在会上认识的。还有吴九龙先生,以前就认识。军事科学院组织的《孙子兵法》研究会,要我担任理事,但我尸位素餐,以后的会议,全都没参加。

我喜欢业余身份。除极个别有东西可看、有消息可听的会,我已不参加。

陆达节以后，许宝林、杨炳安、穆志超、于汝波先生，他们对文献著录的考证，对后学贡献较大，可惜不在了。

国外，对兵书感兴趣，有几位学者，我比较熟悉，如叶山（Robin D.S. Yates）教授和石施道（Krzystor Gawlikowski）教授。他们都是李约瑟《中国科学技术史》第五卷第六分册（讲军事技术）的作者。这本书的作者有三位，还有一位，我不认识。鲁威仪（Mark Edward Lewis）教授的书，《早期中国的合法暴力》，也很有意思。我从这些学者，学到很多东西。特别是叶山教授的书，我在这部讲义的第五讲引用了他的成果。

二十年过去，我讲过多少回《孙子》，已经记不清了。

随着时间的推移，我的感觉一天一天好起来。

一是手中有书，心里不慌。我出了两本书：《〈孙子〉古本研究》（北京：北京大学出版社，1995 年）和《吴孙子发微》（北京：中华书局，1997 年）。这两本书，对有关研究做了全面清理，基础是有了。最近，中华书局把这两本书合在一起，稍加修订，取名为《〈孙子〉十三篇综合研究》（北京：中华书局，2006 年），进行再版，是本书的研究基础和辅助读物。

二是对时间的掌握，对语速的控制，比以前好一点。《孙子》只有五六千字，一堂课只有四五百字，稍微发挥一下，时间就满了。不能讲太多，也不能讲太少。有书，用不着满黑板抄。

三是我爱离开书本，东拉西扯。故事会，学生喜欢。北大老师，有经验之谈，千万不能编教材，教材出版之时就是课程结束之日，有书，学生不爱听，老师没法讲。我的理解不一样。我不怕出书。没书，一定要讲出本书；有书，正好神游物外，可以离开书本，讲很多有关的话题。课下读书，课上吹风，各有各的用。

我也是学生。

我是我最好的学生。

现在，学生很多，教室里，装不下，即使凑热闹的人走了，也还是很多。每次讲完，他们都给我鼓掌。

但我对自己还很不满意，原来的书，是基础和毛坯，文献学的基础是有了，思想文化的东西还展不开，上课全凭一张嘴。

我不相信自己的嘴。

写作新书，我也考虑过，但不是眼前这本书，而是一九九九年许的愿，我要写本叫《兵不厌诈》的书。我想，同一主题谈两遍，是精力的浪费，时间已经不多了。但中华书局的领导徐俊先生说，没关系，我们可以帮你整理。上个学期，他几次来北大，安排樊玉兰女史（本书的责任编辑）来我校听课，随堂录音，进行整理，让我非常感动。我只好自己安慰自己，就算练手，朝目标再挪一步吧。

我这本小书，重点是讲兵法中的哲学：一是兵法本身，二是兵法中的思想。为此，我在书中加进了有关的军事知识，还有思想史的讨论，内容比以前丰富，结构比以前清晰，讲法也轻松愉快。

希望读者喜欢它。

2006 年 6 月 5 日写于北京蓝旗营寓所

【第一讲】

《孙子》是一部什么样的书

我们的前两讲是序说，主要是介绍情况。

孙子其人，我不讲。因为史料太少，没什么可讲，讲也是司马迁那几句话。社会上，争故里，瞎编胡说太多，一写一大本，都是骗人。

我只讲书。

在第一讲里，我先介绍一下咱们要讲的这本书。主要讲一下《孙子》的历史，特别是它的经典化。这种历史，稍微有点枯燥，我劝大家要有耐心。它是一扇门，门是关着的。打开这扇门，你会发现，里面的院子很大，房间很多。

（一）《孙子》是一部兵学经典

中国的古书很多，现在怎么读古书，读哪些书，是个大问题。过去，因为西化的压力太大，启蒙的呼声太高，鲁迅故意说，青年要少看或不看中国书[①]。他劝伏案功夫未深的朋友，根本不必读线装书，非读不可，与其读经，不如读史，尤其是野史和杂说[②]，读了才知道，中国历史有多么烂。这是一个极端。最近，风水倒转，有人又提倡读经，而且是少儿读经，少儿背经，从娃娃抓起，连蒙学课本都搬回来了，目的是借中国文化，重扬我大汉天声。这是另一个极端。两种态度，互相顶牛。

我认为，古书还是可以读一点，但不能代替今书。古典就是古典，就像供在博物馆中的文物，我是隔着玻璃柜欣赏。现在，我们置身其中的文化结构已发生变化，经典的概念已发生变化。我认为，即便读经，也不必是原来的读法。首先，中国经典，不止儒经，还有其他很多宝贝，要读，不能光读这些。其次，经书，五经、九经、十三经，有早有晚，诸子百家熟知的六艺之

---

① 鲁迅《青年必读书》，收入《华盖集》，《鲁迅全集》第 3 卷，北京：人民文学出版社，1957 年，9 页。

② 鲁迅《这个与那个》，收入《华盖集》，《鲁迅全集》第 3 卷，102—109 页。

书，早在战国时代就已经典化。经典化就是古董化。如《诗》、《书》、《易》三种，早就是古董，汉代，大人都读不懂，何况少儿乎？汉代小学，主要读蒙学课本（识字课本），即《苍颉》、《急就》，和《三字经》、《百家姓》差不多。这些读完了，再读点德育课本，《论语》、《孝经》。《论语》、《孝经》，本来是子书，汉代不算经，只算传记。传记和子书同类，也叫诸子传记。五经太深，小孩不读。我看，今天读古书，子书更适合。如果读，不妨从《史》、《汉》入手，由《史》、《汉》进读子书，由子书进读更难的书。让小孩背诵，还不如背点诗词。

西方人读中国书，他们有挑选。书店里，我国典籍，名气最大，是代表中国智慧的三本书：《老子》、《易经》和《孙子》，很多老百姓的家里都有这几本书。孔子是咱们中国的大名人。人，他们都知道，但书不一定读过，主要还是汉学家的读物。四百多年来，主要是了解中国特色的读物。汉学家一直想弄明白，《论语》的格言，淡流寡水，玄机何在，琢磨来琢磨去，老是不得其解：论道德，未见高明；讲哲学，无从下手①。《论语》翻译虽早，不如这三种有名。

参考近代中国的知识背景，也参考西方汉学界的阅读趣味，如果让我选先秦经典作阅读课本，不是给小孩读，而是给大学生和研究生读，我就选四本书：《孙子》、《老子》、《易经》和《论语》，或再加一本，是《诸子选萃》。前三本书，内容精彩而篇幅有限。《孙子》约 6000 字，《老子》约 5000 字，各用一学期，足以毕之。《论语》，篇幅大一点，约 15000 字，讲两个学期，也差不多够了。《孟子》、《荀子》、《墨子》、《管子》、《庄子》、《韩非子》、《吕氏春秋》，也有很多好东西，但篇幅太大，只能选。

兵书，中国古代遗产，数量很大，粗略统计，先秦到清代，有四千多种。兵书有兵书的经典。宋元丰年间，立武学，刻武经，《武经七书》是当时的武学经典。它包括《孙子》、《吴子》、《司马法》、《唐太宗李卫公问对》、《尉缭子》、《黄石公三略》、《六韬》。宋以来，凡是应武举的人，都是拿这七本书当

① 最近，他们拼命反省：西方太迷信普遍原则，谁说西方的哲学才是哲学，中国的就不是？孔子是凡中有圣，另有一套哲学，他是文化符号，代表的是“审美秩序”，不同于西方偏爱的“理性秩序”。这里不是讨论这类问题的地方。

军事教科书。七书中,《孙子》是第一。

《孙子》是一部兵书,但不是一般的兵书,而是具有战略高度,带哲学色彩,侧重于运用之妙的兵书,在兵书中地位最高,是经典中的经典。

《四库全书总目》说,它是“百代谈兵之祖”,一点不错。下一讲我还要提到,这本小书,就是放在全世界,也是头一份。这不是吹牛。

(二)《孙子》的经典化:一至七

《孙子》的经典化,有个过程,它从众多兵书中脱颖而出,很早。我想用最简单的方式讲一下这个过程,让大家知道,《孙子》的历史地位是什么样。

为了帮助大家记忆,我用从一到七这七个数字来串连我们要讲的内容。

一:兵法源于军法(先秦)

我们先讲“一”。兵法的源头是什么?过去,我有一个说法,“兵法源于军法”①。军法就是这个源头,这个源头就是“一”。这里,我说的军法,是军中的一切制度和规定,不光指杀人,“推出辕门斩首,军法从事”;兵法,也非泛指一切兵书,而是专指讲谋略的书。

西人所谓谋略,分战略(strategy)和战术(tactics)。战术是讲战斗的指挥艺术,战略是讲战争的指挥艺术,用下棋打比方,前者是每一着、每一步怎么下,后者是全局怎么下。克劳塞维茨说,军事艺术分广狭两种,广义的军事艺术是指组建军队的全部工作:征募兵员、装备军队和训练军队;狭义的军事艺术,则是作战方法,即部署和实施战斗的方法②。

为什么我要讲这个源头?因为大家老是忘本:一切我们称为玄妙的东西,其实都是来自最普通的东西。现在我们称作兵书的书,主要是讲谋略,即狭义的军事艺术,但它的来源却是广义的军事艺术。广义的军事艺术在

① 李零《〈孙子〉十三篇综合研究》,北京:中华书局,2006年,3—5页。

② 克劳塞维茨《战争论》,中国人民解放军军事科学院译,北京:商务印书馆,1978年,第一卷,102—103页。

哪里？在军法里。

我们不要忘记这一点。

中国早期的书是写在竹简上。竹简上的文字，很多都是官文书，都是档案，即和政府的管理活动有关。军事方面的文书也不例外。这些书，记录很具体。比如打仗，总离不开人和武器。武器要登记，有兵器簿。人也要登记，有伍籍类的花名册。这些琐琐碎碎的事情，就是军法所关心。敦煌汉简、居延汉简，都有这类东西。上孙家寨汉简，就是讲军法军令。早期文书，商周时期写在竹简上的东西，我们还没发现，但从汉代文书推想，早期的情况应该差不多。有人猜，商周时期，我们就已经有兵书，如果他指的是军法类的官文书，那还说得过去，但要说当时就有专讲谋略，专讲用兵方法，像《孙子》这样的兵书，我不相信。我相信，军法和兵法，一定是军法在前，兵法在后，就像《诗》、《书》在诸子之前。从道理上讲，情况一定如此。

战国以来，军法和兵法是并行的东西，但谁是源，谁是流，要分清。打仗，总是有兵在手，才谈得上用。军法讲什么？就是讲如何"有兵在手"。军事的第一要素是人，是人组成的军队。军队是怎么征集上来？征集上来，怎么按一定的编制把他们组织起来？各级编制有多少人？配备什么样的军官？这是第一件事。其次，有了人，还要把他们武装起来，配备战车、盔甲、盾牌和各种武器，人要吃饭，马要吃草，给养怎么解决。这是第二件事。最后，什么都有，还要训练他们，让他们上下协同，熟悉武器，熟悉号令，熟悉阵法，熟悉军中的各项规定，什么该赏，什么该罚。这是第三件事。这是用兵之前的"开门三件事"，古代和现在都离不开。军队的征集，军队的组建，军队的管理，军队的后勤保障，军队的技术训练，这些规定，统统属于军法。另外，我国军法，还有很多临时性的规定、补充性的规定，是叫军令。

早期军法是什么样？《司马法》是唯一的标本。这部书，今本是选本，只有5篇，都是讲和用兵有关的大道理，比较接近后世兵书的概念，但西汉晚期，《汉书·艺文志·兵书略》著录的《司马法》有155篇①，我们从佚文

① 《汉书·艺文志·兵书略》，下简称《汉志》；《隋书·经籍志》的子部兵书类，下简称《隋志》；《旧唐书·经籍志》和《新唐书·艺文志》的子部兵书类，下简称两《唐志》。

看，主要是讲军事制度。上述大道理都是从制度中抽出来的，内容侧重于治兵。我估计，早期兵法，主要就是讲治兵，用兵是从治兵发展而来，这是兵法和军法的中间环节。《司马法》的“法”，汉代《军法》的“法”，都是军法。《尉缭子》的“令”，都是军令。古书中的法令，有些还是设计出来，并未实施的东西，但它们的性质摆在那里，明显不同于专讲谋略的兵书。

现在的古书，容易造成错觉，早期军法亡佚，制度的东西不知道，好像兵法是脱离制度而独立的东西。讲兵法，我们有《孙子》、《吴子》，但早期怎么打仗，是一笔糊涂账。搞影视的人很苦恼，他们要想拍个电影、电视剧，当时人怎么打扮，穿什么，戴什么，手里拿什么家伙，不知道；怎么营兵布阵，怎么野战攻城，也不知道。有关文献，宋以前很少，全靠想象。有点文物参考，也不够用。我们的古代，成天打仗，什么玩意儿没有？但东西就是保不住。传世的东西极少，即便有点出土发现，也破破烂烂。中国军事博物馆，古代部分，我看过，文物太贫乏。我们要想找点感觉，只能看宋《武经总要》、明《武备志》，知识全是晚期的。现在研究科技史，比如火炮，就是看这两本书。

军法的存在，提醒我们，大家千万不要以为，光凭兵法就能打仗。

宋以来，兵器、制度、阵法，全是当时的，但兵法是古典的，时代有断层。但我相信，战争的基础，晚期战争必备的要素，早期战争也不能少。缺了这些，就没法打仗。

兵法不是无源之水，不是无根之木，如果把军法抽掉，编制不知道，兵器不知道，阵法不知道，什么具体东西都没有，兵法就成了游戏。

古代军法，《司马法》已残剩无几；汉《军法》，也只有佚文，很可怜①。我们只能拿晚期军事制度往上推，从考古发现找一点线索。但道理摆在那里，这样的东西是基础。

西方军事传统，他们没有像样的兵法，但推崇实力。他们重财力、重兵器、重技术、重制度、重训练，看重的正是最基础的东西。

任何兵法都离不开这些扎扎实实的东西。

---

① 沈家本《历代刑法考》，北京：中华书局，1985年，第四册，1753—1766页。

二:军法生兵法,兵法包括治兵和用兵(春秋战国)

“二”是说军法生兵法,兵法包括治兵和用兵。兵法,英文叫 art of war,直译是战争艺术。他们的 art 是方法、技巧和技术,“美术”(fine art)、“武术”(martial art)和“房中术”(art of bedchamber)的“术”,全是这种东西。“兵法”的“法”和“军法”的“法”,咱们中文都叫“法”,但性质完全不一样。军法,英文叫 military law,law 是法规。这些法规,都是硬性规定,一条条写下来,叫人照章办事,军令如山,不能想改就改。可是兵法的法不一样。它是指挥艺术,运筹帷幄之中,决胜千里之外,要的就是不循常规,不依常法。

李小龙,截拳道,下手特别狠,出脚特别快。他在香港拍电影,不幸短命夭殇,死葬西雅图,我曾两次凭吊。他的墓碑,上面有两行字,“以无限为有限,以无法为有法”。中国兵法,靠的是“兵不厌诈”。“兵不厌诈”,就是无法之法。如果照字面直译,“用兵最讲用诈,诡诈越多越好”,似乎不能曲尽其妙。我以为最好的翻译是“没有规则,就是唯一的规则”。

军法和兵法,正好相反。军法讲的是法度,兵法讲的是兵无常法。现在称为兵法和兵书的东西,名称很模糊,其实,它是以谋略类的兵法为主,军法军令类的东西,有点,但保留下来,很少。

用兵的前提是治兵,治兵的结果是用兵,治兵和用兵不一样,但谁也离不开谁。

《宋史·岳飞传》,宗泽夸岳飞,说他“勇智才艺,古良将不能过”,但怕他太爱“野战”(这里的“野战”是指乱打),打起来,没有章法,“非万全计”,“因授以阵图”。你猜岳飞怎么说?他说,阵法当然要有,“阵而后战,兵法之常”,但“运用之妙,存乎一心”,怎么用,是另一回事。

兵法的特点就是“运用之妙,存乎一心”,它是一定基础上的胡来。没有基础不行,没有胡来也不行,和艺术的道理一样。

三:先秦兵书的三大经典和三大类型(春秋战国)

我要讲的“三”是先秦兵书的三大经典和三大类型。

春秋战国,国家很多,各国有各国的兵书。北方有秦、晋(韩、赵、魏)、齐、燕，南方有楚、吴、越。但成就最突出，是北方的齐、魏、秦三国。三国之中，又以齐国的兵法最发达。我有一篇文章①，就是专门讨论这一问题，《汉志》著录的兵书，差不多都谈到了，大家可以找来看。这里长话短说，我只着重说一下，先秦兵书，经历史淘汰，还剩哪几种，咱们的家底是什么。

我先说齐。

齐是周天子的舅氏，外姓中与王室经常通婚的一支。齐的开国之君是有名的太公。周文王、周武王克殷取天下，有不少外族谋士，太公最有名。传说，他在渭水边上钓鱼，“姜太公钓鱼，愿者上钩”，文王思贤若渴，总算找到他，他有一肚子阴谋诡计。战国和汉代，凡讲阴谋诡计的，都拿他当祖师爷。《太公兵法》就是托名于他。这是西周时期齐国的大名人。

春秋时期，和军事有关，齐国还有两大名人，一是春秋中期，齐桓公的名臣管仲。今《管子》中的《七法》、《兵法》、《地图》、《参患》、《制分》、《九变》，原来单行，《七略》收为兵书；二是春秋晚期，齐景公手下管军事的司马穰苴，他的兵法在古本《司马法》里。

还有，就是被称为孙子的孙武和孙膑，孙武有《孙子兵法》(《吴孙子兵法》)，孙膑也有《孙子兵法》(《齐孙子兵法》)，都叫《孙子兵法》。孙武的活动时间是春秋末期，早一点。孙膑是战国中期齐威王时的人。

战国中期，齐威王时，齐国国力最盛，学术最发达。齐威王下令整理齐国的军法，把司马穰苴的兵法放在后面，号称《司马兵法》或《司马法》。我怀疑，《太公兵法》、《管子》中的兵法，还有《孙子兵法》和《司马法》，都是这一时期整理出来的东西。

齐国的兵法为什么发达？可能和山东人的某些特点有关。中国的文艺作品，语言是地区符号。知识分子，小白脸，娘娘腔，说上海话；做买卖的说广东话；油嘴滑舌，流氓，说北京话；老农民，说山东话、山西话、陕西话。今天的山东人，影视、相声和小品，形象是老实巴交，特别憨厚。但古人，说法不一样，“齐人多诈而无情实”(《史记·平津侯主父列传》)，“舒缓阔达而足智”，“言与行谬，虚诈不情”(《汉书·地理志下》)。齐人鬼大，原因有二，

---

① 李零《齐国兵法甲天下》，《中华文史论丛》第50辑，上海：上海古籍出版社，1992年，193—212页。

一是齐擅鱼盐之利，商业发达，做买卖的心眼活；二是齐为东方大国，历史悠久，文化发达，战国中期，齐都临淄是国际性的大都市，稷下学宫是国际性的学术中心，知识分子扎堆，他们的脑瓜特别灵。

兵法，是事后诸葛亮，往往是打了败仗才一个劲儿地琢磨，光会打仗写不出，没有智慧也不行。

齐国的兵法最发达，保留最多，对后世影响最大。

齐国的邻居，燕国也有一部兵书，叫《苏秦》。余嘉锡考证，今《鬼谷子》是汉代《苏秦》三十二篇中的一部分①。《苏秦》是传太公术，可以归入《太公》一系。

另外，应该说明一下，为什么我要把《孙子兵法》归入齐系统。孙武的兵法，不是应该归入吴系统吗？我把我的考虑说一下。

我有两个考虑。第一，孙武入吴，在吴做事，可以称为吴孙子，但他本来是齐人，学术渊源是齐国；第二，先秦的《孙子兵法》，本来是孙武兵法和孙膑兵法的合称，《汉志》把这本书一分为二，《吴孙子》是《吴孙子》，《齐孙子》是《齐孙子》，把他们区别开来，但他们俩是一家之人，两本书是一家之学。早期的“孙、吴之术”，“孙”是两个孙子，孙武和孙膑。

银雀山汉简《孙膑兵法·田忌问垒》篇有一条残简，说“明之吴越，言之于齐，曰智(知)孙氏之道者，必合于天地”。这句话的意思是说，老孙家的学问固然是在吴越出的名(“明”有显赫之义，这里是出名的意思)，但写出来是在齐国。我一直怀疑，老孙子的东西，很可能是出于小孙子的整理，并且和小孙子的东西一起传世，就像《司马穰苴兵法》是附《古司马兵法》而传，广义的《孙子兵法》还是成书于齐国，带有齐特点，属于齐系统。

下面，再说魏。

魏是三晋之一。晋在周成王时就已立国。东周，周天子从陕西搬到河南洛阳来，是靠晋、郑保护。郑是执政大臣，在畿内有封地，春秋早期，活跃过一段，后来衰落。长期拱卫京师的，是晋国。春秋晚期，晋是北方的超级大国，楚是南方的超级大国，战车最多，军队最庞大。

岳麓书院，门口有对联，“惟楚有材，于斯为盛”。曾国藩以来的湖南，

① 余嘉锡《古书通例》，上海：上海古籍出版社，1985年，43—46页。

人材济济。当地特产是革命家，国民党，共产党，两边都有。但春秋时期的楚，主要是湖北一带。楚国出贤大夫，但经常叛逃，主要是上晋国。晋国是当时的"美国"。这叫"虽楚有材，晋实用之"(《左传》襄公二十六年)。春秋晚期，晋、吴是一拨，楚、秦是一拨。南北对抗，主要是晋、楚之争。

晋国很重要。

晋国的兵书有《孙轸》(先轸的兵法)、《师旷》、《苌弘》，都已失传。

战国时期是兵书的黄金时代，三晋仍很重要。早期，三家分晋，魏国最强大；中期，齐国最强大；晚期，秦国最强大。魏国曾显赫一时。

魏国的兵书，有《吴起》、《李子》(李悝的兵法)、《尉缭》、《魏公子》(信陵君无忌的兵法)。流传后世的，是《吴起》和《尉缭》。

同属三晋的韩、赵，也顺便说一下。

韩国没有兵书传世。

赵国，战国晚期，也是军事大国，它有两种兵书，一是今《荀子》中的《议兵》篇，原来也是单行，《七略》收为兵书；二是《庞煖》，庞煖是赵孝成王的将军，号称临武君。他的老师是楚国的鹖冠子。《庞煖》只有三篇，今《鹖冠子》有《近迭》、《度万》、《王铁》、《兵政》、《学问》、《世贤》、《武灵王》六篇，内容是记庞子问兵于鹖冠子。庞子即庞煖(《武灵王》作庞焕，陆佃注说煖"或作焕"，但又说"庞焕盖煖之兄")。这六篇东西，或与《庞煖》有关。

三晋之外，北方的军事大国，还有秦国。秦有《公孙鞅》(商鞅的兵法)、《繇叙》(由余的兵法)，没有留下来。

楚国兵法有《楚兵法》、《景子》、《蒲苴子兵法》，也都亡佚。但《鹖冠子》，其中有谈兵的内容，如上言庞、鹖问对，还有《世兵》篇，都是谈兵，《七略》也列为兵书。

吴有《五子胥》(伍子胥的兵法)，越有《范蠡》、《大夫种》(文种的兵法)，都是托名吴、越两国的名人。

南方的兵书，大多亡佚。只有《五子胥》，两《唐志》还有《伍子胥兵法》，严可均辑《全上古三代秦汉三国六朝文》卷六有《伍子胥水战法》的佚文。

另外，出土发现，也有一些兵书，如《吴孙子兵法》佚篇、《齐孙子兵法》(即《孙膑兵法》)、《地典》、《守法》、《守令》、《王兵》、《奇正》、《盖庐》、《曹沫之陈》等，我在《简帛古书与学术源流》中做过介绍[①]，可参看。

上面说的《议兵》，是记赵孝成王时，荀卿和临武君的辩论。这篇东西，等于一篇军事评论，它对战国的军队做了比较和总结，值得一读。

荀子是赵国人。三晋地区，儒学发达，刑名法术之学也发达。他是儒家，但不是一般的儒家，而是制度派的儒家，讲帝王术的儒家。韩非、李斯都出自他的门下。荀子老寿，活了九十多岁，整个战国晚期，他都见过。他是当时的国际学者，在临淄的稷下学宫留过学、讲过学，三为祭酒，是学宫的主持人，等于齐国科学院的院长，他还游历过秦国和楚国，东西南北，全都转过，见多而识广。

荀子的辩论对手是临武君，他和荀子辩论"兵要"。临武君推崇孙、吴之术，荀子不同意。他把古今的用兵分为三等，上等是三代的王者之兵，中等是春秋的霸者之兵，下等是战国的盗兵。他骂盗兵，但给我们介绍了这些虎狼之兵。盗兵分三等，谁最厉害？荀子的说法是，齐国的军队不如魏国的军队，魏国的军队不如秦国的军队。总之是东不如西。语云，"关西出将，关东出相"（《后汉书·虞诩传》），东边的人文化高，西边的人能打仗。

战国的兵法，情况正相反，是西不如东。孙子比吴起出名，吴起比商鞅出名。有学问才有好兵法。

上面，我们说，齐国兵法最发达。齐国兵法是以《孙子兵法》、《司马法》和《太公兵法》为代表。这三本书，又以《孙子兵法》最著名。

《孙子兵法》是讲谋略的代表，《司马法》是讲军法的代表，《太公兵法》是依托文武阴谋取天下的故事，有点像老农民听说书，把《三国演义》当阴谋诡计的教材，是更通俗也更神秘的兵法。它们是先秦兵书的三大经典，同时，也代表了早期兵书的三大类型。兵书的经典化，这三本书是核心。

魏国的兵法，《吴起》属谋略类，与《孙子兵法》齐名，《尉缭》讲制度，则和《司马法》类似，只有两个类型。

阴谋类的兵书，是齐、燕的特产。

先秦兵书，主要是这三个类型。

---

① 李零《简帛古书与学术源流》，北京：三联书店，2004年，361—374页。

四：兵书四种（西汉）

还有一个知识，大家应该有，是“兵书四种”。“兵书四种”就是“四”。

上面，我们讲先秦兵书，有很多种。这些兵书往下传，秦代的情况不清楚。但西汉的情况，我们知道一点。

西汉时期，官方对兵书有三次整理（《汉志·兵书略》）。

第一次，是汉初张良、韩信的整理。据说，一共有182种书，最后选了一下，留下35种。

张良是韩国贵族，热血青年，博浪一击，天下震动，是个全国通缉的要犯。他跟刘邦起事，当画策臣，经常在刘邦身边，躲在中军大帐里，拿几根算筹（急了也用筷子）为刘邦擘划，运筹帷幄之中，决胜千里之外，类似诸葛亮，是个军师谋士型，专为刘邦出大主意的人。

韩信，淮阴人，出身卑贱，是亲自在前方带兵打仗，连百万之众，战必胜，攻必取，百战百胜的布衣将军。

李靖说，上面提到的三大经典，正是二人所学，张良是学《太公兵法》，韩信是学《孙子兵法》和《司马法》（《唐太宗李卫公问对》卷上）。

张良学《太公兵法》，据说是由一位号称黄石公的白胡子老头秘密传授。阴谋诡计，还是老头子会讲。《太公兵法》是《太公》三书的一部分。《太公》三书，一种叫《谋》，一种叫《言》，一种叫《兵》，《太公兵法》就是其中的《兵》（司马迁是叫《太公兵法》，见《史记·留侯世家》）。《太公》三书是阴谋大全，治国用兵，马上马下，全都涉及。他在刘邦身边当画策臣，这种兵书最有用。

韩信学《孙子兵法》和《司马法》，和他的身份也很合适。他读《孙子兵法》，是用来带兵打仗。我们读《史记》，不难发现，他对此书很熟悉。《司马法》，讲制度，对他也很有用。汉初的制度建设，靠四个人，“萧何次律令，韩信申军法，张苍为章程，叔孙通定礼仪”（《史记·太史公自序》），军法是由韩信定。他读《司马法》，和制定军法有很大关系。汉《军法》，还有佚文保留，有些内容，如军制，不是讲汉代制度，而是讲先秦制度，就是抄《司马法》。司马迁所谓“申军法”的“申”，含有承继沿用之义。

总之，他们看重的还是三大经典。汉代影响最大的，其实就是这三种书，特别是《孙子兵法》和《太公兵法》。

第二次，是汉武帝时杨仆的整理。整理的起因，是吕后当政时，国家收藏的兵书，被吕家的人偷走，残缺不全。汉武帝即位后，命军政杨仆查一查，敛一敛，看看还剩多少，该补什么。杨仆整理后，写了一本目录，叫《兵录》。此书已经亡佚，书中到底有多少种，班固没有讲，只说"犹未能备"。

杨仆，《兵书略》说他的职务是军政。军政，即军正，是古代军中负责执法的官员。此人即《史记·酷吏列传》中的杨仆。汉代的酷吏是法家的嫡脉。杨仆，宜阳人，买千夫爵为吏，当过御史，当过主爵都尉。汉武帝征南越、东越，拜楼船将军，有功，封将梁侯（《史记》的《南越列传》、《东越列传》）；征朝鲜，和左将军荀彘争功，被荀彘绑起来。他们回国后，都被查办，荀彘弃市，他也是死罪，花钱赎身，免为庶人（《史记·朝鲜列传》）。杨仆什么时候当军政，《史》、《汉》二书都没讲，估计是在元鼎五年（前 112 年）秋汉武帝征南越之前。

第三次，是汉成帝时任宏的整理。这次整理，是由光禄大夫刘向负责，他把古书分成六类：六艺、诸子、诗赋，他自己校；兵书、数术、方技，找专家整理。兵书，找的是步兵校尉任宏。步兵校尉，是北军八校尉之一，负责戍卫京师，把守上林苑门。《汉书·哀帝纪》说绥和元年（前 8 年）任宏还升官当了执金吾，相当卫戍部队的总司令。这次整理的结果，写进刘向《别录》和刘歆《七略》，我们已经看不到。我们能够看到的，是《汉志·兵书略》。《汉志·兵书略》著录的兵书有 56 种，原来有 66 种。

这次整理，最值得注意，是任宏把兵书分成四种，即权谋、形势、阴阳、技巧。李靖说的"三门四种"，"四种"就是这四种（《唐太宗李卫公问对》卷上）。

任宏整理的兵书，说是四种，其实是两大类。权谋、形势，讲指挥艺术，战略战术，这是一类；阴阳、技巧，讲天文、地理、兵器、武术，属军事技术，是又一类。它们的区别是什么？以后还要谈。以下各讲，我把《孙子》十三篇分成四组，第一组的三篇和权谋有关，我还要谈权谋；第二组的三篇和形势有关，我还要谈形势；第三、第四组的七篇，因为涉及阴阳、技巧，阴阳、技巧的概念，也会插着讲。这里先简单解释一下。

权谋，是讲计谋。计谋有大小，权谋是大计。大计是战略，处理的是战争全局。战争全局，和政治有关，和战前的计算和实力准备有关。战争全局，无所不包。这类兵书，带综合性，战术和技术，也有所涉及，就像医经可以包括经方、房中和神仙家说。我们说的三大经典，都属这一类，《吴起》也是。

形势，概念很复杂，暂时不往深里谈。我想用最简单的一句话，最形象的一句话，来描述形势。形势是什么？就是兵力的配方，这里多一点，那里少一点，有虚就有实，有众就有寡，怎么分配，奥妙无穷。大计和小计，权谋是大计，它是小计。形势是因敌制宜、因地制宜的各种对策，好像医生对症下药开药方。它的特点，是遇什么问题，讲什么对策，解决战斗中的实际问题。权谋讲战略，它讲战术。战术的要求，是机动、灵活、快速、多变，一是运动，路线和速度怎么样，二是打击，是不是意外和突然。诡诈，绝对不可少。先秦的形势书，多已散亡。《汉志・兵书略》的形势类有《尉缭》（三十一篇），《诸子略》杂家也有《尉缭》（二十九篇）。今本《尉缭子》是哪一种《尉缭》，一直有争论。其实，我们看原书，它是兵书，很明显。两种《尉缭子》，只剩一种，应该放在哪一类？只能是兵家。《隋志》和两《唐志》放在杂家，恐怕不对。今本《尉缭子》，后半部是讲军令。古代兵书，讲军法军令的书比较特殊，在兵书中很难归类，讲谋略，它不是；讲技术，它也不是。《司马法》，讲军法，本来在权谋类，班固觉得别扭，把它搬走，当礼书。《尉缭》，讲军令，原地不动，可能是无法转移，其他各类都不合适。我怀疑，任宏的考虑，是以军法拟权谋，军令拟形势，所以把《司马法》归入权谋，《尉缭》归入形势。其实，它并不是一般的形势家言。真正的形势家言，《汉志》中的书，一本也没留下来。我们要研究形势的概念，只能看《孙子》的有关论述。

阴阳，是数术之学和阴阳五行说在军事上的应用。上知天文、下知地理，就是靠这种学问。阴阳是讲人以外的东西。比如，古代军人要学式法、风角、鸟情、五音、占星候气、推算历日、选择地形，等等，不是与天有关，就是与地有关，里面既有科学，也有迷信，是个大杂烩。现在的军事气象学、军事地理学，有关知识，属于这一类。它和一般的数术书，其实没有截然的界限，特别是讲式法、风角、鸟情、五音的书。《兵书略》的这一类，多已散亡，几乎全靠出土发现。只有《地典》，银雀山汉简有，属于亡而复出。

技巧，和人有关，和武器的使用和军事训练有关。比如城守、水攻、火攻、武术和军事体育，全都和人有关。古代武术，原来叫技击。徒手，拳击叫手搏，摔跤叫角牴。器械，有剑道和射法。军事体育，则包括射箭、投壶、蹴鞠、博弈等游戏。蹴鞠是足球，博是六博棋，弈是围棋。这类古书，年代早一点，多已散亡，但《墨子》城守各篇还在，是古技巧家说的经典之作，国内没人理，国外很重视。

任宏的分类，《别录》、《七略》的分类，《汉志》有些改动，一是把权谋类的《司马法》归入《六艺略》的礼类，改叫《军礼司马法》，不再当兵书；二是把《伊尹》、《太公》、《管子》、《孙卿子》（即《荀子》）、《鹖冠子》、《苏子》、《蒯通》、《陆贾》、《淮南王》、《墨子》中有单行本的兵书，加以省并，只保留《诸子略》中的全书；三是在技巧类加了《蹴鞠》一书。

西汉兵书，有《广武君》（李左车的兵法）、《韩信》、《李良》、《丁子》、《项王》（项羽的兵法）。李左车、韩信、张良、项羽，都是楚汉战争中的风云人物。这几种兵法，都没有保留下来。唯一保留下来的，反而是和张良有关的《黄石公三略》。张良是著名军事家，他是太公术的汉代传人。汉以来，《太公》在续写，黄石公的书也在续写。很多书都托名太公和黄石公。

任宏的分类，为我们划出了后世兵书的基本范围，也排出了四类兵书的长幼尊卑。权谋最尊，纯用古典，越古越好，后世保存最多；形势，也很重要，但不如前者，大多亡佚；阴阳、技巧，很多是随作随弃，后世保存最少。我国传统，尚谋轻技，和这种阅读结构有关。

五：五大经典和曹公五书（东汉、三国和魏晋）

“五”是什么？是先秦留下的五部兵书和曹操整理的五部兵书。

先秦兵书，传到西汉，主要是五部，即三大经典，《孙子兵法》、《太公》三书和《司马法》，外加《吴子》和《尉缭子》。

这一时期，诸子中的兵书，已不算兵书。

曹操整理的兵书也有五部。

东汉时期，中国社会很乱。三国，魏晋南北朝，更是天下大乱。这种乱，不是一般的乱，而是人心思乱，大家一块儿作乱。上面乱，下面也乱，里面乱，外面也乱。俗话说，乱世英雄起四方。这个时代的特点就是群雄并起，好像街头流氓火并，一定要掐出几个最大的头。《三国演义》，说破英雄惊煞人。天下英雄，“使君与操”，当然还有孙仲谋（第二十一回）。“英雄”这个词，出自《六韬》，《三略》反复说，《三国志》和该书裴松之注频频引用的《英雄记》，更是不绝于耳，很有时代特征。《三略》流行于东汉、三国，“英雄”是流行术语。曹操，文韬武略，都是一流，难怪苏东坡说，“固一世之雄也”（《前赤壁赋》），鲁迅也说，“其实，曹操是一个很有本事的人，至少是一个英雄，我虽不是曹操一党，但无论如何，总是非常佩服他”①。大众心理不同，专疼倒霉蛋，他们受《三国演义》误导，又替刘备着急，又为诸葛亮下泪，恰好中了正统史观的奸计。王莽是外戚，不是东西；曹操是宦官的孙子，也好不了，这是偏见。他们只承认许劭许子将的评语，曹操是“治世之能臣，乱世之奸雄”（《三国志·魏志·武帝纪》裴注引孙盛《异同杂语》），英雄也是个奸的，京剧扮相是白脸。

曹操是大军事家，不但善于用兵，还读过不少兵书，写过不少兵书。《三国演义》讲张松献地图，有一段故事，根据是《太平御览》卷三八九引《益部耆旧传》。《益部耆旧传》只说杨修拿曹操的兵书给张松看，张松过目成诵，没说曹操剽窃《孙子》。小说添油加醋，有歪曲。张松说，你这本《孟德新书》，是曹丞相剽窃《孙子》十三篇，《孙子》原书，我蜀中三尺小儿都会背，只能瞒足下（第六十回）。这是作者瞎编。实际上，曹操不但没剽窃《孙子》，还对整理《孙子》有大功。

我们现在看到的《孙子》，其实就是靠曹操传下来的本子，第一个给《孙子》作注的，也是曹操。他的书叫《孙子略解》，原书有序，保存在《太平御览》卷六〇六中。曹操说，“吾观兵书战策多矣，孙武所著深矣。……审计重举，明画深图，不可相诬”，认为《孙子》是所有兵书中写得最好的一部，但原书无注，读不懂，篇幅太大，让读者不得要领。所以，他只给《孙子》十三篇作注，其他东西，剔除。曹操如果真想偷《孙子》，何必多此一举，一边偷还一边注，说原书怎么怎么好，这不是太愚蠢了吗？可见这都是小说的编造。

曹操对整理古代兵书有大功。东汉、三国时期，他的整理最关键。大

① 鲁迅《魏晋风度及文章与药及酒之关系》，收入《而已集》，《鲁迅全集》第3卷，379—395页。

众喜欢诸葛亮，拿他当中国智慧的象征。其实，在军事史上，他比诸葛亮重要得多。

曹操整理兵书，有如董仲舒罢黜百家，独尊儒术。董仲舒独尊儒术，不是废弃百家，而是把百家摆在儒家之下，起陪衬作用。曹操也是这样，他独尊《孙子》，也是把其他兵书摆在《孙子》的下边。

曹操整理过的兵书，我叫"曹公五书"。它们是：

(1)《孙子略解》(两卷)。即上所说《孙子》十三篇的注本，今存，注文很简短。

(2)《太公阴谋解》(三卷)。可能是注《太公》三书中的《谋》，已佚。

(3)《司马法注》(卷数不详)。是《司马法》的注本，有佚文。

(4)《续孙子兵法》(两卷)。可能是《孙子》十三篇以外，其他《孙子》书的选编，既包括《吴孙子兵法》的佚篇，也包括《齐孙子兵法》。杜牧说，《孙子兵法》原来有"数十万言"，曹操"削其繁剩，笔其精切，凡十三篇，成为一编"(《孙子》序)，剩下的《孙子》书怎么办？看来不是扔掉，而是另编一书。《续孙子兵法》，就是这样的书。

(5)《兵书接要》(有一卷、二卷、三卷、五卷、七卷、九卷、十卷等不同的本子)。此书有许多不同叫法，如《兵法接要》、《兵书捷要》、《兵书略要》(或《兵书要略》)、《兵书论要》(或《兵书要论》)。孙盛《异同杂语》说，"(太祖)博览群书，特好兵法，抄集诸家兵法，名曰《接要》，又注孙武十三篇，皆传于世"(《三国志·魏志·武帝纪》裴注引)。此书是古代兵书的选本。我们从佚文看，它也包括《孙子兵法》的佚文。

除整理古代兵书，曹操还有自己的兵法，叫《魏武帝兵法》或《魏武帝兵书》，俗称《曹公新书》(有一卷和十三卷两种)。上面说，《孙子略解》太简略，杜牧说，他是十句话注不了一句，因为他根本就不想全面注《孙子》，"惜其所得，自为《新书》"，好东西是放在自己的书里(《孙子》序)。这本书，就是曹操自己的著作。《孙子·作战》张预注引过它。

曹公五书，后世散亡，只有《孙子略解》保存下来，但曹操的整理，有重要意义。

第一，是独尊《孙子》。

第二，他只给三大经典作注，说明这三本书最重要。

第三，他把汉以来很庞大的《孙子》书做了区分，只为十三篇作注，不为其他《孙子》书作注，但也不把它们废掉，而是另编一书，可能既包括《吴孙子兵法》的佚篇，也包括《齐孙子兵法》，他的独尊《孙子》，其实是独尊《孙子》十三篇，无形中，已经降低了其他的《孙子》书；

第四，除三大经典，其他兵书，他做了删选。

他为兵书排座次，是在所有兵书中，突出三大经典；三大经典中，突出《孙子》；《孙子》中，突出十三篇。

这个"三突出"，对兵书存废起了很大作用。

另外，应该指出的是，《黄石公三略》在这一时期很流行。

当时，《三略》是新典，不是古典。我说的五大经典，还没包括这一种。

六：六大经典和《孙子》六家注（南北朝和隋唐）

"六"是六大经典和《孙子》六家注。

六大经典是《孙子兵法》、《太公》三书、《司马法》、《吴子》、《尉缭子》和《黄石公三略》，即五大经典加《三略》。

(1)《孙子兵法》。不管一卷本，两卷本，还是三卷本，都是十三篇本，同于《孙子略解》，而有别于曹操编的《续孙子兵法》和其他挂孙子之名的单行本，如《孙子八阵图》、《孙子战斗六甲兵法》、《吴孙子牝牡八变阵图》、《孙子兵法杂占》、《吴孙子三十二垒经》。前者是走上坡路，越来越突出，成为经典，后者是走下坡路，逐渐归于散亡。

(2)《太公》三书。是单本流行，《谋》变为《太公阴谋》(《七录》是六卷本，《隋志》是一卷本，曹注是三卷本)，《言》变为《太公金匮》(《隋志》是两卷本)，《兵》变为《太公兵法》(《七录》是三卷本和六卷本，《隋志》是两卷本和六卷本)。还有《太公六韬》(《七录》是六卷本)和其他托名太公的书。《六韬》，《庄子·徐无鬼》已有这个书名，只不过是作《六弢》。《隋志》的《太公》三书是《太公阴谋》、《太公金匮》、《太公兵法》，两《唐志》的《太公》三书是《太公阴谋》、《太公金匮》、《太公六韬》。《隋志》的《太公兵法》和《太公六韬》都有六卷本。我很怀疑，《太公六韬》是《太公兵法》的另一种本子。这是《太公》三书中专门讲兵事的一种。后来的《太公》书，只剩这一种。今本《六韬》也是六卷。

(3)《司马法》。《隋志》和两《唐志》只有三卷，和今本卷数一样，显然是删节本。

以上三种是齐系统的三大经典。

(4)《吴起兵法》。地位不如前三种。《隋志》有贾诩注《吴起兵法》，只有一卷，肯定是删节本。两《唐志》没有吴起的兵法。

(5)《尉缭子》。地位也不如前三种。这本书，性质很复杂，学者有争论。《汉志》有两部《尉缭》，兵书《尉缭》(二十九篇)和杂家《尉缭》(三十一篇)，这两种《尉缭》，篇幅差不多，大概都是五六卷的样子，什么关系，不清楚。《七录》，兵书有《尉缭子兵书》(一卷)，杂家有《尉缭子》(六卷)。《隋志》，只有杂家《尉缭子》(五卷)。两《唐志》，也只有杂家《尉缭子》(六卷)。今本《尉缭子》是五卷，只有二十四篇，比《汉志》的两种《尉缭》都要小一点。它的前十二篇是泛论兵事，后十二篇是讲军令，很明显是兵书。

(4)(5)两种是魏系统的兵书。

(6)《黄石公三略》。今天读起来，好像没什么意思，但东汉时期，借太公、黄石公和张良的大名，《三略》是时髦书(《七录》、《隋志》、两《唐志》都是三卷)。《七录》有《张良经》(一卷)，"与《三略》往往同"，大概是《三略》的另一种本子。两《唐志》也有《张良经》(一卷)，以及《张氏七篇》(七卷，题张良撰)。南北朝和隋唐，托名黄石公的书很多，这是太公书的余脉。

另外，值得注意的是，汉以后，诸子中的兵书已不再单行，但《隋志》有《老子兵书》一卷。唐人王真说《老子》的每一章都是谈兵(《道德经论兵要义述》)，毛泽东很欣赏。看来，这种读法早就有，并不始于王真。

曹操整理的五部书，加上他的《新书》，也是六部书。它们的命运怎么样？这也值得注意：

(1)《孙子略解》。一直传世，后世《武经七书》本的《孙子》和《十一家注孙子》中的曹注，都是来自此书。

(2)《太公阴谋解》。南北朝和隋唐的《太公阴谋》，有一卷本、三卷本和六卷本，三卷本就是他的《太公阴谋解》，两《唐志》的《太公阴谋》就是三卷本，当时还在。

(3)《司马法注》。见《文选》引用，可见南北朝还在。

(4)《续孙子兵法》。见《隋志》和《新唐志》著录。

(5)《兵书接要》。见《七录》、《隋志》和两《唐志》著录。

(6)《曹公新书》。见《隋志》著录(一卷),两《唐志》不载,但《日本国见在书目》仍有(十三卷)。

这六种书,隋唐时期还在。

三国以来,注释《孙子》,有魏曹操,梁孟氏,吴沈友,隋张子尚、萧吉,唐李筌、杜牧、陈皞、贾林。但沈友、张子尚、萧吉的注都已失传,其他都在《十一家注孙子》内,我叫"六家注"。

曹操注,有一卷本、两卷本和三卷本。特点是简明。此书有影宋本《孙武司马法》(可能是元丰初刻本的残本)中的曹注本,和《十一家注孙子》不同,我在《〈孙子〉古本研究》中利用古书引文做过集校,可参看。

孟氏注,两卷。孟氏,生平不详,旧题"梁孟氏",只是因为他的书见于《七录》,《隋志》便题为"梁有"。他的注,见于《十一家注孙子》,比曹注更简,话很少。

李筌注,三卷。李筌著有《太白阴经》,精通兵学,包括兵阴阳,晁公武说,他"以魏武所解多误,约历代史,依遁甲,注成三卷"(《郡斋读书志》卷三下)。《孙子》中,凡涉及兵阴阳,可看他的注。

杜牧注,三卷。杜牧是有名的诗人,他的注属于文人谈兵。他嫌曹注太简,注释比较详细。晁公武说,"世谓牧慨然最喜论兵,欲试而不得"。他的注,特点是爱引战例,"其学能道春秋战国时事,甚博而详,知兵者将有取焉"(《郡斋读书志》卷三下)。

陈皞注,三卷。陈皞,生平不详。他对曹注和杜注都不太满意,晁公武说,"皞以曹公注隐微,杜牧注阔疏,重为之注云"(《郡斋读书志》卷三下)。

贾林注,三卷。贾林,生平不详。

另外,《通典·兵典》大量引《孙子》,附有杜佑注。佑书抄撮群书,为之注,并非专门注《孙子》,可以不算。如果加上杜佑注,唐代的注家就有五家。杜佑注,我在《〈孙子〉古本研究》中也做过集校,可参看。

旧注,只有曹注和杜佑注可以校。

关于《通典》,我想就中华书局校点本(北京:中华书局,1988 年,王文锦等校点)说两句话。第一,这个本子是以浙江书局本为底本,校以宋明善本,这是倒着校,如果以宋本作底本,当更存原貌,更有条理,还可简化校语；第二，《孙子》杜佑注，《十一家注孙子》是抄《通典》的《兵典》，因为该书是集注本，位置和词句都有所变动，但中华版以《十一家注孙子》中的杜佑注为准，反过来改《通典》，此亦欠妥。

剩下的注，大家只能看《十一家注孙子》。

曹操、孟氏的注，我叫“前唐注”，李筌、杜牧、陈皞、贾林的注，我叫“唐四家注”。

七：《武经七书》（宋元明清）

现在，我们能够看到的《孙子》版本，典型版本，其实只有三种，一种是影宋本《魏武帝注》本（《平津馆丛书》本）①，一种是宋本《武经七书》本（有日本静嘉堂文库本），一种是宋本《十一家注孙子》本（有国家图书馆和上海图书馆藏本）。三种也可以说是两种。《魏武帝注》本，是《武经七书》元丰初刻本的残本，与白文本的《武经七书》是同一系统。

宋朝，是兵书经典化的终结，《武经七书》的出现是它的标志。我说的“七”，就是指《武经七书》。它包括《孙子》、《吴子》、《司马法》、《唐太宗李卫公问对》、《尉缭子》、《黄石公三略》、《六韬》。这七本书，是由先秦齐系统的三大经典，加先秦魏系统的《吴子》、《尉缭子》，加西汉的《黄石公三略》，加唐代的《唐太宗李卫公问对》而构成。

《武经七书》，是国子司业朱服和武学教授何去非奉宋神宗诏校定。他们定下来的《武经七书》，基本面貌是：

（1）《孙子》。三卷，十三篇，是曹操传下来的本子，面貌与银雀山汉简本相似，可见是最早经典化的本子。

（2）《吴子》，二卷，六篇，隋代已经是节本。宋晁公武说，当时的《吴子》是“唐陆希声类次，为之说”（《郡斋读书志》卷三下），即唐代的改编本。

（3）《司马法》。三卷，五篇，隋唐以来流行的本子都是三卷本，估计早

---

① 上海图书馆藏明初刻本《武经七书》二十五卷，也是这一类型的版本，很宝贵。其第一种《魏武帝注孙子》，见谢祥皓、刘申宁辑《孙子集成》（济南：齐鲁书社，1993年）第一册。王重民先生提到的前北京图书馆藏《武经七书》二十五卷，应即此本。他说，此本“为元为明，殆难确定”（《中国善本书提要》，上海：上海古籍出版社，1983年，242页）。此书前有朱服奏刻《武经七书》序目，可见也是从元丰初刻本而来，比静嘉堂文库本更原始。

就是节本，大量讲制度的文字都被删掉。此书，三国，魏有贾诩注；宋代，也有吴章注，均佚。

(4)《唐太宗李卫公问对》。是宋代新编的古书，其材料来源是个谜。李靖是唐代的大军事家，他的兵书，两《唐志》只有《六军镜》一种，《宋志》则增加《阴符机》、《韬铃秘术》、《韬铃总要》、《卫国公手记》、《兵钤新书》、《弓诀》六种。这些书都已亡佚，无从判断它的取材。大家都知道，元丰三年(1080 年)刻武经，《武经七书》中的这一种，其实是新书。熙宁初年，神宗已下诏校定李靖兵法，说"唐李靖兵法，世无完书，杂见《通典》，离析讹舛"，嫌《通典》中的官名、物名已经过时，军人读不懂，所以是甩开《通典》，另外编书。过去，学者都说《问对》是阮逸伪造，真李靖兵法是《通典》的引文。如清汪宗沂的《卫公兵法辑本》，就是以《通典》的引文为主。其实，《问对》是故意不收《通典》中的东西，不能因为不收，就说是假的。阮逸伪造说，出陈师道，来源是苏洵、苏轼和苏轼的学生何去非，他们只是怀疑猜测。卫公之书，当时很多，只不过没有一个是汇集各书的全本。此书可能是个选本或改编本，但不一定是伪书。皇帝下令编的书，怎么好随便造假。此事和政治斗争有关，难免掺杂偏见，下一讲还要说到。

(5)《尉缭子》。五卷，二十四篇。

(6)《黄石公三略》。三卷，分上略、中略、下略。

(7)《六韬》。六卷，每一韬是一卷。银雀山汉简、八角廊汉简有《太公》古本，其中与今《六韬》有关的文字，面貌差距很大，《群书治要》引《六韬》和敦煌本《六韬》也不同于今本《六韬》。《六韬》也是一个改编本。

《武经七书》是刻于宋神宗元丰三年到六年(1080—1083 年)。但《太平御览·引书目》有《兵法七书》，可能是它的前身。《兵法七书》和《武经七书》可能不完全一样。比如《问对》，可能就是重新整理。

宋代的注家，主要有四家：梅尧臣、王晳、何延锡、张预。

梅尧臣的注，三卷，原有欧阳修的序。

王晳的注，三卷，对原文有校正。

何延锡的注，三卷。何延锡，生平不详。

张预的注，三卷。张预，字公立，北宋东光人(今河北东光县人)，生平不详，除《孙子》注，还有《百将传》，在名将传类的古书中，它是第一部。

这四家注，我叫“宋四家注”，单行本都已亡佚，只能看《十一家注孙子》。《十一家注孙子》，后面还附有郑友贤《十家注孙子遗说并序》。郑友贤，生平不详。《遗说》也不是专门的注。

《十一家注孙子》，也叫《十家注孙子》，“十家”是前唐二家注，加唐四家注，加宋四家注。“十一家注”是再加杜佑注。元明以前的旧注，凡是留下来的，几乎全都进了此书。

（三）最低限度参考书

研究《孙子》，书很多。我读过的书，绝大多数不值得读。过去，我写《〈孙子〉古本研究》和《吴孙子发微》，是替大家看书。神农尝百草，一日七十毒，中毒不可免，但没有必要再重复。书，总是越读越少，而不是越读越多。少则得，多则惑。

（1）著录。过去的参考书，主要是陆达节的《孙子兵法书目汇编》（重庆：军训部军学编译处，1939 年）和《孙子考》（重庆：重庆军用图书社，1940 年）。现在找书，可以看两本书，一本是于汝波主编的《孙子学文献提要》（北京：军事科学出版社，1994 年），一本是穆志超、苏桂亮主编的《著述提要》（收入邱复兴主编的《孙子兵学大典》，北京：北京大学出版社，2004 年，第八册）。

（2）文本。从前，善本是公私秘藏，不易见，清孙星衍刻的本子就是最好的本子。三类版本，他刻过两种，一是刻影宋本《魏武帝注孙子》，二是刻《孙子十家注》。此人对《孙子》情有独钟。他姓孙，自称“孙武之后”，有光宗耀祖的巨大动力。研究《孙子》，清代学者，他功劳最大。前书，我们要感谢他。因为该书原本已经失传，他的本子有不可替代的价值。后书，早先，宋本（《十一家注孙子》）不易见，明本（一般叫《孙子集注》，有谈恺本和黄邦彦本）也不易见，孙星衍发现明华阴《道藏》本，赶紧印，是最普及的本子，现在有宋本，可以代替它，但以前是独一份。《武经七书》本，有《续古逸丛书》影印的日本静嘉堂文库本，这个本子和《魏武帝注》本是出于一系，有《魏武帝注》本，也可以不读它。现在，研究文本，可看我的《〈孙子〉古本研究》。

宋以前,简本和古书引文,我做了全面搜集和分期排队,极便参考。宋以来,典型版本,我也做过横向比较。相比之下,《魏武帝注》本最好。宋以后,都是重复,不必校,不必读。

(3)注本。过去读《孙子》,主要是军人。他们读的都是《武经七书》。学者盛称的金施子美《武经七书讲义》,明刘寅《武经七书直解》和赵本学《孙子校解引类》,清朱墉《武经七书汇解》,都是属于这个系统。这些书,除了研究学术史,没有太大价值。清代,考据学发达,但《孙子》没人理,没有一流学者做深入研究。孙星衍也没有注《孙子》。他们的注,也多半不必读。我认为,读旧注,还是宋本《十一家注孙子》最好。另外,我的《吴孙子发微》,是全面研究《孙子》的文本演变,针对所有疑难词语做深入考证,并附有白话翻译的书,也是便于参考的注本。《〈孙子〉古本研究》的下编还汇集了我历年考证《孙子》文本和词语的有关文章,是写作《吴孙子发微》的素材和研究基础,请参看。

(4)校勘。清代学者没人理,国家图书馆有个王念孙校本,只是过录本,我看过,没什么价值。清代,贡献最大,还是孙星衍。孙氏校勘《孙子》,方法很对,主要是据类书引文,研究早期面貌。宋以后的情况,杨炳安《孙子集校》(北京:中华书局,1959 年)做过全面调查。他的工作有两方面的意义,一是为我们理出两大版本系统,二是在客观上证明,宋以下的版本,其实不值得校勘。我在上面提到的两本书,对校勘也进行了总结[①]。

读《孙子》,基础的基础,是五件事:第一是细读原典,第二是精研旧注,第三是考证源流,第四是分析结构,第五是解决词语上的难点,读不懂的词语,别轻易放过。

除我在《吴孙子发微》中提供的书目,大型参考书,还有两种,可供查用,但价格比较贵。一种是《孙子集成》,24 册,谢祥皓、刘申宁辑,济南:齐鲁书社,1993 年;一种是《孙子兵学大典》,10 册,邱复兴主编,北京:北京大学出版社,2004 年。

以上,是就《孙子》谈《孙子》。

如果大家对《孙子》比较熟了,我建议,大家可以读一下《武经七书》的

---

① 这两本书,均已收入中华书局刚刚出版的拙作《〈孙子〉十三篇综合研究》一书。

其他几种，还有上面说的其他兵书，包括出土的兵书。明茅元仪说，《孙子》写得最好，其他兵书，不过是《孙子》的注疏（《武备志》卷一《兵诀评》序）。明李贽的《孙子参同》，就是把其他兵书，还有史书中的战例，分门别类摘出来，用来注《孙子》。这个读法很好。

另外，我们真想从《孙子》学点什么，特别是学它的兵术和思想，还要把它放进军事文化史和思想史来读。这是下一讲的内容。

【第二讲】

怎样读《孙子》

《孙子》的读者很多，各种各样。读者不同，兴趣不同，读法也自然不同。军人有军人的读法，文人有文人的读法，其他人有其他人的读法，古今中外不一样。我自己也有我自己的读法。

这里做一点简单的介绍。

（一）传统军人的读法

《孙子》是一部兵书。兵书主要是军人写的，也是写给军人看的。

历史上，《孙子》的读者主要是军人。如宋代武举，既考马上马下，武功如何；也考《武经七书》，文章如何。《七书》的第一部就是《孙子》。

兵书本来是写给军人看的，但很多军人都不读书，更不用说读兵书。

军人读兵书，最看重用。他们的读法，一是喜欢直接读原文，读书不求甚解，比如宋以来的《武经七书》，就是这么读，白文无注；二是有注，也力求简明扼要，比如元丰初刻本的《武经七书》，原来有曹注，曹注非常简短；三是不尚空言，注重实例，老师教学生，喜欢援引战例，用历史上的成败得失来讲话。

战史是用流血的经验写成，战例对军人最有用。读兵书，从战例入手，是对头的。

汉朝读《孙子》，最出名，莫过韩信。他行师用兵，常活用《孙子》（《史记·淮阴侯列传》）。但当时的军人不一定读。如骠骑将军霍去病，汉武帝教他读“孙、吴兵法”，他就不读，说“顾方略何如耳，不至学古兵法”（《史记·卫将军骠骑列传》）。当时读兵书，很重史书中的战例，和欧洲的传统差不多。如光武中兴，立大功的冯异，这个征西大将军，原来是读书人，就以精通《左氏春秋》和《孙子兵法》而出名（《后汉书·冯异传》）。三国，吴将吕蒙，本来不读书，孙权劝他读书，他说军务太忙，没时间，不读。孙权说，我又没叫你死抠经书当博士，从前，光武帝也忙军务，却手不释卷，人家曹操，年纪一大把，也老而好学，你还不给我赶紧去读《孙子》、《六韬》、《左传》、《国语》，还有三史（即《史记》、《汉书》和《东观汉记》）。他叫吕蒙读的，也是兵书和战例。吕蒙读了，简直好像换了个人，鲁肃夸他学问大，不再是以前的“吴下阿蒙”，他自己也说，士隔三日，当刮目相看（《三国志·吴志·吕蒙传》注引《江表传》）。孙权出富春孙氏，号称孙武之后（《三国志·吴书·孙破虏讨逆传》）。他喜欢读兵书，要部下也读。

兵书有用，但怎么用是大问题。用得不好，还不如不读。

（二）传统文人的读法

兵书是什么人写的？主要是军人。但古代也有其他人写兵书，不一定全是职业军人。比如，《墨子》讲城守的各篇，还有《荀子》中的《议兵》，汉以来都认为是兵书，就不是军人写的。宋代的文人，也经常掺乎军事，有些作品，就是出自文人的笔下。文武有分工，其来尚矣，但自古军中就有文职，摇羽毛扇的军师谋士和带兵打仗的人不一样，张良、诸葛亮型的人，古人叫“画策臣”，现在叫参谋，他们都是很有知识的人，很会动脑筋的人。现代指挥人员，也是从军校毕业。兵书的作者还是要有点文化。它的读者，也有一些是文人，特别是关心军事的文人。

文人读《孙子》，特点是咬文嚼字，一字一句，抠得细，讲解词义，分析内容，比军人强。他们喜欢读有注的《孙子》。比如，宋代的《十一家注孙子》，搜集历代注解，就是文人的读物。其中很多注，都是文人写的，或很有文化的人写的。旧注，唐四家的杜牧，宋四家的梅尧臣，都是有名的文人。

文人谈兵，大家喜欢说“书生之见，纸上谈兵”，明清小说经常这么讲，意思是，文人不懂军事，只会说，不会干。这种说法，很明显是贬义，但它出现比较晚，明清以前，好像没有这种说法。什么叫“纸上谈兵”？大家举例，总是拿赵括当典型。司马迁说，赵括的爸爸赵奢是赵国的名将，秦国怕他。赵括从小读兵书，谈起军事，以为天下没人比得上他。他和他爸爸辩论，他爸爸都辩不过他。但他爸爸看得很清楚，兵事凶险，这小子太狂，把它看轻了，并不认为他真懂兵法。赵奢死后，秦国散布谣言，说我们最怕赵括子承父业当将军，使赵国上当。他妈妈劝赵王千万不要让他当将军，赵国的另一位大将廉颇也说，他是"徒能读其父书传，不知合变"，都不同意让他当将军，但赵王不听，结果就发生了秦军败赵于长平，40 万人被活埋的惨剧（《史记·白起王翦列传》）。

赵括光会读书，没有带兵和实战的经验，随便换人，随便改规矩，又不知道怎么应付战场上的千变万化，误不在书而在用。文人好读书，但照搬书本的，未必是文人。从早期制度看，肯定不是文人。赵括是世将，不是书生。文人，只要不心血来潮，投笔从戎，是插不上手，也负不起责的。魏源说，"今日动笑纸上谭兵，不知纸上之功，即有深浅，有一二分之见，有六七分之见，有十分之见"（《圣武记》卷十二）。兵书都是"纸上谈兵"（但赵括的时代还没有纸），有的写得好一点，有的写得差一点，关键是怎么用。书是书，用是用，不能混为一谈。

文人谈兵，害国误国，也有。但作用一般是间接的，主要问题出在政治，出在政治上的瞎指挥。这种问题，宋以来最突出。

宋代有意思。宋太祖出身军人，赳赳武夫，马上得天下，反而提倡偃武修文。他是有感于唐末五代，藩镇割据，兵连祸结，对国家为害太大，才痛下决心，让笔杆子管枪杆子。以文制武，以文代武，就是当时的"政治挂帅"。明代，太监当政委，也是宋代就有的制度。文人不懂军事，但比军人懂政治。乱世靠军人，承平靠文人。承平之世，军队的作用是警察，分散各地，用于剿匪，维持治安，这是双刃剑，内战内行，外战外行。岳飞冤死风波亭，就是"杯酒释兵权"的历史遗产。宋代的安定团结是获福于此，屡战屡败也是埋祸于此。问题最大是中御之患。宋代猜忌武人，监视武人，什么都不放心，临阵才授锦囊妙计和阵图，能不打败仗？

宋代，朝廷重视军事，是被逼无奈。

宋仁宗宝元元年（1038 年），元昊称帝，从此边患无穷，才出现"士大夫人人言兵"的局面，宋代注解《孙子》的，很多都是那时的文臣（《郡斋读书志》卷十四）。庆历三年（1043 年），立武学，刻《武经总要》，也是针对边患。立武学属于范仲淹的庆历新政。当时，文臣捣乱，说学学古名将就得了，何必读兵书，故武学三个月就被撤销①。《武经总要》是曾公亮和丁度编的，他们也是文臣。

宋神宗于熙宁五年（1072年）再立武学，是第二遍。《武经七书》就是武学的教本。宋神宗元丰三年到六年（1080—1083年），朱服、何去非奉命校刻《武经七书》，他们也是文臣。当时，武学归国子监管。朱服是国子司业，相当于今教育部的副部长。何去非是武学博士，相当于今军事科学院的教授。何去非写《何博士备论》，是讲当时的"政治挂帅"，深得苏轼赏识，但他并不安于本职工作，两次请苏轼上书，推荐他转文职。宋以来，文人在武人之上，武举和文举没法比。文人谈兵，注重治兵，讲来讲去，无非是士兵要听将领的话，将领要听天子的话，一切命令听指挥。当时，刻《武经》，立武举，是模仿读书人，但骂《孙子》无用、兵书无用的也是读书人。军人不读书是不行了，但兵书和打仗脱节是大问题。打仗是一回事，武器、制度、训练，是新一套；读书是又一回事，完全是古典。真的打起来，大主意是皇上和皇上身边的人拿，没人管兵书怎么讲。当时打败仗，责任在皇上和文臣，不在军人。苏洵讲治兵，说带兵打仗有什么难，不过如"贱丈夫"管下人、丫环、小老婆（《嘉祐集》），苏轼讥评孙武，也说"天子之兵，天下之势，武未及也"（《苏轼集》卷四二《孙武论下》），都说丘八不懂政治。但政治是文人搞坏的。

文人批评武人，喜欢拿三代王者之兵、春秋霸者之兵压战国兵家，拿《司马法》压《孙子兵法》。这是典型的宋代偏见。后世怀疑《孙子》，这类批评是源头。

宋神宗时，王安石变法，有所谓熙宁新政，立武学，刻武经，都在这一段。苏洵、苏轼和何去非，都属于反对派。他们的议论，他们的怀疑，可能和政治斗争有关。背景复杂，值得研究。

这是历史上的情况。

下面，我再讲一下现在的风气，看看我们现在是怎么读《孙子》。

① 吴九龙、王菡《宋代武学与兵书》，收入《〈孙子〉新论集粹》，北京：长征出版社，1992年，454—460页。

(三)《孙子兵法》和应用研究

什么叫“应用研究”？大家可以看一下最近出版的《孙子兵法大典》(北京:北京大学出版社,2004 年)第七册的第一部分,即杨善群主编的《拓展借鉴》。这里面,政治统御、商业竞争、企业管理、金融投资、外交艺术、教育教学、科技创新、卫生医疗、体育竞技、积极人生,真是应有尽有。但当今所谓“应用”,主要还是赚钱。兵法可以赚钱,以前想不到。现在读《孙子》,这是主流。

现在的读者,圈子比以前大,军人以外的读者,数量激增。现在不打仗,但他们比军人还讲用。特别是商人,特别是一般民众。《孙子》普及,大家都来读,当然是好事,但糟糕的是,它被滥用。大家放着原书不读,光讲用,想起一出是一出。什么股市搏击大全,情场决胜指南,简直成了狗皮膏药、万金油。大家都是带着问题学,急用先学,活学活用,立竿见影,像林彪说的。那劲头就像古人说的用《春秋》断狱,用《河渠书》打井。我不喜欢这一套。这是军人读《孙子》的现代变形。不是变好了,而是变坏了。

商场如战场,大家挂在嘴边,常说。用《孙子兵法》做买卖、管员工,很时髦。1984 年,有三个中国人,李世俊、杨先举、覃家瑞,他们合编了一本书,《〈孙子兵法〉与企业管理》,南宁:广西人民出版社出版。据说,用《孙子兵法》讲企业管理,这在我国是头一部。但在日本,这类学问早有,上世纪50 年代就有。

我记得,十五年前,有个日本商人,叫服部千春,来中国宣传他的研究。《孙子兵法》研究会的头两次会议,第一届(山东惠民,1989 年)和第二届(北京,1990 年),他出过钱,领导接见合影,他总是站在中间。据说,他的员工,每天上班,先要背《孙子兵法》。第一次会,在山东。山东特产是圣人。他到山东,先拜孔子,再拜孙子。孙子的老家在哪儿？好几个地方在抢。他是在惠民拜孙子。会上,主持人说,我们听说,您是靠《孙子兵法》赚的钱,您能给大家讲讲您是怎么用《孙子兵法》赚的钱吗？他说,对不起,这是商业秘密,不能讲。

日本尚武。二次大战,日本战败,英雄无用武之地,他们把武士精神用在商业上，是再自然不过。日本最早提倡这类研究的人，很多都是前“日本鬼子”。大桥武夫是前陆军中佐和东部军的参谋，武冈淳彦是前陆军中将。他们都是放下屠刀，马上赚钱。这种活学活用很可笑，但影响非常大。因为中国也无仗可打。改革开放，我们也是全民经商，做买卖的风气很浓。老板办班，《孙子兵法》是热门话题。有人起哄，说什么全世界都在学《孙子》，这是潮流，《孙子》出在咱们中国，但“《孙子》学”在人家日本，日本已经抢在前头了，欧美也在跟着学，咱们不学，那可就晚了……

《孙子》热，除经商本身，还有个热点，是阴谋诡计。这个热点和前者也有关。很多人把《孙子兵法》和《三十六计》搁一块儿读，摊书和电视都跟着炒。有一次，给老板上课（北京大学哲学系安排的），我讲半天，他们坐不住，问我为什么还不进入正题。我说，什么是正题？他们说，《孙子兵法》和《三十六计》是什么关系。我说，一个两千年前，一个两千年后，没什么关系，“借刀杀人”、“趁火打劫”、“无中生有”、“笑里藏刀”、“顺手牵羊”、“浑水摸鱼”、“偷梁换柱”、“指桑骂槐”，这些还要我教吗？满地的奸商都会。

这是现在的风气。

大家说，《孙子》有用，有大用，背景是什么？我看，主要是受两大神话启发。

一大神话是，美国是靠《孙子兵法》打胜仗。美国打胜仗，不是韩战，不是越战，而是两次伊拉克战争。我在《读〈剑桥战争史〉》中讲过①，这是自我欺骗、自我麻醉。我们的电影，经常绘声绘色，借别人的嘴，说自己的话。如西洋女爱中国郎，惨遭拒绝，对方问为什么？他说，你无法理解中国人的感情。还有演日本人，也是替他们忏悔，替他们谢罪，替他们自己骂自己，鼻涕眼泪一大把。这不是瞎掰？人家美国打胜仗，道理很简单，主要还是靠国力军力高科技，石头砸鸡蛋。人手一本读《孙子》，乃子虚乌有，全是咱们自欺欺人编出来的。

还有一大神话，日本是靠《孙子兵法》发的财。这也是胡说八道。战后的日本，作为战败国，无仗可打，美国也不让它打，英雄无用武之地，武士精

① 李零《花间一壶酒》，北京：同心出版社，2005年，43—76页。

神，只能用来做买卖，他们扎堆抱团的团队精神、咬牙跺脚的奋斗精神，还有模仿家长制，把老板当爸爸的管理学，都是来自日本文化，而非《孙子兵法》。欧美发财是靠抢亚非拉，日本发财是靠打中国。就算起死回生，日本的起飞是新一轮，那也是靠美国，韩战越战，发战争财。亚洲四小龙，是靠孔子发的财，这是神话；靠孙子发的财，也是神话。我国讲《孙子兵法》与企业文化，什么都挂上《孙子兵法》，风从日本来。

电视上，做买卖的喜欢说，我是儒商。我是山西人。晋商，钱庄、票号、国际贸易，很有名。大家说，这就是儒商。宋以来，有泛儒主义，什么都爱挂个儒字，将有儒将、医有儒医。所谓儒将、儒医，毫无标准，儒只是包装。中国传统，万般皆下品，唯有读书高，看不起搞技术的、做买卖的，贴上个儒字，马上显得很有文化，很有道德。

图一　明代铜关羽像　河南新乡市博物馆藏

上述应用研究，打《孙子》旗号，颇有类似性。

它让我想起了关老爷（图一）。

中国的文圣人是孔子，武圣人该谁当，本来有很多人选，太公、孙子、诸葛亮，哪个都比他合适，但宋以来，特别是明末清初，不知是哪股邪乎劲儿，大家非把文武皆非一流的关老爷拖出来，前面搁本书，后面戳把刀，让周仓替他拄着，“赤面秉赤心，青灯观青史”，烟熏火燎，受大家朝拜。北宋宣和年间，他还是配祀太公，靠边站。明万历年间，才当关圣帝君，让三大忠臣陆秀夫、张世杰、岳飞陪着，坐中间。清朝，更有意思，那些本来是忠臣应该死磕的敌人，反比忠臣更尊崇关老爷，满族灭明就是求他保佑。说书的一张嘴，体现的是人民的力量。皇上也拗不过民意，居然让他当了武圣人。

宋以来，中国最缺的就是文不贪财、武不怕死。关老爷恰好弥补了这个空白（想象的空白），因而成了道德化身。他老人家，真是什么都管，特别是升官发财和江湖义气。解州的关帝庙，隋代就有，天下第一关庙。有人说，关公文化是俺们山西人的发明，他们在全国各地做买卖，到处有会馆，各地的关庙，就是他们的连锁店。但人家南方，也不含糊。传统中国，头在北方，屁股在南方，鬼子来了，屁股变成头。清末民初，东南沿海，既是西方奴化教育影响最深的地方，也是庸俗国粹的保留地和集散地。南方出去的老华侨，特好这口（包括武侠文化和其他拜拜），发财的冲动也是后来居上。港台、唐人街是介绍这类国粹的窗口，托他们的福，关老爷竟走向全世界。关公崇拜，商人、帮会、老百姓，是基本群众。对老百姓来说，孔亲老亲不如关老爷亲。

迷信的本质是自欺欺人。《孙子》的应用研究，就是要把《孙子》搞成关公文化，有求必应，心想事成。我劝大家，别舍书不读，拿它当狗皮膏药、万金油。

（四）《孙子兵法》和哲学研究

《孙子》为什么会变成狗皮膏药、万金油，我一直在琢磨，这是怎么一回事。除上面说的原因，急于求用的各种理由，还有一点，恐怕不容忽视。

打仗，不光是体力活，还靠脑子。我们不要以为，只有哲学家才懂哲学。兵法里面也有哲学，很深奥的哲学。哲学是什么？是从所有知识中概括提炼出来的东西，奶皮子一样浮在上面的东西，哪一行都不沾，哪一行都能管。《孙子》很有哲理，比其他兵法更有哲理，特别是在行为学上，有很深的理解。但任何哲理，离开它所依托的各种实际知识，讲滥了，讲玄了，就是狗皮膏药、万金油。

历史上，文人读《孙子》，寻章摘句，多停留于字面，思想深度不够。近代不一样，文人改攻思想史。研究思想史的，很多人都注意到，它很有哲理。从前，冯友兰写《中国哲学史》，不收《孙子》①，现在大家都承认，兵法和哲学有很大关系。其实，《战争论》也和哲学有很大关系。这方面，可以开

① 冯友兰《中国哲学史》，上册，25—27页。

掘的东西很多。我在以后各讲还要讲，这里不再啰嗦。

文史哲，和应用科学不一样，特点就是没用。不但没用，还经常抹杀可行性，像老子说的，“无之以为用”，要的就是没用，或拿没用当用（《老子》第十一章）。《红楼梦》有什么用？指导搞恋爱吗？《儒林外史》有什么用？搞教育改革吗？史学家讲“以史为鉴”，但天下没有后悔药，就是引为教训的东西，也未必可以照搬照用。哲学更是不中用的东西。

现在的《孙子》热，让我想起一段往事，并不如烟。“文革”时期，我在内蒙插队那阵儿（1968—1970年），有本小红书，是毛主席的四篇哲学著作，所有人都学。当时有个工农兵学哲学、用哲学，到处搞讲用的小高潮。炼钢炼铁种庄稼，什么都靠哲学。徐寅生的讲用最有名，他用毛主席的哲学思想指导打乒乓球，说得头头是道。中国得了世界冠军，不能不服。我们在农村也学，干什么都说是哲学指导。白天累个贼死，晚上还组织学习。煤油灯下，一屋子的烟，老贫农最爱瞎扯。他们学哲学，能学什么？不是种庄稼，就是喂牲口，越讲越乱。我在大队小学教书，那边安电灯，有人又来劲儿，居然大讲，如何用“两论”安电灯。现在想起来，实在可笑。种田，为什么不用农业科学指导？安电灯，为什么不买电工手册？

我的看法是，《孙子》是高屋建瓴，层次高，很有哲学味道。但越是层次高的东西才越不能乱用。登高要一步一个脚印往上爬，下楼要一个台阶一个台阶朝下走。你要把理论付诸实用，就得从理论的百尺高楼，慢慢走下来。着急，嫌累，没电梯，千万别打开窗户，一头扎下来。任何哲学，从形而上到形而下，都不能一竿子插到底，中间要有层次转换。兵书虽讲实用，也不能从最抽象的谋略一下子就跳到具体的实战，中间要有实力、制度和技术的支撑，没有这些环节，一环扣一环，非常危险。现在的拓广也一样，必须有层次转换。没有层次转换，什么都玩兵法，太危险。

中国的军事传统是重谋轻技，照搬兵书，危害尤大。

赵括的错误是教条主义。

教条主义者不一定都是读书人，而只是误用书本的人。读书人可能误用书本，不读书的人也会误用书本。教条主义和经验主义，经常是相互配合。读书人带着不读书的什么都扯上一个用字，借这个用字，心往一处想，劲往一处使，能胡说的和能胡干的结合起来，危害最大。

古人说，能言之者未必能行，能行之者未必能言(《史记·孙子吴起列传》)。好兵书不一定是最能打仗的人写出来的，最能打仗的人也未必写兵书，写出来也不一定精彩。很多人都分不清书和用的关系。

我的基本想法是，读书，就要老老实实读书，先把书原原本本读好，再谈用。如果急得不行，也可以不读书。不一定什么都得“拿书来”，什么都得安上几句书本上的话。

(五)用世界眼光读《孙子》

现在，研究《孙子》，眼界很重要。对我来说，这点最重要。

上次，我们讲《孙子》的经典化，重点是书本身。书是中国书，要按古文献的方法原原本本读书，没问题。我的《吴孙子发微》和《〈孙子〉古本研究》，就是讲这种读法，这里不再重复。现在，我要说的是，《孙子》是兵书，人家外国也有兵书。中国人读《孙子》，外国人也读。他们是两只眼，我们是一只眼。我们只读中国的兵书，不读人家的兵书，等于瞎了一只眼。我们是现代人，现在的《孙子》，是世界军事文化的一部分。我们应在世界军事文化的背景下读《孙子》，要多少注意一下其他文化的想法，有一点古今中外的比较。

和这个问题有关，我想讲一下《孙子》在海外的传播。

我们先说日本。

中国人讲日本，有个大错误。我们老是说，他们是学生，我们是老师，学生打老师，不像话。这是倚老卖老不自尊。其实，近代日本，他们的启蒙是脱亚入欧，脱是脱中国，入是入欧美。我们不要搞错了，人家的老师是欧美，根本不是中国。亚洲近代化，他们捷足先登，何曾拜我们当老师?

中国给日本当老师，那是往事，一千多年前的事。汉唐，中国强大，他们佩服得五体投地，和明清不一样。明朝，他们来叩门，已经发现我们的弱点。清朝，汉族被满族征服，满族被汉族腐化，最后是四面受敌，列强瓜分，他们瞧不起。我们有悠久文明，没错，但也有文明之痼疾，不但腐化，而且自大，病得不轻，还讳疾忌医。他们骂我们是清国奴。日本人讲硬道理，吃硬不吃软,我们不能强迫别人佩服自己。

《孙子》外传,最早是日本。流行说法,公元 734 年或 752 年,也就是唐开元、天宝年间,有个日本留学生,叫吉备真备,他把《孙子》传到了日本。另一种说法,比吉备真备还早,公元 663 年,有四个百济人,也就是今天的韩国人,他们把《孙子》传到了日本。甚至还有一种说法,公元 516 年,是中国人把《孙子》传到了日本①。

不管谁传,反正最晚到唐代,《孙子》就传到了日本。

公元 9 世纪,藤原佐世的《日本国见在书目》,其中著录了六种《孙子》书(图二)。

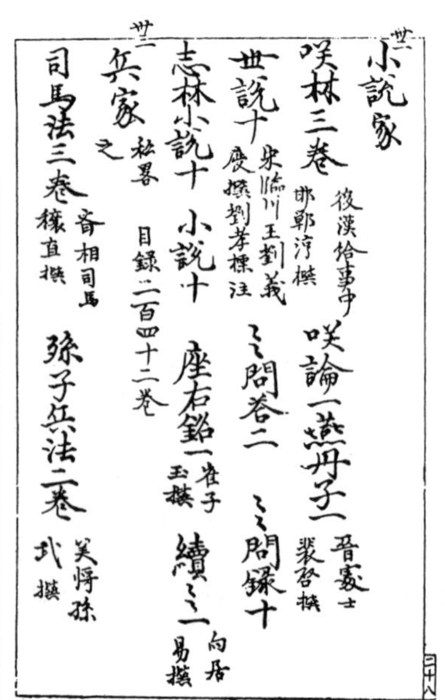

廿
小説家
咲林三巻 後漢給事中邯鄲淳撰 咲論一 燕丹子一 晋處士裴啓撰
世説十 宋臨川王劉義慶撰劉孝標注 〻問答二 〻問録十
志林小説十 小説十 座右銘一 崔子玉撰 續〻〻一 向居易撰
廿
兵家 之 秘書目録二百四十二巻
司馬法三巻 晋相司馬穰直撰 孫子兵法二巻 吳將孫武撰

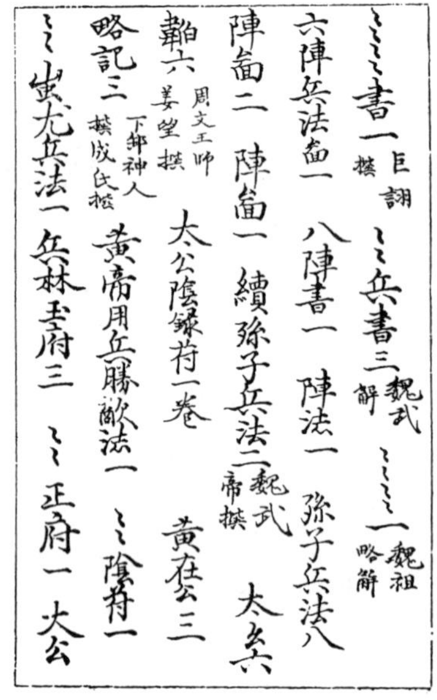

〻〻書一 巨詡撰 〻兵書三 魏武解 〻〻〻一 魏祖略解
六陣兵法圖一 八陣書一 陣法一 孫子兵法八
陣圖二 陣圖一 續孫子兵法二 魏武帝撰 太公兵
韜六 周文王師姜望撰 太公陰録符一巻 黄石公三
略記三 下邳神人撰成氏撰 黄帝用兵勝敵法一 〻陰符一
〻〻蚩尤兵法一 兵林玉府三 〻〻正府一 大公

图二 《日本国见在书目》的著录

虽然,《孙子》很早就传到日本,但很长时间里,《孙子》是秘藏,并不是广泛学习的读物。日本武士,他们的传统,是来将通名,捉对厮打,比我们蛮,比我们横。中国的兵法是万人敌,比他们阴,比他们柔。他们真正学《孙子》,主要是明清以来。

① 华西主编《世界影响》,1—41 页,收入邱复兴主编《孙子兵学大典》,北京:北京大学出版社,2004 年,第七册。

我们要知道，蒙元之后，世界有大变化。五百年前，欧洲在崛起。四百年前，日本开始打中国的主意。利玛窦来中国，他就说过，倭寇对中国震动很大，日本虽小，但很凶悍，中国怕日本。中国抗倭，有两位名将，一位是福建晋江人，叫俞大猷；一位是山东蓬莱人，叫戚继光，都是海边上的人。俞大猷有个老乡，叫赵本学，字虚舟，是个黄石公式的隐士。他拜赵氏为师，深得秘传。赵本学的兵书有两种，一种是《孙子校解引类》，后面有俞大猷的序；一种讲阵法，叫《续武经总要》。《续武经总要》共八卷，卷一至卷七是赵氏的《韬钤内外篇》，最后一卷是俞大猷的《韬钤续篇》，主要是传赵氏法。两本书都是俞氏所刻，用以"平岛夷"。军人都知道，敌人是最好的老师，文人没这个雅量。俞大猷打日本人，据说是用赵氏法。日本对赵注很推崇，中国反而没人读。日本是谁把他打败他佩服谁。比如美国，它就佩服；中国，它就不佩服。二次大战，它不认为，是咱们中国打败了它。赵氏的《孙子》注在日本影响很大，特别是德川幕府时代，原因也是中国打了它。此书有明隆庆本（中国国家图书馆、美国国会图书馆有收藏），以及晚一点的翻刻本，但一般人看不到，坊间的刻本反而是从日本回传。比如，我手头的本子，民国九年（1920 年）的益新书局本，就是翻刻日本文久癸亥（1863 年）本，即亦西斋刻本。还有，日本有樱田古本，服部千春极力推崇这个本子①。他说这个本子很古老。但这个本子是什么时候才有，实在很有问题。我们现在看到的本子是日本嘉永五年（1852 年）刻，里面有赵氏的改动，可见并不古老。

日本的近代崛起，是靠两场硬仗。一场是甲午战争（1894 年），占朝鲜，割台湾；一场是日俄战争（1904—1905 年），夺辽东和库页岛。两次战争，都是奇耻大辱，给中国留下深刻印象。近代中国学西方，经常是从日本学。比如科学术语，就多半是经日本转译。同盟会学，北洋军阀学，就连杀身成仁的武士道，也有人学。秋瑾，"诗思一帆海空阔，梦魂三岛月玲珑"（七律《日人石井索和即用原韵》），照片上拿把刀，诗词歌咏，也是刀刀刀，满纸铁血主义。这是日本作风。

不打不相识，战争总是相互学习。近代的我们，其实是学生。

《孙子》传入欧洲，年代比较晚，是 18 世纪，拿破仑战争前。

《孙子》的第一个译本是法文本。他是由一位法国耶稣会的传教士，受

① 服部千春《孙子兵法校解》，北京：军事科学出版社，1987 年。

法国国王路易十五的国务大臣委托，替法国调查中国的诡诈之术，带有情报性质。这个传教士，汉名叫钱德明(P.Josephus Maria Amiot)。他生于1718年，1750年来华，1793年在北京去世。外国传教士，利玛窦、汤若望、南怀仁是葬在车公庄的栅栏墓地，法国耶稣会的传教士是葬在正福寺。正福寺的墓地，现已荡然无存，我去原址寻访，只看到一块半截的残碑，扔在一户人家的门口。其他，都拉到五塔寺，现在的北京石刻艺术博物馆。钱德明的墓碑也在那里(图三)。

图三　钱德明像、墓碑及碑文拓本

钱德明的译本(图四),是《武经七书》全译,不光译《孙子兵法》。1772年,钱德明的译本在巴黎出版。这一年,拿破仑3岁。钱德明死的那一年,拿破仑24岁。他在钱德明的家乡土伦打了一仗,以战功晋升准将。

1804年,拿破仑在法国称帝。从此,是拿破仑战争的时代。1806年10月13日,法军攻入普鲁士的耶拿。当天,黑格尔正在城里,刚好写完他的名山之作,《精神现象学》。法国兵闯进他的家,他拿好酒好菜招待他们,一拨走了一拨又来,只好揣上自己的手稿躲到耶拿大学副校长的家里。他给朋友写信说,我看见了“马背上的世界精神”。“马背上的世界精神”就是拿破仑[①]。拿破仑是当时的英雄。贝多芬写《英雄交响曲》,本来就是献给他的。

ART MILITAIRE
DES CHINOIS,
OU
RECUEIL
D'ANCIENS TRAITÉS SUR LA GUERRE,
composés avant l'ere chrétienne,
PAR DIFFÉRENTS GÉNÉRAUX CHINOIS.

Ouvrages sur lesquels les Aspirants aux Grades Militaires sont obligés de subir des examens.

ON Y A JOINT
Dix Préceptes adressés aux Troupes par l'Empereur YONG-TCHENG, pere de l'Empereur régnant.
Et des PLANCHES GRAVÉES pour l'intelligence des Exercices, des Evolutions, des Habillements, des Armes & des Instruments Militaires des Chinois.

Traduit en François, par le P. AMIOT, Missionnaire à Pe-king, revu & publié par M. DEGUIGNES.

A PARIS,
Chez DIDOT L'AINÉ, Libraire & Imprimeur, rue Pavée, près du quai des Augustins.

M. DCC. LXXII.
AVEC APPROBATION, ET PRIVILEGE DU ROI.

图四　钱德明翻译的《武经七书》

图五　克劳塞维茨

当时,还有另一个重要人物,《战争论》的作者克劳塞维茨(图五),后来欧洲最著名的军事理论家,随奥普斯特亲王参加奥尔施塔特会战,当了拿破仑的俘虏。在柏林的普鲁士王宫,拿破仑居高临下,接见了他们。他说,我始终渴望和平,不知道普鲁士为什么要向我宣战。这句话,让克劳塞维茨刻骨铭心。后来,他说,“征服者总是

① 黑格尔致尼塔麦的信(1806年10月13日):“我看见拿破仑,这个世界精神,在巡视全城。当我看见这样一个伟大人物时,真令我发生一种奇异的感觉。他骑在马背上,他在那里,集中在这一点上他要达到全世界,统治全世界。”见黑格尔《精神现象学》,贺麟、王玖兴译,北京:商务印书馆,1979年,上册,3页。又阿尔森·古留加《黑格尔小传》,刘半九、伯幼译,北京:商务印书馆,1980年,46—47页。

爱好和平的(如拿破仑一贯声称的那样),他非常愿意和和平平地进入我国"[①]。我们都知道,列宁特别欣赏这句话[②]。拿破仑是"革命的皇帝",他风卷残云,征服欧洲,除全民皆兵,采用新军制,战法也完全不同。如:用轻装步兵,快速挺进,露营,就地补充,因粮于敌;用纵队突前,散兵殿后,避开对方的火力,而以机动性能更好、火力更强的大炮,轰击对方的密集横队;擅长使用预备队,特别是他的近卫军。克劳塞维茨之所以成为日后的大理论家,和他作为败军之将,受了很大刺激有关。这个刺激是什么,就是拿破仑的"兵不厌诈"。还有一点,我们千万不要忘记,他虽12岁从军,却非一般的武夫。他喜欢席勒和歌德,跟康德主义者基瑟韦特学过哲学,文史哲方面,都有很高修养。有人说,他的风格更像黑格尔。他不是身经百战的名将(参加过一些实战,但没有亲自指挥过重大战役),但好学深思,喜欢随军观察,喜欢事后总结,喜欢和最杰出的军人交换看法。他认真分析过130多个战例,有点类似电视上那种评球或讲棋的人,讲起来头头是道。真正的武人,用兵如神的军事家,很多人一辈子都不写兵书,写出来也未必精彩。写兵书,克劳塞维茨这样的人,最合适。

西方,战略文化不发达,"古代作战艺术的基础是战术和战役",他们是拿史书和战例当兵书,很长时间里,一直没有舍事言理的兵书,古希腊、古罗马没有,中世纪也没有,"19世纪的早期,产生了职业军队和拿破仑式战役,才形成现代战略的原则";克劳塞维茨出,把拿破仑战争时代的战例加以总结,写了《战争论》,欧洲才有了具备战略水平的兵法[③]。《战争论》是西方最著名的兵法,最有哲理的兵法,和《孙子》相似。产生背景也差不多:兵不厌诈加哲学气氛。

还有一部兵法,也值得一提,就是瑞士人若米尼(或译约米尼,图六)的《战争艺术概论》(刘聪译,北京:解放军出版社,2006年)。若米尼也参加过耶拿战役,不过,他不是与拿破仑为敌,而是拿破仑的手下,后来服务于俄国的亚历山大一世。

---

① 克劳塞维茨《战争论》,第二卷,496页。

② 列宁《克劳塞维茨〈战争论〉一书摘录和批注》,北京:人民出版社,1960年。

③《不列颠百科全书》,国际中文版,北京:中国大百科全书出版社,2002年,第16卷,246页。

图六 若米尼

克劳塞维茨和若米尼，他们的书，对西方影响很大。恩格斯和列宁，对他们的评价也极高，特别是克劳塞维茨，特别是他的整体战略，还有他的名言，“战争是政治的继续”。六年前，有本书，叫《超限战》[1]，很轰动。此书一出，让美国和日本大惊小怪，说它是鼓吹恐怖主义，不择手段。其实，“对敌人的全部疆域、财富和民众实施打击”，不受任何限制，这正是克劳塞维茨主张的总体战[2]。当然，后来的德国军事家对他的强调，恰恰是其追求暴力无限的倾向[3]。利德尔·哈特认为，他们是读偏了[4]。

他俩是欧洲的孙、吴。

中国的孙、吴之术，背景是贵族传统大崩溃，兵不厌诈。齐人多诈，适合搞兵法。他们的学术也发达。战国中期，齐国是国际学术中心。《孙子》长于思辩，不是偶然的。两千年前的中国和两千年后的欧洲，时空遥隔，仍有一比。

拿破仑是失败的英雄。前些年，我在巴黎街头看海报，海报上的“大众英雄”，有格瓦拉，也有拿破仑（在《红与黑》中，他是于连崇拜的偶像）。他是一代名将，但没有读过《孙子》。拿破仑读《孙子》是我们自欺欺人的神话。虽然《孙子》问世于欧洲是拿破仑战争前，《战争论》问世于欧洲是拿破仑战争后，可《孙子》不但没和拿破仑见过面，也没和《战争论》的作者见过面。克劳塞维茨的书，是经老毛奇的宣传才出名，1900 年后，才广为人知[5]。《孙子》在西方的流传情况也差不多。

---

① 乔良、王湘穗《超限战》，北京：解放军文艺出版社，1998 年。此书最近被再版（北京：中国社会出版社，2005 年）。

② 《不列颠百科全书》，第 4 卷，258 页。

③ 埃里希·鲁登道夫《总体战》，戴耀先译，北京：解放军出版社，2005 年第二版。

④ 见利德尔·哈特为格里菲斯《孙子兵法》英译本写的序言，我把它翻成中文，以《回到孙子》为题，发表在《孙子学刊》上（1992 年 4 期，12—13 页）。

⑤ 威廉·冯·施拉姆《克劳塞维茨传》，王庆余等译，北京：商务印书馆，1984 年，479—484 页。

1900年后，两次世界大战，德国和俄国是对手，但很多德国人都不读《战争论》，真正重视克劳塞维茨的，反而是苏联。第二次世界大战，德军攻入苏联，在苏联的图书馆里，到处都能看到克劳塞维茨的书。德国的军人很后悔①。

克劳塞维茨和若米尼，都曾为俄国效力。托尔斯泰的《战争与和平》提到过当时在俄国的克劳塞维茨。翻译《孙子》，俄国也比较早，仅次于法国。

他们的兵书，都是拿破仑战争的产物。拿破仑本人不写，有人替他写。

我这样讲，是想提个醒。我们有兵法，人家也有兵法，彼此彼此。我们千万不要以为自己有部好兵法，人家就是我们的徒弟。

(六)向鬼子学习

战争，老师和学生是换着当。老师打学生，学生打老师，是常有的事。列强的道理，挨打的就是学生，打人的就是老师。鲁迅说，我们应放弃华夏传统的小巧玩意儿，屈尊学学枪击我们的洋鬼子②，就是讲这个道理。

中国近代，是一部挨打的历史，打我们的，都是老师。八国联军是八个老师，我们谁都学，不是一点一滴学，而是从武器、装备到制度、训练，全面学，彻底学。全盘西化，军事最明显。

最近出版的《剑桥战争史》说，西方战争方式是支配全球的军事传统③：

> 不管是进步或是灾难，战争的西方模式已经主导了整个世界。在19、20世纪，包括中国在内，以悠久文化称著(零案：应是“著称”之误)的几个国家，长期以来一直在坚持不懈地抵抗西方的武装，而像日本

① 威廉·冯·施拉姆《克劳塞维茨传》，3页。

② 鲁迅《忽然想到》(十至十一)，收入《华盖集》，《鲁迅全集》第3卷，67—75页。

③ 杰弗里·帕克等《剑桥战争史》，傅景川等译，长春：吉林人民出版社，1999年，3—4页。

那样的少数国家，通过谨慎的模仿和适应，取得了通常的成功。到20世纪最后十年，无论是向好的还是坏的方面发展，自公元前5世纪以来已经融入西方社会的战争艺术，使所有的竞争者都相形见绌。这种主导传统的形成和发展，加上其成功的秘密，看来是值得认真地考察和分析的。

作者讲得很清楚，日本是好学生，我们不够格。

日本是先下手者为强，我们是后下手者遭殃。

打人的是好学生，被打的不够格。近代中国和近代日本不同，主要在这里。但中国从未拒绝学西方。别的不学，也得先学这个。为什么？因为中国的大问题，第一是挨打，第二是挨饿。挨打比挨饿还要紧。典型表达，是“勒紧裤腰带，也要有根打狗棍”。问题严重到什么地步，大家到中国军事博物馆看一下，就一清二楚。我国的军队，从军装到武器，时代特征很明显，所有列强，我们是转着圈地学。只是学得不好，还没学到足以打别人的地步，列强也绝不让你学到这一步。战前，日本军校，老师打学生，高年级学生打低年级学生，是家常便饭。我们就是低年级学生，老师打完，还得挨高班同学的揍。

日本也是我们的老师，至少是半个老师。

日本打中国，一直说是救我们，把我们从白鬼子的统治下解放出来，他们是我们的大救星。这种又打又救，我们听不懂，但西方听得懂。

日本的选择，是先打谁，后打谁。苏、美、中国，首先该打的，当然是中国。打苏联，打美国，他们倒了霉。但中国是软柿子，日本扶同盟会，扶张作霖，扶满洲国，甚至宣传鲁迅的国民性批判，全是为了打中国。两次世界大战，我们都是战胜国，但胜得不硬气，列强（包括日本）还是不把我们当回事。

我们的选择，是挨谁打，而不是不挨打。孙中山的联俄容共，蒋介石的伐交，派人游说德国，游说意大利，游说美国，都是为了不挨打或少挨打。

加入先进才能不挨打，才能打别人，是日本的国际主义。

我先进，你落后，先进该打落后，是日本的民族主义。

两者并不矛盾，完全符合国际标准。

西方的战争方式，第一是到外国打仗，用武力为商业开道，传播文化，传播宗教;第二是重实力,重武器,依赖金钱和技术;第三是重视制度和训练。

日本比我们学得好。

我们的传统是战略守势,尚谋轻技,尚谋轻力,花拳绣腿的东西比较多。

西方的传统是解毒剂。

(七)《孙子兵法》和全盘西化

我们学西方,首先是学洋枪洋炮。枪炮本来是我们的发明,但我们反过来跟他们学。佛郎机炮是葡萄牙炮,红夷大炮是荷兰炮,都是明代就学。克虏伯大炮是德国炮,清代也早就引进。袁世凯,北洋军阀,都是欧洲打扮。北洋新军、北洋海军,还有后来的国民党、共产党,都是学西方。中国近现代,有三大陆军军校,武备学堂、保定军校和黄埔军校。武备学堂,李鸿章奏设;保定军校,蒋方震是校长;黄埔军校,蒋介石是校长,哪个不学外国?十年内战时期,红军的顾问是第三国际派来的德国人,李德。李德只是个工人。国民党,请的也是德国人,前后五个顾问,都是德国将军。第一位是德国退休的陆军总长,最后一位是亚历山大·冯·法肯豪森。蒋介石喜欢德国,佩服希特勒。德国需要中国的钨,也重视中德关系。中德断交,是没办法。当年,孔祥熙游说希特勒,无功而返;宋美龄游说美国,洒泪而还。蒋介石以为,只要上海打起来,列强就会来帮中国,他是打错了算盘,谁都不肯施以援手,美国还向日本卖武器。他们都认为,日本最有资格代表亚洲,还能抑制苏俄。当时,法肯豪森将军想留下来,帮中国抗战,德国不同意;他说,那我就加入中国国籍,以个人身份留下来,德国也不答应,只好回国。我的好朋友,罗泰教授,就是出自同一家族。北伐,南北军人都是大檐帽;十年内战,红军,八角帽(列宁帽),模仿苏联;白军,戴德国钢盔(淞沪抗战也是戴德国钢盔)。抗战,国民党也好,共产党也好,帽子都是"好兵帅克"式,滇缅抗战,先戴英式钢盔,后戴美式钢盔。二次大战后,国民党军是美式装备。解放后,解放军换苏式装备。

光是一顶帽子、一个钢盔,就能反映历史变化。

这是中国的西化。

(八)《孙子兵法》在现代中国

中国玩命学西方,《孙子兵法》往哪儿摆？这是大问题。我们看到的是,西化大潮,汹涌澎湃,大家顾不上。西化常见,中国的宝贝先搁一边,权当点缀。保古复古,只能缓图之。

有人说,传统文化搞得好,现代化才能搞得好,比如日本,就是榜样。这是说反了。事实上,他们是摆脱西化压力早,故能保古复古。西方也是如此。我们的毛病,是体用老理不顺。

民元以来,研究《孙子》,有一点书,比如蒋方震,比如陆达节。蒋方震(1882—1938年),字百里,浙江海宁人,钱学森的老丈人。他是清朝派往日本学军事的留学生,曾获日本士官学校步兵科第一名,还在德国当过见习军官。清末,他在盛京(沈阳)当禁卫军管带和东三省督练公所总参议,在赵尔巽手下做事。民国,当过保定军校的第二任校长,去世前还出掌陆军大学,在北洋系的军界很有名,在国民党的军界也很有名,死后追赠为上将,是个三朝元老。他的书,原来叫《孙子新释》,曾刊载于梁启超办的《庸言》杂志第5号(1914年),后与刘邦骥合作,参合旧注,合编为《孙子浅说》(1915年)。此书是民国新作的第一部。陆达节,海南文昌人,抗战期间,在重庆军训部军学编译处供事。他对中国古代的兵书做过调查研究,写出《孙子兵法书目汇编》(重庆:军训部军学编绎处,1939年)和《孙子考》(重庆:重庆军用图书社,1940年)。这两本书,对文献整理有贡献,我读《孙子》,最初就是利用他的书。解放后,陆达节编过《毛泽东选集》索引。还有一本书,钱基博的《(增订新战史例)孙子章句训义》(上海:商务印书馆,1947年),上世纪80年代,我在中国社会科学院考古所时也读过。这本书很厚,它旁征博引,借两次世界大战的"新战史例"讲中国旧典,很有意思。钱基博,就是钱钟书的爸爸。他的书,蒋方震的书,都拿《战争论》和《孙子》做比较,可以代表新风气。这种书有一批,但《孙子》的地位,不能同从前比,不能同西洋兵学比。

（九）毛泽东与《孙子兵法》

《孙子》很重要，放在世界军事文化中，地位很突出。但在两次世界大战中，它的声音太小，引起重视，还是在冷战时期。

《孙子兵法》的英译本，格里菲斯的译本，前面有个序，是大名鼎鼎的英国战略家利德尔·哈特写的。这个序言，我把它翻译成中文，译文的题目是我加上去的，叫《回到孙子》[①]。

哈特说，《孙子》写得好，在西方，只有克劳塞维茨的《战争论》可以跟它相比，但《孙子》更聪明，更深刻。《孙子》比《战争论》早两千多年，但比《战争论》更年轻，不像后者，强调暴力无限，显得更有节制。如果早读《孙子》，两次大战，不会那么惨。他说，他是1927年从邓肯将军的信中知道《孙子》的。1942年，有个蒋介石的学生多次登门。这位军官说，您的书，福勒将军的书，在中国的军事院校是必读书。他就问，那《孙子》呢？这位军官说，虽然《孙子》仍是经典，但多数军官认为，在机械武器的时代，根本不值一读。哈特告诉他，不，正是现在，我们才应"回到孙子"。这篇译文的题目就是这么加上去的。

在哈特的序言中，我们注意到，他说"回到《孙子》"，和毛泽东有关。格里菲斯翻译《孙子》之前曾编译毛泽东论游击战的文章。哈特说，正是在核武器时代，在毛泽东领导的中国正作为军事大国崛起的时代，我们才更需要《孙子》，需要它的"不战而屈人之兵"。

哈特的话，我爱听，但不至忘乎所以。我们要知道，《孙子》的大出其名，还是乘时而起，乘势而起，它和毛泽东的军事成就分不开。《孙子》是沾毛泽东的光，但毛泽东，重实践，他并没把《孙子》当回事。

西方重视《孙子》是因为毛泽东。

还是那句话，敌人是最好的老师。

抗战后，美国帮助蒋介石，蒋介石败在毛泽东的手下，兵败如山倒。韩战、越战，美国吃了亏，后面也是毛泽东。毛泽东出名，《孙子》也出名。

---

① 利德尔·哈特《回到孙子》，李零译，《孙子学刊》1992年4期，12—13页。

军人最虚心，最佩服对手，不像文人，白衣秀士王伦。谁厉害，他就学谁。

毛泽东，本来是湖南第一师范学校的学生，一介书生，没受过专门的军事训练，但用兵如神，没得说。过去在美国，我读过一本《毛泽东兵法》，台湾人写的，作者、出版社和出版年月，我已经记不清了。作者说，不管政治观点如何，海峡两岸都承认，毛泽东是大军事家。他特别提到毛的一句名言：一上战场，兵法就全都忘了。

毛泽东重实践，轻书本，反对本本主义，说杀猪都比读书难，但他不是不读书，也不是像很多古代名将那样不写书。

毛泽东的军事著作主要是六篇：《中国革命战争的战略问题》、《抗日游击战争的战略问题》、《论持久战》、《战争和战略问题》、《集中优势兵力，各个歼灭敌人》、《目前形势和我们的任务》①。合编单行本有17国译文②。

中国的十大元帅、十大军事家，带兵打仗行，但写兵书的少。毛泽东，不但会用兵，还会谈兵，难怪西方重视他。我记得，李宗仁回来，问毛泽东，我们正规学军事的打不过泥腿子，为什么？你是不是靠《孙子兵法》打仗？他不承认（记忆如此，未经核对）。

毛泽东兵法和《孙子兵法》是什么关系？学者做过考证。井冈山时期，五次反围剿，前四次，都赢了，让毛泽东大出其名，但王明他们，从莫斯科回来的人，非常看不起这个“土包子”，说“山沟里出不了马克思主义”，对他横加批判，罪名是，他思想陈旧，满脑子封建思想，靠《孙子兵法》、《曾胡治兵语录》和《三国演义》打仗。毛是湖南人，曾国藩、胡林翼，他当然熟悉。《三国演义》，他也爱读。但《孙子兵法》，他不承认。

十年内战时期，毛泽东是不是读过《孙子兵法》？现在有人去查，他早年还是接触过一点。证据是，第一，他读过郑观应的《盛世危言》，郑观应说，“孙子曰：‘知彼知己，百战百胜。’此言虽小，可以喻大”；第二，他在湖南一师听袁仲谦讲魏源的《孙子集注》，记过笔记，笔记中说，“孙武子以兵为不得已”。

---

① 《毛泽东选集》一卷本（字典纸四卷合订本），北京：人民出版社，1966年，163—236、395—428、429—526、529—544、1195—1198、1243—1262页。

② 《毛泽东的六篇军事著作》（外文版），北京：外文出版社，1967—1972年。

毛泽东读《孙子兵法》，看来早年还是读过一点，只不过没有仔细读，印象不深，他说没读，也不算大错。但1936年，他在延安写《中国革命战争的战略问题》，情况不一样。当时，他急需参考书，曾派叶剑英到白区买书，里面就有《孙子兵法》。这本书多次提到《孙子兵法》①。他最欣赏的，还是年轻时从郑观应那里听来的话，即“知彼知己，百战不殆”。解放后，他给人题字，也爱写这两句话。毛泽东读《孙子》，读的是哪个本子，哪一家注，不清楚，但我从他的诗分析，他读的可能是赵注《孙子》。毛泽东有一首诗，《人民解放军占领南京》（七律）②，其中有两句，“宜将剩勇追穷寇，不可沽名学霸王”。“追穷寇”，来自《孙子·军争》，各家的本子都是作“穷寇勿迫”，只有赵注本作“穷寇勿追”。

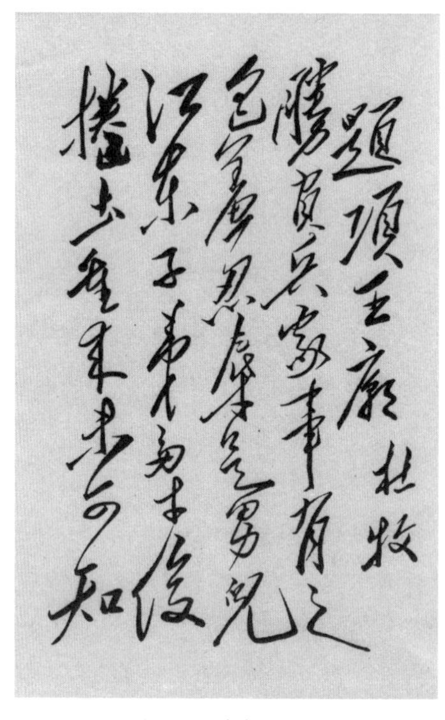

图七　毛泽东书《题项王庙》

毛泽东兵法，除了战法，还有心法。他的诗，里面就有心法。我读中学时，香港出过一本书。作者的名字，我忘了。他说，毛泽东最喜欢杜牧的《题乌江亭》，经常给人写这首诗。③（图七）我记得，章士钊说，他的“友人”大为赞赏这首诗④。杜牧说，“胜败兵家事不期，包羞忍耻是男儿。江东子弟多才俊，卷土重

① 《毛泽东选集》，175、301、480页。

② 《毛主席诗词》，北京：人民文学出版社，1976年，17—18页。

③ 1965年7月26日，毛泽东接见李宗仁，说他送给郭沫若一首诗，就是杜牧的《题乌江亭》，见高建中《毛泽东与李宗仁》，北京：华文出版社，1999年，333页。

④ 章士钊语，在《柳文指要》上卷五“箕子碑”：此碑谢枋得评价极高，《文章轨范》中收柳文仅六篇，而此碑其一。其说曰：此等文章，天地间有数，不可多见，惟杜牧诗一首似之。《题项羽乌江庙》云：“胜败兵家不可期，包羞忍耻是男儿，江东子弟多豪俊，卷土重来未可知。”右说着眼在隐忍二字。夫叠山以向后志存兴宋而尊此文，子厚以从前迫切兴唐而作斯颂，两贤忧国仁民，隐衷如一。钊按：有友见此记载，于小杜诗大为嗟赏，吾曾有二绝咏此事云：“柳州箕庙杜乌江，志大男儿总不降，两字叠山牢记取，人争隐忍定兴邦。”又“公孙落魄叟回肠，破庙题篇事可伤，一入有心人眼底，化为天地大文章。”并记于此，以资印证。

来未可知”。“包羞忍耻”是忍，“卷土重来”是狠。俗话说，大丈夫能屈能伸，好汉不吃眼前亏；大丈夫报仇，十年不晚；量小非君子，无毒不丈夫。这是老百姓的兵法。该忍时忍，不能气短；该狠时狠，不能手软。

毛泽东并不迷信《孙子》，但他让《孙子》大出其名。

（十）郭化若与《孙子兵法》

还有一件事，也和共产党有关。我听刘庆先生说，延安时期，毛泽东为了写《中国革命战争的战略问题》等书，曾组织过一个读书会——《战争论》研究会。《战争论》，清末就有译本。毛泽东请何思敬给红军将领讲《战争论》和恩格斯的军事著作。

延安时期，郭化若是《战争论》研究会的一员。他写过《孙子兵法之初步研究》（《八路军军政杂志》第 1 卷 11、12 期和第 2 卷 1 期，1939 年 11 月—1940 年 1 月）和《白话译解孙子兵法》（延安：八路军军政杂志社，1944 年）。

解放后，他是军事科学院的副院长，中将，写过《今译新编〈孙子兵法〉》。此书有人民出版社 1957 年版和中华书局上海编辑所 1962 年版。我有 1962 年版。这本书，是我上中学时买的，现在还在。他的今译，对普及《孙子兵法》起了很大作用：新编，十三篇还是分为十三篇，但章节完全不一样，是打乱重编，篇目是《论战争》、《进攻战》、《速决战》、《运动战》、《主动性》、《灵活性》、《地形》、《用间》、《情况判断》、《火攻》、《管理教育》、《指挥关系》、《将帅修养》。这种改编，好玩，我也学他玩过，但和原书无关。后来，郭氏把它放弃了。

我在前面讲过，《孙子》有两种本子，《武经七书》本和《十一家注》本。宋以来，前一种更流行。《十一家注》，清朝还有，但只有少数几本，在皇宫和藏书家的手里，一般人看不到。孙星衍从明华阴《道藏》中发现了一个这种类型的本子，如获至宝，赶紧刻印。但他没有见过宋本。1961 年，中华书局上海编辑所把上海图书馆收藏的宋本影印出版，前面有郭化若将军的代序，后面有他的今译（包括原文、注释和译文）。这个本子，有陈毅题签，一下就印了10000册。第二年,还出了排印本,又是10000册。从此,《十一家注》才大为流行,以至今天,世知有《十一家注》,反而不知有《武经七书》。这和郭化若分不开。

郭化若附于影印本的代序和今译,"文革"后有单行本,叫《孙子今译》(上海:上海人民出版社,1977年),20世纪80年代还有改编本,叫《孙子译注》(上海:上海古籍出版社,1984年)。这本书,加上军事科学院的《孙子兵法新注》(北京:中华书局,1977年),对普及《孙子》起了很大作用。

今天,《孙子》已经是一部世界性的经典。我在外国的书店看书,军事类的书很多,特别是讲兵器,讲两次世界大战的书很多。《孙子》的书,多半是放在汉学书籍类。两者仍有距离,时间上的距离,空间上的距离。如何把中国的经验和世界的经验结合起来,如何把哲理的东西和实用的东西结合起来,还是一个很大的难题。

我也是带着问题学,但只限于讲《孙子》,替大家服务。至于怎么用?那是你们自己的事。

【第三讲】

（始）计第一

今天，我们进入正题。在以下各讲中，我将带大家，一篇一篇，读《孙子》十三篇。

首先，我想讲一下今本《孙子》的结构。《孙子》的特点是言简意赅，道理深刻，章与章的划分，篇与篇的排列，井井有条。魏武帝曹操说，他看过的“兵书战策”很多，但要说道理深刻，还得属《孙子》（《孙子略解》序）。宋欧阳修也说，“其言甚有次序”（《孙子后序》）。但大家要知道，先秦古书和后世古书不同，很多都是由片言只语、零章碎句拼凑而成，好像“文革”期间的首长讲话，或我这样的随堂讲授，原话语无伦次，记录漫无头绪，不经整理，读不下去，整理得好，条理强一点，整理得差，条理弱一点，不是像我们现在这样，自己动手，一边想，一边写，一边改，按起承转合，一口气写出来的文章。《孙子》古本，内容接近今本十三篇的本子，可能形成很早。银雀山汉简本，和今本大同小异，司马迁也提到《孙子》十三篇（《史记·孙子吴起列传》）。但银雀山汉墓出土的竹简本和宋以来的本子，篇与篇，顺序不一样。今本排列这么好，肯定是后人进一步调整的结果，我猜，正是曹操整理的结果。因为今本的最早来源，就是曹注本。曹注本就已如此。当然，这话也不能讲死。没准儿，曹注以前，就有好几种排列，今本这样的排列已经存在。

今本《孙子》和简本《孙子》，篇次排列不同，哪个更早？当然是简本，但要说哪个更有条理，还是今本。过去，研究校勘学的人经常说，好的本子，应该是汇集众本，校其异同，择善而从。这种看法并不对。因为很多人讲的好不好，主要是指文章的条理。其实好不好和早不早，完全是两回事。要讲条理，今本多比古本强。

我们这门课，重点是讲今本，当然是按今本的顺序。我觉得这个顺序，比银雀山汉简本要好得多，更有条理。

银雀山汉简本是分上下两部分，从篇题木牍看，似乎前六篇为一组，后七篇为一组，其排列情况，我分析，可能是以《计》、《作战》、《势》、《形》、《谋攻》、《行军》为一组，《军争》、《实虚》、《九变》、《地形》、《九地》、《用间》、《火攻》为一组。古书著录,《孙子兵法》的传世本,曹注本有一卷本、两卷本和三卷本,一卷本是不分卷,两卷本是分两半,三卷本是分三部分。其他各家的注本也是分属于这三种。银雀山汉简本,可能是两卷本。今本,三大版本,都是三卷本。

古人编书,常把道理最深、内容最重要的部分编为内篇,其他编为外、杂篇。我也把《孙子》分成内、外篇,参考上面的两卷本,把它分为两部分,每一部分,再各分为两组:

(一)内篇。

(1)权谋组。包括《计》、《作战》、《谋攻》三篇。

(2)形势组。包括《形》、《势》、《虚实》三篇。

(二)外篇。

(1)军争组。包括《军争》、《九变》、《行军》、《地形》、《九地》五篇。

(2)其他。包括《火攻》、《用间》两篇。

这是从内容上划分,不是按篇幅大小,一切四份。要说篇幅,军争组最大。

上面四组,内篇两组,侧重军事理论,权谋组以战略为主,形势组以战术为主;外篇两组,侧重应用和技术,军争组是讲如何带领军队开进敌国的各种具体问题,如协同、地形等问题;其他组,是不好归类的两篇,也可视为杂篇。

我们先讲第一组。

这一组是讲权谋,即兵书四种中的第一种。权谋是从战略角度,统观全局,讲军旅之事中最大最大的大道理。这些大道理,放在第一组的三篇,不是从概念到概念,而是选择比较直观的描述,即"战争三部曲",先讲庙算,再讲野战,再讲攻城,用过程描述来展开其想法。庙算是出兵前的事,野战、攻城是出兵后的事。军队开进敌国,先野战,再攻城。这是全过程。

第一组和权谋有关,我先讲一下权谋的概念。

班固《汉志·兵书略》的解释是:

(1)"以正治国,以奇用兵"。这段话,语出《老子》第五十七章。意思是说,治国要用正常手段,不能用阴谋诡计。什么事才用非常手段?那是用兵。这是老子的话。它抓住的东西,是战争中最本质的东西,即克劳塞维茨给战争下的定义:战争是政治的继续[①]。战争是以政治为前提。政治是"正",战争是"奇"。"奇"是以"正"为前提,"正不获意",才用"权"(《司马法·仁本》),"权"就是"奇"。战争后面的政治,它的意图,都是要把自己的意志强加于人。战而屈人之兵,不战而屈人之兵,都是要让你受委屈。屈,当然不可能是心甘情愿。你费尽口舌,好话坏话都不听,软硬不吃,只好动粗,先礼后兵、以剑代笔。这是第一点。

(2)"先计而后战"。这是概括自《孙子》。《孙子》第一组讲"战争三部曲",就是庙算先于野战、攻城。《兵书略》以权谋为第一,权谋类以《吴孙子》为第一,《吴孙子》以《计》篇为第一。《计》篇之后,继之以《作战》、《谋攻》,就是这样安排。这是第二点。

(3)"兼形势,包阴阳,用技巧者也"。即权谋类还有综合性,这也是《孙子》的一个特点。兵书四种,权谋第一,它不光讲大战略,还讲战术应用和军事技术,有理论性,也有综合性。其他三类,形势、阴阳、技巧,《孙子》都有。《孙子》十三篇,《计》、《作战》、《谋攻》讲权谋,《形》、《势》、《虚实》讲形势。《军争》等五篇讲地形,《火攻》讲时日,则与阴阳有关。《孙子》佚篇和孙膑的兵法,也是四种内容都有。

《汉志》的兵书四种,权谋类,书最多;其他三类,大多亡佚。《孙子》是权谋类的代表。要学权谋,得读《孙子》,要学形势,也得读《孙子》。阴阳、技巧,《孙子》也涉及。

这三条,计的概念,是关键的关键。计,本身就是权谋,就是"以正治国,以奇用兵"的体现,就是囊括兵书四种的概念。

计是总体,也是局部;计是开端,也是结束;计是理论,也是应用。

计贯穿于战争全过程。《孙子》的每一篇都贯穿着计算。

权谋和形势不同。二者同属兵略,都讲计谋,但计有大计,有小计。权谋是大计,形势是小计。前者是战略,后者是战术。用医书打比方,权谋是医经,形势是经方。医经有理论体系,不是头疼医头、脚疼医脚,对症下药,开药方,而是从血脉、经络、骨髓,阴阳、表里、虚实,讲"百病之本,死生之分",侧重生理和病理,但也包括各种治疗手段(《汉志·方技略》)。

① 克劳塞维茨《战争论》,第一卷,43页,原文是"战争无非是政治通过另一种手段的继续"。

讲过这段开场白，下面让我们具体讲一下《计》篇各章的内容。

我先解释一下《计》篇的篇题。

古书题篇分两种，一种是拈篇首语，用文章开头的一两个字作篇题。篇题只是符号，和内容无关；一种是从内容概括，以主题命名。《孙子》的篇题是后一种。

前面，我已讲过，今本《孙子》分两大系统，三种版本：影宋本《魏武帝注孙子》、宋本《武经七书》是一个系统，宋本《十一家注孙子》是一个系统。下面，我是以第一种本子为底本，改动只限于明显的错字，而且是用()号括注原来的错字，小一号，而把改正的字或补出的字，括在〔〕号内，放在后面。上面的题目，我是这么标。这是中华书局"二十四史"标点本采用的体例，但我把破读的字括在()号内，则不用小字，请注意。《孙子》各篇的题目，《计》、《形》、《势》，上述三个本子，有点不一样。宋本《十一家注》作一个字，其实是古本原貌。影宋本《魏武帝注》、宋本《武经七书》，《计》作《始计》，《形》作《兵形》，《势》作《兵势》，它们的第一个字都是后人加上去的。

"计"，从字面上讲，就是我们今天说的"计算"。它既可以指计算的行为本身，当动词用；也可以指计算的结果，即谋略，当名词用。更准确地说，它指的是此篇结束时说的"庙筭"。"庙"是庙堂，《九地》篇叫"廊庙"，是国君议事的地方。"筭"则是指在庙堂上进行的计算。古代庙筭是用一种叫"筭"的工具进行计算。筭是一种专门为计算制造的竹木或骨制的小棍。这种小棍，也叫筹或策。《汉书·律历志》说算筹长六寸，径1分，约合13.8厘米长，0.23厘米宽。战国、西汉的算筹(图八:1)，出土发现，一般比较短，只有12—13厘米，合汉尺五寸多，即大约半根筷子那么长，但没有筷子那么粗。司马迁说，张良是刘邦的"画策臣"，他就是用这种小棍为刘邦计算，有一次，没带正式的算筹，就拿筷子给刘邦摆(《史记·留侯世家》)。另外，出土实物，还有一种专门算日子的筹，学者叫干支筹，也是战国、西汉都有。这种算筹，河北柏乡县东小京战国墓所出，形状是扁片形，长 12.8 厘米，宽 2 厘米，厚 0.5 厘米，上面有数字和干支(图八：2)①。筹算是中国最原始的计算方法，算盘是在筹算的基础上发展而来。中国古代数字，很多都是积画成字，在字形上还保留着算筹的意味(图八：3)；后世商人用的苏州码子，也是如此。许慎把“筭”、“算”当两个字，“筭”当算筹讲，“算”当计算讲(《说文解字·竹部》)，但古书经常通用，并没有这种分别，一般都是写成“算”字。下文，除原文，无论计算的算，还是算筹的算，我

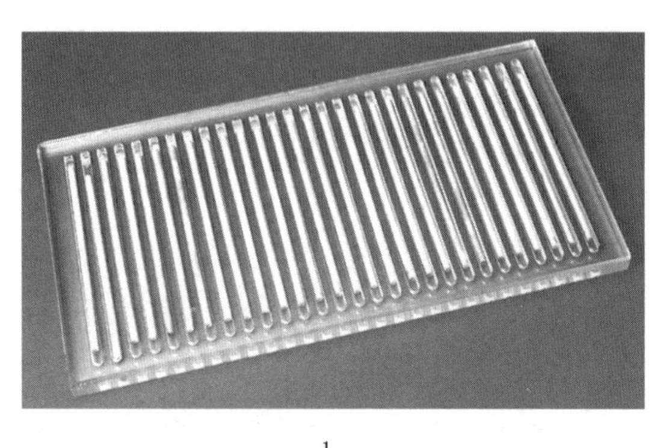

1

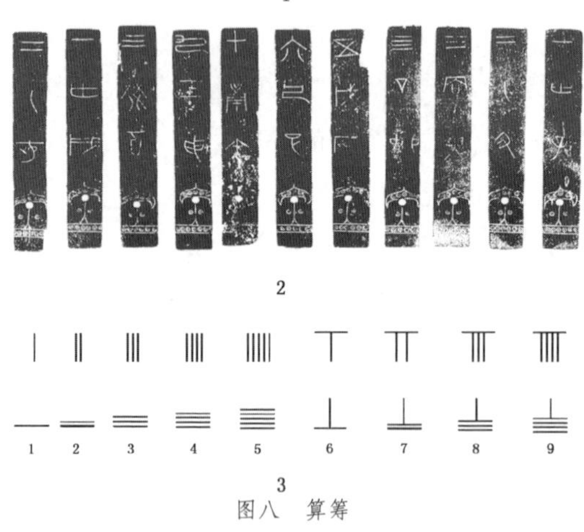

图八　算筹

1. 汉代象牙算筹
2. 河北柏乡县东小京战国墓出土的干支筹
3. 积画成字的数字

---

① 柏乡县文物保管所《河北柏乡县东小京战国墓》，《文物》1990 年 6 期，67—71 页。案：中国国家博物馆藏战国干支仪，是一件罕见的文物，它把天干、地支分别写在可以转动的上下两个小轮上，可以像箱子上的密码锁那样排干支，也是计算历日的工具。

们都用算字。今语所谓的“定计”、“决策”、“运筹”，都是来自古书，原来就是指这种计算活动。

我把《计》篇分为四章：

第一章，讲兵事重大，关系民之死生，国之存亡，不可不仔细比较，不可不仔细计算。

第二章，讲定计，即出兵之前，如何比较敌我（五事七计），计算双方的实力优劣，看结果是否有利于我，计算有利于我的计是否被贯彻执行。计利于我，被贯彻执行，才兵出于境。

第三章，讲用计，即出兵之后，如何发挥计算的优势，在战场上随机应变。

第四章，讲何以知胜负，答案是计算定胜负。

这四章，很有条理，一头一尾短，中间两段长。开头讲兵事重大，不可不察，结尾讲计算定胜负，先胜于庙算，头尾相应。中间两段是主要内容，先讲定计，后讲用计，也是前后相应。

大家可以对比一下后面四篇，先比一下《作战》、《谋攻》，再比一下《形》、《势》。定计是讲野战、攻城之前的庙算，用计是讲野战、攻城本身；定计是对应于《形》，用计是对应于《势》。此篇是讲庙算，但把庙算后的执行过程也讲了，实际上是全过程的描述。

下面，我们一章一章来介绍。

【1.1】

孙子曰：

兵者，国之大事，死生之地，存亡之道，不可不察也。

《孙子》每篇，开头都有“孙子曰”三字。这点不容忽视。先秦子书，大部分都是记言式的作品，老师怎么讲，学生怎么记。前面这三个字可以说明，它是由学生整理，而不是老师直接写的。同样的例子，还有《墨子》里的“子墨子曰”。它们等于说，“我的老师这么说”。

下面的话，是强调军事的重要性，一上来就让读者知道，打仗可不是儿戏，而是人命关天。

“兵”，本义是兵器，引申为兵士（如《左传》隐公五年和僖公二十八年的“徒兵”）和戎事。戎事，也叫“军旅之事”或“军事”。现代汉语的“军事”是日语借用中国古语（《左传》、《周礼》都有这个词）翻译西人的military affairs。战争是什么？是有组织有目的的杀人。兵法是什么？是杀人艺术。军人是什么？是职业杀手。战争这件事，是“面对面的杀戮”，有人要杀人，有人要保命，保命的，反过来又把杀人的人杀掉，当然是人命关天。

我向大家推荐一本书，作者是英国的乔安娜·伯克，叫《面对面的杀戮》（孙宁译，南京：江苏人民出版社，2005年）。看了以后，你才知道，战争到底有多残酷。

“国之大事”，古人说“国之大事，在祀与戎”（《左传》成公十三年），其中的“戎”就是“兵”。国之大事有两件，一件是祭祀，一件是军事。祭祀，是为了延续血脉，和生命有关。军事，是为了国家安全，也和生命有关。孔子说，军旅之事，他没学过（《论语·卫灵公》），但子贡问政，他讲三条：足食、足兵、取信于民（《论语·颜渊》），其中仍有兵。曹操写《孙子略解》序，引经据典，特别提到孔子的“足兵”。但孔子有孔子的理解，在他看来，这三条，信最重要，食次之，兵又次之。三者之中，如果让他挑选，舍什么留什么，他先舍的是兵，其次是食。没有武装要死人，不吃饭也要死人。但去食去兵，顶多是个死，自古以来，死人的事常有，没有信却不行。他是这么讲。他更强调信。中国的现代化，大家都说，首先是富国强兵，富国是解决吃饭问题，强兵是解决挨打问题。我们是先解决挨打，再解决挨饿——勒紧裤腰带，也要有根打狗棍。这是被逼无奈，十足的悲剧。但足兵摆在足食之前，还是当时的硬道理。春秋战国时期，战争频仍，手中没有杀人刀，怎么行？战国末年更残酷，上百万人被杀，《鹖冠子·近迭》说，天地人，天地远，人道近，三者之中，人最重要，人道又以兵最重要，叫“人道先兵”。

“死生之地，存亡之道”，这段话很清楚，兵是关系士兵生死、国家存亡的大事。“死生之地”，过去有不同解释，我理解，就是“死地”和“生地”的合称。《孙子》里，《行军》有四地，《地形》有六地，《九地》有九地，有很多类别。人地相应，最大的分类，就是“死地”和“生地”（参看《九地》）。“死生之地”就是战场、战地。战场上的死生，关系到国家的存亡，军事的背后是政治。

这是生死存亡的大事，当然要重视，"不可不察也"。《孙子》两次提到，三军将帅是天上定人生死的神，即"司命"。他不但是己方的"司命"(《作战》)，也是敌方的"司命"(《虚实》)。《孙子》第一篇，开宗明义，一上来就这么讲，是对用兵者的警告。《孙子》中，到处都是警告的话。这是它的特点。

【1.2】

故经之以五事，校之以计，而索其情：一曰道，二曰天，三曰地，四曰将，五曰法。道者，令民与上同意也，可与之死，可与之生，而不(畏)危也；天者，阴阳、寒暑、时制也；地者，远近、险易、广狭、死生也；将者，智、信、仁、勇、严也；法者，曲制、官道、主用也。凡此五者，将莫不闻，知之者胜，不知者不胜。故校之以计，而索其情，曰：主孰有道？将孰有能？天地孰得？法令孰行？兵众孰强？士卒孰练？赏罚孰明？吾以此知胜负矣。将听吾计，用之必胜，留之；将不听吾计，用之必败，去之。

此章是讲定计，关键概念是所谓"五事七计"。

"五事"，简本无"事"字，是省略，今本加上"事"字，比较清楚。"经之"，是说用这五条作比较的项目。"校之以计"，简本作"效之以计"。"效"和"校"，可以通假。"效"不仅仅是"效果"、"效验"的"效"，还指检查、核对。比如睡虎地秦简中的秦律，有一种法律叫效律，就是检查合乎不合乎标准。这里的"校之以计"，是说拿敌人的五条与我方的五条比较，摆小棍，看谁得到的小棍更多。

下面是"五事"和"七计"的关系：

五事(比较事项)	七计(比较结果)
道	主孰有道
天	天地孰得
地	天地孰得
将	将孰有能
法	法令孰行？兵众孰强？士卒孰练？赏罚孰明？

上面五条，"道"最重要。道是民心向背。得人心者得天下，失人心者失天下。得道多助，失道寡助。这就是政治。"畏"是衍文。"不危"，简本

作"不诡",是不违的意思,可以纠正传统的解释。它是说,老百姓和统治者一条心,同生死,共患难,绝不违背。后人读不懂这段话,以为"危"是疑惑,又添油加醋,加上"畏"字,变成不害怕也不怀疑,意思可通,但不是本来面貌。孔子说"自古皆有死,民无信不立"(《论语·颜渊》),民信就是与上同意。孟子说"天时不如地利,地利不如人和"(《孟子·公孙丑下》),人和就是民不违。我们也可以说,道就是民信,道就是人和。

比"道"次要的两条,是"天"、"地"。诸葛亮上知天文,下知地理,能掐会算,就是属于知天知地。天地怎么知?属于兵阴阳。兵阴阳,是数术之学在军事学上的应用。现代的军事气象学和军事地理学,按古代的概念,就是属于兵阴阳。《孙子》也讲兵阴阳,但讲天少,讲地多。讲天,主要在《火攻》;讲地,主要在《行军》、《地形》、《九地》。孙子的时代还没有空军,克劳塞维茨的时代也没有,他们都是以地为主。

"天",兵阴阳讲天,第一重要是式法,即用式盘定吉凶;第二重要是选择,即用历书定吉凶。此外,还有观星、望云、省气、风角、五音、鸟情,等等。但这里强调,只是"阴阳、寒暑、时制也"。简本还多出"顺逆、兵胜也",也属于兵阴阳。顺逆是以阴阳向背为禁忌,兵胜是以五行相胜为禁忌。什么叫阴阳?阴阳不是某种具体的概念,如阴晴、冷暖,而是一种无所不用的抽象概念。阴阳,是一种二元化的表达,中国的数术、方技,各门技术都和阴阳五行理论互为表里,到处都贯穿着这一概念。但阴阳五行说,没有经典。我们要了解这个理论,可参看隋萧吉的《五行大义》。中国古代传统,军将要学兵阴阳。比如式法,就是军将必修,从战国秦汉到宋元明清,一直如此。兵阴阳,里面既有科学,也有迷信。过去研究哲学史和思想史的,大家喜欢说,孙子是伟大的唯物主义者,肯定不讲迷信。这不是实际。那样讲,就超出了古代的思想环境,也违背中国的军事传统。我们只能说,孙子比较务实,迷信的东西不太多而已。这里讲天,主要是讲时令。天有寒热二气,阴阳消长,分为四时。四时之制曰时制,也叫时令。时令有两种,一种是四时时令,春夏秋冬各 90 天,配二十四节气;一种是五行时令,金木水火土各 72 日,配三十节气。

"地",有无人之地和有人之地。无人之地是客观存在的地形地貌,有人之地是以战势而划分。地有三维,远近是长短,广狭是宽窄,高下是高低。三维之外，还有险易，险易是坡度。地势险峻，近于90度，是险；平坦，近于0度，是易。今本只有“远近、险易、广狭”，没有“高下”，简本有之，更全面。战势，有多种分类，“死地”、“生地”是最大的两类。安全地带叫“生地”，危险地带叫“死地”。《九地》讲“死地”，解释是“疾战则存，不疾战则亡”，反过来，是“生地”。

“天”、“地”的后面是“将”、“法”。“将”、“法”是人事。

“将”有五德，第一是智，第二是信，第三才是仁。对于将帅，智、信最重要。兵法是斗心眼的学问，第一重要是智。信也很重要，不仅是诚信，而且是威信，令行禁止，有权威性。上面对下面，说话算数；下面对上面，绝对服从，彼此可以信赖。司马迁讲李将军（李广），说“彼其忠实心诚信于士大夫也”（《史记·李将军列传》），这就叫信。仁和勇，仁在勇上。孔子说，“仁者必有勇，勇者不必有仁”（《论语·宪问》），“勇而无礼则乱”（《论语·泰伯》），“见义不为，无勇也”（《论语·为政》）。婆婆妈妈，妇人之仁，算不上真正的仁。好勇斗狠，匹夫之勇，算不上真正的勇。仁是爱兵如子，赢得士兵爱戴。勇是杀敌致果，令敌闻风丧胆。晏婴说，司马穰苴，“文能附众，武能威敌”（《史记·司马穰苴列传》），就是对这两个字的最好解释。严，和下面的法有关，主要是管理严格，执法严格。

“法”，不是一般的法，而是管理军队的法，古代叫军法。我们中国，不是无法，历代都有法，很多的法，其中也包括军法。如《司马法》，就是齐国很古老的军法。军法包括的东西很多，俗话说“养兵千日，用兵一时”，凡与组建、供给、装备、训练军队有关的一切事，都属于军法。大家不要以为，军法就是军法从事，推出去斩首。当然，各种赏罚规定和纪律规定，也是军法的内容。“曲制”，指军队编制。这个词，又见于《管子·七法》。《管子·侈靡》也叫“曲政”，旧注多以部曲为说。汉代军制有部、曲，曲是200人，部是400人。“部曲”这个词，确实可能与“曲制”有关，但“曲制”是先秦固有的军事术语。我做过一点考证[①]，“曲制”即“曲折”，是按阵法的要求设计，“曲折相从，各有分部”的意思（《尉缭子·兵教下》）。“官道”，是与“曲制”相配，设官分职的制度规定。如军有军将，旅有旅帅，卒有卒长，伍有伍长。“主

① 李零《〈孙子〉十三篇综合研究》，425—426页。

用"，是用于车马兵甲、衣装粮秣的各项花费，属于军事装备、后勤保障。作者举例，专讲这三条。"兵众孰强"、"士卒孰练"、"赏罚孰明"，不是"五事"以外多出的比较。一支军队，它的士兵是不是有战斗力，平时训练好不好，赏罚是否得当，这些都属于军法的范畴。

这里的"五事七计"，用克劳塞维茨的说法，就是战略要素①。

经过上面的比较和计算，原文说，"吾以此知胜负矣"。这就是定计。

定计只是"知胜"，还不是真正的胜利。真正的胜利，还要到战场上，"首先是投入战斗，然后才见分晓"。这是拿破仑的名言。

从知胜到制胜，一个好的计划，要想得以实现，一切取决于人。第一是自己人，各级官兵，要贯彻意图，执行计划。贯彻执行不力，等于白搭。第二是敌人，敌人是否中计，是否上当，是否就范，牵着鼻子，乖乖跟你走。这点更重要。剃头挑子一头热，敌人不配合，也是白搭。己方也好，敌方也好，都是"接受美学"。

下面一段话，有两个"听"字，就是讲接受。但这段话，主语是谁，两个"听"字上面的"将"字怎么解释，历来有争论。一种解释是，这段话是孙子对吴王讲的话，他说，如果你肯接受我的计，我就留下来；不肯接受我的计，我就走人。"将"是虚词，表示假想中可能发生的事。如果是这样，就是要挟的口吻。一种解释是，这段话是国君对将帅或主将对裨将说的话，就是说，如果将帅或裨将肯执行我的计，我就留用他；不肯执行我的计，我就撤掉他，"将"可以是实词，指将帅或裨将。此外，还有一种可能，是说敌人是否中计，中就留下来，与敌周旋；不中，就赶紧撤离。三种解释，无论哪一种，都是指计的接受和实现。中间一种，可能较大。上面我们说，庙算之后，要有拜将授命，这个环节，就是体现"听"。

这段话很重要。因为定计和用计怎么转换，这是中介。纸上谈兵的东西和实际操作的东西，前后如何衔接，光有"利"不行，还要有"听"。上面说过，计的实现，不光取决于自己这一边的接受，还要有敌人的接受。"利"只是计算上的优势，光有计算的优势，还不一定有真正的胜利。比如美国，有这弹那弹（过去的弹，不是人工智能的弹，是笨弹，现在才有聪明弹）。大家

① 克劳塞维茨《战争论》，第一卷，185—186页。

都知道，这些武器很厉害。但它要发动战争，首先要有民意的支持，想打也能打。其次，战后的美国，因为炸德国、炸广岛，特别迷信大规模报复和核武威慑，但光是吓唬，没有灵活反应，还是不灵光。战争是活人和活人的较量，不光是斗力，还是意志的较量，智慧的较量，变数最多。如果对方不怕死，特别顽固，就是不投降，或者有什么办法可以应付，战争还是无法避免。现代大国，厉害不厉害？它就连摧毁地球的能力都有，但还是不能光靠计算。你不能天真地设想，各国用电脑计算完，打个电话，通知对方，你不是对手，问题就解决了。克劳塞维茨说，不要以为，战争是计算的游戏，只要摆摆数字就能解决问题①。自古以来，很多战争，实力悬殊，仍有一拼。对方是人，“三军可夺帅也，匹夫不可夺志也”（《论语·子罕》），光是这口气，就不能小视。当然，也有人相信，只要打下去，实力可以屈服意志。但即使如此，意志也还是不容忽略。心服口服，才能最终解决问题。

【1.3】

计利以听，乃为之势，以佐其外。势者，因利而制权也。兵者，诡道也。故能而示之不能，用而示之不用，近而示之远，远而示之近。利而诱之，乱而取之，实而备之，强而避之，怒而挠之，卑而骄之，佚而劳之，亲而离之。攻其无备，出其不意。此兵家之胜，不可先传也。

“计利以听”，是总结上文。承上而言，它的意思是，不但有计算上的优势，而且被执行者接受。这是个条件句。下面两句是说，在这个前提下，才制造“势”，用来帮助我们在国外的作战。“外”是对“内”而言，“内”是国内，“外”是国外。庙算在国内，作战在国外。古人说，“计必先定于内，然后兵出乎境”（《管子·七法》）。军队一旦越过边境，投入实际战斗，不能光靠计算的优势，还要靠“势”。“势”是什么？后面的《势》篇有专门讨论，这里只能简单说一下。在《孙子》一书中，“形”、“势”的概念很重要。这两个字，连在一起讲，含义比较模糊，可指任何军事上的态势。态势是由兵力的分配和部署而造成。但《孙子》把它分为两个概念。形是静态的，势是动态的。形是可见的，势是不可见的。不可见，也就是“无形”。它们的关系，用拳术

① 克劳塞维茨《战争论》，第一卷，25—26页。

打比方，就是套路和散打。下棋，按行棋路线，有些地方，你可以去，但对方设局，形格势禁，去了就是死。这种形格势禁，也是“势”。你看见的是形，看不见的是势。定计是靠形，用计是靠势。

关于“势”，后面还要讲。这里只有一句话，“势者，因利而制权也”。“利”就是上面讲的“计利”，就是计算的优势。“权”本来是秤砣，古人说“权衡”，“权”是秤砣，“衡”是秤杆，用作动词，就是掂量轻重。“权”指权变，就是从加权平衡、调解力量分配一类含义发展而来。它的意思是发挥优势，制造机变。势的变化，都是因应敌情，随时随地调节，没有固定内容，这是它与形不同的地方。

然后，作者说了一句话，“兵者，诡道也”。这是很关键的一句话。“诡道”不仅是“势”的特点，也是“兵”的特点。兵不厌诈，是典型的中国智慧。但诡诈并不是中国的专利。克劳塞维茨讲战争，他也承认，战略一词，从语源上讲，本来就与诡诈有关①。

西方的军事传统，比我们有贵族气，但战争不是贵族决斗，扔白手套，鲁迅说的费恶泼赖（fair play）。现在，美、英等国的政治家说，恐怖分子是胆小鬼，不敢用堂堂之阵、正正之旗跟他们决斗。开玩笑。恐怖分子粉身碎骨当肉弹，怎么还胆小？李敖说，大卫胜哥利亚，就是使用暗器（投石器）。

其实，兵法的产生，和兵不厌诈直接有关。弱者不择手段，用糙招，这是战术，不是道德。兵法是什么？是项羽想学的“万人敌”（《史记·项羽本纪》）。“万人敌”，不是决斗，不是打群架，而是政治集团间的殊死搏斗。这种艺术，它的产生，首要前提，就是要打破贵族传统：什么招儿都能使，什么道德都管不了。

中国的贵族传统，崩溃特别早，基本上在两千多年前。中国的兵法，就是产生于这一时代。比如《左传》，它有一条凡例，叫“皆陈曰战”，即只有双方都摆好阵势，这样的战斗才叫“战”。如果敌人没有摆好阵势，只能叫“败某师”，不配叫“战”。“战”都是双方摆好阵势，不用“权谲变诈”，“坚而有备，各得其所，成败决于志力”（《左传》庄公十一年、僖公二十二年及其注疏）。这就是贵族式的战法。

---

① 克劳塞维茨《战争论》，第一卷，216页。

贵族战法，宋襄公是典型。他是商王的后代，老牌贵族。宋、楚在泓水上打仗，楚军人多，宋军人少，司马子鱼劝他，何不趁楚军半渡未陈，发动突然袭击，他不听。半渡，他不让打；没摆好阵势，他不让打；非等楚军上岸摆好阵势再打，干等着挨揍。结果是，他的大腿让对方砍了，伤重不治，身死兵败，为天下笑。当初，他不听司马子鱼劝，理由是，"君子不重伤，不禽二毛。古之为军也，不以阻碍也。寡人虽亡国之余，不鼓不成列"（《左传》僖公二十二年）。这些道理，其实是贵族的老礼儿，比如《司马法·仁本》，里面有"古者司马兵法"（《史记·司马穰苴列传》），它讲的"成列而鼓，是以明其信也"，其实就是"不鼓不成列"；"见其老幼，奉归勿伤；虽遇壮者，不校勿敌；敌若伤之，医药归之"，其实就是"君子不重伤，不禽二毛"。比较文学家称之为"中国的唐吉诃德"，毛泽东称之为"蠢猪式的仁义道德"[①]。

宋襄公和司马子鱼的争论，是时代性的争论。《荀子·议兵》篇，记荀子和临武君在赵孝成王面前辩论，还是争这一问题。荀子最推崇，是三代的王者之兵；比它差一点，是春秋时代，由齐桓、晋文代表的霸者之兵；最差，是战国的"盗兵"，即临武君推崇的"攻夺变诈之兵"，如齐国的"技击"、魏国的"武卒"、秦国的"锐士"。但荀子反对的东西，正是当时的潮流，也是后世兵法的正宗。道德和兵法，正好相反，道德最差，兵法最好。

韩非是荀子的学生，他也接触到这个话题。他说，城濮之战前，舅犯（即咎犯）主张用诈，雍季（即公子雍）反对用诈，晋文公用舅犯谋败楚，归而论功，雍季在舅犯之上。舅犯说，"繁礼君子，不厌忠信；战阵之间，不厌诈伪"（《韩非子·难一》）。战国兵家，大家有共识，庙堂之上，我是谦谦君子，战阵之间，却不厌诈伪。不合规矩，现在反而是规矩。这段话，很可能就是"兵不厌诈"一词的出典，《史记·田单列传》索隐、《北齐书·高隆之传》已经使用这个词，明清小说，更为常见，现在是成语。春秋战国，礼坏乐崩，贵族传统大崩溃，本来意义上的贵族，秦始皇是最后一人。陈胜喊出"王侯将相，宁有种乎"，是中国历史新纪元。但项羽是贵族，刘邦是流氓，刘邦在垓下打败项羽，才是贵族传统的句号。

《孙子》尚诈，除这一句，还有《军争》篇的"兵以诈立"。上面说，宋襄公反

---

① 《毛泽东选集》，482页。

对“半渡而击”,但后世兵家,说法相反。《孙子·军争》说“令半渡而击之利”,《吴子·料敌》也说“涉水半渡可击”。“兵不厌诈”,是军事学上的大革命。

下面的话,都是讲“诡道”。

我说,形是看得见的东西,势是看不见的东西,但它们并非各自独立,毫不相干。形是摆在前面,势是藏在背后。摆在前面的东西,还是有形可睹。比如这里讲的“故能而示之不能,用而示之不用,近而示之远,远而示之近”,毛泽东称为“示形”①。“示形”,就是制造假象。它是势的表现。摆出来的样子,是伪装。伪装也是一种形。

“利而诱之,乱而取之,实而备之,强而避之,怒而挠之,卑而骄之,佚而劳之,亲而离之”,这段话,很容易让人想起毛泽东的十六字诀:“敌进我退,敌驻我扰,敌疲我打,敌退我追。”②春秋晚期,吴国采用类似的战法,“亟肄以罢之,多方以误之”(《左传》昭公三十年),逗楚国玩。“亟肄以罢之”,是趁敌不备,不断骚扰他。你不留神,我就来;你一注意,我就跑。来回来去,溜你涮你,让你疲于奔命。“多方以误之”,则是千方百计,引导敌人犯错误。春秋晚期,南方各国,楚为大,伍子胥叛逃,给吴国支招,让它派三股部队,轮番骚扰,把楚国折腾得够呛,最后,破楚入郢。这种战术,弱者对付强者,尤其有效,很像苍蝇、蚊子,白天黑夜骚扰人。

“攻其无备,出其不意”,也是名言。它的特点,就是处处跟敌人拧着来,变着法儿地让对方不痛快。打仗这件事,就是成心跟敌人找别扭,敌人怎么难受怎么干,专门在他预料不到的地方,专门在他预料不到的时间,使劲收拾他。这里的“无备”和“不意”,很重要。因为再好的计,也要取决于对方。

最后,作者说,“此兵家之胜,不可先传也”。这句话是经验之谈。庙算结果,固然是常数,但用计却无成法,一切全靠临场发挥,随机应变。随机应变的东西,当然不可能事先传授。战争是力量、智慧和意志的综合较量。战场上的事,瞬息万变,一念之差,结果可能完全改变,就像足球赛,很难预测。军事家讲大实话,克劳塞维茨说,战争最像赌博③。毛泽东说,一上战

① 《毛泽东选集》,203页。

② 《毛泽东选集》,198—199页。

③ 克劳塞维茨《战争论》,第一卷,41页。

场，兵法就全都忘了。军事，凡是可以讲可以学的东西，都是纸上谈兵；真正管用的东西，又没法讲没法学。一定要放在纸上谈，只能讲原则的东西。即使谈变，也是谈变中之常。

上面两段，相映成趣，定计有确定性，用计没有确定性。我们到底能够确定什么，这是最后一章要讲的问题。《孙子》一书，特别看中变幻莫测、流动不居的东西，但它讲话，总是先常后变，先正后奇，所以下面还是回到庙算本身，把最需要确定的东西先确定下来。

【1.4】

夫未战而庙筭胜者，得筭多也；未战而庙筭不胜者，得筭少也。多筭胜少筭(不胜)，而况于无筭乎！吾以此观之，胜负见矣。

"庙筭"即庙算，庙算就是计。筭，音 suàn。"庙筭"的"筭"是计算，"得筭"、"多筭"、"少筭"、"无筭"的"筭"是算筹。原文讲得很清楚，庙算是在"战"之前，这就是"先计而后战"。战以前，事很多，第一是征兵，征兵员，征车马，征粮秣，这种制度，古人叫"军赋"；第二是建军，即按营兵布阵的需要，把征调上来的兵员分为军旅卒伍等各级编制，设官分职，配备各级军吏，统于将帅(这两条也可算作一条)；第三是养兵，让士兵有衣穿，有饭吃，建立各种后勤保障；第四是治兵，即用金鼓旌旗和徽章，建立指挥联络系统，利用农闲，借助田猎，校阅士卒，教民习战。这四条属于长期备战。临战，也有四件事，第一是庙算，即用算筹，比较敌我，预测胜负；第二是卜战，即用龟策，占卜吉凶，去犹豫，下决心；第三是拜将，即选择将帅，授命专征；第四是授甲授兵，即把国家武库中的车马兵甲发给军队。这四条属于紧急动员。这里只讲庙算。

庙算是计，也是谋。古代的谋分好几层。治国、用兵，合起来讲，这样的谋最大。比如《六韬》，就是两者都讲，也叫"阴谋"。其次，是庙算。庙算的谋是"权谋"。权谋是用兵的谋，战略层次的谋。还有一种，是用于实际战斗的谋，即"形势"家的谋。《孙子·谋攻》说"上兵伐谋，其次伐交，其次伐兵，其下攻城"，庙算之后，野战、攻城之前，还有外交战。今天也是这样。美国发兵伊拉克，五角大楼先进行庙算，主意定了之后，要进行穿梭外交，到各大国和联合国走动。古人把庙算决胜叫"庙胜"，说"庙胜之论"先于"受命之论"、"逾垠之论"、"深沟高垒之论"、"举陈加刑之论"(见《尉缭子》

的《战威》、《战权》），即先于拜将受命，先于率师越境，先于修筑工事，先于列阵交战。任何战争，都是为了胜利。任何胜利都是积小胜为大胜。庙胜就是设想中的大胜，这是第一步。庙胜之后，才有其他各步。

《计》篇的主题是庙算。定计是庙算本身，用计是庙算的延伸。最后一章是总结，还是紧扣这个主题。庙算很简单，全看实力。一般说，得算多的必定战胜得算少的，这是明摆着的事。

◎附录

《战争论》笔记之一：全书结构和警句名言——与《孙子》比较

克劳塞维茨的《战争论》，特点是理论性强。前人把它看作一部古典军事哲学。此书带有 19 世纪的特点，德国人的特点。黑格尔生于 1770 年 8 月 27 日，卒于 1831 年 11 月 14 日。克劳塞维茨生于 1780 年 6 月 1 日，卒于 1831 年 11 月 16 日。他比黑格尔小 10 岁，但死于同年同月，只比黑格尔晚两天。当时，很多著名人物都是染霍乱而死，他们都是死于霍乱。两个人是同时代的人。20 世纪不同，学术专业化是主流，无所不包的大体系式微，后来的读者，往往不太重视他们的哲学思考。

兵书的读者是军人。军人对哲学不感兴趣，感兴趣的，是他对军事的具体论述。战争是个充满概然性和偶然性的领域，军人依靠的是快速反应和判断力，他们对所有貌似规则的东西都不太相信，认为把不确定的东西讲成确定的东西，根本不可能，就算可能，也是条条框框，束缚手脚。因此，很多人都不读兵书，也不写兵书。克劳塞维茨想把战争现象中多少带有规律性的东西，用尽量务实的态度和尽量清晰的语句描述出来，总结出来，但没有写完他的书，就过早去世了。死前，他留下说明，预言此书会不断遭到误解和批评。事实上，德国军人，从老毛奇以来，一直看重的是他对绝对战争和纯军事因素的推崇，对武器、实力和彻底打垮、暴力无限的强调。

《孙子》和《战争论》，背后依托的军事传统不一样，互相都是解毒剂。

（一）内容概述。

此书未完成，分八篇。作者留下话，这八篇，只有第一篇第一章是写定的稿子，其他都有待修改。特别是最后两篇，仍是草稿。作者的苦衷是，战争充满不确定性，用清晰的语言讲这些不确定的因素，有必要，但很难。

（1）前两篇是一组，带有绪论的性质，讨论比较宏观，比较抽象。

第一篇，《论战争的性质》，是讲战争。它的头一章，内容最重要，主要讲战争和政治的关系。作者给战争下定义，战争是扩大的搏斗，暴力是手段，把自己的意志强加于敌人，才是目的。战争分两种，一种是绝对战争，一种是现实战争。绝对战争，是理想战争，政治的努力和外交的努力都无效，国际法也管不了，感情用事，暴力无限，双方顶牛，不断升级，有如脱缰野马。但战争是政治的继续，在现实中，它会追求更有限的目标，使暴力降级。绝对战争，目标是彻底消灭敌人。现实战争，退而求其次，才是各种有限目标。他不相信，纸上的计算可以代替实际的战斗，只有彻底消灭敌人，才能根本解决问题。这类看法，背后有西方传统的影子。《孙子》正好相反，它是把“不战而屈人之兵”当理想态，把破国破军当不得已，放进现实，才逐步升级。整个理解是反着来。孙子是先礼后兵，不服才打，逐步升级；克劳塞维茨是先兵后礼，打服了才谈，逐步降级。前者比后者更政治，后者比前者更军事。战争与政治，是交替出现的变奏曲，“不战而屈人之兵”，是战争的一头一尾，要么是未战，用伐谋伐交，“不战而屈人之兵”；要么是已经“屈人之兵”，打得差不多，可以坐下谈判，研究怎么收摊了，所以“不战”。其实，一旦开战，就谈不上什么“不战而屈人之兵”。孙子是拿未战和已战当理想态；克劳塞维茨是掐头去尾，拿中间一段当理想态。两者貌似相反，其实只是侧重点不同，谈话的角度不同。《孙子》的话，我们也误读，我们也滥用，有不少人以为，在激烈的战争中，真的可以“不战而屈人之兵”，这是大错误。已经打开了，还有什么“不战”？作者说，战争充满危险、劳累、不确定性和偶然性，情报难以判断，各种阻力，难以计算，最像赌博。军事天才是智勇双全，经常依靠的不是深思熟虑，而是特殊的智慧和勇气，即在黑暗中发现微光的眼力和追随这些微光前进的果断。《孙子·计》论将，以智为先，勇是放在五德的第四条，此书却把勇气放在智慧之前。

第二篇,《论战争理论》,是讲兵法。兵法是军事艺术。这种艺术分两种,广义的军事艺术,是组建军队、装备军队和训练军队的艺术,类似我国的军法;狭义的军事艺术,是使用军队、部署兵力和实施战斗的艺术,类似我国的兵法。狭义的军事艺术又分战略、战术,战术是实施战斗的艺术,战略是组织战斗的艺术。作者认为,兵法很特殊,不是科学,不是技术,甚至也不是艺术。科学依赖知识,技术依赖能力,艺术不守规则。战争理论和它们都有区别,它既靠知识,也靠能力,而且并不是不讲规则,只能勉强叫军事艺术。哲学最该研究的就是这类问题。

(2)下面五篇是一组,讨论具体问题。作者的讲法很简单,很实用。

第三篇,《战略概论》,主要讲战略要素。作者说的战略要素,包括五种:精神要素、物质要素、数学要素、地理要素和统计要素。精神要素,是军队的武德、统帅的才能和政府的智慧,见于此篇的第三至第七章,作者特别看重的是胆量和坚忍。物质要素,是军队的兵力配置,见于此篇的第八至第十八章和第五篇的第一至第八章。数学要素,是兵力配置的几何形式,见于此篇的第十五章。地理要素,包括地形和地区,制高点和战略要地,见于第五篇的第十七和第十八章,第六篇的第十五至第二十一章和第二十三章,第七篇的第八、第十一和第十四章。统计要素,和给养有关,包括行军、宿营、作战基地和交通线,见于第五篇的第九至第十六章。整个论述比较乱,有些见于此篇,有些见于后面的四篇,的确是未完成稿。这些要素,大体相当《孙子·计》的“五事七计”。作者讲物质要素和几何要素,和《孙子》的第二组(《形》、《势》、《虚实》)比较接近,也是讲军队的组成、指挥、阵法和兵力配置,也是强调数量优势、出其不意、诡诈和集中兵力。中国传统,尚谋轻力,《孙子》重诡诈,但作者却有所保留。他更强调简单的行动,认为廉价而带冒险性的诡诈,如假情报、佯动,很少有效。他说,兵力越少,才越重诡诈,这一看法很重要。

第四篇,《战斗》,战斗是真刀真枪的实战,以彻底消灭敌人为目的,这是战术研究的对象。战斗之后,还有追击或退却,也很重要。作者强调,进攻有顶点,胜利有顶点,胜败既分,交战双方,伤亡惨重,疲惫不堪,胜而不追,功亏一篑,是最大遗憾。胜方,乘胜追击比胜利更重要;败方,组织退却也是弥补失败。这个后续过程有时比战斗本身更重要。最大胜利或最大失败，往往取决于它。最大限度地消灭敌人，最大限度地保存自己，比什么都重要。在危险的环境里，复杂的计划不如简单的行动，有时，勇气比智慧更重要。《孙子·军争》讲“穷寇勿迫”，没有讲是不是追。《司马法·仁本》说，“逐奔不过百步，纵绥不过三舍”，追击逃跑的敌人不超过 139 米，跟踪退却的敌人不超过 41.5 公里，深怕追猛了，自乱阵脚，为敌所乘，被敌人打反击，其实是反对和限制追击。

第五篇，《军队》，军队是实施战斗的主体，也是战术所关注。作者主要讲五个问题，一是军队和战斗空间、战斗态势的对应关系（即军区、军团和战局的关系），二是兵力的分配和战斗队形，三是行军、宿营和补充给养，四是与第三条有关的作战基地和交通线，五是地形和人地关系。兵力分配，包括三大兵种，步兵、骑兵和炮兵的比例。步兵是战斗主力，骑兵、炮兵是辅助兵种。骑兵长于“走”，炮兵长于“打”，可增加机动性和打击的力度。当时的比例，是五名步兵顶一名骑兵，步兵千人配两门（或更多）火炮。宿营，包括野营（住在野外）和舍营（住在营房里）。给养，分四种，一种是靠村民供应，一种是靠强迫征收，一种是靠正规征收，一种是靠仓库储备。速决倾向前两种，持久倾向后两种。拿破仑主张掠敌继食，孙子也是，克劳塞维茨不完全赞同，他更理解守方的立场。

第六篇，《防御》。战斗分两种，一种是攻，一种是守。战略进攻，是从外往里攻，战略防御是从里往外攻，作者叫“向心性”和“离心性”，我国兵书叫“主客”（本书《九地》也这么讲），攻方是客，守方是主。作者先讲防御，篇幅很长。这里面有很多战史经验，特别是拿破仑进攻俄国，双方的成败得失。作者讲绝对战争，讲战争的两极化和逐步升级，是以均势、对称为出发点，现实战争对它的修正，最明显就是进攻和防御。双方攻守异势，关键是力量不对称。一般看法，守方弱，消极；攻方强，积极，进攻才是战争的主流。但作者认为，防御比进攻更强有力，手段更多，体系更复杂。它可以利用要塞（包括城堡和筑垒城市）、阵地、营垒和各种地形，让攻方付出很大的代价，时间、国土和民众，也更利于守方。《孙子》是站在攻方的立场讲话，《墨子》是站在守方的立场讲话。墨守孙攻，各是一个侧面。克劳塞维茨是两面都讲，但篇幅最大，还是讲守。

第七篇，《进攻》，是草稿。克劳塞维茨是从守的角度讲攻。作者说，攻中有守，守中有攻，很多讲进攻的话，前面已经讲过，但也有一些问题，是进攻所独有。这一部分，篇幅很小，各个章节，应对着第六篇看。

(3)最后一篇是总结。

第八篇，《战争计划》，也是草稿。这是呼应第一篇。作者回到第一篇的话题，绝对战争和现实战争的关系，战争和政治的关系。作者说，战争计划，与其说是深思熟虑的结果，不如说是急中生智的判断力。他强调，战争的目标有两种，有限目标和终极目标。有限目标很多，比如对敌人国土的占领，但终极目标是打垮敌人，人最重要。

《孙子》是先计而后战，把计放在最前面，《战争论》则放在最后。

(二)克劳塞维茨论战争。

(1)摘自书前的《说明》：

> 战争无非是国家政治通过另一种手段的继续。到处都坚持这个观点，我们的研究就会一致，一切问题也就比较容易解决。虽然这个观点主要在第八篇中才发生作用，但在第一篇中必须透彻地加以阐明，而且在改写前六篇时也要发挥作用。……(11 页)
>
> 在行动中人们将永远依靠判断，而且单靠判断也就足够了。但是，如果不是亲自行动，而是在讨论中说服别人，那就必须有明确的观念并指出事物的内在联系。……(14 页)
>
> 防御带有消极目的，但却是强而有力的作战形式，进攻带有积极目的，但却是比较弱的作战形式；……(14 页)
>
> 佯动是比真正的进攻较弱的一种兵力运用，因此只有在特定条件下才能采用；……(14 页)
>
> 只有在具有全面优势或者在交通线和退却线方面比敌人占优势时才能考虑迂回；……(15 页)

案：这一部分，是作者留下的修改意见，有如遗嘱。

(2)摘自第一篇第一章《什么是战争》：

> 战争无非是扩大了的搏斗。如果我们想要把构成战争的无数个搏斗作为一个统一体来考虑，那么最好想像一下两个人搏斗的情况。

每一方都力图用体力迫使对方服从自己的意志；他的直接目的是打垮对方，使对方不能再作任何抵抗。

因此，战争是迫使敌人服从我们意志的一种暴力行为。（23 页）

如果把文明民族的战争说成纯粹是政府之间的理智的行为，认为战争越来越摆脱一切激情的影响，以致最后实际上不再需要使用军队这种物质力量，只需要计算双方的兵力对比，对行动进行代数演算就可以了，那是莫大的错误。（25—26 页）

战争并不是活的力量对死的物质的行动，它总是两股活的力量之间的冲突，因为一方绝对的忍受就不能成为战争。（27 页）

在军事艺术中，数学上所谓的绝对值根本就没有存在的基础，在这里只有各种可能性、概然性、幸运和不幸的活动，它们像织物的经纬线一样交织在战争中，使战争在人类各种活动中最近似赌博。（41 页）

战争无非是政治通过另一种手段的继续。（43 页）

（3）摘自第三篇第十章《诡诈》：

诡诈是以隐蔽自己的企图作为前提的，……

初看起来，战略这个名称来源于诡诈这个词似乎不是没有道理的。尽管从希腊时代以来，战争在许多方面发生了真正的和表面的变化，但战略这个名称似乎依然表示它本来具有的诡诈的实质。

……

……正确而准确的眼力比诡诈更为必要，更为有用。

……战略支配的兵力越少，就越需要使用诡诈。因此，当兵力很弱，任何谨慎和智慧都无济于事，一切办法似乎都无能为力的时候，诡诈就成为最后手段了。（216—218 页）

案：德文原文，“战略”作 Strategie，“诡诈”作 List。德语的 Strategie 相当英语的 strategy。英语的 strategy 和 stratagem 是相关词汇，前者是战略，有别于战术（即 tactics），来源是希腊文的 strategia；后者词义更宽泛，不仅指战略，还指一般的计策，特别是花招和诡计，来源是希腊文的 strategema。克劳塞维茨指出，弱者比强者更尚诡诈，这点很重要。强者，恃强凌弱，往往重实力，它的对手，没有实力，当然就得动脑筋，出损招、邪招。

【第四讲】

作战第二

今天，我们讲《作战》，讲“战争三部曲”的第二步：“先计而后战”的“战”。

我们先解释它的题目。“作”，是开始的意思。“战”，在古书中有广狭二义。广义的“战”泛指一切战争、战役和战斗，狭义的“战”则专指野战，特别是列阵对战的野战。中国早期有国野制，国是城市，野是乡村。野战是攻城之前，在城市以外，在乡村的田野或荒野里交战。战争开始，首先进行的，必定是野战。春秋时期，野战多在两国边境接壤的空旷地带进行，这种地带叫“疆埸”。双方摆好阵势，然后对决，这叫“皆陈曰战”。情况往往是，呼啦一冲，战斗就结束了，时间很短。短可短到“灭此而朝食”（《左传》成公二年），打完仗才吃早饭，只有一顿饭的功夫；长也不过一天，天亮开战，星星还挂在天上，天一黑就撤（《左传》成公十六年）。即使加上跑路，也很少会超过一个月。古代中原，黄河流域的国家，野战，本来是以车战为主，步兵是附属于战车，车、徒混编，列阵而战。《周礼·夏官·司弓矢》说，“唐（唐弓）、大（大弓）利车战、野战”，车战不等于野战。但整个春秋时期，车战却是野战的主体。春秋中晚期，步兵崛起。战国晚期，还出现骑兵。车、骑、徒并用，是后来的野战方式。蓝永蔚先生写过一本书，叫《春秋时期的步兵》（北京：中华书局，1979 年），内容是讲步兵对中国战争方式的革命。战争和打猎有关，和饲养动物和吃肉有关。中国兵法发达，要感谢周边民族，他们和动物，关系比我们近。比如驯化马和马车，还有青铜剑，就是草原地区的发明。不仅车兵、骑兵，我们要感谢他们；步兵，也要感谢他们。“晋侯作三行”（《左传》僖公二十八年），“毁车而为行”（《左传》昭公元年），出现独立建制的步兵，是为了对付山地游击的戎狄步兵。水师，也是从吴、楚等国学来的。敌人是最好的老师。中国早期重车战，主要看重的是，战车速度快，机动性强，冲击力大。这是优点。但车战也有车战的弱点，马车疾驰，极易翻车，它对地形，适应性差。山地不宜，湿地不宜，开进，要有平坦宽阔的道路。古代的道路和沟渠，多与亩向相配。亩向就是亩垄（也就是田埂）的方向。齐国的亩向是南北向，道路、沟渠也是南北向；晋国的亩向是东西向，道路、沟渠也是东西向。前者叫“南亩”，后者叫“东亩”

(《诗·国风·豳风》、《左传》成公二年)。兵车开进,是顺亩向走。鞌之战,晋败齐,要求齐国把南亩改成东亩(《左传》成公二年),就是为了便于兵车的开进。野战,车、徒编组是靠阵法,车、骑、徒编组也是靠阵法。阵法很重要。这是古代作战的特点。

野战和攻城,古书常并叙。词汇,并列结构,古人的读音习惯,往往都是先平后仄,故多作"攻城野战"(《墨子·兼爱》)。其实,从时间顺序讲,应该是先野战,后攻城,由远及近,由外到内。《商君书·徕民》说:"今三晋不胜秦四世矣。自魏襄以来,野战不胜,守城必拔。"本篇也说:"其用战也,胜久则钝兵挫锐,攻城则力屈。"野战,失利的一方会退守城内,胜利的一方会兵临城下,好像攻克柏林那样。这是野战和攻城的关系。攻城是下一讲的内容。

现代军事术语的"野战",是日语借用中国古语翻译西文的 field operation。英语的 field army 是野战军,fieldwork 是野战工事,fieldpiece 是野战炮,field hospital 是野战医院。Field 是森林和建筑以外的空地。这和中国古语的含义大体相同。

我把《作战》篇分为五章:

第一章,讲打仗费钱。

第二章,讲打仗耗时。

第三章,讲抢,即取敌之利,就地补充自己。

第四章,讲快,速战速决。

第五章,是警告为将者,要他知道,自己肩上的责任有多重。

这五章,前两章是讲"用兵之害",次两章讲"用兵之利"。"用兵之利"是针对"用兵之害"提出的对策。最后一章是总结。

下面,我们一章一章来介绍。

【2.1】

孙子曰:

凡用兵之法,驰车千驷,革车千乘,带甲十万,千里馈粮,〔则〕内外之费,宾客之用,胶漆之材,车甲之奉,日费千金,然后十万之师举矣。

此章是讲费钱。这是"用兵之害"的头一条。

《作战》是从战争动员讲起。战争动员就是"作战",它是讲怎样发动一场战争。发动起来的战争，首先是野战。

“凡用兵之法”，在《孙子》书中多次出现，《谋攻》、《军争》、《九变》、《九地》四篇的开头，《谋攻》、《九变》两篇的当中，《军争》篇的结尾，都有这种话。这里是讲，用兵规模一般有多大。它是一种发凡起例的叙述。古人以“兵法”称兵书，估计就是这么来的。战国以来，兵书多称兵法。兵书分两种，一种是军法（或军令），一种是兵法。军法是条例规定的汇编，兵法脱胎于军法，还保留着它的某些特点。兵法是“用兵之法”的简称。它和军法有关，又有所不同。军法讲的是建军之法、治兵之法。兵法讲的是行师之法、用兵之法。《易·师》疏就是用“兵法”来解释王弼注的“行师之法”。它要突出的是一个“用”字。岳飞叫“运用之妙，存乎一心”（《宋史·岳飞传》）。战国兵书，虽有军法类的内容，但以谋略为主。《孙子》就是兵法的代表。汉唐古书引之，往往简称为“兵法”。古代技术书，多以类名，这是特点。

读古代兵法，要学一点古代的军事知识。但遗憾的是，说到上古，说到古人到底怎么打仗，我们的知识很不够，很多细节都不知道。我想把我知道的东西讲一下。

我们先说古代的军种和兵种。

早期的野战，商周的野战，主要是车战。春秋中期，步兵从晋国崛起；战国晚期，骑兵从赵国崛起，都和对付北方民族的流动作战有关。北方民族南下，宁夏、甘肃、陕西、山西和河北，哪个方向都可能，山西在中间，最重要。长江流域和长江以南，还有楼船和水师。现代军种，海、陆、空，除了空，都是几千年的发明。飞机是1903年的发明。空军，是第一次世界大战的产物。1918年成立的英国皇家空军，据说是最早的空军，即作为独立军种的空军。但陆军、海军很古老，特别是陆军。车兵、骑兵和步兵，是古代陆军的三大兵种。中国象棋，真正和今天类似的象棋，是宋以来的棋艺，将（或帅）、相（或象）、士居九宫，代表中军大帐、指挥部；车、马、炮和卒在外围，代表双方鏖战的各兵种。车、马、卒是旧兵种，炮是新兵种。炮者抛也，字或作砲，经常混用无别。其原型是抛石器，可抛石弹，也可抛火球，故或从石，或从火，“包”是声符。宋代的象棋子，有些背面带画，炮是画成投石器或火球（图九），和宋《武经总要前集》中的图像一样。炮兵是什么时候才有？照理说，宋代就有，但作为独立兵种，有明确记载，学界多以明永乐初年(约 1409、1410 年左右)的神机营为中国最早的炮兵。但也有学者认为,中国最早的炮兵,可以早到元末[1]。14 世纪,蒙古人把火炮传入欧洲,有一幅画(约作于 1326—1327 年)为我们留下了它的形象(图一〇)。欧洲的炮兵,据说 1450 年后才有,以法国最早(拿破仑就是炮兵出身)[2]。

图九　宋代棋子中的炮

我们先说陆军。陆军,古今中外都是军队的主体,西人所谓 army,既是陆军,也是军队。步兵、骑兵和炮兵,都是陆军底下的兵种。1860 年,恩格斯给《美国新百科全书》写军事方面的词条,其中就有《军队》(*Army*)、《炮兵》(*Artillery*)、《骑兵》(*Cavalry*)、《步兵》(*Infantry*)和《海军》(*Navy*),见《马克思恩格斯全集》中文版第 14 卷(北京:人民出版社,1964 年),所述甚详,可参看。中文版的《不列颠百科全书》,新则新,但这些词条,或者没有,或者太简短。

图一〇　欧洲最早的火炮

① 刘旭《中国古代火药火器史》,郑州:大象出版社,2004 年,56—59 页。

② 《马克思恩格斯全集》,北京:人民出版社,1964 年,第 14 卷,196—197 页。

步兵(图一一),出现最早,使用时间最长,古代和现代都离不开。步兵分两种,一种附属于战车,一种是独立的步兵。希腊、罗马的步兵,是后一种。他们穿甲戴胄,手执盾牌,用盾牌、长矛组成人墙,还有弓箭手,多为穿紧身衣(我们叫胡服)的斯基泰人①。那时,农业民族,有公民身份的战士,全是步兵,只有北方蛮族(日尔曼人、凯尔特人、斯拉夫人)的雇佣兵才骑马,人高马大。他们认为,只有胆小鬼才骑马作战。但欧洲北部,中国北部,大规模的蛮族入侵,骑兵的作用不容忽视。我们农业民族,喜欢"堂堂之阵,正正之旗",看不起骑马乱跑,突然袭击,这是农业民族对骑马民族的偏见(就像美国说恐怖分子是懦夫一样)。我国,"步兵"这个词,三见于《六韬》(《龙韬·农器》、《虎韬·军用》、《犬韬·战步》),与"车、骑"并列。

图一一　步兵:山彪镇1号墓出土铜鉴上的纹饰

车兵,其实是从步兵分化,相当现在的装甲兵或摩托化部队。它是以步兵配合马拉战车作战,有些在车上,有些在车下。就像现代的坦克部队,也有步兵前呼后拥。驯化马和马拉战车,中亚最早,6000年前有马,4000年前有车(马车)。马的驯化和马车的发明,对军事史太重要。商代的军事长官叫马,周代的军事长官叫司马,古代出师前的祭祀叫祃祭,都和马有关。马的用途,最初是驾车,而不是骑乘。马是军事传染病,在整个旧世界,传播范围极广,我国也不例外。战车,各国不一样。西亚、埃及,车辐稀(多为6辐),毂在舆后(图一二、图一三),和中国的车不一样。希腊、罗马,倒是毂在舆中,但车轮小,车舆低,车辐稀,极为单薄,和中国的车也不一样,而且年代也晚。我国的车,车辐密,毂在舆中,与之比较接近的,还是前苏联境内出土的中亚系统的马车(图一四)。马车在中国的中原地区,商代

① 《马克思恩格斯全集》,第14卷,354—381页。

1

2

图一二　战车

1. 埃及图坦卡蒙墓出土木箱上的纹饰
2. 亚述亚述纳西尔帕二世宫殿的壁画

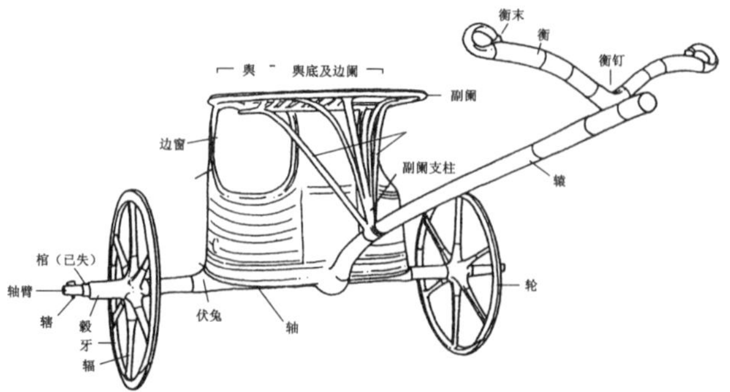

图一三　埃及图坦卡蒙墓出土的马车

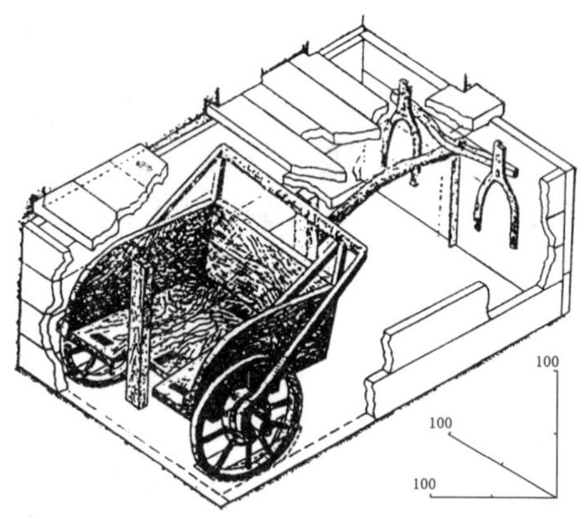

图一四　辛塔什塔墓地30号墓出土的马车(复原图)

图一五　秦始皇陵陪葬坑出土的1号铜车

才出现，距今只有 3000 多年，更早的战车没有。学者推测，是从中亚传入[①]。出土战车，除少数金属构件，木质的部分，都已化为泥土，只能剔剥出轮舆的大致轮廓，我们要想看得更真切一点，不妨参考秦始皇陵 1 号铜车(图一五)。

骑兵，比车兵晚。中近东，公元前 800 多年就有骑兵。如亚述宫殿的画像石，上面就有骑兵(图一六)。恩格斯讲骑兵，说阿拉伯、波斯、小亚细亚、埃及和北非的马最好，亚述的骑兵最早，但还不算正规骑兵，埃及的骑兵很晚，罗马人不善骑马，但亚历山大大帝的骑兵很棒，“希腊人既是正规步兵的创建人，也是正规骑兵的创始人”[②]。我们看，庞培农牧神宫镶嵌画上的亚历山大，就是身着铠甲，骑在马上。还有中世纪，欧洲“野蛮化”，骑兵的作用也很重要。中国的骑兵，什么时候才有？传统说法，赵武灵王胡服骑射是标志(图一七)。这种说法，学界有争论，有人说，赵武灵王以前，我国就骑马，甚至商代就骑。这些可能，我不想讨论。我想说的是，欧亚草原是世界历史的大舞台，匈奴、东胡，都是战国末期，才在北方崛起。赵国的北边，今晋北大同一带，是北方民族南下，直取洛阳的要道，当时叫代，正好在赵国的北境。赵武灵王跟胡人学什么？主要是两条，一是去宽袍大袖，改穿紧身衣和裤子，类似现在的运动服；二是学骑马射箭，以胡人之道反制胡人之身。骑兵之盛是以此为背景。秦汉以来，胡骑南下，骑兵更重要。骑兵的衰落，是火炮发明后，特别是坦克和摩托化部队发明后。现在，骑兵已退出历史舞台，转交给骑警。但火

图一六　骑兵：亚述亚述纳西尔帕二世宫殿的壁画

① 参看：王海城《中国马车的起源》，余太山主编《欧亚学刊》，第三辑，北京：中华书局，2002 年。

② 《马克思恩格斯全集》，第 14 卷，298—326 页。

图一七　骑兵:传洛阳金村出土铜镜上的纹饰

炮发明前,没有任何人能遏制骑马民族的侵袭,一波未平,一波又起。否定蛮族,否定骑兵,欧洲中世纪没法讲,伊斯兰的崛起没法讲,亚洲的历史没法讲,整个世界史,全都没法讲。《孙子》没有“骑”字,《司马法》和《尉缭子》也没提到,但《六韬》、《吴子》和《孙膑兵法》有“骑”字。

步兵、车兵和骑兵,是中国古代的陆军①。

舟师,后世叫水师,西方叫海军。西方的海军,前身是北欧海盗,不是希腊、罗马的海军。地中海沿岸,很多国家都有海军,都有大船。如腓尼基战船(图一八),就是当时很有名的战船。但恩格斯说,腓尼基、迦太基、希腊、罗马的船,都是平底船,帆比较小,难扛海上风暴,西方的海军并非来源于此。欧洲海军的真正诞生地是北海(即北冰洋地区),弗里西安人、萨克森人、盎格鲁人、丹麦人、斯堪地那维亚人的航海,是用龙骨突起、两端尖削的帆船(尖底船),这种高帆大船,才是现代舰船的前身②。上世纪80年代,中国人很自卑,非说西方文明是海洋文明,中国一直都闭关自守。其实,中国和欧洲一样,只要靠海,就有航海的传统。我国一直都有河、海并用的舟师或水师,特别是郑和舰队,船很大,也很多,航行海域很广,水平一点不差。我们不能把中国历史上偶尔实行的海禁(如明初和明晚期)当作中国航海史的全部。欧洲也有海禁。我国的水战,南方比北方发达。春秋晚

① 《马克思恩格斯全集》,第14卷,5—50页。

② 《马克思恩格斯全集》,第14卷,382—396页。

图一八　腓尼基战船：亚述辛纳赫里布宫殿的壁画

期，楚、吴、越三国，常用舟师作战，见于《左传》、《吴越春秋》和《越绝书》等书。如公元前485年，吴国派徐承帅舟师自海入齐（《左传》哀公十年），就属于渡海作战（可能是登陆作战）。南人近水，好舟楫，常以船棺为葬。《越绝书》卷八说，越王允常的王陵是由楼船卒2800人，伐松柏为桴（也就是船），叫木客大冢。1996年发现的印山大墓，学者认为就是这座墓。它是凿山为墓，内藏两面坡的木构墓室，四面环壕。墓中的棺，是刳木为舟，长6.9米，直径1.15米。它让我想起我在奥斯陆看到的维京船。维京人也是以船为葬，甲板上的船舱，有一种就是两面坡，和印山大墓的墓室很像。古代战船，种类很多。我国也有多层的大船，如汉征南越，杨仆拜楼船将军，楼船就是这种船（图一九），郑和舰队的大船也是如此，而且学者推测，肯定是尖底船。《孙子》没有提到舟师，但它提到"夫吴人与越人相恶也，当其同舟济而遇风，其相救也如左右手"（《九地》）。

中国古代的兵种，见于《孙子》，主要是车兵和步兵。

下文特别提到"车战"。

秦汉以来，作战以步、骑为主，但车并未废止，还有它的用处。一是可以环车为营，阻挡骑兵奔突，以静制动；二是可以运载军需物品，作辎重车（现代的马车就是货车）。宋曾公亮《武经总要前集》卷四说：

图一九　战船：山彪镇1号墓出土铜鉴上的纹饰

车战，三代用之，秦汉而下，寖以骑兵为便，故车制湮灭，世莫得详。至汉卫青击胡，以武刚车自环为营，纵骑兵出击，单于于是遁走。李陵深入胡地，猝与虏遇，众寡不敌，陵以(大军)〔大车〕为营，引士于外，千弩俱发，虏乃解去。晋马隆讨树机能，贼乘险设伏，遏截隆前后，隆依八阵图作偏箱车，地广则以鹿角车营，路狭则为木屋施于车上，且战且前，遂平羌众。唐马遂亦造战车，蒙以狻猊象，列戟于后，行则载兵甲，止则为营阵，或塞险以遏奔冲。本朝咸平中，吴淑上议，复谓平原广野，胡骑猋至，苟非连车以制之，则何以御其奔突？故用车战为便。此数者，皆谓以车为卫，则非三代驰车击战之法，然自足以御敌制胜也。惟唐房琯击安禄山，用春秋车战之法，以车二千乘，夹以马、步，贼顺风扬尘鼓噪，牛皆震骇，因缚刍纵火焚之，人畜挠败，琯遂遁走。此亦古今殊时，而用有利害也。则知车战之法，所以躏轹强阵，止御奔冲，行则负载粮械，止则环作营卫，其用一也，其制则不必尽同。取地之所利，与敌之人所害，或因或改，便于施用而已。

“驰车千驷，革车千乘，带甲十万”，是讲战车和兵员的数量。驷，音 sì，四马驾一辆车，叫一驷。春秋时期的战争有多大规模？大国和小国不一样，早期和晚期不一样。其中用作指标的东西，主要是战车的数量和兵员的数量。如果现在，就是看有多少核弹、多少军队；二次大战，就是看有多少飞机、坦克和军队。传说，武王克商，是用“革车三百两，虎贲三千人”

(《孟子·尽心下》),300 辆战车配 3000 名战士,规模很小。春秋时期,一般诸侯国,都有 1000 辆战车,比如鲁国初封于曲阜,就是"革车千乘"(《诗·鲁颂·闷宫》、《礼记·明堂位》)。当时,够格的大国,如齐、秦、晋、楚,都有上千辆兵车,习惯上叫"千乘之国"(《左传》哀公十四年)。但实际作战,真正出动的兵车,大概只有几百乘,最高记录,也就是 800 乘。如城濮之战,晋军出动过 700 乘(《左传》僖公二十八年、成公二年);鞌之战,晋军出动过 800 乘(《左传》成公二年);艾陵之战,齐军出动过 800 乘(《左传》哀公十一年);子产伐陈,郑军出动过 700 乘(《左传》哀公二十五年)。当时,战车配战士,即所谓乘法,多半是十人制,一车配甲士 10 人,"千乘之国",只有甲士 1 万,即使照《司马法》佚文的规定(详下),再加上两倍的徒,也只有 3 万人。西周军制,师是最高一级(当时有殷八师、西六师)。春秋,最高一级是军。《周礼·夏官·叙官》说:"王六军,大国三军,次国二军,小国一军。""千乘"与"三军",是大体匹配的概念。研究春秋军制,大家经常举晋国的例子。晋,前 678 年(曲沃并晋之初),武公只有一军(《左传》庄公十六年);前 661 年,献公作上下二军(《左传》闵公元年);前 632 年,文公已有上中下三军;前 588 年,景公作六军(《左传》成公三年)。另外,晋国的建制步兵,也出现最早,城濮之战以前就有(《左传》僖公十年已提到"左行共华、右行贾华"),城濮之战后,增加为上中下三行。三军加三行,乃有六军,拟于天子之制。如果按《周礼》12500 人为一军来计算,六军就是 75000 人。前人估计,春秋时期,战争规模只有几万人,大体可信。但春秋晚期,变化较大。当时的两强,战车增多。如晋国有 49 县,每县出长毂百乘,共有战车 4900 乘(《左传》昭公五年);楚国更多,光是四个边邑大县:陈、蔡、东不羹、西不羹,就"赋各千乘"(《左传》昭公十三年),加起来,也有 4000 辆。楚国的兵车数量,绝不在晋国之下。

这里讲的规模,应是常数。它反映的是春秋晚期的战争规模:兵车分两种,各 1000 辆;士兵皆带甲,有 10 万人。这个数字,比起春秋早、中期的车千乘、人三军(约 37500 人),当然要大,车翻番,兵员增加更多。过去,辨伪学家说,春秋不可能有车两千、士十万,恐怕是低估了当时的水平。《孙子》的话,不一定是夸大。

讲兵法,这个背景知识很重要,我想多说几句。

研究中国古代战争，战争规模很重要。我们都知道，18 世纪以前的欧洲，很少有 10 万人以上参战。我国不一样，早在春秋晚期，10 万就不算啥，只是平均水平。战国时期，规模更大。当时的子书，常有“万乘之主、千乘之君”的说法（见《庄子·渔父》、《韩非子》的《爱臣》、《备内》）。战国早期，我们不太清楚，估计与春秋晚期接近，很多国家，兵力还在 10 万以下。比如三家分晋后的魏国，战国早期是第一强国，名将吴起，事魏文侯、魏武侯，他的理想，就是“以五万之众，而为一死贼”（《吴子·励士》）。但战国中期，特别是晚期，情况大变。前 303—前 301 年，齐、魏、韩攻楚，败楚于垂沙。前 300—前 296 年，赵攻中山，灭中山。这两次战役，都出动了 20 万人。当时，七大国都有几十万军队，秦国甚至有上百万的军队。伊阙之战（前 293 年），白起破韩、魏，斩首 24 万；鄢之战（前 279 年），白起引水灌城，淹死楚国军民数十万；华阳之战（前 273 年），白起破赵、魏，斩首 15 万；长平之战（前 260 年），白起坑赵降卒 40 万。光是这四大战役，就杀人上百万人之多。我们估计，山东六国，兵力不如秦国，平均水平也在 50 万左右。全部加起来，约有 400 万。当时，国土没现在大，人口没现在多，军队却如此庞大，死伤却如此惨烈，完全是“世界大战”的水平。我国兵法发达，这是基本背景。

兵法是用流血的经验换来的。

上面这段话，我们应该做一点解释。我们先谈《孙子》的车制和乘法。这里提到两种战车。“驰车”一词，古书少见，似乎只见于《管子·七臣七主》、《孙子》佚文（《通典》卷一五九引“吴王孙武九地问”佚文）和《吴子·励士》。从字面含义看，是一种比较轻便，利于驰击的战车。“革车”，古书多见，《左传》、《公羊传》、《周礼》、《礼记》、《孟子》、《韩非子》、《吕氏春秋》，很多古书都有这个词。汉唐旧注，都说革车是兵车，这点不会错。如据孟子说，武王克商，就是用这种车（《孟子·尽心下》）。从字面含义看，革车可能是一种蒙皮的战车。如郭璞就认为革车是皮轩，即一种蒙虎皮的战车（《史记·司马相如列传》集解引）。这两种战车，革车的名称更古老，当是本来意义上的战车，但汉代已不大听说，宋以来的革车是复古之作，与此无关。驰车是长毂车，是改进过的新型战车。驰车轻便，利于攻；革车笨重，利于守，各有各的用途。

这段话，曹注的解释并不对。他注这一段，影宋本《魏武帝注》和宋本《十一家注》不同，古书引用也不同，有些错字，我在《〈孙子〉古本研究》中做过整理。他说，驰车是轻车，革车是重车。如果前者是轻型战车，后者是重型战车，这个说法可以接受。但他说的不是这个意思。他的说法，是出自《司马法》，不是今本，而是佚文。他是把驰车当《司马法》的"轻车"，革车当《司马法》的"重车"。"轻车"，古书多见，例如《左传》、《周礼》、《管子》、《司马法》、《六韬》都有这个词，《孙子·行军》和银雀山汉简《孙膑兵法》也有，汉代或更晚，还在用。重车，是辎车，也简称辎或重。辎车、辎重或辎、重，古书也多见，汉代或更晚，还在用。我们不应忽略的是，《司马法》的车，轻车是战车，重车是辎重车，后者也叫"辎辇"(简称"辇"，夏称"余车"，殷称"胡奴车")。古书中的驰车、轻车、革车都是马拉的战车，用以载人；重车是牛拉的辎重车，用以载兵器、衣装、粮秣。革车绝不是重车。

中国古代的军用车辆分两大类。一类是马车，一类是牛车。马车，通常用四匹马拉，四马驾一乘，称为一驷或一乘，只载人，不拉货，跑得快。比如这里讲的"驰车千驷"、"革车千乘"，就都是马拉的战车。牛车，通常用一头牛拉，专负重，不载人，走得慢。比如本篇下文的"丘牛大车"，就是后一种。前者叫小车，后者叫大车。《论语·为政》说"大车无輗，小车无軏"，包咸注："大车，牛车。""小车，驷马车也。"邢昺疏："云'小车驷马车'者，《考工记》兵车、田车、乘车也，皆驾驷马，故曰驷马车也。"驷马车，不光是战车。打猎的车，平常坐的车，也可以是驷马车。古人服牛乘马，把这两种动物驯化，用它们驾车，什么时候才有，是考古学家热衷的大问题，也是军事史上的大问题。车的发明，关键是轮子。曳车，可以靠牛靠马，或其他动物。牛的驯化在前，马的驯化在后。牛车比马车发明早。西语，一般的畜力车只叫 cart，牛车是 ox cart，用作战车的马车才叫 chariot。马车的重要性，是它的速度、机动性和冲击力。它在军事上的应用，太重要。驯化马和马车，最早是出现于中亚。战车，西亚、埃及、希腊、罗马都有。大家都有过车战时代。骑兵的崛起是在后来。我国文献，传说薛人的祖先奚仲发明车，商人的祖先相土发明乘马，王亥发明服牛(《世本·作篇》)，时间都在夏代。但马车，考古发现，目前最早，是商代晚期的车，更早的发现还没有；牛车，情

图二〇　牛车：甘肃武威雷台汉墓出土的模型

况不清楚(图二〇)。偃师商城发现过车辙，有人认为是马车留下来的痕迹，但也有人认为，这是牛车，即辁车(用无辐木制车轮运行的车)留下来的[①]。探讨这一问题，有件铜器值得注意，即西周晚期的师同鼎(图二一)。其铭文，是记周人和戎胡之间的战斗。周方的军官叫师同，他的缴获物中，有两种车：马车和牛车。马车叫“车马”，牛车叫“大车”。这是马车和牛车共用于战争的绝好例证。过去，我写过一篇文章，就是讨论这一铭文[②]。

图二一　师同鼎铭文：第二至第三行提到“车马五乘，大车廿”

下文“破车罢马”是马车，“丘牛大车”是牛车。

古代战车，一般都是四匹马，三个人。但也有例外：一人、两人或四人。普通兵车，左边的人叫“车左”，执弓矢；中间的人叫“车御”，执辔；右边的人叫“车右”，执戈矛。三人衣甲，称“甲士”，甲士的头子叫“甲首”。军帅之车，车御在左；军

① 上引王海城《中国马车的起源》。

② 李零《“车马”与“大车”(跋师同鼎)》，收入《李零自选集》，桂林：广西师范大学出版社，1998年，124—130页。

帅居中,执桴鼓;车右在右。这是车兵。车兵的泛称是“士”。“士”还包括车下的7名甲士。甲士10人,包括带甲的步兵。这种战斗人员,都是贵族武士。还有一类步兵,一般叫“徒”。“徒”,本来是贱役之称。他们随甲士出征,主要是当牛倌马夫,古人叫“厮徒”、“厮驭”、“徒御”,曹注叫“厮养”,现在叫饲养员。其他杂活也有分工,汲水打柴,曹注叫“樵汲”;烧火做饭,曹注叫“炊家子”,现在叫炊事员;保管被服,曹注叫“固守衣装”。这些人是勤务人员,专干各种杂活,地位很低。“卒”是类似名称,也是在兵车后面,给贵族跟班跑腿。他们也叫“步卒”、“徒卒”,偶尔还叫“徒兵”、“步兵”。

“带甲”是穿甲戴胄的车兵和步兵(图二二)。甲,用来保护身体;胄,用来保护头部。

早期乘法,士徒混编,经常合称,但士是士,徒是徒,完全是两类。士是车兵(包括车上车下)和带甲步兵。徒是甲士以外的隶属步兵,不穿甲戴胄。后者没有受过专门的军事训练,属于“正卒”以外的“羡卒”,只是辅助性的战斗人员和勤务人员,古书叫“白徒”(最近发表的上博楚简《曹沫之陈》,其中也有这个词)。春秋晚期,军事变化带来社会变化,徒卒数量激增,重要性上升,成为独立的兵种,原来身份很低的人,也鲤鱼翻身,成了正规士兵。这种士兵也穿甲戴胄,虽然还叫徒卒,性质已迥然不同。

古书中的“徒”,基本含义是“步行也”,引申义是“步卒”、“步兵”,或“从车者”、“辇者”、“步挽辇车(辎重车)”①;“卒”,与“衣”同源,其基本含义是“隶人给事者”,即徒隶。还有一种解释是这种人的衣服(《说文解字·衣部》)。军事学含义的“卒”与“徒”相似,不但可以当“步卒”、“从车者”讲,还可连言,称为“徒卒”。但“卒”和“徒”有一点不同,它还可指军队编制的单位。这种“卒”,一般释为“众”,有可能是“倅”的借字。“倅”是副贰之义,表示从属关系,字亦作“萃”。国之副贰可称“卒”,车之副贰可称“卒”,人之副贰也可称“卒”。“萃”有集聚之义,与“徒”训众相似②。

古代乘法,主要分两大类,一类是早期的十人制,一类是晚期的百人制。十人制是什伍之制:10人为什,5人为伍,一个什包括两个伍。这种制

① 宗福邦等《故训汇纂》,北京:商务印书馆,2003年,747—749页。

② 宗福邦等《故训汇纂》,275—278页。

图二二　带甲

1. 曾侯乙墓出土的革胄、革甲(示意)
2. 秦始皇陵兵马俑坑1号坑出土的武士俑

度，用过很长时间，整个西周和春秋早期，可能主要是这种乘法。后来的军制，什伍是最低两级。百人制则是卒两之制：100 人为卒，25 人为两，一个卒包括四个两。两即辆的本字。后来的军制，卒两是高于什伍的两级。《司马法》佚文，有两种乘法，一种是按井、通、成、终、同、封、畿的制度征发军役，规定是“革车一乘，士十人，徒二十人”，这种制度，不计徒卒，只计甲士，属于十人制。加上徒卒，也只有 30 人。这是比较古老的制度。另一种是按井、邑、丘、甸、县、都的制度征发军役，车分两种，一种是“戎马”驾的“轻车”，也叫“长毂”，属于战车；一种是“丘牛”驾的“重车”，属于辎重车（参看《形》篇讲义的最后一章）。轻车，配战士 75 人，包括车上的甲士 3 人，车下的步卒 72 人；重车，配勤务人员 25 人，包括炊家子（炊事员）10 人，固守衣装（衣物保管员）5 人，厮养（饲养员）5 人、樵汲（打柴汲水的人）5 人。如果光算战斗人员，是 75 人制，加上勤务人员，则是百人制。百人制是比较新潮的制度。它的四个两，怎么配战车，参考曹操《新书》的佚文（详下），估计是前后左右，每一面各一两，直接作战的三个两，一个在战车前，一个在战车左，一个在战车右；勤务人员的一个两，是跟在辎重车的后面。

曹注解释此章，是引《司马法》的十人制为说。他说，驰车是马车，配战斗人员（步兵）10 人，勤务人员 5 人；革车是牛车，配勤务人员 3 人。我们用这个数字乘 1000，只有 18000 人，远不足 10 万之数，显然不对。但宋张预注引曹操《新书》有另一解释，则是引《司马法》的百人制为说。他把驰车叫攻车，革车叫守车，两叫队，说攻车的前、左、右，各有一队，共 75 人；守车殿后，有 25 人。这个数字乘 1000，可符 10 万之数，比较合理。但上面说过，革车不是辎重车。如果不是辎重车，这里的“带甲十万”就应该是配 2000 辆。实际情况可能是，两种战车，驰车在前，革车在后，两车前后各一两，两车左右各一两，其中并不包括辎重车。辎重车是尾随大部队之后。齐国军制，管仲制军，有所谓“小戎”（《国语・齐语》、《管子・小匡》）。小戎是兵车的别名。这种小戎是 50 人，相当两个两。我怀疑，也有可能，这里的 100 人是两辆战车各 50 人，即一辆战车配一小戎。

“千里馈粮”，很远，十万人要吃饭，是大事。这是讲军队开拔后的补给，属于下文说的“远输”。下文所说“用兵之害”的头一条，就是讲这个问题。

“内外之费”，“内”是国内，“外”是国外。包括以下所有的开支。

“宾客之用”，“宾客”是外交使节。这里是指用于间谍和外交的巨大开支。两者都是穿梭于内外。自古以来，外交和间谍就有不解之缘。这是第一项开支。

“胶漆之材”，胶漆是修缮战车、兵器之柄和弓弩的主要材料。这是第二项开支。

“车甲之奉”，战车和甲胄，要不断补充。这是第三项开支。

《考工记》讲古代工艺，有 5 大类 30 个工种，其中三分之一，都与军事直接有关。如属于攻木之工的轮人、舆人、辀人、弓人、庐人、车人、梓人（辀人是多出来的），属于攻金之工的冶氏、桃氏，属于攻皮之工的函人，属于刮摩之工的矢人。轮人、舆人、辀人、车人和制造战车有关：轮人做车轮，舆人做车箱，辀人做车辕，车人负责整体组装。冶氏、庐人和制造戈、殳、戟、矛有关：冶氏铸其刃（铜刃），庐人制其柲（积竹为柄）。桃氏管铸剑。弓人、冶氏、矢人、梓人和制造弓矢有关：弓人做弓，冶氏铸矢，矢人负责对矢打磨加工，梓人做侯（侯即练习射箭的箭靶）。函人做皮甲。其中没有提到胄和盾。

古代工艺，战车最复杂，“一器而工聚焉，车为多”。《司马法》佚文说，古代的辎辇（辎重车）要携带斧、斤、凿、梩（耜）、锄、版、筑，就是为了修车和挖工事。

“日费千金”，亦见《用间》篇，是讲每日的开支。我计算过，当时的“千金”是 374 公斤重的铜。古人常以“千金”形容价值很高，如“一诺千金”，后人还把富贵人家的女孩称为“千金”。这里是极言其多，不一定是精确数字。

“然后十万之师举矣”，是讲军队开拔，兵出于境。上一篇，《计》篇是讲庙算。庙算是代表政府决策。计在庙堂上定了以后，下面的事是军队开拔，越过边境，进入敌国。当时的战争，也和现代的帝国主义战争一样，都是到别国去打仗。仗一定要到外国打，打仗是为了国家安全。《火攻》篇叫“安国全军之道”。穷人的大问题是吃饭，富人的大问题是安全。美国最富，安全问题最大。它拥有 12 个航母战斗群，700 多个军事基地，军费占全球军费总开支的 47％。

从内到外，从庙堂到战场，一切战略决策，都要投入战斗，才见分晓。每一步都有每一步的计算。庙算，只是预算。账要一笔一笔算。结算还在后面。前面，我们已经讲过，庙算之前，庙算之后，战争的准备，还有很多环节，此书没有讲，但我们要心里有数。

庙算之前，最重要的，是古代的军赋制度和演习训练。前者即“算地出卒之法”。一个国家，它有多少地，打多少粮，养多少人，出多少兵，这是《形》篇还要谈的问题。此章讲出车出卒的制度，就和这个问题有关。古代作战，主要靠阵法。所谓训练，主要是借田猎演习阵法。田猎，是把野兽当假想敌。战争跟打猎有密切关系。猎人都是男人，战争也是男人干的事。这种训练，古人叫“蒐狩”，也叫“大阅”或“校阅”。汉唐以来，也叫“校猎”。主要是让士兵演练坐作进退，熟悉旌鼓旗帜和各种号令。今天，世界各国，甭管多先进，当兵的都要练“稍息立正”、“向右看齐”和“正步走”，就是这类演习训练的制度遗产和精神象征。《公羊传》桓公六年记鲁国大阅，何休注说，步兵训练要每年一次，车兵训练要三年一次，步兵、车兵演习协同作战要五年一次。当时，训练军队很费时间，没有五年不行，孔子甚至说，要用七年（《论语·子路》）。可见，武备是时刻准备，长期准备。孔子说，用没有训练的军队打仗，等于让士兵送死（同上）。

庙算之后，比较重要的，是拜将授算和授甲授兵。出兵之前，还有祃祭和誓师。大家可以看一下《六韬·龙韬·立将》、《淮南子·兵略》，还有《太白阴经》的卷三《杂仪·授钺》和卷七《祭文》。这里面，选将最重要。《计》篇“计利以听”的“听”，关键就是将。

还有，庙算之前和庙算之后，都有伐交，即外交战。外交很重要。伐交成功，弱国，可借他国之手，消弭战祸；强国，可以通过打招呼，去其交援，联合制裁，形成包围，陷对手于孤立。战国纵横家，就是专门干这种事，《战国策》就是专门讲这种事。最近，美国的几次战争，开战前，都有穿梭外交。你一看政治家、外交家满世界乱跑，到联合国递交提案和投票表决，就知道战云密布，快要打仗了。战争期间和战争结束前，也都有外交活动。

此篇是讲野战，但并没有具体讲野战怎么进行，重点是讲战争动员，前提是我刚才讲的一系列制度。

用兵之害的头一条就是费钱。

费钱，是一种简单的说法，其实是各种资源的消耗。首先，是人力资源的消耗，当兵的在前线卖命，老百姓在国内种地和在运输线上卖力。其次，是物质资源的消耗，如粮食的消耗，兵器的消耗，外交的开支，间谍的开支。古代财政，养官养兵，主要靠粮（也包括一部分钱）；其他，主要靠钱。如收买间谍，招待宾客，修缮兵器，都是靠钱。《汉书·食货志》的“食货”，是古代财政的两大支出，这里叫“国用”，就是这两样。从经济学的角度讲，粮也可以折成钱。它的开支有多大？上面说过，是“日费千金”。

兵力的后面是国力，没钱不能打仗。这是战争经济学。战争的财政支持，即使今天，也是头等大事。

【2.2】

其用战也，胜久则钝兵挫锐，攻城则力屈。久暴师则国用不足。夫钝兵挫锐，屈力殚货，则诸侯乘其弊而起，虽有智者，不能善其后矣。故兵闻拙速，未睹巧之久也。夫兵久而国利者，未之有也。

此章是讲耗时。这是“用兵之害”的第二条。

“其用战也，胜久则钝兵挫锐”，大家要注意，不要把“胜”字放到上一句，“胜久”是一个词，意思是靠持久取胜。

“屈力殚货”，屈音 jué，耗尽；殚音 dàn，也是耗尽。

“虽有智者”，简本作“虽知者”。“知者”等于“有智者”。“虽有智者”不是说“即使是有/智慧的人”，而是说“即使是/有智慧的人”。

春秋时期，野战都是速战速决，一天之内见分晓，旷日持久的战役少，攻城也少，有时是围而不攻。如公元前 595—前 594 年，楚国围宋，长达九个月，宋人没饭吃，没柴烧，只好“易子而食，析骸以爨”（《左传》宣公十五年），是时间最长的例子。但战国时期，这种例子多起来。比如齐、魏、韩败楚的垂沙之役和赵灭中山的战役，前者三年，后者五载。《孙子》讲的战争到底有多长，《作战》篇没说，但《用间》篇说了，是“相守数年，以争一日之胜”，可见很长。这样长的战争，春秋时期好像还没有，比较像是后起的特点，战国时期的特点。先秦古书多出于后人整理，这种情况不足怪。

野战，如果不是速战速决，而是靠拖延时间，不但对野战本身不利，还对下一步的攻城造成影响：攻城时，力量不够使；久拖不决，暴师于外，国家内部，也财政崩溃。打仗和花钱有关。打仗最花钱，要算经济账。“钝兵挫锐”，耗的不仅是时间，还是人力和金钱。时间也是金钱。“屈力殚货”的“力”是人力，“货”是金钱。人力耗尽，钱都花光，四邻的国家，都在旁边偷着乐，将“趁其弊而起”，再聪明的人也没法替你善后。

作者的结论很简单，“兵闻拙速，未睹巧之久也”，即军事上，真正管用的东西，只有老老实实的快，没有聪明机灵的慢。

【2.3】

故不尽知用兵之害者，则不能尽知用兵之利也。善用兵者，役不再籍，粮不三载，取用于国，因粮于敌，故军食可足也。国之贫于师者远输，远输则百姓贫；近师者贵卖，贵卖则百姓财竭，财竭则急于丘役。(力屈)〔屈力〕(财殚)中原，内虚于家。百姓之费，十去其(七)〔六〕；公家之费，破车罢马，甲胄矢弓，戟楯矛橹，丘牛大车，十去其(六)〔七〕。故智将务食于敌，食敌一钟，当吾二十钟；萁秆一石，当吾二十石。故杀敌者，怒也；取敌之利者，货也。车战，得车十乘以上，赏其先得者而更其旌旗。车杂而乘之，卒善而养之，是谓胜敌而益强。

此章和下面一章是讲“用兵之利”。主要是两条对策，一条是抢，一条是快。这里先讲第一条：抢。抢是不太好听的说法，其实是取敌之利，就地补充。

战争是最大消耗，人和牛马，要吃粮草，马车、牛车、甲胄弓矢、戈矛剑戟，少一样是一样。一切补充，如果都取之于自己的国家，是很大的开销，怎么办？作者说，再从国内征发，不好；就算征上来，长途运输也是问题。最好的办法，还是取之于敌。兵役和粮草的征发，最好是一次解决问题，不征第二次、第三次。不征也不运。一旦开进敌境，什么都就地解决，没有粮草，没有武器，“自有那敌人送上前”。

克劳塞维茨讨论给养，分四种，一是到老百姓家派饭、蹭饭，叫“屋主供养或村镇供养”，只能凑合几天；二是“军队强征”，可以多吃一阵儿；三是“正规征收”，支撑的时间更长；再长，就得依靠“仓库供给”①。第一种，春秋

① 克劳塞维茨《战争论》，第二卷，436—453页。

时期常用，打仗时间很短，打完了，撮一顿，当时叫“馆谷”（《左传》僖公二十八年）。这里的办法是第二、第三种。拿破仑的办法，是前三种。法国革命，国库没粮食，只能就地解决给养。他的办法反而成为一种革命的办法，成功的办法。这种办法的优点是速战速决，缺点是打得起，拖不起，一打俄国，就暴露出来了。

（一）我们先说粮草。

打仗，人要吃粮食，马牛要吃草料。兵马未到，粮草先行。这一条很重要。

古代军赋，兵员、车马是主要征集对象。比如《司马法》佚文讲的两种出军制度，就是如此。它们都没提粮草。但春秋晚期以来，因为战争规模扩大，战争时间延长，粮草的问题越来越重要。

“役不再籍，粮不三载”，这两句话就是讲军赋。“役”是征发人力，“籍”是注册。古代民户要注册，士兵也要注册。士兵注册，照例要登记姓名、籍贯，写上某人来自某郡某县某里，这叫“伍籍”。“役不再籍”，是说国内征的兵，是多少兵就是多少兵，不用再抓壮丁。“粮不三载”，则是说粮食不用再运输。“再”、“三”不是实际数目，只是表示不要多次征发。

春秋末年，鲁国有一件大事。公元前484年，季孙氏想在鲁国推行田赋，即以田为征发单位，征收军赋，赋敛比较重。田是一井之地900亩。事先，季孙氏派他的管家，孔子的学生冉有，去征求孔子的意见。孔子不满，有尖锐批评。孔子的话，有两种记载，分别见于《左传》哀公十一年和《国语·齐语》，两条不一样。后一条比前一条更重要，它直接提到粮草的征发。原文是：“先王制土，籍田以力，而砥其远迩；赋里以入，而量其有无；任力以夫，而议其老幼。于是乎有鳏寡孤疾，有军旅之出则征之，无则已。其岁，收田一井，出稯禾、秉刍、缶米，不是过也。先王以为足。若子季孙欲其法也，则有周公之籍矣；若欲犯法，则苟而赋，又何访焉！”他说的先王之法，应该出自当时还在的“周公之典”（见《春秋左传》哀公十一年）。他说，“周公之籍”是量力而征，远近、有无、老幼、鳏寡、孤独、病弱，都要斟酌其宜，打仗才征，不打仗不征。征，也不过每井出稯禾、秉刍、缶米。一井是九夫所居之地，也叫一田，方一里（1里×1里），900亩。禾是用来喂牛马的禾秆。刍是用来烧火做饭的柴禾，也叫刍藁。米是人吃的谷米，没舂的叫粟，脱壳的叫米。这个数量是什么概念？我可以告诉大家，稯禾是40把禾秆，秉刍是1把柴禾，缶米是16斗米。

撇开草料不谈，光说吃饭，我们讲一下，一井出16斗米是什么概念。

首先，我们要知道，古代的“算地出卒之法”，一井九夫，不管10家出一个兵，7.68家出一个兵(均见《司马法》佚文)，一井顶多出一个兵，这16斗米，差不多是一个士兵最多可能拥有的军粮。

其次，据《墨子·杂守》，古代士兵，每顿饭的标准分五等：半食：1/2斗；参食：1/3斗；四食：1/4斗；五食：1/5斗；六食：1/6斗。

当时的士兵，每天吃两顿饭。每个士兵，定量最高，一天吃一斗；最低，一天吃1/3斗。16斗米，最多能吃48天，最少能吃16天，平均下来，也就是一个月的口粮。

西周时期，春秋早中期，战争规模小，时间短，这点粮草也就够了。但照《孙子》讲的“凡用兵之法”，10万口人吃饭，8000匹马吃草(还没算牛)，恐怕不行。所以，第二年一开春，季氏还是老主意，他在鲁国推行了按田征赋的制度(《春秋》哀公十二年、《左传》哀公十二年))。

这里提到“丘役”。丘役就是“丘赋”(《左传》昭公四年)。上面说过，《司马法》佚文讲军赋，有两种出赋之法，都是“算地出卒之法”。一种是按井、通、成、终、同、封、畿出赋，属十进制；一种是按井、邑、丘、甸、县、都出赋，属四进制。丘赋是后一种。它是从丘这一级出牛出马，从甸一级出车出士徒，并包括甲、盾、戈等兵器。丘出的牛马叫“匹马丘牛”(《司马法》佚文)。丘赋的制度是什么时候出现？现在还不太清楚。至少春秋中期的晚段已经有。《司马法》中有这种制度，《孙子》中也有这种制度。下一讲，我们还要谈。这是齐国的制度。公元前590年，鲁“作丘甲”(《春秋》成公元年)；公元前538年，“郑子产作丘赋”(《左传》昭公四年)，也是这种制度。

下面有两笔账，一笔是国家的花费，一笔是百姓的花费。

国家穷是穷在两件事：“远输”和“贵卖”。“远输”是上文的“千里馈粮”，“贵卖”是粮价贵。“近师者贵卖”，是讲军市。军市，是设于军队所到之处。军队所到之处，粮价会上涨。这两件事，不仅使国家陷于贫困，老百姓也倾家荡产。

西周铜器兮甲盘已提到“军市”(图二三)：

王命甲，政司成周四方积，至于南淮夷。淮夷旧我帛亩人，毋敢不出其帛、其积、其进人；其贾，毋敢不即次即市。敢不用命，则即刑扑伐。其虽我诸侯百姓，厥贾毋不即市，毋敢或入繼宄，贾则亦刑。（释文用宽式。积：原作责；帛，原从白从贝；刑，原作井；虽：原作隹。）

《商君书·垦令》也提到“军市”：

令军市无有女子，而命其商，令人自给甲兵，使视军兴。又使军市无得私输粮者，则奸谋无所于伏，盗输粮者不私稽，轻惰之民不游军市。盗粮者无所售，送粮者不私〔稽〕，轻惰之民不游军市，则农民不淫，国粟不劳，则草必垦矣。

“屈力中原”，这个地方，我做了一点校勘。“中原”，是指原野之中，不是指“中原国家”的“中原”。“公家”，是对“百姓”而言。古人说的“公家”都是指官家，比如“公田”就是官田，“公量”就是官量。人类自有私有制，“公”都是官，“私”都是民，所谓“大公无私”，经常都是“只许官家放火，不许百姓点灯”。“十去其六”和“十去其七”，简本和今本正好相反，这里是据简本。国家比百姓，花得更多一点。

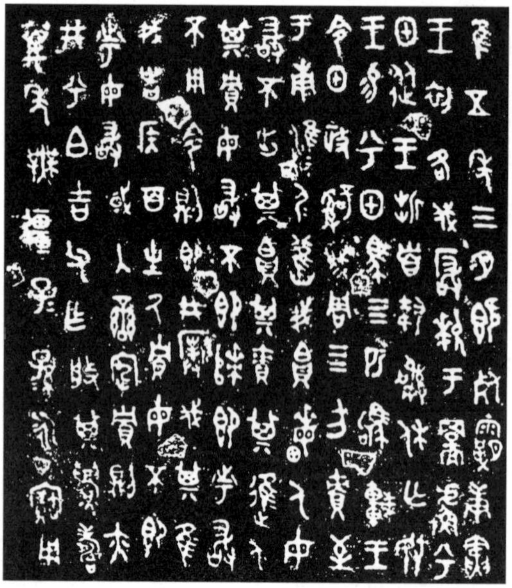

作者说“役不再籍，粮不三载”，不从国内征兵，不从国内运粮，怎么办？只能就地补充。抢，过去不愿讲。大家说，孙子这么伟大，怎么可以抢？宋儒糟蹋孙子，他们也说，这不跟秦人一样？那是虎狼之兵啊。我们读《孙子》，佩服，但这条否定不了。否定这条，后面还有。日本侵略中国，有“三光政策”：杀光、烧光、抢光。烧杀抢掠，强奸妇女，这是本来意义上的战争。西文的 rape（强奸），本义就是

图二三　兮甲盘铭文：第八行提到“毋敢不即𠂤（次）即市”

抢:抢钱抢东西也抢人。现代强国都是抢国,不抢不强。张纯如的《南京大屠杀》,英文名是 *The Rape of Nanking*,就是用这个词。孙子时代,都是到别国打仗,抢是正常,不抢是怪事。王者之师、霸者之兵,孟子、荀子喜欢讲,那是理想,不是现实。宋儒糟蹋《孙子》,他们都注意到这一点。《孙子》主张掠敌继食,这是白纸黑字,写在纸上。《军争》有"侵掠如火"、"掠乡分众",《九地》有"重地则掠"、"掠于饶野",四个"掠"字,足以说明问题。掠,当然是抢。不是抢是什么?作者主张"务食于敌",好处是没有运输成本,便宜。古人吃饭,黍是谷子,稷是糜子,稻是水稻,麦是小麦,菽是大豆,真正的本土作物,是谷子、糜子和水稻,北方主要是谷子。谷子,没脱壳叫粟,脱壳叫米。当时的主粮是小米。"萁秆",音 jì gǎn,是喂牛马的草料。萁是豆秸,秆是禾秆(谷子的秆)。作者说,吃敌人的粮食 1 钟,等于国内的 20 钟;用敌人的草料 1 石,等于国内的 20 石。可见运输成本很高,高达 20 倍。"钟",是齐量的最高一级,姜齐的钟和陈齐的钟不一样。姜齐量制是四进制:四升为斗,四斗为釜,十釜为钟。这种量,比较小。陈齐量制,是每四进,加一位,变为五进制。姜齐量器用四进制,好处是可以等分再等分,比如方升,一分四份,便于几何切割。陈齐量制改成五进制,则是为了便于按十进制折算。两种量制,"钟"都是最高一级。古代为官吏发工资,是用禄米制,禄米分发,主要是用量器。军人的口粮,即后世所谓军饷,也这么发。草料,用量器不方便,改用衡器。"石"是衡制单位,古读 shí,今读 dàn,合 120 斤(相当今 30 公斤)。

(二)其次是装备。

国家花钱,除了粮草,还有武器装备。

一类是车:

(1)"破车罢马"。是指马车,包括上面说的驰车和革车。

(2)"丘牛大车"。是从丘征发上来,用牛拉的辎重车。

这两种车,上面已经谈到。

另一类是单兵使用的各种武器和护具(请看后面的附录):

(1)"甲胄矢弓"。

(2)"戟楯矛橹"。楯音 dùn,同盾;橹音 lǔ,大可蔽身的盾牌。

甲、胄、盾、橹是一类,都是防护性的装备。甲,是用来保护躯体;胄,是用来保护头颅;盾、橹,也是用来遮蔽身体,特别是抵挡矢石。"矛橹",《十一家注》本作“蔽橹”,“橹”或“蔽橹”都是长可蔽身的大盾。

戟、矛、弓、矢是另一类,都是杀伤性武器。戟,是戈上加矛,可以钩啄,也可以击刺;矛,只能击刺。弓矢,则可以远程射杀。“弓矢”,《十一家注》本作“矢弩”,弩是用弩机控弦的射具,杀伤性比一般的弓矢更大。

古代的兵器从哪里征发?《司马法》提到的第二种军赋,即丘赋,说丘甸不仅出车马士徒,也出戈、盾。《春秋》说鲁“作丘甲”,还有甲。

战国以来,战争动员都是全面动员,男女老少齐上阵,特别是守城,就连囚犯也被用于战争,不但用于作战,还被用来筑城、舂米、铸造兵器。战国时期的兵器,很多都是由司寇监造(有铭文为证),司寇就是管犯人的。当时,很多国家都有用钱、实物或劳役抵罪的制度。当时用来抵罪的东西,经常是军事装备,如睡虎地秦律,就有用甲、盾赎刑的例子。

上述装备,车最贵重。作者说,杀敌靠两样,一样是对敌人的愤怒,一样是物质奖励。夺取敌人的兵车,一定要奖励,“车战,得车十乘以上,赏其先得者而更其旌旗”。

(三)还有兵员。

古代战争,除了抢,还有杀。很多战争都是斩草除根,男的都杀,女的都奸,老人和小孩也不放过。西周金文,就有“勿遗寿幼”这种话(图二四)。不杀,弄回来当奴隶,算是比较聪明。秦尚首功,把人杀光,城是空城,地是白地,得地不得人,商鞅强调,要向西方移民,也是一种办法(《商君书·徕民》)。这些都是笨办法。战争,不杀人不可能,少杀行不行?这是大问题。

图二四　禹鼎铭文中的话:勿遗寿幼(摹本)

古代战争,有种族问题、宗教问题、文化问题。敌人来了,不但杀人,还刨祖坟。被征服者作殊死搏斗,不投降,降了也会叛。对待俘虏,经常是活埋。长平之战,白起俘虏赵卒40万,除年幼的240人放归,全部活埋(《史记·白起王翦列传》)。李广难封,据望气专家王朔说,也是因为诈杀降卒800人(《史记·李将军列传》)。

“车杂而乘之,卒善而养之”,后一句话不容易。古代战争,往往是血流漂杵,优待俘虏,收编俘虏,那是谈何容易。现在,杀俘虏,违反日内瓦公约,大家觉得太残忍,但俘虏太多,就是今天,也是难题。几十万人,吃住、医疗怎么解决?更何况,白起说的“赵卒反覆。非尽杀之,恐为乱”,就是现代人,也害怕。《毁灭》中的美谛克,夜里睡不着,听见政委和医生商量,伤病员,不便转移,最好用毒针解决掉。自己的伤病员都如此,更何况是敌人的俘虏。作者认为,就连兵员损耗,也可用敌方的俘虏来补充。这话不容易。

粮食就地补充,武器就地补充,兵员就地补充。这些加起来,就是所谓“胜敌而益强”。

【2.4】

故兵贵胜,不贵久。

此章是讲“用兵之利”的第二条:快。快就是速战速决。

战争的目的是胜,不是久。胜的意思,是把敌人打败,打服,让对方屈服于自己的意志。消耗不是目的,持久不是目的。侵略,客场作战,都是利于速决,拖久了,打疲了,必然不利。二次大战,德国有闪电战,快才有便宜。打欧洲,快,顺手。入苏联,拖久了,吃亏。拿破仑倒霉是倒霉在俄国的冬天,希特勒也是,重蹈覆辙。毛泽东写《持久战》,持久是针锋相对,属于反制之计。以强凌弱,要的是快,打得起,拖不起,以弱抗强,当然要反着来。毛泽东的持久战,强调的是战略持久。战术,还是速决。

原文只有七个字,简单明了。

【2.5】

故知兵之将,民之司命,国家安危之主也。

这段话,正好可与《计》篇开头的那段话对比。为将者,不仅掌握着人民的死生,也掌握着国家的命运。司命,是天上的星官。《史记·天官书》说,天上的文昌宫有六颗星,其中第四颗就是司命。司命是定人死生寿夭的神。文昌六星,还有司中(第五星)。司中也叫司过或司祸,则是计人罪过,定人寿数的神。前者是大司命,后者是少司命。天上一颗星,地上多少命。兵者不祥,十万人的命都攥在一个将军的手中,不可不慎。将军就是这样的神。这是本篇的结尾。

将军杀人,医生救命,都是司命。外科源于军事,一边杀一边救。将军杀人,不光杀对方,用对方的命换自己的命,就是自己这边,也是用一批人的命换另一批人的命,真是“一将功成万骨枯”。古代杀人,把人头堆起来,叫“京观”,也叫“髑髅台”。这类传统,史不绝书,近代也有。

图二五　耳冢

日本,叫耳冢、鼻冢的地名很多。其中有个耳冢最有名(图二五),在京都。丰臣秀吉杀朝鲜人,堆耳成冢,就在丰臣秀吉的神社外。冢旁有块碑,说这是模仿《左传》中的“京观”,他为死者吃斋念佛,祈祷亡灵。日本学者陪我参观,正好碰上一批韩国人,领头的是和尚,他们高呼口号。原来,这是韩国的爱国主义教育基地。

俄国有个画家叫魏列夏庚(B.B.Верещагин),他参加过俄土战争,最后死于日俄战争。此人专画战争场面,作有《土耳其斯坦组画》,其中有一幅(图二六),画面上是个髑髅台,叫《战争的祭礼》(1872年),作者的题词很有意思,是“献给所有过去、现在和未来的伟大征服者”,沙皇政府骂他,说他同情敌人。这是19世纪的“京观”。

战争没有美感。

真正上过战场而人性未泯的人,不会喜欢战争。

图二六　魏列夏庚《战争的祭礼》

◎附录

春秋战国的武器

武器分杀伤性和防护性。

杀伤性武器，春秋战国，主要是戈、矛、剑、戟、弓矢，还有殳、铍和弩。

防护性武器，主要是甲胄和盾。

武器有长短，剑是短兵，戈、矛、戟、殳是长兵。长兵本身，也有长短。短者，只有一米来长，不足身高；长者，为身高的一倍半，甚至两三倍，特别是车兵所用，长度必须超过马头，才能发挥实效。但长兵，很少超过身高的三倍。超过三倍就不好用了。这是近战的武器。

弓矢和弩是远程的武器。

下面做点介绍：

(一)近战的杀伤性武器。

(1)剑(图二七)。早期是匕首式短剑，来源是北方的草原地区，既是吃肉的餐具，也是护身的武器。剑和刀是一类，区别只在单刃和双刃。古人所谓"轻吕"、"径路"，就是这类刀剑。春秋末年，开始流行长剑。长剑，特别是质地精良的宝剑,反而出于南方,主要是吴、越和楚。长剑出,短剑也不废。长剑便于战斗,短剑利于护身,还可以搞恐怖刺杀,都是便于贴身使用的武器,故战国秦汉,武士往往身佩刀剑。

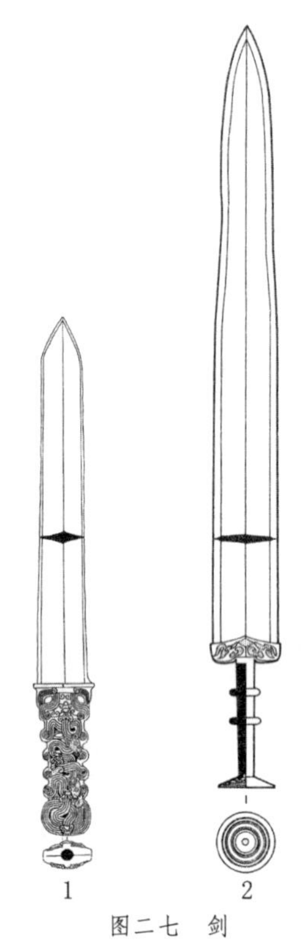

图二七 剑

1. 战国早期鲜虞墓出土的短剑
2. 望山楚墓2号墓出土的长剑

(2)戈(图二八:1)。戈是勾兵,类似农器中的长镰。戈头,商代的戈是一字形,前有锋,下有刃(叫援),后有柄(叫内),类似短刀。周代的戈是丁字形,为了便于绑缚和固定,还增加了下垂的部分(叫胡)。

(3)矛(图二八:2)。矛是刺兵,短矛叫铤,长矛叫锬,丈八长矛叫矟,即曹操横槊赋诗的槊。矛头,样子变化很多,和矢镞有类似性,可以比较研究。矛柄(叫柲)和戈柄(也叫柲)不同,戈是弧线打击,和斧柄一样,只有做成扁的,才利于控制锋刃打击的方向,矛只用于刺,柄是圆的,才方便。

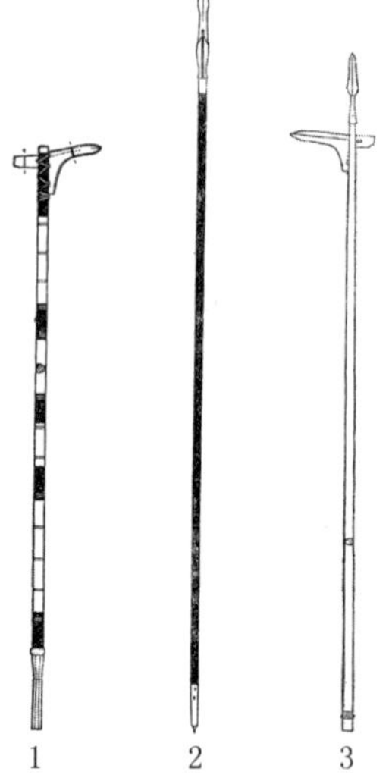

图二八 戈、矛和戟

1. 包山楚墓2号墓出土的戈
2. 曾侯乙墓出土的矛
3. 六合程桥吴墓出土的戟

(4)戟(图二八:3)。戟是戈、矛合一的器物。戈、矛可以分铸,也可以合铸,还有把多个戈头装在一个柄上的例子。戟矛叫刺。战国晚期,戟的戈部,援、内左右上扬,都有刃,叫鸡鸣戟。戈、戟是和车战匹配,很有中国特色,但车战式微,随之衰亡,《武经总要前集》没有这类武器。

(5)殳(图二九)。音 shū,属于棒类,后世叫棒(《武经总要前集》卷十三)。它分三种,一种有锤状的铜箍和上出的矛刺;一种也有这两样,但锤状铜箍上还有旁出的刺,类似宋代的狼牙棒;还有一种完全不同,只有管状的铜头,无锋,曾侯乙墓的遣册叫"晋殳"。

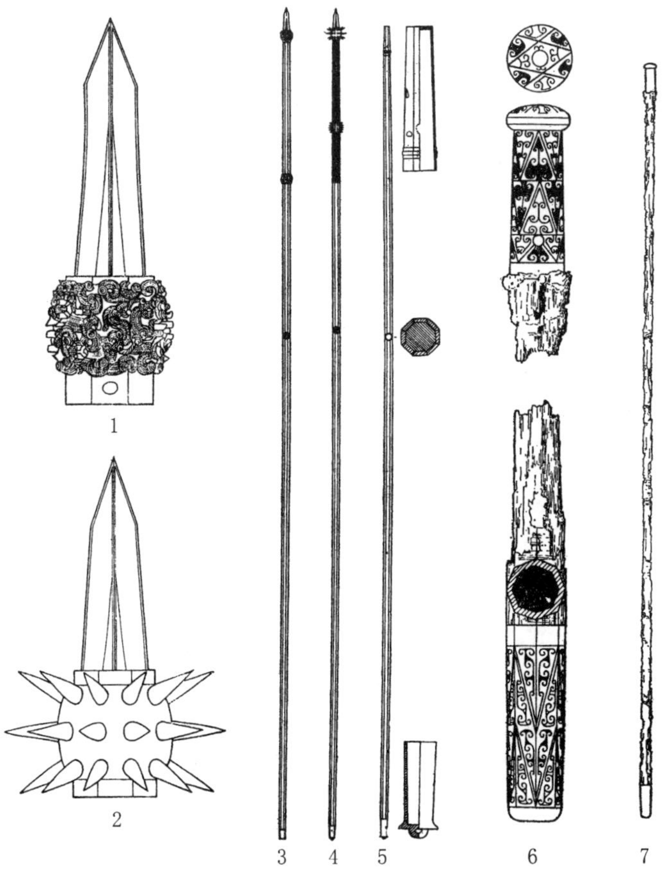

图二九　殳

1. 曾侯乙墓出土(有锋,不带刺)
2. 曾侯乙墓出土(有锋,带刺)
3. 曾侯乙墓出土(1的全器)
4. 曾侯乙墓出土(2的全器)
5. 曾侯乙墓出土(无锋)
6. 战国中山王墓1号大墓出土(无锋)
7. 战国中山王墓1号大墓出土(6的全器)

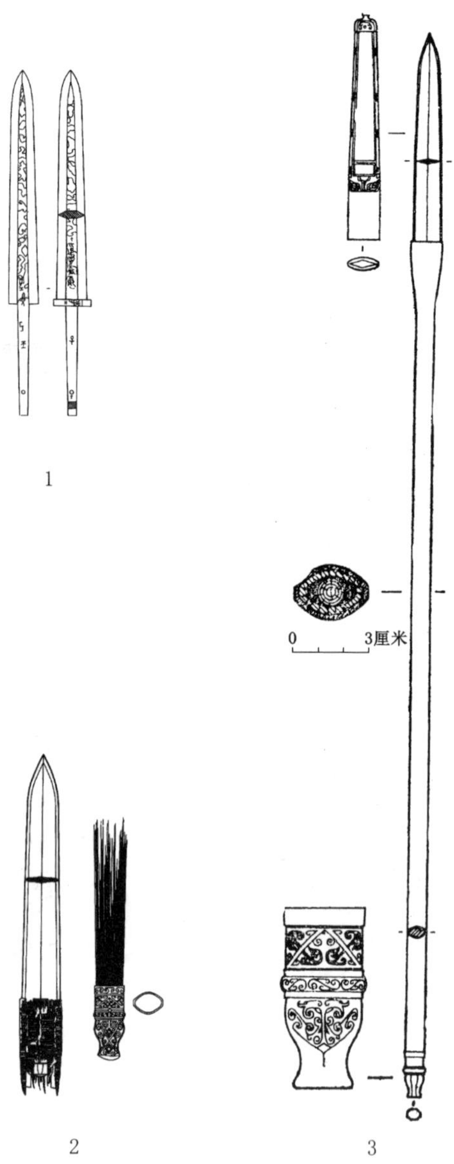

图三〇　铍

1. 秦始皇陵兵马俑坑1号坑出土
2. 长沙楚墓315号墓出土
3. 包山楚墓2号墓出土

(6)铍(图三〇)。音 pī,是把短剑装在长柄上,类似现代的刺刀,后世叫枪(《武经总要前集》卷十三)。铍流行于战国时期,南北方都有,尤以赵、秦发现最多。这些发现,赵铍无镡,秦铍有之,古人把有镡的铍叫铩。

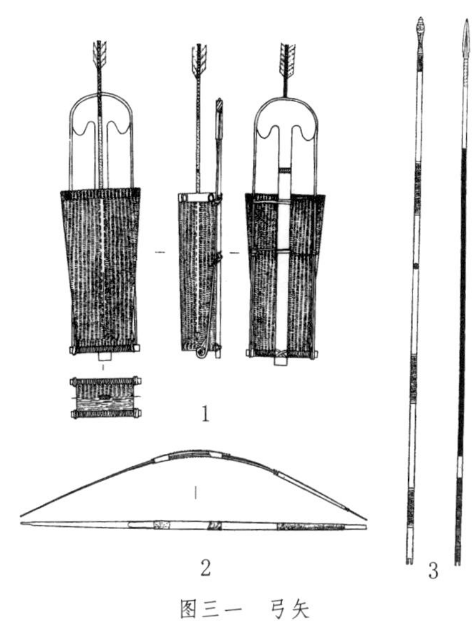

图三一 弓矢

1. 秦始皇陵兵马俑坑1号坑出土的矢箙
2. 包山楚墓2号墓出土的弓
3. 曾侯乙墓出土的矢

(二)远程的杀伤性武器。

(1)弓矢(图三一)。古人叫长兵,是可以远距离杀伤的武器。弓矢最古老,旧石器时代就有。木石是最古老的武器,弓矢就是木石并用(当然,更原始的矢是木矢)。盛矢的器具叫箙,盛弓的器具叫韬。

(2)弩(图三二),是一种奇妙的发明,学者认为,可能是受捕兽器启发。我国,公元前4世纪,弩已流行。这种武器的起源地,可能在亚洲,特别是长江以南。欧洲使用弩,年代比较晚,学者怀疑,是从亚洲传入,早期线索,不太清楚,明确可考的,是10—11世纪的弩。这种

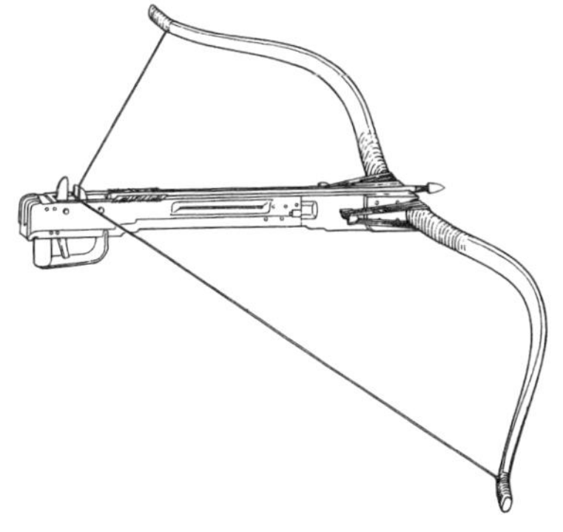

图三二 弩:湖南长沙楚墓出土

晚期的弩,可能是从阿拉伯传入。弩和弓不同,它有弩臂置矢,弩机控弦,望山瞄准。过去,武举应试,要考张弓的臂力。但强弩,手拉脚踹肚子顶(即所谓蹶张),人力难以拉开,还使用带绞车的弩床。弩床,可以用一个弩机控制多个弩弓,叫连弩。连弩,射程远,准度高,对付北方民族的马队冲击,特别有效。现代的枪,就是弩的后裔,准星等于望山,扳机等于钩牙①。火器出现,骑兵衰落,正是这种反制武器的延续。

(3)镞(图三三)。镞即箭头,石器时代,所谓细石器,很多就是石镞。青铜时代用铜镞。后来,还有铁镞。镞多种多样,带骹的,带铤的,有翼的,

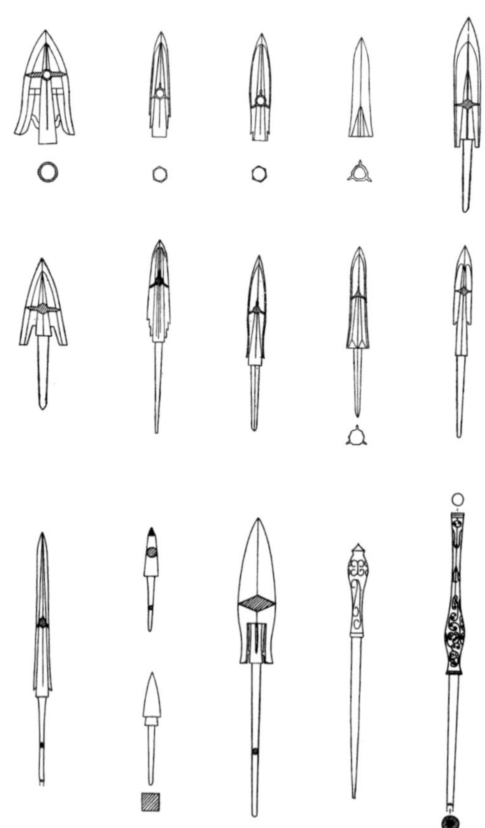

图三三　镞:曾侯乙墓和葛陵楚墓出土

① 李约瑟主编《中国科学技术史》,钟少异等译,北京:科学出版社,上海:上海古籍出版社,2002年,第五卷,76—142页。这一部分的作者是麦克尤恩(Edward McEwen)。

无翼的，双刃的，三棱、四棱的，方的圆的，厚的薄的，各有各的用途。演习用的箭，前面是钝头，宋代叫扑头箭。

（三）防护性武器。

（1）甲（图三四）。古代各国，都有自己的甲胄，大同小异。希腊、罗马的步兵，分重装步兵和轻装步兵。重装步兵，上身穿前后两片的铜甲：胸甲和背甲，好像乌龟壳，小腿上有胫甲，比较笨重；轻装步兵的甲，是用铜片缀合，比较轻便。这是最基本的两种。罗马人还使用锁子甲，一般认为，这种甲是来源于凯尔特人，但更早的来源是斯基泰人①。它比第二种甲更轻，更适体。中世纪早期，欧洲流行锁子甲，这是带蛮风的甲，特点就是轻便。14—15 世纪，情况转回去，骑士又改穿笨重的盔甲，各种铁制的盔甲（黑盔甲、白盔甲），把全身上下，每个部位都遮起来②。我国也有这三类甲。第一类，叫两当铠，最早的样品是西周时期的。第二类，学者叫札甲（用甲札编缀，故名），发现最多。战国秦汉，出土发现，主要是曾、楚二国的皮甲（即革甲）。革是古代护具的主要材料，人用，马用，车也用。汉代的金缕玉衣，古人叫玉匣或玉柙，其实就是玉甲。铁甲，也叫玄甲，类似西方的黑盔甲。锁子甲，传入甚早，三国叫环锁甲，估计是从西方传入；唐代叫锁子甲，是从粟特进贡。另外，还有木甲、布甲和纸甲（南方，铁甲容易长锈，所以用这类甲）③。古人把多层的布或纸缝在一起，或压塑成形，道理略同防弹衣。防弹衣，不是硬碰硬，而是以柔克刚，最高明。由于手制火器（枪）的出现，17 世纪后，甲胄在欧洲被淘汰，但第一次世界大战发明钢盔（helmet），第二次世界大战发明防弹背心（bulletproof vest），还是盔甲（armor）的遗产。

（2）胄（图三五）。即后世的头盔④，有铜胄、革胄和铁胄。革胄和铁胄，出土发现的胄，有些也用甲札缀联。胄，也叫兜鍪。学者认为，兜鍪是突厥系统的外来语⑤。

---

① 马冬、陶涛《锁子甲的起源、形制及传入中国》，《中国典籍与文化》2005 年 1 期，114—121 页。

② 参看：三浦权利《图说西洋甲胄武器事典》，谢志宇译，上海：上海书店出版社，2005 年。

③ 参看：杨泓《中国古代的甲胄》，收入所著《中国古兵器论丛》（增订本），北京：文物出版社，1985 年，1—78 页。

④ 以盔称胄，似乎很晚，主要见于宋以来的文献，如《三朝北盟汇编》卷七九七。

⑤ 岑仲勉《突厥集史》，北京：中华书局，2004 年重版，下册，1044—1046 页。

1

2

3

1.山东西奄西周车马坑出土的胸甲和背甲
2.秦始皇陵兵马俑坑1号坑出土陶俑的铠甲
3.西夏锁子甲

图三四　甲

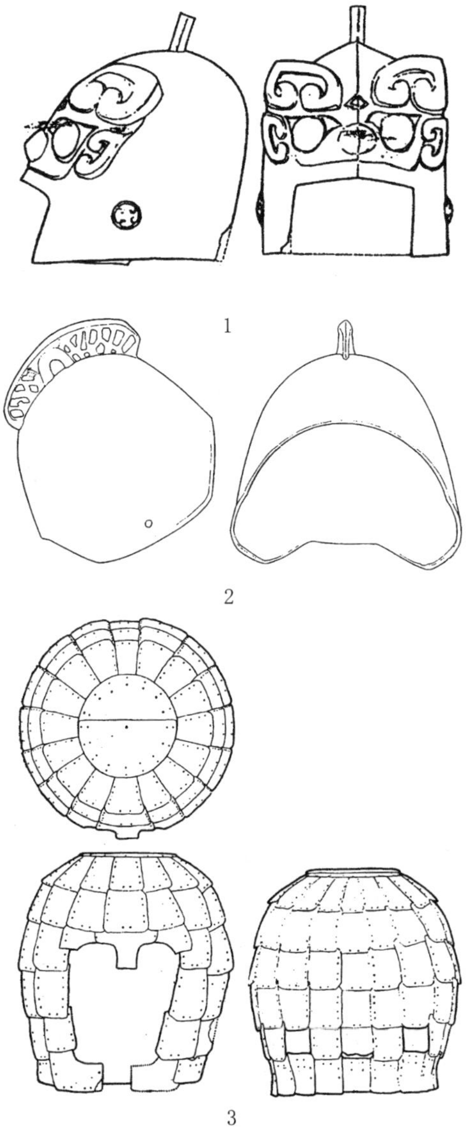

图三五　胄

1. 殷墟侯家庄 1004 号大墓出土的铜胄
2. 北京昌平白浮 2 号墓出土的铜胄
3. 燕下都 44 号墓出土的铁兜鍪

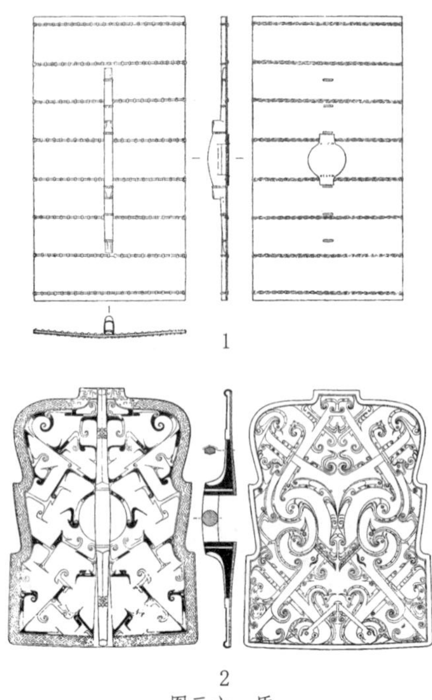

图三六　盾

1. 包山楚墓2号墓出土的木盾
2. 包山楚墓2号墓出土的革盾

图三七　亚述辛纳赫里布宫殿壁画上的大盾

(3)盾(图三六)。小者只能护臂,大者可以蔽身。长可蔽身的大盾,古人叫橹。这种橹和楼车、巢车类的橹(详下讲)不同,古人叫蔽橹(《六韬·龙韬·农器》)。攻城,冒矢石而上,小盾好。列阵对打,大盾好。盾,楚墓发现较多,如包山2号墓所出,分两种,一种是木盾,高92厘米左右,似宋代的步兵旁牌,但还不够大;一种是革盾,高度只有前者的一半。长可蔽身的大盾,没发现,但亚述宫殿的壁画上有(图三七)。盾,汉代也叫彭排(《释名·释兵》),汉镜常把"四方"写成"四彭"或"四旁",《资治通鉴·晋纪三十八》胡三省注已经指出,彭排就是宋代的旁排。宋代,盾分两种,一种长可蔽身,立在地上,叫步兵旁牌;一种施于臂上,叫骑兵旁牌(《武经总要前集》卷十三:廿三页)。旁牌和旁排一回事。今人把盾叫盾牌,是合并盾、牌为一词。盾牌,现已退出历史舞台,但防暴警察还用它,用防弹玻璃制成,躲在后面,可以看见前面。

(四)其他。还有很多,这里不能一一介绍。值得注意的是,古代武器,还有一些是仪卫所用,和实用武器不同。西方的权力象征物是权杖(mace),我国是钺。钺是大斧,本来是刑具(用于斩首或腰斩),而不是兵器,古代兵刑合一,往往用钺象征征伐的权力(图三八),我们不要把它当成李逵玩的板斧。

《孙子》没有谈到剑,也未涉及戈、殳和铍。

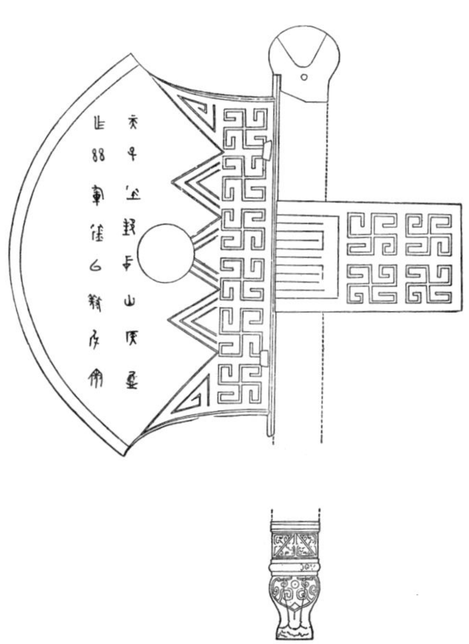

图三八　征伐权力的象征:中山王墓1号大墓2号车马坑出土的钺

【第五讲】

谋攻第三

战争三部曲，野战之后是攻城。诗曰："靡不有初，鲜克有终。"(《诗·大雅·荡》)善始善终，不容易。攻城，是战争三部曲的最后一步。怎样用最小消耗，换最大胜利，对指挥者是最大考验。我们在前面说过，实战第一步，是城市外围的野战。野战不胜，守方会退守城市，攻方会乘胜追击，兵临城下，四面包围。一旦进入攻城，也就到了最后关头。战争白热化，情绪太激动，只差一步，就能解决问题，打不下来，当然搓火。这种关头，最需要智慧，所以作者大讲以谋攻城。

《孙子》尚谋，认为最好是"不战而屈人之兵"，先在庙算上打败敌人，先在实力对比上取得优势。这是理想态。它的《计》篇就是讲谋，一上来就讲谋。有意思的是，攻城是战争升级的最后一步，离开"不战而屈人之兵"已经很远。守方负隅顽抗，作最后一拼，程度最激烈。但逐步升级，再高的山，爬到头，总得下来，下山是逐步降级。高潮必有退潮，不应期是不硬期。先硬后软，这是规律。谋攻就是安排降级，迎接退潮。整个过程，从谋开始，又回到谋，从政治开始，又回到政治，就像打拳，按武术套路打，左旋右转，最后回到原地。

本篇为战争手段排队，是把最和平的手段排在最前，最暴烈的手段排在最后，先礼后兵。伐谋是第一，伐交是第二，伐兵是第三，攻城是最后。庙胜最好，退而求其次，才靠外交；外交不行，才野战；野战不行，才攻城；攻城是万不得已，属于下下策。它是把谋摆在第一，叫"上兵伐谋"。这句话，自古有一种通俗说法，叫"攻心为上"。比如三国时，蜀将马谡说，"夫用兵之道，攻心为上，攻城为下；心战为上，兵战为下"(《三国志·蜀志·马良传》引《襄阳记》)。《长短经·攻心》干脆把"攻心为上，攻城为下"直接当《孙子》的话来引用。战争的特点是"以力服人"，只有打在身上，才会疼在心上。光斗心眼不行，光斗力也不行。战争是力量、智慧和意志的综合较量，去其力不够，破其谋也不够，关键是要屈其志。归根结底是要瓦解敌人的抵抗意志。

谋攻就是属于攻心，既攻其谋，也夺其志。敌人硬到头，反而可能软。

谈判、媾和，经常出人意料。

我把《谋攻》分为五章：

第一章，讲全利原则，即用最小消耗，换最大胜利，这是谋攻的基本原则。

第二章，讲谋攻之法，即用各种办法避免浪战强攻，不是城打烂，人杀光，而是完整夺取，迅速解决问题，彻底解决问题。

第三章，讲实力对比，即以谋攻城，不战而屈人之兵，关键是敌我对比，有绝对优势。

第四章，讲中御之患，即在紧要关头，将领要有机断专行，不必受国君遥控和干涉。

第五章，分两层，一层讲“知胜”的五条原则，其中包括“将能而君不御者胜”，一层讲知彼知己的重要性。

下面，我们一章一章来介绍。

【3.1】

孙子曰：

夫用兵之法，全国为上，破国次之；全军为上，破军次之；全旅为上，破旅次之；全卒为上，破卒次之；全伍为上；破伍次之。

此章是讲全利原则。这个原则，是以最小消耗，换最大胜利。用经济学的说法讲，就是以最小投入，换最大产出。

西方战争，以强凌弱，习惯上以为，这是职业军人的事，和老百姓无关，就像球赛，只有职业选手才配上场，没观众什么事。这是他们的游戏规则。但对方如果兵民不分，所有百姓同仇敌忾，怎么办？只好一块儿消灭。克劳塞维茨说，战争的目的就是消灭敌人。怎么消灭？用大规模杀伤武器进行大规模杀伤，连平民一块儿杀，是一种办法。比如，美国用战略轰炸机炸德国，用原子弹炸广岛、长崎，就是典型。战后，韩战、越战，除原子弹，什么手段都用，包括细菌武器和化学武器，也是如此。这种打击，打烂杀光，军事成本大，道德成本也大。于是有另一种办法，“挽弓当挽强，用箭当用长。射人先射马，擒寇先擒王。杀人亦有限，列国自有疆。苟能制侵陵，岂在多杀伤”（杜甫《前出塞九首》之六）。比如，摩萨德的定点清除，就是这种打击。它的特点，是缩小打击面，比较聪明，但这是成本计算，不是发慈悲心。美国反恐，说恐怖主义的特点就是杀害平民，他们有聪明弹，战争被慈化，那是扯淡。他们用非军事手段，比如经济制裁，照样可以大规模杀伤，更何况，还有大量有意无意的“误炸误伤”，平民并不能幸免于难。他们的对手是谁？是他们的影子。本·拉登和萨达姆·侯赛因都是由他们资助，他们武装，他们一手训练出来的。全球的武器扩散，他们是最主要的供应商。要说恐怖主义，他们才是总根源。现在，政治与军事，战争与和平，军人与平民，兵法与道德，界限全部打乱，各种手段混一块儿，这不就是超限战吗？

军事成本就是军事成本，非拿道德说事，就没劲了。

这里提到“五全五破”。我想解释一下。

我们先说“国”。

传世古书中的“国”，有两个可能，一个可能是本来就写成“国”，一个可能是从“邦”字避讳改字。汉高祖叫刘邦，汉代古书避他的名讳，很多“邦”字都改成了“国”字，如“国家”本来是“邦家”，“相国”本来是“相邦”，先秦的铭刻资料都这么写，现在的叫法，是汉以来才有。但古书中的“国”字，也不见得都是避讳改字，比如“中国”，本来就叫“中国”，并不叫“中邦”。这里的“国”是什么？到底是“全国为上”还是“全邦为上”，我们无法肯定。邦和国有什么不同？邦是国土的封域，国是这个封域的中心，即国家的首都。古代常以首都代指国家。它可以代表整个国家，但和国家还不太一样。国是城市，不是一般城市，而是中心城市。次级城市，古代叫都、县。国不能很多，从概念上讲，只有一个，加上迁都后的都，有首都、留都、陪都之分，顶多也就两三个。但都、县却很多，几十个或几百个都有。西周铜器何尊，铭文中有“中国”。它说的“宅兹中国”，是说定都洛阳。洛阳是首都，是天下的中心，好像西谚说的“条条大路通罗马”，还是指城，不是国。汉代以“中国”区别“外国”（战国已有这种用法）。比如当时的五星占，有所谓“五星分天之中，积于东方，中国利；积于西方，外国用兵者利”（《史记·天官书》，《汉书·天文志》“外国”作“夷狄”），“中国”是汉王朝，“外国”是周边的夷狄和藩属。这里的“国”，究竟是国家还是首都，不能肯定。不管哪一种，反正是比后面四级更大的概念。

后面四级，是军队编制的四级。古代军队，并不是只有四级，作者为什么只挑这四级讲？我们也要解释一下。这是古代军制的小常识。

下面是一个先秦兵制的简表，我把汉代兵制作为对照：

卒伍之制	军旅之制
伍（5人）——汉代同	旅（500人）——略相当汉代的部（400人）
什（10人）——汉代同	大旅（2000人）——略相当汉代的校、营（800或2000人）
两（25人）——汉代同	师（2500人）——汉代无师
队或小戎（50人）——汉代叫队或屯	——
卒（100人）——汉代叫卒或官	军（10000人）——汉代的军较小（3200或4000人）
大卒（200人）——汉代叫曲	大军（12500人）——汉代没有这么大的军

中国古代，军队编制是以十进制为主。十进制的下面是五进制。最最基础的东西是"什伍之制"。伍是五人，什是十人。伍最基本。前面说过，军人登记册叫"伍籍"。伍是细胞式的东西，可以代表各种队列形式。这五个人，可以左、中、右排列，也可以前、中、后排列，还可以左、前、中、右、后排列，组成小方阵。伍以上，卒也是关键的一级。征发军役，卒才是基础单位。先秦时期，伍以上，卒以下，还有若干级，二伍为什，五伍为两，十伍为队。两个队，或四个两，或十个什，构成一个卒。卒是100人。100人的卒，只是普通的卒。当时还有200人的大卒。卒，本来是跟战车配套，是车徒编组的单位。我们在上一讲说过，卒有副贰之义，主要指隶属步兵。

卒以上，基础单位是旅。商代西周，军队是贵族的子弟兵。子弟兵，当时叫旅。旅上面还有一级，取驻屯之义，当时叫师。旅的长官叫亚旅，师的长官叫师氏。旅是战车编组的单位。一旅五卒，是5个战车组，和卒伍之制的伍相似。一师五旅，是25个战车组，也和卒伍之制的两相似。东周，最高一级是军，军也是驻屯之义，则相当卒伍之制的卒。这三级也是卡住一头一尾，省称就是"军旅之制"。

十进制，世界很普遍，百夫长、千夫长，希腊、罗马有，我国也有，汉族有，北方民族也有。全世界，古代有身份的人，首先是军人。他们编入军队，往往都是十进制。我的老师张政烺先生，50 年代写过一篇文章，叫《古代中国的十进制氏族组织》（原载《历史教学》第二卷（1951 年）：第三、四、六期，后收入《张政烺文史论集》，北京：中华书局，2004 年，272—313 页），对这一问题有很好的讨论，可参看。我也写过一篇文章，叫《中国古代居民组织的两大类型及其不同来源》（原载《文史》第 28 辑（1987 年），后收入《李零自选集》，桂林：广西师范大学出版社，148—168 页），对张先生的讨论有进一步阐释。

先秦兵制，到了汉代，有变化。但卒伍之制，变化不大。变化大的，主要是卒以上。卒以上，汉代有部、曲、校、军。部相当先秦的大卒，曲相当先秦的旅，校相当先秦的大旅，军比先秦的师大，比先秦的军小。我国现代军制：军、师、旅、团、营、连、排、班，是民国成立才有①；军阶：元帅、将军、校、尉等，也都是从西方引入。它们都是用中国词翻外来语，军、师、旅，先秦就有，元帅、将、校、尉、士，先秦也有。团，隋唐也有。营，汉代也有，但主要用于明清。连、排、班，根据什么翻译，不太清楚。

古代征兵，主要分两级。卒伍各级是从里征上来，在里这一级定编；军旅各级是从里以上征上来，在郊这一级定编（《管子》、《国语·齐语》）。

我在《中国古代居民组织的两大类型及其不同来源》一文中指出，《国语》、《管子》、《周礼》等古书，其中的居民组织分两大类型，一种是国人的组织，一种是野人的组织。国人是住在国都和国都四郊，编入乡遂。野人是住在都、县（次级城市，王臣和王子弟的采邑）和周围的乡村，则编入都鄙。前者是血缘组织、军事组织，故以人定地，按十进制编户，按十进制出兵。所谓十进制，其实是以五进制为基础（如采用 5×5×4×5×5 的形式）。后者是地缘组织、农业组织，故以地定人，按计算土地面积的里制（分四进制或十进制）编户，基础是里或井。最初，国人当兵，野人不当兵。国人按十进制编户，按十进制出兵，其实是军事组织。野人，本来是农民，打仗不是他们的事。即使抽上来，随军出征，也是羡卒，养牛喂马，砍柴打水，烧火做饭，干各种杂活，或在严重缺员的情况下，当替补队员。但春秋时期，特别是它的中晚期，野人也当

① 刘昭祥主编《中国军事制度史》，郑州：大象出版社，1997 年，军事组织体制编制卷，473—474、482—483 页。

兵，如《司马法》的两种出军制度，就都属于野人当兵。

古代出军，主要有三种制度：

(1)国制(十进制)。有很多种，这里可举《周礼》(《地官》的《序官》、《大司徒》和《夏官·序官》)为例：

比(5 家)：出伍(5 人)；

闾(25 家)：出两(25 人)；

族(100 家)：出卒(100 人)；

党(500 家)：出旅(500 人)；

州(2500 家)：出师(2500 人)；

乡(12500 家)：出军(12500 人)。

(2)野制甲种(十进的里制)。可举《司马法》佚文(《周礼·地官·小司马》注引)为例：

井(9 家，1 平方里)：3 家出马 1/10 匹、士 1/10 人、徒 1/5 人；

通(90 夫，10 平方里)：30 家出马 1 匹、士 1 人，徒 2 人；

成(900 夫，100 平方里)：300 家出车 1 乘，士 10 人，徒 20 人；

终(9000 夫，1000 平方里)：3000 家出车 10 乘，士 100 人，徒 200 人；

同(90000 夫，10000 平方里)：30000 家出车 100 乘，士 1000 人，徒 2000 人；

封(900000 夫，100000 平方里)：300000 家出车 1000 乘，士 10000 人，徒 20000 人；

畿(9000000 夫，1000000 平方里)：3000000 家出车 10000 乘，士 100000 人，徒 200000 人。

(3)野制乙种(四进的里制)。可举《司马法》佚文(《左传》成公元年疏引)为例：

井(9 家，1 平方里)：马 1/16 匹，牛 3/16 头；

邑(36 家，4 平方里)：马 1/4 匹，牛 3/4 头；

丘(144 家，16 平方里)：马 1 匹、牛 3 头；

甸(576 家，64 平方里)：车 1 乘、马 4 匹、牛 12 头、甲士 3 人、步卒 72 人；

县(2304 家，256 平方里)：车 4 乘、马 16 匹、牛 48 头、甲士 12 人、步卒

288 人；

都(9216 家,1024 平方里):车 16 乘、马 64 匹、牛 192 头、甲士 48 人、步卒 1152 人。

《左传》说的“丘甲”、“丘赋”,《孙子》说的“丘役”,都属野制,而且不属野制中的十进制,而属其中的四进制,即上述制度的第二种。后面,《用间》讲军赋制度,同样是这种制度。《孙子》的军赋制度,其实是这一种。

过去,史学界讲古史分期,最迷井田制,说井田就是方田,井田就是农村公社,井田就是孟子在滕国推行的试验田,越讲越乱。其实井田非常简单,古代注疏讲得很清楚,它是都鄙所行,不是乡遂所行,野制和国制不一样。国人授田是阡陌制,野人授田是井田制。阡陌制是以百亩、千亩为单位。井田制是以井为单位。一井就是一方里,300 步乘 300 步。古代计算土地,绘制地图,这是基本单位。一井之田,合 900 亩,可以安排 9 个农夫,西周金文叫一田。井田是安排农民的。讲田制,讲出赋,它是一种,不是全部。我有三篇文章讨论这一问题,一篇是上面提到的《中国古代居民组织的两大类型及其不同来源》,一篇是《西周金文中的土地制度》(收入《李零自选集》,85—111 页),一篇是《论秦田阡陌制度的复原及其形成线索》(同上,169—183 页)。我用古文献和古文字讲话,对史学界的误解做过澄清。研究《孙子》,这个问题一定要搞清楚,不能置之不理。

这一章讲“全利”,道理很简单:好好的一个国家,好好的一个城市,你是把它打烂了再拿下好?还是完整无缺地得到好?是把人都杀光,男女老幼,一个不剩好,还是得地又得人好?这是下面讲攻城方法的前提。

战争,本来意义上的战争,都热衷于报仇雪耻、血腥杀戮。这种野蛮特点,即使在现代战争中,一点也不少。军人不是医生。不杀人的战争,现在还没有。《孙子》的“不战而屈人之兵”,不是纸上谈兵的博弈论。它和《战争论》不同,不是它迷信计算战争,而是对战争从理想态到非理想态,理解的顺序不太一样。克劳塞维茨是把暴力无限当理想态,先兵后礼,先硬后软,打服了才跟你谈条件。它后面,有西方的军事传统。二次大战,美国从大规模报复尝到甜头:战胜德国,靠战略轰炸;日本投降,靠两颗原子弹,花钱省力少死人。美国写二次大战史,最爱吹这两样。因此,战后的一段时间里,他们讲的是所谓“大规模报复战略”。韩战,美国在战场上屡屡受挫,麦克阿瑟主张往中国扔原子弹，美国政府没有采纳他的意见，让他休息去了。后来，泰勒将军写本书，叫《音调不定的号角》(有 1960 年版的内部读物)，出来反省这种战略。他主张“灵活反应战略”，你什么来，我什么去，不能动不动就核武器，光威胁恐吓，不动真格的。他们总算明白了，大有大的难处。越南战争，美国讲“逐步升级战略”，也是一种反省。他们开始明白，一开始就暴力无限，会骑虎难下。美国的阿灵顿公墓，他们的烈士陵园，我去过两次，那里的墓，很多都埋的是这两次战争的阵亡将士。这里面的教训是什么？就是不能一上来就暴力无限。但他们的军事传统，有固定的思考起点，反面的东西，是后来想起来的，“大规模报复”，还是挥之不去。

《孙子》讲逐步升级，也讲逐步降级，理想是“不战而屈人之兵”，不得已才“大规模报复”。这和西方的传统不一样。

战争的直接目的是什么？是最大限度消灭敌人，最大限度保存自己。这个道理谁都懂。但野战是吃肉，攻城是啃骨头。古代攻城难，不光是城高池深，易守难攻，还有一道大墙，是对方的心理屏障。敌人在野战中被打垮，退缩到城里，只有一个感觉，就是死到临头：战是死，不战也是死，反正是死，越是害怕，越是绝望，抵抗越顽强。攻城者要理解守城者的心理，知道困兽犹斗的困在哪里。

中国古代城市，城和市在一起，城和宫在一起，城和庙在一起，坟墓也在城里城外。它是财富的中心，权力的中心，也是宗教的中心。城破，攻方憋了一肚子的火，往往会血腥屠城，奸淫掳掠，不仅活着的人难逃一死，还会挖祖坟，毁社稷，侮辱守方的先人。守方拼死抵抗，原因在这里。

古人有两段名言，可以抄在下面：

> 凡民之所以守战至死而不德其上者，有数以至焉。曰：大者亲戚坟墓之所在也，田宅富厚足居也。不然，则州县乡党与宗族足怀乐也。不然，则上之教训、习俗，慈爱之于民也厚，无所往而得之。不然，则山林泽谷之利足生也。不然，则地形险阻，易守而难攻也。不然，则罚严而可畏也。不然，则赏明而足劝也。不然，则有深怨于敌人也。不然，则有厚功于上也。此民之所以守战至死而不德其上者也。
>
> (《管子·九变》)

凡守围城之法，厚以高，壕池深以广，楼撕揗，守备缮利，薪食足以支三月以上，人众以选，吏民和，大臣有功劳于上者多，主信以义，万民乐之无穷。不然，父母坟墓在焉。不然，山林草泽之饶足利。不然，地形之难攻而易守也。不然，则有深怨于适（敌）而有大功于上。不然，则赏明可信而罚严足畏也。此十四者具，则民亦不宜上矣，然后城可守。十四者无一，则虽善者不能守矣。

（《墨子·备城门》）

它们都提到坟墓。伍子胥破楚入郢，首先就是掘墓鞭尸。坟墓对古人很重要。

攻城，双方的心理很微妙。古代战争，暴力无限。攻城，久攻不下，往往导致屠城，城打烂，人杀光，男的都杀，女的都奸，就算不杀，也是抓回家里当奴隶。剩下空城空地，怎么办？只能移民以实之。这些都是笨办法。笨办法的背后是害怕，双方都害怕。只有高明的军事家，有胆量，有智慧，才懂得利用形势，用各种办法（如实力威慑，如外交谈判），晓之以利，谕之以义，动之以情，劝说对方，放弃抵抗。在放弃抵抗的条件下，保证对方军民的生命安全，既保全自己，也保全对方，既保存城，也保存人，完整地得到胜利。

这是最理想的攻城方法。

不理想的攻城方法是什么？下面还要讲。

【3.2】

是故百战百胜，非善之善者也；不战而屈人之兵，善之善者也。故上兵伐谋，其次伐交，其次伐兵，其下攻城。攻城之法，为不得已。修橹轒辒，具器械，三月而后成；距堙，又三月而后已。将不胜其忿而蚁附之，杀士卒三分之一，而城不拔者，此攻之灾也。故善用兵者，屈人之兵而非战也，拔人之城而非攻也，毁人之国而非久也。必以全争于天下，故兵不顿而利可全，此谋攻之法也。

这段话，包含三层意思：一层是承上而言，讲“全利”的重要性；一层是讲一般的“攻城之法”，一层是讲“谋攻之法”。“攻城之法”，违反全利，是最糟糕的攻城方法。“谋攻之法”，符合全利，是最聪明的攻城方法。

说到攻城，我们应该讲一点有关知识。

首先，是筑城史的知识。

城市，是定居农业的发明。农业民族和骑马民族，是一对老邻居。中国的军事文化，是墙文化。土墙是墙，砖墙是墙，列阵而战的人墙也是墙。国歌说，“把我们的血肉筑成我们新的长城”，长城确实是中国文化的象征。欧洲也有长城，如罗马时代，他们也有对付北方蛮族的哈德良长城，但无法与中国相比。骑马民族是以动破静，农业民族是以静制动。高筑墙，一直是我们的特点①。

城市从哪儿来？从聚落。古代聚落都是小村小镇，统称是邑。大如国（国都）、都（大县）小如县，往往有城墙环绕。这种墙，就是本来意义上的城。聚落，有沟树或封树的制度。田亩，开出来的沟叫甽，堆起来的垄叫亩，这就是沟树、封树的雏形。村子，建在高地上，周围挖沟，考古学家叫环壕聚落，也是一高一下。田界、村界，有标志范围的封土，封土上面要种树。田有封树，村有封树，道路两边，也种树。种槐树的，叫槐树庄。种柳树的，叫柳林屯。古代和今天是一个道理。比如秦人樗里疾，就是住在种臭椿树的村子里。城市就是这样发展而来。长城，因山为势，堑河为防，还是用这种办法。

我国城市，特点是四四方方，棋盘式布局，宫寝、宗庙、社稷、陵墓，全都集中在一块儿。不明白，你可以看看北京城。早期和晚期是一个道理。早期城市，5000 年前到 4000 年前（个别可以早到 6000 年前），有些是圆形、椭圆形或不规则形，但三代以来的城，多半是方城，偶尔有圆城，不是主流。清代，府厅州县，有 1700 多个，个个有城，解放后，全部扒光。公元前 215 年，秦始皇在《碣石刻辞》中说，他的伟大功绩之一是“堕坏城郭”，我们的现代化，比他还厉害。

西方的城市，和中国不一样。我们，府厅州县，大小城市，都有市有城。他们，英语国家，city 是市，town 是市以下的镇，市以上，有 county，或译郡，

① 定居农业都强调防御体系，相对游牧民族，可能是特点，但不必夸大。如中国有长城，有唐人街，老是喜欢自己把自己围起来，这种时髦话就禁不住推敲。西方开放，可以连军队都开放到别人的领土上去，中国比不了，但西方也不是全开放，很多地方更封闭，或有其他方法保护，如公寓楼摁密码才能进，私宅安警报系统，到处安监视器。保安设施，我们是跟他们学。

或译县，更上面，还有 state，则是州，这些居民点或居住区，不一定有城。有城，一种是贵族城堡（castle），一种是军事据点（fort）。他们喜欢在山顶筑城，我国则绝少。城，都是筑在高山之下，广川之上。只有西北地区，老百姓躲兵祸，常在山顶上修土围子，当地叫堡子。西方所谓城，主要是 fort。fort 是要塞。克劳塞维茨讲防御，有两章讲要塞[①]，中文本是从德文翻译，译为要塞的 festungen 一词，相当英文的 fort。fort 是有城墙的堡垒或筑垒城市，它分永备筑城和野战筑城。永备筑城是长期使用的城，野战筑城是临时修建的防御工事。我去过美国的军事基地，很多仍叫 fort，但根本没有城。这类防御设施，我国叫障塞。障塞不是一般的城市，而是设于边境或战略要冲的兵站或哨卡。当年，恩格斯给《新美国百科全书》写词条，其中有《筑城》（*Fortification*）[②]，也是讲筑要塞。

任何作战，防御手段都非常重要。最简单的防御手段是什么？是用甲盾护身的人墙。如罗马军团，就是以甲盾著称，他们的阵法是龟阵，就像缩头乌龟，有壳保护。甲胄和盾牌，就是战士的龟壳。其次，是土木工事：垒土墙，挖壕沟，古代叫沟垒。古代宿营，安营扎寨靠什么？靠沟垒。现在挖战壕，还是这一套。没有沟垒，则环车为营。城市比这些复杂，是古代更重要的防御手段。

古代城防，主要靠三个东西，第一是城墙，第二是城壕，第三是城楼。古代的城，城门有门楼，四角有角楼，马面有敌楼，都可用于守望；城中的高楼和高塔，也可用来料敌。汉代坞壁，多有望楼（见汉代的陶楼模型），是它的缩影。《墨子》中的台城是固定的望楼，行城是活动的望楼。欧洲城堡也有望楼。城堡和监狱有关，他们的监狱，很多都是利用古堡。现代监狱有高墙和监视塔，还保留着这种特点。但监狱和城堡，使用目的不同，城堡是防外面的人进来，监狱是防里面的人出去。

其次，我们讲一下古代的攻城和守城（图三九至图四一）。

古代军事，攻城术和守城术，技术含量最高。兵书四种，第四种叫技巧，就是以此为大宗。

---

① 克劳塞维茨《战争论》，第二卷，533—551 页。

② 《马克思恩格斯全集》，第 14 卷，327—353 页。

图三九　攻城和守城：埃及拉美西斯二世祠堂的壁画

兵书四种，权谋、形势讲谋略，阴阳、技巧讲技术。两种谋略，两种技术。阴阳是以天文地理、阴阳向背为主，属于“软科学”（当然，以今天的眼光看，很多都不太科学，只能算迷信）；技巧是以武器、武术、军事训练、军事体育为主，属于“硬科学”。《汉志·兵书略》给技巧下定义，“习手足，便器械，积机关，以立攻守之胜者也”，“攻守”二字值得玩味。我们读《武经总要前集》，毫无疑问，攻城、守城是高科技。当时，最尖端的技术，多半都用在攻城、守城上。但《兵书略》的技巧门，三种不清楚（《五子胥》可能涉及水战），八种讲射法，一种讲剑道，一种讲徒手格斗，一种讲足球，好像没有这类书。为什么没有？原来，刘歆《七略》有《墨子》城守各篇，因为《诸子略》的《墨子》也有这几篇，班固把它删掉了。其实，这才是古技巧家言的代表作，也是刘歆《七略》唯一留下的技巧书。

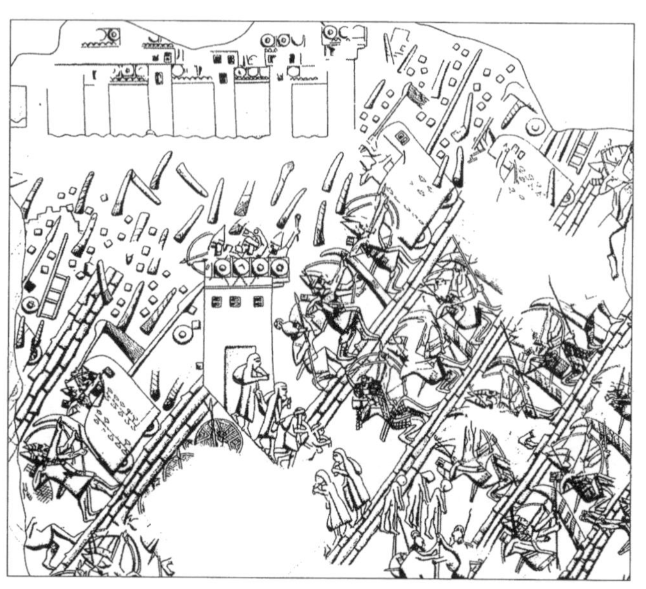

1

2

图四〇　攻城和守城

1. 亚述辛纳赫里布宫殿的壁画(亚述围攻拉基什城)
2. 考古发现的拉基什城(可见攻城土坡)

攻城术和守城术,《墨子》城守各篇有详细讨论。1948年,岑仲勉写过《墨子城守各篇简注》(北京:中华书局,1987年),是讨论这些篇。但国内学者,没人感兴趣。1980年,叶山教授写过一本书,叫《城守》①。《城守》是叶山教授的博士论文,一直没出版。但1994年,他为李约瑟《中国科学技术史》第五卷第六分册写了一个小节,《早期攻守城技术:从墨家到宋》(北京:科学出版社和上海:上海古籍出版社,2002年),大家可以找来读一下。

墨子讲城守,说"薪食足以支三月以上"(《墨子·备城门》),要守三个月。但这里说的攻城,光是准备工作,就六个月:准备攻城器械,三个月;修距堙等工事,又三个月。半年过去,"将不胜其忿而蚁附之"。蚁附的结果是"杀士卒三分之一";"杀士卒三分之一"的结果是"而城不拔",这当然是灾难。

图四一　攻城和守城:山彪镇1号墓出土铜鉴上的纹饰

攻城,古代最难。荷马史诗说,特洛伊之战,围城围了十年,难以置信。春秋时期,最长的一次围城,也只有九个月。这次围城,是楚围宋城,时间在公元前595—前594年,从上一年的秋九月到下一年的夏五月。当时围

① Robin D.S.Yates, *The City under Siege: Technology and Organization as Seen in the Reconstructed Text of the Military Chapters of Mo Tzu*.Phd.Dissertation (unpublished), Harvard University, 1980。

到什么程度？那是吃的没吃的，只能吃人，自己的孩子吃不下去，就互相换着吃；烧的没烧的，只能拿死人的骨头当柴火，“易子而食，析骸而爨”（《左传》宣公十四年、十五年）。《吕氏春秋·慎势》说楚国围宋有三次，“庄王围宋九月，康王围宋五月，声王围宋十月”（《墨子·公输》），墨子和公输般斗法，据说就是第三次。楚变成攻城的符号，宋变成守城的符号。

“轒辒”，音 fén wēn，一种有皮甲装护的运兵车。

“距堙”，音 jù yīn，攻城的土坡。

“杀士卒三分之一”，简本作“杀士三分之一”。“杀士”是成语，见于《孙膑兵法·杀士》、《尉缭子·兵令下》。李均明、李解民两位先生已经指出，“杀士”是说让他们拼命，自动送死，既不是自己杀，也不是被敌人杀。不然，《尉缭子·兵令下》怎么会说“能杀其半者，威加海内；杀十三者，力加诸侯；杀十一者，令行士卒”，杀士越多，越是善用兵者①？

古代攻城难，有人开始动脑筋，强攻不行，就围而不打，或围点打援，或围魏救赵。这些都是比较聪明的办法。但更聪明的办法是什么？还是给敌人做思想工作。做工作的人最好是敌人身边的人，敌人信任的人。比如，北平的和平解放，就是有人做思想工作，傅作义的女儿是共产党。

孔子说，“三军可夺帅也，匹夫不可夺志也”（《论语·子罕》），你纵有千军万马，只要不服，就得打下去。进攻者要好好想一下，敌人心理的最后一道防线在哪里？他的最后底线在什么地方？

【3.3】

故用兵之法，十则围之，五则攻之，倍则分之，敌则能战之，少则能逃之，不若则能避之。故小敌之坚，大敌之擒也。

这一章是讲实力对比。实力不同，对策不同：

优势	均势	劣势
围（围而不攻）：10 倍	战（对战）：势均力敌	逃（逃跑）：少（劣势小）
攻：5 倍		避（躲避）：不若（劣势大）
分（分割后歼灭）：2 倍		

① 《兵家宝鉴》，石家庄：河北人民出版社，1991 年，156、595 页。

前面讲野战，都是两军对阵，两军对垒，势均力敌，旗鼓相当，这才叫“战”。即使实力不同，双方的打法总一样。但攻城不一样，因为有险可依，有城可守，对力量的要求完全不一样，包围、进攻和分割，都要数倍于敌。双方的态势也不一样，守是在城里守，攻是从外面攻，一内一外，一静一动，攻守异势。

毛泽东说，集中优势兵力，各个歼灭敌人，至少要两三倍于敌，最好是五六倍于敌①。

从前，叶名琛守广州，世人笑他是“不战不和，不降不走”，说他犯了兵家之大忌。兵法，战、和、降、走，必须选择。这里面也有升级和降级的关系，关键是看实力对比。简单的原则，就是毛泽东所说“打得赢就打，打不赢就走”②。

古代攻城，城有多大，人有多少，我们要有一个大致的估计。

中国古代的城，文献记载，天子之城（首都）方九里（《考工记》），大都方三里，中都方一又五分之四里，小都方一里（《左传》隐公元年）。汉唐注疏，据以推论，说公之城方七里，侯伯之城方五里，子男之城方三里。古代说的“方多少里”，都是说每边的边长有多少里，而不是现在说的多少平方里，如方百里的意思是 100 里×100 里。古代 1 里＝300 步，1 步＝6 尺，一尺＝23.1 厘米。

下面是几个表示城圈大小的数据：

方九里：长宽 3742.2 米；

方八里：长宽 3326.4 米；

方七里：长宽 2910.6 米；

方六里：长宽 2494.8 米；

方五里：长宽 2079 米；

方四里：长宽 1663.2 米；

方三里：长宽 1247.4 米；

方二里：长宽 831.6 米；

---

① 《毛泽东选集》，1195、1247 页。

② 《毛泽东选集》，225 页。

方一里：长宽 415.8 米。

城墙高度，据《考工记》，天子之城，其外城城隅是高九雉，宫城城隅是高七雉，门阿是高五雉；诸侯之城是高七雉，都城是高五雉。前人说，即使最矮的城，也没有低过三雉以下的。雉是版筑的单位。每块版，长 1 丈，宽 2 尺。五块版，从上到下排列，是一堵。一堵是长宽各一丈。三堵横排，长 3 丈，高 1 丈，是一雉。

下面是几个表示城墙高低的数据：

高九雉：高 20.79 米；

高八雉：高 18.48 米；

高七雉：高 16.17 米；

高六雉：高 13.86 米；

高五雉：高 11.55 米；

高四雉：高 9.24 米；

高三雉：高 6.93 米。

中国古城，早期古城（前 3000—前 2000 年）已经比较大，很多都属于方一里到方二里的大城。商周古城，像偃师商城、郑州商城，则是方四里的大城。东周古城，一般都在方四里以上，大的可以超过方九里。如燕下都城、齐临淄城、楚纪南城、中山灵寿城，都超过这个数字。

东周时期，攻守城，问题最突出。有一段话，大家引用很多，是战国晚期田单和赵奢的对话，见《战国策·赵策三》。田单说，他听说，古代的"帝王之兵，所用者不过三万，而天下服矣。今将军必负十万、二十万之众乃用之，此单之所不服也"。赵奢反驳说，您说的古代，"城虽大，无过三百丈者；人虽众，无过三千家者"，用三万人攻打，不难。但现在的城都是"千丈之城，万家之邑"，如果只用三万人，连一个城角都围不住。田单说的"帝王之兵"，大概是春秋或春秋以前的用兵，三万不过是三军，这是一般诸侯拥有的军队。当时的大城，即"三百丈"之城，只有长宽 693 米大，合方一里多，而不足方二里。"千丈之城"是长宽 2310 米，则合方五里多，而不足方六里。《孟子·公孙丑下》说"三里之城，七里之郭"，三里之城是长宽 1247.4 米，七里之郭是长宽各 2910.6 米。

古代的城，人口有多少？也是一个重要问题。

我国古代，城市人口多，关键是底盘大，定居农业的人口很多。

我们都知道，西汉平帝二年（公元 2 年），我国的人口统计数字是 59594978 人，即将近 6000 万人（《汉书·地理志》）。公元 2 年以前，我们没有可靠数字。但战争规模，可以提供参考。

这里，有两个数字很重要。一个数字，可以反映春秋中期的人口水平，出自《国语·齐语》和《管子·小匡》，管仲制军，齐有民户 66 万，按五口之家计算，约合 330 万人，可出军 3 万人，大约 100 个人出一个兵。另一数字，可以反映战国中期的人口水平，出自《商君书》的《算地》和《徕民》，当时的秦，耕地有 1000 里×1000 里×2 这么大，大约可养农户 540 万，按五口之家计算，约合 2700 万人。这些居民，可出战卒不足 100 万人，大约 27 人出一个兵①。上一讲，我们说过，战国晚期，秦国的军队有上百万，其他各国，估计也各有几十万。我们估计，战国人口当与西汉接近，也在 6 千万左右，七国军队的总数当不少于 400 万。当时的城，多是"万户之邑"。"万户之邑"的人口大约是 5 万人。

汉代的城，据《汉书·百官公卿表》，一般只有一同大小。一同方百里，只有长宽 41.58 公里大小，约合 1728.9 平方公里。人口，大县在万户以上，小县在万户以下，也只有 5 万人左右。但汉代的大城，像长安城，《汉书·地理志》说，人口有 246200 人。

攻城，需要的人很多。

《墨子·备城门》说，只要守城得法，可以少胜多。当时守城，是男女老少齐动员，敌人 10 万，四面来攻，攻城队形，最宽是 500 步，即 1 又 2/3 里，4000 人足以应之。其他三面，可能用不了这么多人，大概一共有 10000 人也就够了，敌我比例约为 10∶1。守城是以一当十。

攻城选择什么方法，关键要看实力。作者说，如果没有十倍于敌的兵力，不能围城（只围不攻）；没有五倍于敌的兵力，不能攻城。这是讲攻城。野战，兵力可以少一点，但优势也很重要。两倍于敌，就可以分割敌人，各个击破，好像吃蛋糕，太大，只能切开来，一块一块吃。势均力敌，可以一

① 李零《中国古代居民组织的两大类型及其不同来源》和《〈商君书〉中的土地人口政策与爵制》，收入《李零自选集》，148—168、184—194 页。

战。但不如敌人，决不能战。实力差一点，可以躲；差太多，只能逃，没什么不好意思。惹不起就躲，躲不起就逃，这是兵法。动物都知道，逃跑是求生策略。

"故小敌之坚，大敌之擒也"，传统解释是，弱小的一方，跟强大的敌人顽抗，肯定被敌人俘虏。我跟这种解释不同。《荀子·议兵》说，"是事小敌毳(脆)则偷可用也，事大敌坚则涣焉离耳"，"小敌"是弱小的对手，"大敌"是强大的对手，对手弱而脆，还可以占便宜；强而坚，则一碰就完蛋。"坚"不是坏词。参考《议兵》，我理解，原话是说，如果弱势的一方能集中优势兵力，虽小而坚，则强大的一方也可擒获。

这是讲实力对比的意义。

战争，什么情况都可能发生。其实，何止躲、逃，降也是兵法。兵家的选择，不是道德考虑，关键是看力量对比。足球比赛，势均力敌才有意思，悬殊太大，没看头。但战争不一样，劣势，不对称战争，什么糙招都可能使。我们不能说，这是违反规则。兵不厌诈，意思就是，没有规则就是唯一的规则。古人说得好，"正不获意则权。权出于战，不出于中(忠)人(仁)"(《司马法·仁本》)。忠仁即忠信(秦简有用仁为信的例子)。战争是你死我活，根本不必拿道德说事。战争又没裁判，什么是正招，什么是邪招，全看谁来讲。凡是敌人害怕的，就是好的；凡是敌人想不到的，就是对的。

说到攻守异势，武器也分两种：进攻性武器和防御性武器。中国话的"矛盾"，就是讲这两种武器的关系。

Discovery Channel 有个节目，叫《古代发明》(*Ancient Inventions*)，很好玩。它说，现代人类和古人，脑容量没多大变化，古人一点都不傻，现代武器，几乎所有，都是古代发明的延续和变种，导弹、飞机、原子弹和生化武器，早已埋藏和酝酿于他们的猜想之中。这个节目讲了一个道理，很深刻。它说，人类最大的理想，就是发明天下无敌的"终极武器"，有了"终极武器"，就能永远消灭战争。作者说，这根本不可能，任何武器，都是人的发明，都有反制的发明。核武器是不是终极武器？有人说，是。因为这样的武器，根本没法防御，还手就是毁灭①。但就连这种武器，也没有消灭战争。不但原子弹，或其他大规模杀伤性武器，还在发明，核国家有增无减（最近的例子是朝鲜、伊朗的核问题），就连常规武器，也一点没减少，大砍刀和石头都还在用。如果大家真想消灭战争，最好就是停止这种发明升级，不是武器把人类消灭光，而是人类把武器消灭光。没有武器的世界才是最好的世界。

中国历史上的武器，高科技的武器，首先是用于攻城和守城。攻守器械，互相反制，最明显。

【3.4】

夫将者，国之辅也。辅周则国必强，辅隙则国必弱。故君之所以患于军者三：不知军之不可以进而谓之进，不知军之不可以退而谓之退，是谓縻军；不知三军之事而同三军之政，则军士惑矣；不知三军之权而同三军之任，则军士疑矣。三军既惑且疑，则诸侯之难至矣，是谓乱军引胜。

这段话，简本残缺得很厉害，但新疆吐峪沟出土六朝抄本，恰好有这一节。它是用来警告国君，叫他不要蹲在家里瞎指挥，干预将军在国外的作战。这种干预，会束缚将军的行动，把自己的军队搞乱，导致敌人的胜利，古人叫“中御之患”。

关于这段话，我要解释一下，讲一讲它后面的制度问题。我们都知道，《左传》中的战争，还带有早期特点，国君往往亲自出征，不但亲自指挥战斗，还亲自参加战斗。齐桓、晋文、宋襄、楚庄，很多国君都如此。国君不出征，也多半是由执政大臣率师。太子反而不宜亲征。比如，晋献公派太子申生伐东山皋落氏，李克反对，就是一个例子。他的理由是，军队靠的是服从命令听指挥，太子如果“禀命”，事事都听他爸的，就会没有权威；如果“专命”，什么都相机行事，擅自做决定，又有背孝道。这种事，是国君和执政大臣的事，太子不能干（《左传》闵公二年）。当时，“禀命”和“专命”的矛盾已经存在。春秋晚期，国君亲征逐渐衰微，开始出现专职的军将。如晋国的六卿，号称六将军，

① 伯纳德等《绝对武器》，于永安、郭莹译，北京：解放军出版社，2005年。案：原书写于1946年，即原子弹刚被发明和使用之初。

就是这样的军将。古人讲拜将授命，其中很重要的一条，就是授命将军，将在外，君命有所不受。如《六韬·龙韬·立将》、《尉缭子·兵谈》、《尉缭子·武议》、《淮南子·兵略》、《司马法》佚文、《汉书·冯唐传》，很多古书都讲到。"君命有所不受"也见于本书的《九变》篇。《史记·孙子吴起列传》说"将在军，君命有所不受"，《隋书·侯莫传》说"将在外，君命有所不行"，这是古代兵家的成说。古代没有电话，跟国君没法直接联系，就算用驿马传递快信，也赶不及。古书说，拜将授命，国君要把一把斧子，古代叫钺，送给将军，说"无天于上，无地于下，无敌于前，无君于后"（《六韬·龙韬·立将》、《淮南子·兵略》。《司马法》佚文也提到这种制度），让他全权指挥，不受节制。以前有个电影，叫《独立大队》，影片主角，被红军收编的土匪头子说，我就是天、地、人三不管的独立大队。将军的机断专行，也是属于天、地、人三不管。国君干预，会有三大灾难，即"縻军"、"惑军"、"疑军"。这种问题，就是所谓"中御之患"。宋代军人受政府节制，临阵才授锦囊妙计，经常打败仗，明朝也有太监监军，这些都是中御之患。

【3.5】

故知胜有五：知可以（与战）〔战与〕不可以（与）战者胜，识众寡之用者胜，上下同欲者胜，以虞待不虞者胜，将能而君不御者胜。此五者，知胜之道也。故曰：知彼知己，百战不殆；不知彼而知己，一胜一负；不知彼，不知己，每战必败。

这是全文的总结。内容分两层。

第一层，作者把"知胜"归纳为五条：前三条，"知可以战与不可以战者胜"、"识众寡之用者胜"、"上下同欲者胜"，都是讲自己这一边，属于"知己"；"以虞待不虞者胜"讲应敌，则是"知彼知己"；"将能而君不御者胜"，是呼应上一章，也是讲自己这一边，还是属于"知己"。

第二层，作者谈到对胜率的估计："知彼知己，百战不殆"，胜率为100%；"不知彼而知己，一胜一负"，胜率为50%；"不知彼，不知己，每战必败"，胜率为0%。

这些都是大实话。

《孙子》讲"知胜"，主要有三处。《计》是凭"五事七计"，看谁得算多。此篇是凭上面五条。后面的《地形》，是在知彼知己外，又加上知天知地。

“知彼知己，百战不殆”是毛泽东最喜欢的话[1]。

讲完第三篇，我们可以告一段落。最后，我想说一下，《孙子》这三篇，在写作上有什么特点。

《孙子》这三篇，重点是权谋。权谋是战略。战略是全局性的问题。照理说，大问题要用大道理讲，理论分析，抽象描述，绝对不能少，但作者不这么讲。他没有像克劳塞维茨那样讲，用哲学的口吻讲。他是用鸟瞰的方式讲，展开的方式讲，让全景暴露在眼前，“会当凌绝顶，一览众山小”。作者讲庙算，讲野战，讲攻城，一步接一步，来龙去脉，全都讲到了。不但有全景，还有全过程。他用笔精练，绝不是事无巨细，什么都讲。很多细节，他故意不讲。讲，只是几条基本原则。庙算强调多算，野战强调速决，攻城强调全利。给人的感觉是要而不烦，简简单单，明明白白。全部加起来，才 1100 个字左右。这和下面一组是对照。下面一组，是谈战术问题。战术问题，变化多端，非常具体，非常灵活，学者很容易就事论事，比如很多兵书，都是用问答体讲这类问题，好像对症下药，但作者不这样，反而舍直观，入抽象，从概念入手，选择抽象描述，给人的感觉是，很有哲学味道。

◎附录

《墨子》“十二攻”

《墨子》城守各篇，是以子墨子和禽滑离（墨子的弟子）问对的形式写成，原来有 17 篇，6 篇失传，还剩 11 篇。墨子非攻，是古代著名的反战分子。他同情弱者，反对以大欺小，以强凌弱，精神可贵。汉代的老百姓相

① 《毛泽东选集》，175、301、480 页。

信，他一直没有死，还活在人间（《神仙传》卷四）。非攻的办法是什么？是教人守小国，保护自己，免受大国欺凌。墨子后学把这门技术往下传，留下宝贵遗产。古人讲城守，墨子是祖师爷。不读《墨子》，无以知城守。《墨子》讲守，是针对攻。攻守的知识，都在这本书。当时的攻城手段，有十二种：临、钩、冲、梯、堙、水、穴、突、空洞、蛾傅、轒辒、轩车（《墨子·备城门》），即所谓“十二攻”。下面解释一下：

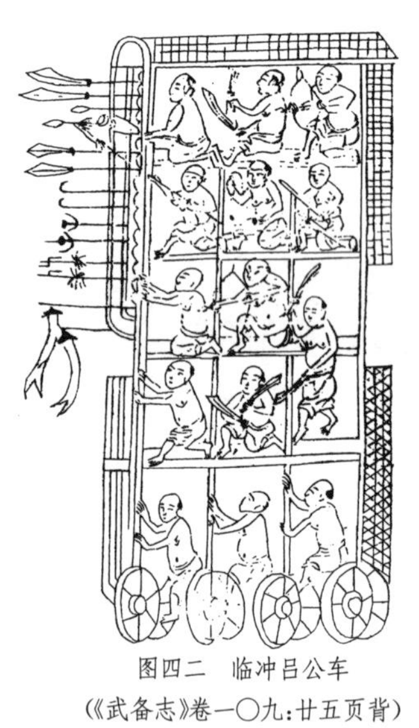
图四二　临冲吕公车
（《武备志》卷一〇九：廿五页背）

（1）临。是一种攻城的塔楼，也叫隆。《墨子·备高临》，备高和备临是两回事。备高是对付羊黔，备临才是对付临车。羊黔，是一种攻城土坡，和下面的堙类似。临车，是一种可以移动的塔楼，和下面的轩车类似。对付羊黔，主要手段是台城（固定的望楼）和行城（活动的望楼）。对付临车，主要手段是连弩。临车是可以居高临下的手段，和羊黔相似，但羊黔是积土为高，临车是以车为高。攻城车，可居高临下者，有两大类，一类是重楼式，一类是鸟巢式。叶山教授怀疑，临是重楼式，类似《武备志》的“临冲吕公车”（图四二）①。这种车有五层高，上面11个人，下面3个人（没有发动机，光靠人力，怎么推得动？不明白）。

（2）钩。《墨子·备钩》是讲对付钩，可惜已经失传。古代与钩有关的攻城器械，有三种，一种是钩绳，一种是钩梯，一种是钩车。钩绳，类似今登山用的钩绳，前面是钩，后有长绳，可向上抛甩，供人攀援城垣。《武经总要前集》卷十二的廿一页正有“飞钩”，是用来钩取城下之敌的守城之具，这种飞钩固可用于攀援城垣，但作为攻城之具，过于简单，不足与临、冲并列。钩梯，则与带钩的云梯（详下第4条）重复。我怀疑，这里的钩，还是以钩车更合适。钩车，有带长臂的钩爪，可甩臂而挥之，用以砍砸城垣。《武经总要前集》有“搭天车”（图四三）和“搭车”（图四四），应即这种车。同书“锇鹘

① 李约瑟《中国科学技术史》第五卷，第六分册，348—350页。

车”(图四五),改用斧钺为砍砸器,也是这种车。它们和炮类似,也是桔槔式器械。钩车和下面的冲类似,也是用来破坏城垣。如果用拳击打比方,冲就是直拳,钩就是摆拳。

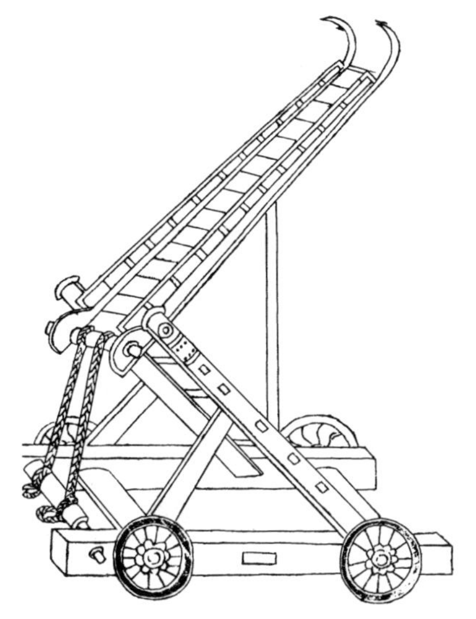

图四三　搭天车
(《武经总要前集》卷十:卅四页正)

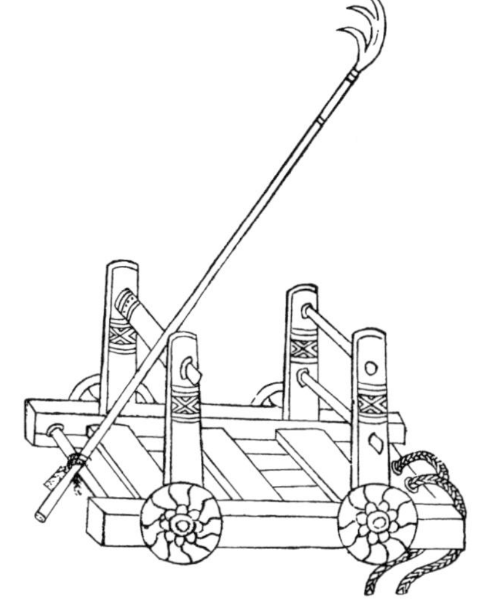

图四四　搭车
(《武经总要前集》卷十:卅四页背)

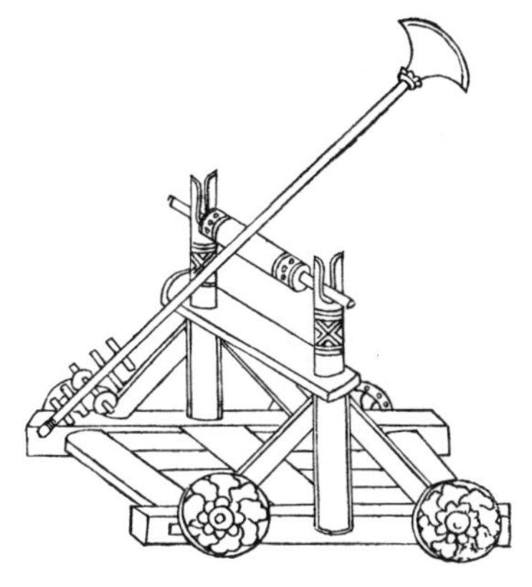

图四五　钺䴅车
(《武经总要前集》卷十:卅五页正)

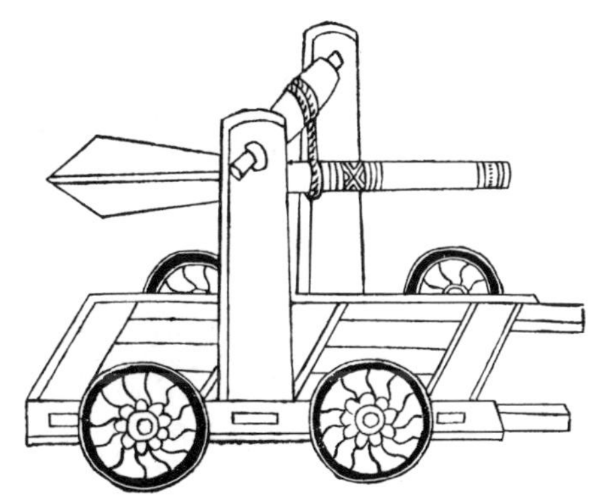

图四六　撞车
(《武经总要前集》卷十二:卅二页正)

(3)冲。是破坏城垣的撞城车,也可用来破坏城门。《武经总要前集》有“撞车”(图四六),车上有横梁,悬挂撞木,就是这种车。撞城车,其他国家也有。如亚述宫殿的画像石,上面就有这种车(图四七):车体近方,下有四轮,前有一长锥,外蒙皮甲,内容战士,上有开口,可探出其身,一人执盾掩护,一人弯弓射箭,西人叫 siege engine。这种车的长锥,西人叫 battering ram,一般译成“撞城槌”,就是用来破坏城墙。有人说,它是坦克的原型:车身像坦克的车身,撞城槌像坦克的炮筒,攻城时,还有一大堆步兵前呼后拥。但它不是坦克,主要功能是破坏城墙。画面上,这种车和攻城士兵是沿攻城斜坡(详下第 5 条)往上冲。守方阻止它,办法是用火烧车。攻方则带着救火设备,喷水救火。战斗场面很激烈。我在大英博物馆看这些画面,觉得真好玩,但不明白的是,这么重的家伙,没有引擎,怎么爬坡,动力可是大问题。《墨子·备冲》是讲对付冲车,可惜已经失传。《太平御览》卷三三六引《墨子》佚文是讲备冲,办法是降士兵于冲上,砍断撞木。

图四七　亚述亚述纳西尔帕二世宫殿壁画上的撞城车

(4)梯。有三种。一种是普通的梯子,有梯无车,如《武经总要前集》的"飞梯"(图四八)。一种是在车上搭建斜梯,形状类似飞机舷梯,如《武经总要前集》的"行天桥"(图四九)和"杷车"(图五〇)。一种也是在车上搭梯,但不是上面那种斜梯,而是可以折叠展开,比前者更长的云梯。《武经总要前集》有"云梯"(图五一),就是这种梯,梯的前端有双钩。《墨子·备梯》对付的梯,其实是云梯。战国铜器的水陆攻战图,上面有带轮的梯,一般也认为是云梯。现代救火车的云梯,也是一节接一节,但改成延伸式,一节梯子上面可以伸出另一节梯子。

(5)堙。也叫距堙,是攻城的土坡。《墨子·备堙》是讲对付距堙,可惜已经失传。古代城墙,下有护城壕或护城河。攻城,堆土为坡,蚁附登城之前,第一步是填壕。堙字的意思,本来是用土填塞。叶山教授说,此名可能与填壕有关,很有道理[①]。前面加上距字,也许是指在填平的壕沟上面或前面修筑这种工事。这种土坡是什么样?没有合适的图。《武经总要前集》有"距堙"(图五二)。但这个图,怎么看怎么别扭,根本不像攻城手段,反而像苏州园林,假山上面立个小亭子。《墨子》讲的攻城土坡,是分两种,一种是羊黔,一种是距堙。羊黔和距堙有何不同,原书没讲,不便乱猜。攻城土坡,外国也有。亚述国王辛纳赫里布(Sennacherib),他宫殿四壁的画像石,是描述公元前701年亚述围攻拉基什(Lachish)的战斗场面,上面就有攻城土坡(图四〇:1)。后来,考古学家发掘了这座古城,和图中的描述一模一样(图四〇:2)。它是贴着城墙,往上修斜坡,我们在战国铜器的水陆攻战图上也看到过这种斜坡(图四一)。

(6)水。是以水灌城。我国古代城市,选点多在道路交汇处,道路多傍川谷,川谷多依山陵,往往襟山而带河,故以水灌城的事,史不绝书。如白起拔鄢,就是用水灌城。《三国演义》,也有关云长水淹七军。《墨子·备水》讲对付水攻,手段有两条:一条是在城中穿井凿渠,泄水于内;一条是把船绑在一起,当水上的临车和水上的轒辒,运兵突围,决城外河堤,泄水于外。

(7)穴。《墨子·备城门》讲十二攻,顺序如此,但今本《备穴》却不在这一位置,反而在突之后。《备穴》是讲对付挖地道,其实是对应于空洞,本来

① 李约瑟《中国科学技术史》第五卷,第六分册,350—353页。

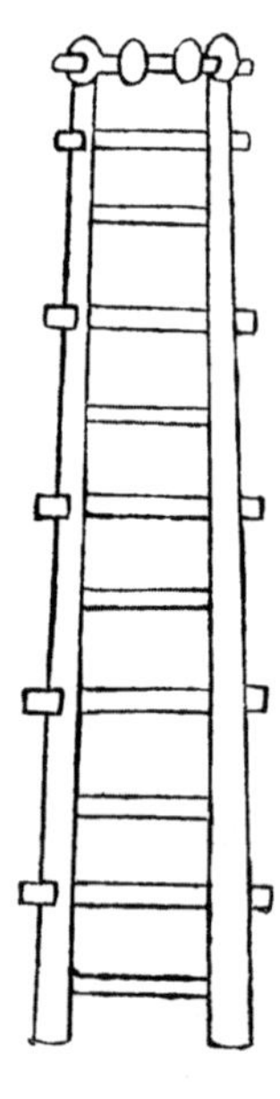

图四八　飞梯
(《武经总要前集》卷十:卅页背)

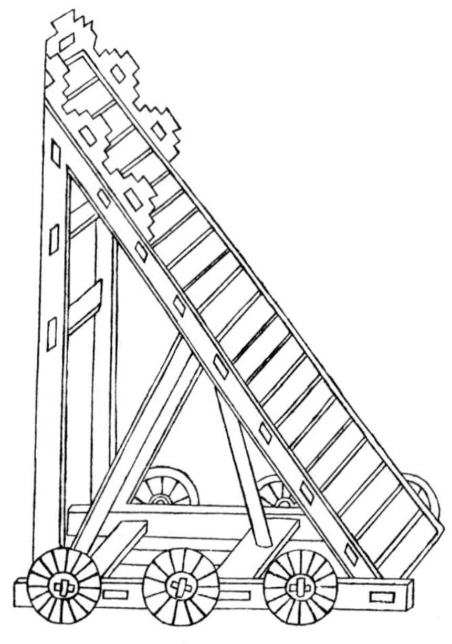

图四九　行天桥
(《武经总要前集》卷十:卅页正)

图五〇　杷车
(《武经总要前集》卷十:卅页背)

图五一　云梯
(《武经总要前集》卷十:十七页正背)

图五二　距堙

(《武经总要前集》卷十：四页正)

应在下文，今本的位置也正好在那里，并不在水后。这不是偶然的错乱。我们读《武经总要前集》，“攻城法”和“守城”之间，有“火攻”和“水攻”。历代攻城，水火都是主要手段，而且火比水更重要(后面的《火攻》也是这么讲)。《墨子》十二攻，只有水攻，没有火攻，不可思议。我怀疑，这里的“穴”，可能是“火”的错字，下面的“空洞”才是讲挖地道，其中必有文字错乱。可惜的是，我们认为的《备火》，同样没有留下来。《武经总要前集》讲火攻，手段很多，除火禽、火兽、火炬、火箭、火球，还有火炮。当时的炮，多半都是抛石器，攻城、守城，两者都用，但守城比攻城用得更多。这种炮，已经使用火药，如书中有“火炮”(图五三)、“火药法”和“炮楼”(图五四)。“火炮”还是抛石器的样子，但“炮楼”却是管状火器的样子，明显不同于抛石器类的炮。学者讲火炮史，都说管状火器元代才有，这张图值得注意。

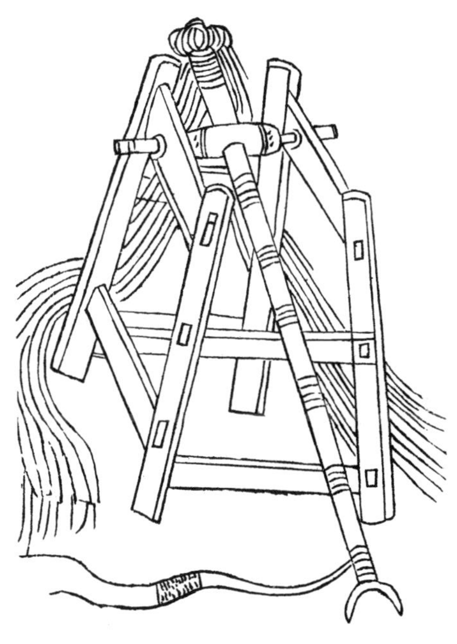

图五三　火炮

(《武经总要前集》卷十二：四九页背)

(8)突。据《六韬·豹韬·突战》，是泛指敌军的突破，而不是攻城的地道。《墨子·备突》说，对付突，主要是在城墙四周挖突门，每100步一个。突门，古书多见，是从里面开口，并不挖透，必要时才挖透的门。守城，一般是躲在城里，被动挨打，有了突门，才能主动出

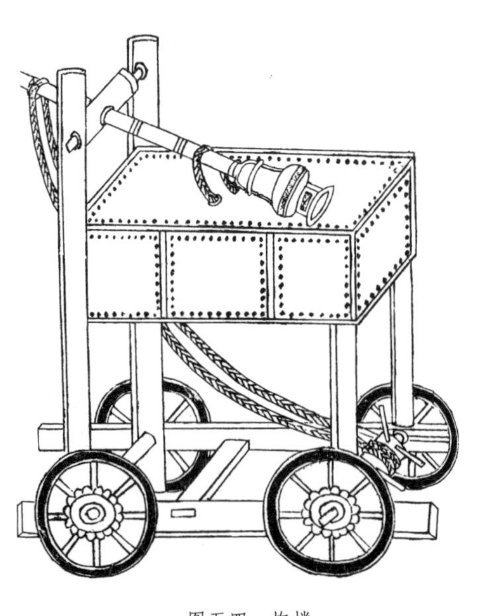

图五四　炮楼
(《武经总要前集》卷十：十页背)

击。今《备突》很短，恐怕是残篇。它只讲了突门的一个用法，即从突门放烟，用烟熏敌。具体办法是，每个突门，皆设窑灶，备柴艾，候敌突破，打开突门，以塞门车塞之，点火鼓橐(鼓风的皮囊)，用烟熏之。《武经总要前集》有“塞门刀车”(图五五)，就是塞门车。

(9)空洞。是指挖地洞和挖地道。《墨子·备突》，按禽滑离所述十二攻的顺序(《备城门》)，后面应是《备空洞》，但奇怪的是，现在这个位置上，却是《备穴》。《史记·大宛列传》“宛王城外无井，于是乃遣水工徙其城下水空，以空其城”，集解引徐广说，谓“空，一作穴”，《汉书·李广利传》有同样的话，第二个“空”字亦作“穴”，孙诒让指出，“此空洞当亦穴突之类”(他把突理解为地道，不对)。我很怀疑，现在的《备穴》，其实就是《备空洞》。穴与空，字形相近，容易写错。古代穴城，主要办法是，“穴土而入，缚柱施火，以坏我城”，办法是，在城墙上挖洞，内用梁柱支撑，以油灌柱，放火。柱折，城亦崩坏。对付挖地道，主要办法是两条，一条是用眼睛看，即从高处往下看，看地面上有什么迹象；一条是用耳朵听，即沿城内侧，每五步，挖一口井，把大陶瓮扣在井内，让人蹲在里面听，听敌人在什么地方挖土，然后对着挖地

图五五　塞门刀车
(《武经总要前集》卷十二：十八页正)

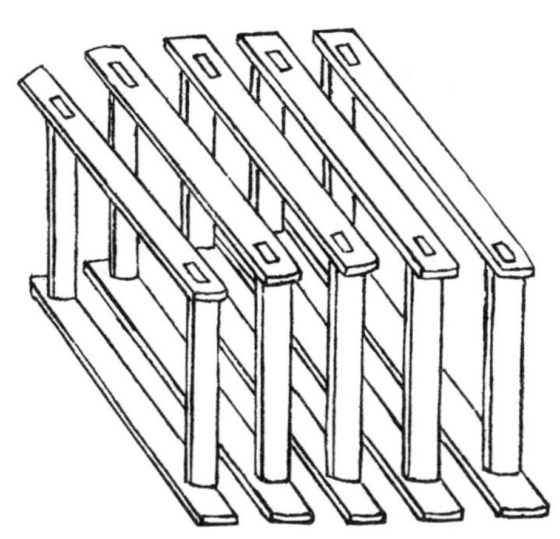

图五六　地道
（《武经总要前集》卷十：三页正）

道，用火烧，用烟熏，用水灌。墨子时代的办法，后世一直用。抗战时期，我国有地道战。“地道”就是古书上的说法。解放战争，打临汾，双方还是这么干。叶山教授说，这类技术，是利用古代挖矿井的知识，很对①。《武经总要前集》讲穴城，主要手段是一种叫“地道”的装置（图五六），其实就是支撑坑道的木制框架，一件接一件，随掘进程度，不断向内铺设。每个框架，都是上面一道横木（罨梁）、下面一道横木（地栿），左右两根立柱（排沙柱）。复杂一点，是把这些框架固定在一起，按一定长度，做成一节节的棚子。再复杂一点，是把这些棚子，下面安上车轮，做成坑道车，一节接一节，如火车样。第一节车叫“头车”，后面的车叫“绪棚”。头车顶部，有供人上下的窗口（天窻），前面有带射孔的屏风（头牌木）。头车前面，为了保护，有时还加上一截，前边和左右两边，都有遮蔽（屏风牌和左右掩手）。甚至以“炮楼”为掩护，在前面开道。绪棚前后

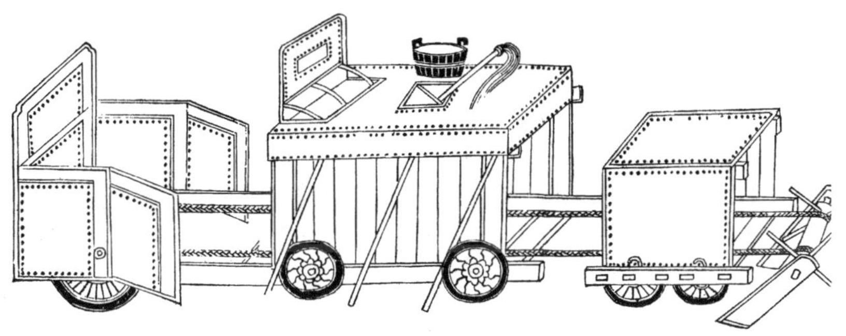

图五七　挂搭绪棚：头车和绪棚
（《武经总要前集》卷十：九页正至十页正）

① 李约瑟《中国科学技术史》第五卷，第六分册，365—376页。

相通，内设绞绳，用“找车”（绞车）出土，类似现在的传送带。这些穴城装置，互相连属的叫“挂搭绪棚”（图五七），不相连属的叫“不挂搭绪棚”（图五八）；有皮笆防护的叫“排搭绪棚”（图五九），没有的叫“不排搭绪棚”（图六〇）。坑道车最怕炮石和火，除用皮笆（分盖笆和垂笆）防护，还携带泥浆桶（用麻搭沾泥浆涂抹其表，可以防火）和浑脱水袋（用浑脱羊皮制成，可以救火）。前不久，我到湖北看铜绿山古矿井，它有横井，有竖井，横井和《武经总要前集》的“地道”非常相似。叶山教授已指出这一点①。

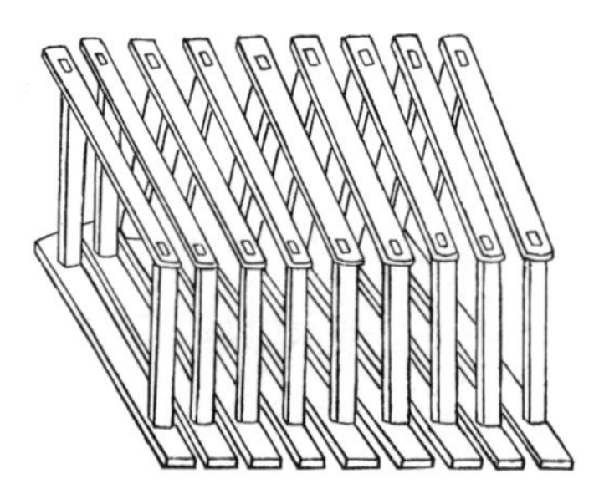

图五八　不挂搭绪棚
（《武经总要前集》卷十：八页正）

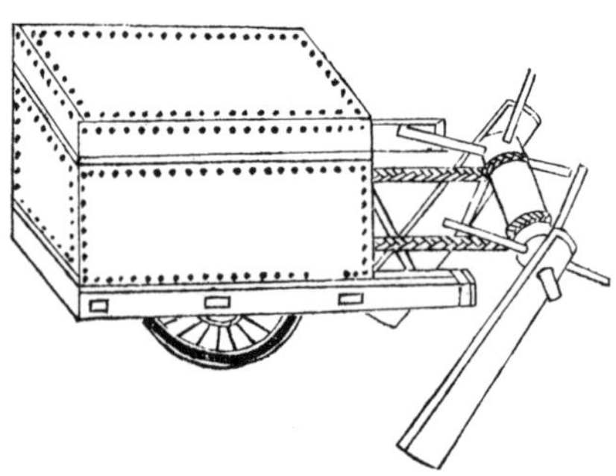

图五九　排搭绪棚
（《武经总要前集》卷十：六页正）

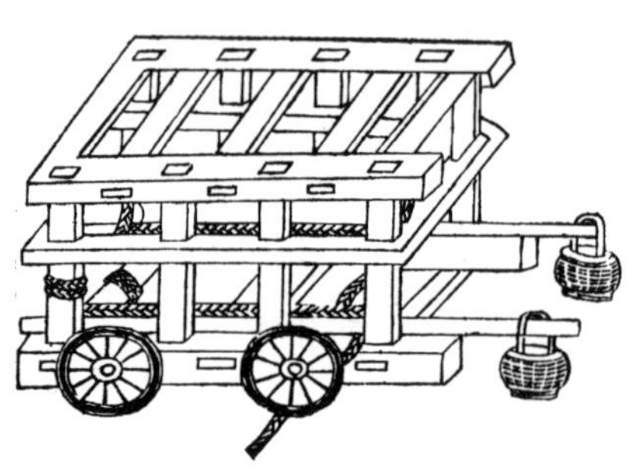

图六〇　不排搭绪棚
（《武经总要前集》卷十：五页正）

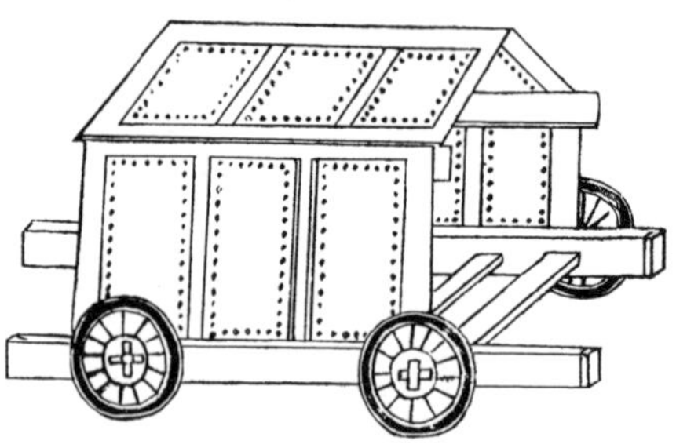

图六一　辒辒车
（《武经总要前集》卷十：廿页背）

① 李约瑟《中国科学技术史》第五卷，第六分册，365—376页。

(10)蛾傅。是步兵的密集强攻。“蛾傅”即本篇的“蚁附”，蛾同蚁，傅通附。它是以蚂蚁缘墙来比喻这种人海战术。战国铜器的水陆攻战图，上面就有蚁附的场面，蚁附的士兵是沿攻城土坡和借云梯来攻城（图四一）。《墨子·备蛾傅》是讲对付蚁附，主要手段是行临和矢石汤火。

(11)轒辒。是一种装甲运兵车。东汉应劭说，轒辒是匈奴车（《汉书·扬雄传》颜师古注引）。汉族善于城守，攻城器械不一定是汉族的发明。匈奴侵袭汉地，野战之外，也要攻城，这种车跟匈奴有关，不是没有可能。它用皮革做成棚状的车厢，前面封死，士兵是从后面钻进去。《武经总要前集》有“轒辒车”（图六一），就是这种车。它的作用主要是运兵和填壕。《武经总要前集》还有“木牛车”（图六二）、“尖头木驴”（图六三）、“填壕车”（图六四）和“填壕皮车”（图六五），也是类似的车。其中，“尖头木驴”，顶棚做成三角形，矢石遇之，则滚落。此外，书中还有“壕桥”和“折叠桥”（卷十：十五至十六页），用于跨越城壕，也是有关的器械。

图六二　木牛车
（《武经总要前集》卷十：廿一页正）

图六三　尖头木驴
（《武经总要前集》卷十：廿一页背）

(12)轩车。《墨子·备轩车》是讲对付轩车，可惜已经失传。轩车可能是古书中的楼车和巢车。它是一种车上树杆，杆上悬屋，可自动升降的塔楼，有如悬空的楼阁或树上的鸟巢。古代城防，制高点很重要，凭借城楼，可以居高临下。楼车和巢车，是反制措施。这类车，也叫橹或楼橹。《谋攻》篇的“橹”就是这种橹。它不是上一讲的橹。上一讲的橹是蔽橹，是可以戳在地上的大盾。古代战争手段，很多已成古董。甲盾之阵和骑兵，是移交给警察。轩车和云梯，是移交给救火队。现代救火设备，除云梯是古代遗产，还有液压起重升降台。液压起重升降台，就是轩车类的设备，也被

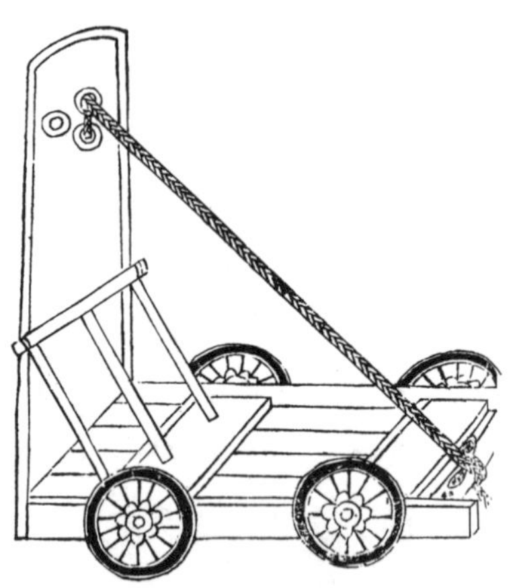

图六四　填壕车
(《武经总要前集》卷十:卅二页正)

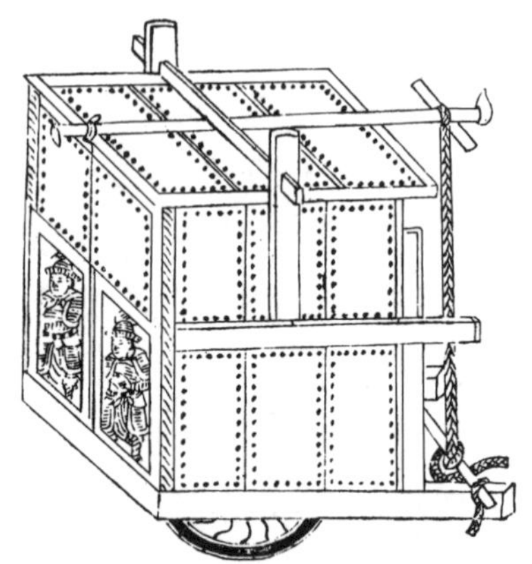

图六五　填壕皮车
(《武经总要前集》卷十:卅二页背)

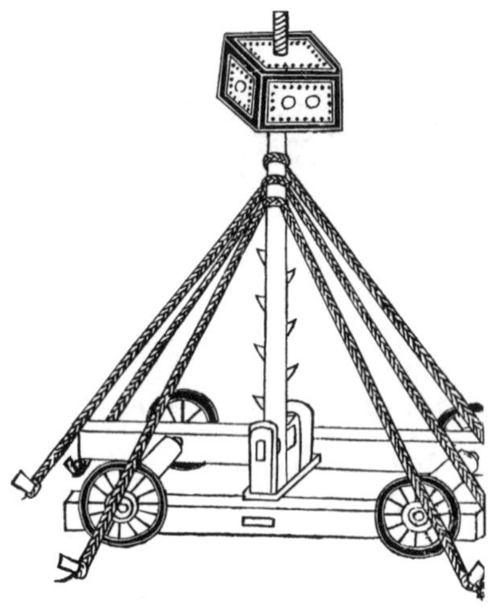

图六六　望楼车
(《武经总要前集》卷十:廿三页正)

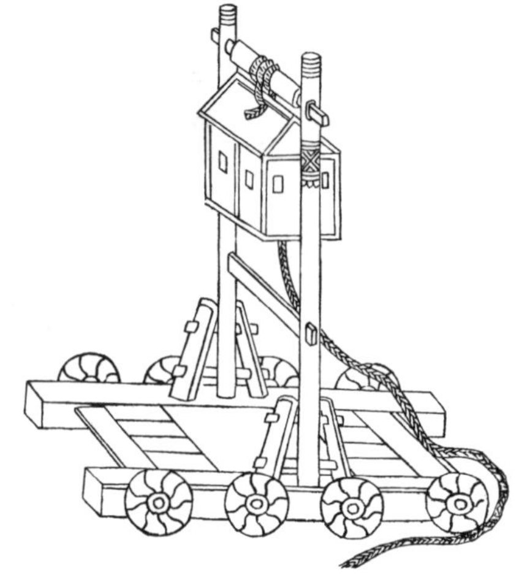

图六七　巢车
(《武经总要前集》卷十:卅三页正)

用来安路灯。《武经总要前集》有"望楼车"(图六六)和"巢车"(图六七),就是这类车。它们都是攻方的望楼。这种望楼,不仅有活动的,也有固定的,如同书的"望楼"(图六八)就是直接固定在地上。

《墨子》十二攻,可以分为三类。一类是攻城器械,如临车、轩车可以登高,轒辒可以运兵填壕,冲车、钩车可以破坏城墙,云梯可以登城。《谋攻》的"修橹轒辒,具器械,三月而后成"就是讲这一类。一类是与攻城有关的土木工程,如空洞是挖掘地道,距堙是堆土为坡(其实还应包括搭桥越壕、运土填壕)。《谋攻》的"距堙,又三月而后已"就是讲这一类。一类是攻城本身,如水攻、火攻和突(突破),还有蚁附。《谋攻》的"将不胜其忿而蚁附之"就是讲这一类。

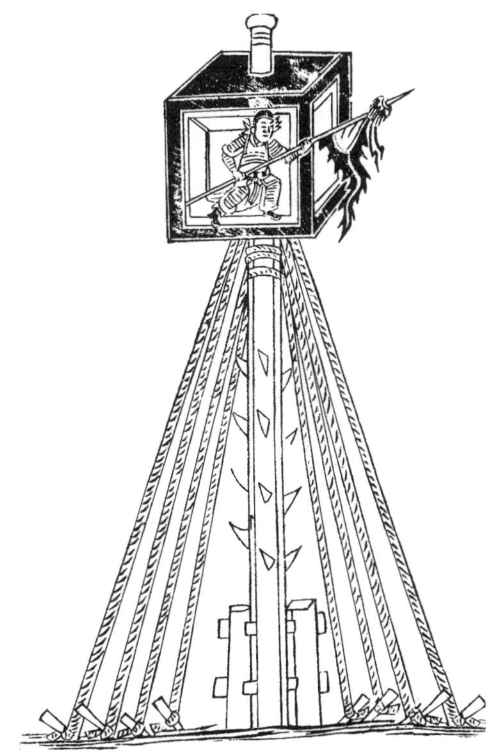

图六八 望楼(《武经总要前集》卷十三:廿五页正)

【第六讲】

（军）形第四

讲完“战争三部曲”，我们进入第二组，即形势组。

这一组和上一组不同，第一组是按战争过程讲，按来龙去脉讲，这一组是从兵力部署的数理关系讲。前者比较直观，后者比较抽象。我们读这一组，等于上哲学课，大家可能感到枯燥。但理论的东西，耐人寻味，就像品茶，慢慢品，才有味道。特别是，大家要知道，我们讲的形势或形、势，是非常重要的概念，和军事有关，和政治有关，和哲学有关，和思想有关。

关于形势组，这段开场白，是个介绍。我想多说几句。不然，下面的理解成问题。

这一组，分量一样，也是三篇，即《形》、《势》、《虚实》。它们都是讲兵力的配置。前面，《计》篇就讲数量，但比较笼统，这里是具体展开。我给这组起个名字，叫“兵力的配方”。

配方，英文叫 recipe，它可以是治病的药方，也可以是服食或减肥的药方，甚至是做饭的菜谱。其实，很多人工合成的东西，都有自己的配方。比如炼丹就有丹方。

宋以来的兵书，好以医方比兵法。如宋华岳的《治安药石》(收入他的《翠微先生北征录》)就是这种讲法。明清兵书，如《救命书》、《洴澼百金方》、《医时六言》，光看书名，还以为是医书。医是救人，兵是杀人，当然不一样。但营兵布阵，好像配药方，这个比喻很形象。

中国古代的运用之妙，主要就体现在“兵力的配方”上。

“兵力的配方”有两种，一种类似成药，药是配好了的，放在药店里，可以直接抓，古人叫“形”；一种类似处方，要由有经验的大夫，根据病情深浅、阴阳表里虚实，给病人下方，斟酌用量，增减其味，古人叫“势”。

这两个概念，可以分开用，也可以合起来用。合起来的概念，就是“形势”。

形是潜在的势，势是变化的形，两者是同一件事的不同侧面，相辅相成；并不是说，有形就没有势，有势就没有形。

形势是个可拆可合的概念。

形势，作为合成词，古人也指某一类兵书。

形势是兵书四种的第二种，地位仅次于权谋。

《孙子》讲形势，有两种讲法，一种比较抽象，一种比较形象；一种偏重理论，一种偏重实用。它的第二组，我们叫形势组；第三组，我们叫军争组。这两组都是讲形势，形势组是前一种讲法，军争组是后一种讲法。

关于形势类，《汉志·兵书略》的解释是：

(1)“雷动风举”。这话出自《孙子·军争》。《军争》有六句话，是讲军事行动的隐蔽性、灵活性和快速多变，“其疾如风，其徐如林，侵掠如火，不动如山，难知如阴，动如雷震”，一静一动，一快一慢，反差很大。前四句，可以简化为风、林、火、山。日本名将武田信玄最喜欢这四个字，他常把风、林、火、山写在他的旗子上。这里的“雷动”是取最后一句，“风举”是取头一句。

(2)“后发而先至”。这话也出自《孙子·军争》。《军争》说，“后人发，先人至”，这是两军争利的关键。战国末年，荀子和临武君在赵孝成王面前辩论军事。赵孝成王问，什么是“兵要”，即军事上什么最重要，临武君说，“后之发，先之至”就是“兵要”。这是《孙子》的名言。

(3)“离合背乡，变化无常”。是指兵力的聚散分合、行军路线和运动方向变化无常。这两句，《军争》也有类似说法，如“故兵以诈立，以利动，以分合为变者也”。

(4)“以轻疾制敌者也”。轻者便捷，疾者迅速，都是为了抢在敌人的前头。《军争》讲两军争胜，跑得最快，是“卷甲而趋，日夜不处，倍道兼行”，这是轻，但为了抢速度，把辎重都扔了，很危险；不带辎重，得就地补充。这话也和《军争》有关。《孙子·九地》也讲这类特点，如“兵之情主速，乘人之不及，由不虞之道，攻其所不戒也”。

这一描述，是形象描述，它是从第三组概括，特别是来自《军争》。

下面第三组，《军争》、《九变》、《行军》、《地形》、《九地》，也讲形势，特别是形势概念的运用。形势家的特点，是走得隐蔽，打得突然，灵活机动，快速多变。

形势的概念最抽象，但形势的运用最灵活。《孙子》讲形势，先讲概念，后讲应用。《兵书略》只讲了后一方面。

作者的安排是，先讲本质，再讲现象；先讲原因，再讲结果。

研究形势，刨根问底，从理论上探讨，必须读形势组。不读这一组，我们就无法明白什么叫形势。因为其他兵书，没有专讲形势的篇章，一本也没有。

形势是什么？就是部署的结果，它好像医书中的医方，对症下药、配伍成剂。银雀山汉简《奇正》说，"有所有余，有所不足，形势是也"，这个说法最简明。

简单说，形势的意思，就是兵力的投入，这个地方多一点，那个地方少一点；这个地方紧一点，那个地方松一点，好像行棋布子。

兵力部署的格局，可统称为形势。但形、势二词，也可以分开讲。分开讲，形是什么意思，势是什么意思，下面还要具体讨论，反复比较。如果用比较简单也比较概括的话说，形就是"大体得失之数"，势就是"临时进退之机"。这是汉朝人荀悦的说法(《前汉纪·高祖皇帝纪》)，比较得其神似。我把它介绍给大家，让大家先有一点印象，下面还要展开谈。有些解释放在这一篇，有些解释放在下一篇。这里，我只能说，形是已所素备、易见易知的格局，势是因敌而设、藏于形后，制约敌我双方，表面上看不见的格局。

下面，我们就从《形》篇开始讨论。

现在，我们用的本子是《魏武帝注》本。《形》篇的"形"，《魏武帝注》本和《武经七书》本前面都有"军"字，简本和《十一家注》本没有。这个字是后人为了整齐划一加上去的，应该删掉。

《形》篇讲"形"，主要是讲实力强弱，即所谓"形胜"。"形胜"这个词，《孙子》没有直接提到，但概念是有的。我们读这篇，可以参考银雀山汉简《奇正》的一段话：

> 故有形之徒，莫不可名。有名之徒，莫不可胜。故圣人以万物之胜胜万物，故其胜不屈。
>
> 战者，以形相胜者也。形莫不可以胜，而莫知其所以胜之形。形胜之变，与天地相敝而不穷。形胜，以楚越之竹书之而不足。形者，皆以其胜胜者也。以一形之胜胜万形，不可。所以制形壹也，所以胜不可壹也。故善战者，见敌之所长，则知其所短；见敌之所不足，则知其所有余。见胜如见日月。其错胜也，如以水胜火。
>
> 形以应形，正也；无形而制形，奇也。奇正无穷，分也。分之以奇

数，制之以五行，斗之以形名。分定则有形矣，形定则有名〔矣〕。

上文，“形胜”是以形相胜，这种胜，如日月可见。它和“形名”的概念有关，下篇还会提到。

“形胜”的一方是实力强的一方。实力是胜利的基础。但有没有实力是一回事，会不会用它是又一回事。这里只讲前者，不讲后者。后者是下一篇的重点，属于“势”。

整个《形》篇，作者都没有给“形”的概念下定义。就连“形”字本身，也只在篇末点了一下，而且还是比喻，没有解说，对比下篇，我们才能了解其含义。

我把《形》篇分为四章：

第一章，讲“形胜”在己不在敌，强不强，是先定之数。

第二章，讲“形胜”易见易知，强不强，是明摆着的事。

第三章，讲“知胜有五”，即如何判断敌我双方的实力，第一是知度（田数），第二是由度知量（粮数），第三是由量知数（兵数），第四是由数知称（对比），最后是由称知胜（知胜）。作者相信，强弱决于军赋，即料地出卒的制度：地广则田多，田多则粮足，粮足则兵众，敌我比较，兵众者胜。

第四章，作者打比方说，形胜有如高山放水，蓄之深也。

下面，我们一章一章来介绍。

【4.1】

孙子曰：

昔之善战者，先为不可胜，以待敌之可胜。不可胜在己，可胜在敌。故善战者，能为不可胜，不能使敌之必可胜。故曰：胜可知，而不可为。不可胜者，守也；可胜者，攻也。守则不足，攻则有余。善守者，藏于九地之下；善攻者，动于九天之上，故能自保而全胜也。

讲到这一篇，我们才正式讨论形。但形的概念不是现在才出现，事实上，在前面的《计》篇中，我们就已接触过它的概念。《计》篇讲的计，用“五事七计”比较的计，本身就是实力计算。这种计算，就是形。作者讲完“五事七计”，然后说，“计利以听，乃为之势，以佐其外。势者，因利而制权也”，“因利制权”的“利”就是形，“权”就是势。形和势的区别是什么？很清楚，形是势的基础，势是形的发挥。

这一章，主要讲“在己曰形”。即先为不可胜，自立于不败之地，才是形。形在己而不在敌，故可知不可为。相反，因敌制胜属于势，形有先定之数，势则不可先传。

“昔之善战者，先为不可胜，以待敌之可胜。不可胜在己，可胜在敌”，这几句话，有两个要点，一是“先”，二是“己”。“先为不可胜”是先有实力在手。“不可胜在己”是自己有实力，这是属于形。相反，“待敌之可胜”，是等待机会，发挥优势，这个机会，在敌不在我。发挥出来的优势，就已经是势了。

“故善战者，能为不可胜，不能使敌之必可胜”，也是说形胜在己不在敌。今本“善战者”，简本往往简称为“善者”。“能为不可胜”只是形，不是势，势才能胜敌。它是说，从备战的角度讲，我们只能把希望寄托在自己有实力上，不能把希望寄托在敌人犯错误上。对方如果不犯错误，不管你准备多充分，结果还是不能取胜。敌人不犯错误，我方可以想方设法，引导敌人犯错误，这是属于势的问题，现在还谈不上。现在，在备战的问题上，我们只能管自己，不能管对方。当然，备战也有针对性，并不完全是闷头搞，这里只是从原则上讲。

“故曰：胜可知，而不可为”，是强调“形胜”可知不可为。这句话，和《虚实》篇的一句话正好相反。《虚实》篇说，“故曰：胜可为也”。这两句话，表面矛盾，其实并不矛盾，各是强调问题的一个侧面。“胜可知，而不可为”，是说实力强弱有先定之数，事先就可以估计出来，不是临时能造出来的，而“胜可为也”，是说投入战斗，才见分晓，在实际战斗中，实力发挥还大有余地。

“不可胜者，守也；可胜者，攻也。守则不足，攻则有余”，是以实力立攻守之势，即敌不可胜，则取守势；可胜，则取攻势。守是因为敌强我弱，实力不如对方；攻是因为我强敌弱，实力超过对方。但“守则不足，攻则有余”，简本作“攻则不足，守则有余”，理解正好相反。这两种写法，汉代古本都有。我分析，简本是把这里的“不可胜”和“可胜”对应于上文的“不可胜”和“可胜”。上文的“不可胜”是我，“可胜”是敌。它是说，我取守势是因为我有足够的实力，敌取攻势是因为实力不如我，其实攻不如守，守方是强势，攻方是弱势。这种写法，比较别扭，但也有一定道理。因为，从防御的角度讲，攻方比守方消耗大，守方会显得有余，攻方会显得不足，很多军事家都有这种经验之谈。比如，克劳塞维茨就说，一般都以为，攻者强，守者弱，其实相反[1]。今本的写法,《汉书·赵充国传》、《后汉书·冯异传》、《潜夫论·救边》的引文就有。我觉得,“守则不足,攻则有余”,好像更顺。

“善守者,藏于九地之下;善攻者,动于九天之上,故能自保而全胜也”,这句话跟简本也不一样,简本强调守,没有“善攻者”。它是说,善守者藏于九地之下,然后又动于九天之上。“九天”和“九地”,很多人都以为是九重天、九层地。过去,我写过一篇考证,澄清过这类说法。我指出,“九天”、“九地”,就是古书常说的“九天”、“九野”,九天是极言其高,九地是极言其下,它们都是平面九宫格,上下是镜面反射的关系。这种概念也见于遁甲式,是古代宇宙论的一种想象,旧注,只有李筌和贾林讲对了[2]。“能自保而全胜”,也是着眼于己。总之,“形胜”是实力派的哲学。

【4.2】

见胜不过众人之所知,非善之善者也;战胜而天下曰善,非善之善者也。故举秋毫不为多力,见日月不为明目,闻雷霆不为聪耳。古之所谓善战者,胜于易胜者也。故善战者之胜也,无智名,无勇功,故其战胜不忒。不忒者,其所措胜,胜已败者也。故善战者,立于不败之地,而不失敌之败也。是故胜兵先胜而后求战,败兵先战而后求胜。善用兵者,修道而保法,故能为胜败之政。

作者讲的战争,都是大国之间的战争,由国家支持的战争。这种战争,实力最重要。强弱之形定,则胜负之分见。弱小国家,非法武装,还有恐怖分子,他们没法玩实力,没法在战略上玩实力,所以改玩另一路。如持久战、游击战,请进来再打,和各种恐怖战术。这一章,主要是讲“形胜”的可知性和易知性。

“见胜不过众人之所知,非善之善者也;战胜而天下曰善,非善之善者也。故举秋毫不为多力,见日月不为明目,闻雷霆不为聪耳。古之所谓善战者,胜于易胜者也”,这段话和《计》篇的说法也很相似。“举秋毫”、“见日月”、“闻雷霆”,所有这些比喻都是说,凭实力定胜负,是明摆着的事。“形

---

① 克劳塞维茨《战争论》,第一卷,14 页;第二卷,476—479 页。

② 李零《〈孙子〉十三篇综合研究》,426—427 页。

胜”的意义就在，“古之所谓善战者，胜于易胜者也”。

“故善战者之胜也，无智名，无勇功，故其战胜不忒。不忒者，其所措胜，胜已败者也”，“忒”音 tè，差错。从备战的角度讲，我们只能要求自己不犯错误。

“故善战者，立于不败之地，而不失敌之败也”，“立于不败之地”，是属于“形”；“而不失敌之败也”，是属于“势”。我方不犯错误，这点可以做到，但敌人犯不犯错误，是个很大的变数，只有放到“势”的范围考虑，才有意义。

【4.3】

兵法：一曰度，二曰量，三曰数，四曰称，五曰胜。地生度，度生量，量生数，数生称，称生胜。故胜兵若以镒称铢，败兵若以铢称镒。

实力的概念，在《计》篇中，有五个指标。五个指标主要是政治指标和军事指标，这里则是讲战争的物质基础和经济指标。它的制度支撑是军赋制度。

军赋制度，古人也叫料地出卒或算地出卒之法。它是分五步，算经济账：

(1)“度”。度是长度单位，主要用来量土地。古代长度单位，有分、寸、尺、丈、引等等。出土度具，每个时代不一样，趋势是越来越大，比如尺，就增加了 10 厘米。古代丈量土地，常用步法，六尺为步，百步为亩(100 步×1 步)，百亩为顷(100 步×100 步)，九顷为井或里(300 步×300 步)。粗略地量，可以步测；精确地量，则用步弓①。我在侯马见过一块碑，是万历年间的实物，县官把丈地尺直接刻在碑上，用来征粮。

(2)“量”。量是容量单位，主要用来称粮食。古代容量单位，有龠、合、升、斗、斛等等。古代军队发军饷，肚子最大的士兵，每天的口粮标准是一斗(《墨子·杂守》)；官吏发俸禄，也有斗食和百石、千石一类标准。古代发口粮，主要用量器，但数量较大，也使用衡器，比如百石、千石，就是衡制。草料，也多半用衡器。

① 步弓：丈量地亩的器具，用木头制成，形状略像弓，两端的距离是 5 尺。

(3)“数”。数是出卒的数量。古代计算数量是用算筹。下篇“分数”的“数”也是指出卒的数量。《商君书·算地》说:“方土百里,出战卒万人者,数小也。”其中的“数”,就是这种“数”。

(4)“称”。本来是衡制术语。衡制,权是秤砣或砝码,衡是秤杆或天平,“称”就是用这类衡具称量轻重。这里指比较敌我兵员的多少。

(5)“胜”。是兵力比较的结果。

军赋制度,是出军制度,包括粮食、武器和兵员。但这里主要是兵员。它的概念是田数出粮数,粮数出兵数,兵数生比较,比较定胜负。

“故胜兵若以镒称铢,败兵若以铢称镒”,镒音 yì,铢音 zhū,都是重量单位,一铢和一镒之比是 1:576,非常悬殊。

【4.4】

胜者之战〔民也〕,若决积水于千仞之谿者,形也。

读古书,我们要注意古人讲话的方式。取譬设喻,就是古人常用的修辞手段。古人爱打比方,越是深奥的道理,越爱打比方,往往用比喻代替下定义。《孙子》中,这样的例子很多。

“形”是这篇的主题,但这个字,直到最后才出现。最后这几句,不是定义,只是比喻。“胜者之战民也,若决积水于千仞之谿者”,是指蓄水很深,提升很高,一旦把水放下来,势头一定很猛。这个比喻和《势》篇的结尾有点像,一个是放水,一个是滚石,都是积聚势能,然后释放出来,即所谓“蓄势待发”。但这两篇东西,各有所主,区别在哪里?值得琢磨。我理解,这里讲放水,重点是“积”,不是“决”。《势》篇讲势,有所谓“势如彍弩,节如发机”,彍弩是蓄势,还不是势,发机才是势。以水为喻,则积水如彍弩,决水如发矢。前者是形,后者是势。物理学讲势能,势能的意思,是“潜在的能量”(potential energy)。我们把水或石头放在很高的地方,是提升势能。西方汉学家,有人就是用 energy(能量)或 potential energy(势能)翻译“势”。但我们要知道,potential energy 只是蓄势,还不是势;released energy(释放的能量),才是势。《势》篇说“势如彍弩,节如发机”,势从蓄势待发到发,中间有个环节,是“节”,即控制物。蓄水的堤坝和闸门,就是这个“节”。闸门不开,水还有常形,还是形;一开,水从千仞之谿奔流而下,就没有常形,没有常形，才是势。我们要知道，这只是同一件事情的两个方面，同样是水，不放就是形，放了就是势。这是形、势的基本区别。

◎附录

《孙子》中的形势家言

上面，我们是就书谈书，讲完这些，我想返回来，专就《孙子》中的形势家言做一点讨论。为下一讲做一点铺垫。

（一）形势是属于“开药方”的学问。

兵书是中国的技术书。中国的技术书，和今天一样，往往也有理论和应用之分。

比如《汉书·艺文志》，它把西汉的书分为六种，前三种是人文，后三种是技术。技术书分兵书、数术、方技。数术的理论是阴阳五行学说，但没有相应的经典，完全是按技术的门类而划分，和兵书、方技不一样。兵书、方技，都是有理论，有应用，情况不太一样。两者可以比较。

方技有四种，前两种是医经和经方。医经和经方的区别是：

> 医经者，原人血脉经落骨髓阴阳表里，以起百病之本，死生之分，而用度箴石汤火所施，调百药齐和之所宜。至齐之得，犹慈石取铁，以物相使。拙者失理，以愈为剧，以生为死。
>
> 经方者，本草石之寒温，量疾病之浅深，假药味之滋，因气感之宜，辩五苦六辛，致水火之齐，以通闭解结，反之于平。及失其宜者，以热益热，以寒增寒，精气内伤，不见于外，是所独失也。故谚曰：“有病不治，常得中医。”

医经讲医理，包括生理和病理，除去理论，还有综合性，治疗的一般内容也包括在内。“血脉经落骨髓阴阳表里”是生理，“百病之本，死生之分”是病理，“用度箴石汤火所施，调百药齐和之所宜”是治疗。但它的治疗，都是综合治疗，箴石汤火也好，百药也好，都不是针对某一种病。经方不一样，它的特点是对症下药，“本草石之寒温，量疾病之浅深，假药味之滋，因气感之宜，辩五苦六辛，致水火之齐，以通闭解结，反之于平”。你生什么病，我开什么药，而且几钱几两，配伍成剂，非常具体。

兵书也有四种，前两种是权谋、形势。它们和医经、经方的关系很相似。权谋相当医经，形势相当经方。

用医书打比方，形势就是属于“开药方”的学问。

（二）形势是个带有哲学味道的抽象概念。

“形势”这个词，是个可以拆，可以合，含义很复杂的词。拆开来，形、势相反，合起来又是一个意思，可以兼包二者，具有双重含义。它是个带有哲学意味的抽象概念，不仅对研究中国的兵法和统治术很重要，对研究中国的哲学史和思想史也很重要。

前面，我已说过，《孙子》一书，从先秦两汉到宋元明清，主要读者是军人。近代，才有人拿《孙子》当思想史来研究。这种研究是怎么搞起来的，还需要考证。

我国从国外引进哲学史，子学成为哲学史的园地，是顺理成章，一点都不困难。但《孙子》是兵书，这里面也有哲学吗？大家不敢想。前面说过，当年，冯友兰先生写《中国哲学史》，是用西方标准的哲学概念为中国学术立规矩，他说他只讨论符合哲学标准的材料，即多少有点形而上学味道的书，技术书，他不收，《孙子》也不收。但大家苦恼的是，子学中真正有哲学味道的东西，入眼有限。光讲儒、墨、道，行吗？这是用西方眼光剪裁中国史料常有的事。对号入座的结果，是我们“一无所有”，有也很可怜。

中国哲学史把《孙子》请进门，和中国共产党有很大关系，和毛泽东有很大关系。《孙子》在中国大出其名，是借毛泽东的势；在世界上大出其名，也是因为长征、解放战争、朝鲜战争和越南战争。军人最懂敬重对手。美国的格里菲斯将军，翻完毛泽东的兵法，就翻《孙子兵法》，显然，是想找源头。虽然毛泽东自己不承认，但很多人都认为，他是得益于《孙子》。解放后，中国哲学史的教科书，都有写《孙子》的章节，前面说过，冯友兰先生写他的《新编中国哲学史》，也加进了这样的章节。

另外，涉及兵学和哲学的关系，《老子》也很受关注。“文革”时期，毛泽东说过一句话，“《老子》是一部兵书”，四人帮在上海的写作班子，以“翟青”为笔名，特意发挥过毛泽东的说法[①]。虽然，“文革”往事，现在的想法全是拧着来，但中国的兵法和哲学有关，这个想法，还是很有道理，我们不必拧着来。

长期以来，我一直认为，在毛泽东的思想深处，一直有个隐约的想法，就是咱们中国的思想，是兵法里面有哲学，哲学里面有兵法，两者相互渗透。李泽厚先生也说，中国的辩证法，不是起源于哲学论辩，而是起源于兵法[②]。

我们都知道，克劳塞维茨写《战争论》，正是德国古典哲学的时代，他本人就学过古典哲学。他对战争现象的分析，也很哲学。《孙子》虽然比它早两千多年，但背景相似。

我一向认为，中国早期经典，有两本书最智慧，一本是《老子》，一本是《孙子》。要讲思辨水平，二书是代表作。中国典籍走向世界，四书五经，翻译最早，但影响不如这两本书。在书店里，译本最多、名气最大，一直是这两种（另外还有《易经》）。借西人之眼界，看我们的典籍，我们不难看出，什么最代表“中国智慧”。

研究《孙子》，大家都说，《孙子》一书很有哲学味道。但学者的评论太笼统。他们只是说，这儿唯物，那儿辩证，如此而已，并没说清，它最哲学的东西在哪里，它最哲学的东西是什么。其实，现在很清楚，《孙子》中最有哲学味道的东西，全在这一组；它最哲学的东西就是形、势概念。

说到《孙子》中的哲学，有篇文章，大家可以找来看一下。这篇文章，是芝加哥大学的何柄棣教授的演讲稿（台北：中央研究院近代史研究所肖公权学术讲座，2001 年 11 月 22 日）。何教授说，“《老子》辩证思想源于《孙子兵法》”。这个想法是来源于李泽厚教授。1984 年，李教授写过《孙老韩合说》（收入他的《中国古代思想史论》，北京：人民出版社，1985 年，77—105 页）。这篇文章，是从中国古代思想的大格局讲话。他的想法，不一定都能证明，不一定都被接受，但很有启发。何教授的演讲稿，是在台湾发表，我收到过他的赠书《中国思想史上一项基本性的翻案》（台北：中央研究院近

① 翟青《老子是一部兵书》，收入《马王堆帛书〈老子〉》，北京：文物出版社，1976 年，95—108 页，原载《学习与批判》1974 年 10 期。

② 李泽厚《孙老韩合说》，收入所著《中国古代思想史论》，北京：人民出版社，1985 年，77—105 页。

代史研究所，2002年）。何教授的想法，大家也不一定都接受，但他的文章也很有启发。启发在什么地方？主要就是，他注意到形、势二词的重要性，注意到道家思想和兵家可能有关系，中国的辩证思维可能是受惠于兵法。承何教授不弃，他讲形、势，是引用我在《〈孙子〉古本研究》中的讨论。他说，我的界定很精当。何教授认为，形、势作为一对辩证概念，关系这么微妙，目前的材料，只有《孙子》这么讲，我赞同这一点。但他说，“遍检先秦典籍索引，‘形埶’作为一个复合词要晚至《荀子》的《强国》和《正论》篇中才出现”，不够准确。其实，《管子》的《形势》、《七法》、《八观》、《形势解》，《六韬·龙韬·王翼》，《文子》的《上德》、《自然》，里面也有这个词。

形、势的关系确实值得研究。

（三）形、势的辩证关系。

形、势的区别是什么？我们先看《孙子》自己怎么说。

《孙子》中有三句话，近似定义。第一句话是“势者，因利而制权也”（《计》），第二句话是“强弱，形也”（《势》），第三句话是“勇怯，势也”（《势》）。第一句话是说，利用优势，制造机变，才叫势。由此，我们可以推论，“计利以听”的“利”，也就是形。第二句话是说，强弱决定于形，强弱是实力比较，它决定谁有优势，这种实力就是形。第三句话是说，勇怯决定于势，勇怯是士兵上战场的临场发挥，这种发挥是取决于战场上的形势和地理环境。

“形”，可作名词，也可作动词，英文 shape 也是，我们说“一个形状”和“给它一个形状”，是同一个词。形，字本作刑，从刀井声。刑即型的本字，原指范铸铜器的模型，本意是拿刀在范土上雕刻范型，用范型铸造青铜器。模、范、型三个字都是指铸造青铜器的模型，引申之义则是榜样或效法榜样。比如，西周铜器铭文里有“仪刑先王”，就是效法先王的意思。现代汉语有很多词都跟它有关，比如“形象”，是看得见的东西；“形状”，是有固定的外观；“形式”，是既有形状，也有样式。“刑法”的“刑”，本来的意思，是给人一个规范，让人照着做。英文中，与它关系最密切的词，是 shape，mold，model 和 form（包括名词形式和动词形式）。用拳法打比方，形是拳手的身高、体重和套路。用下棋打比方，形是行棋的线路规定和棋谱。打拳，大块头和小瘦子就是不一样，强弱之形不一样。打拳有套路，你可以照它练，但不能照它打。真正的打，即散打，和武打影片完全不一样，好像王八拳，一点都不好看。下棋也是，你可以背棋谱，但不能照着下，重要的是，你要比对方反应快，每走一步，都跟得上，不但跟得上，还能多算好几步。前者是形，后者是势。

势，本来写成埶，简本就是这么写。这个字，是蓺或艺的本字，象人跪着（侧视），手里拿棵草，往地里种，其实就是种艺的艺字，因为古音相近，古人也借为设字[①]。埶字，上面加草头，下面加云字（可省去），就是后来的艺字。英文中，与它关系最密切的词，主要是 plant（种植），set up（设置）和 disposition（部署）。后世的势，是态势之势或局势之势，是人为制造的格局。如果用拳法打比方，势就是散打，解散套路，根据对手的一招一式，临场发挥。如果用下棋打比方，势就是接对方的招，破对方的招，随机应变。棋局的局最有意思，对方设个局，没人说你不可以往那儿走，也没有规定说你不可以往那儿走，但你就不能往那儿走，往那儿走就是输，至少也是吃大亏。什么叫"形格势禁"？这就叫"形格势禁"。

势，真是无所不在。法家术语，法、术、势的势，太史公去势的势（《报任安书》），都是这种势。

怎么说？让我总结一下：

形是有形可见的东西，势是看不见的东西；

看见的都是形；

形是静态的东西，势是动态的东西；

形是已所素备，势是因敌而设；

形中有势，势中有形；

作为合成词，形势是人为制造的格局；

"形格势禁"的"形"和"势"，其实都是"势"。

《形》篇结尾，"若决积水于千仞之山者，形也"，是指积水于千仞之山，蓄之深，发之猛，它强调的是"积"。积水于高山，当然是 potential energy。物理学的势能，就是指这种东西。但这是形，不是势，译成势，就弄反了。《势》篇结尾的"如转圆石于千仞之山者，势也"，是说木石的滚动，要顺应山势，比喻

---

① 裘锡圭《古文献中读为"设"的"埶"及其与"执"字互讹之例》，香港大学亚洲研究中心《东方文化》，Vol.XXXVI，1998，Number1 & 2，39—46 页。

因敌之势，为己之势，这才是势。

形、势，混言不分，析言则别。荀悦说，“夫立策决胜之术，其要有三，一曰形，二曰势，三曰情。形者言其大体得失之数也。势者言其临时之宜也，进退之机也。情者言其心志可否之意也，故策同事等而功殊者何，三术不同也”（《前汉纪·高祖皇帝纪》卷二），岳飞也说，“运用之妙，存乎一心”（《宋史·岳飞传》），形势就是属于运用之妙，其用在于将心。

《势》和《虚实》所用，作为动词的“形”，都是做出来的“形”（“形之”、“形人”、“形兵”），即“势”所表现出来的“形”。如：

（1）“形之，敌必从之。”（《势》）

（2）“故形人而我无形。”（《虚实》）

（3）“形之而知死生之地。”（《虚实》）

（4）“形兵之极，至于无形。”（《虚实》）

（5）“因形而措胜于众，众不能知。人皆知我所以胜之形，而莫知吾所以制胜之形。故其战胜不复，而应形于无穷。”（《虚实》）

“我所以胜之形”是外在的形，“而莫知吾所以制胜之形”是内在的形，即势。形以应形，是势。

（四）形、势的英文翻译。

中国的现代化或西化，不仅表现在器用方面，也表现在思想和语言方面。有人以为，语言是本土文化的最后堡垒，这话在很大程度上要打折扣。我们的思想，其实是用一种很复杂的语言在表达。我们的语言很不纯粹，不但很多词是外来语，语法也受全面侵袭，特别是书面语，特别是学术文章。自然科学和社会科学的术语，几乎全部都是趸来的。有些是直接从西方翻译，有些是从日本转译，除少数音译，多半是意译，有很好的汉语伪装，特别是古汉语的伪装（以借自日语的词最多）。现在，即使用汉语说话，已经包含多语的思考。

因此，对理解形、势的概念，翻译也是一种参考。

翻译本身，既是比较，也是创造。它包含着一种文化与另一种文化的对话。对话难免有误解，但误解和误解搁一块儿，有时也有帮助，说不定还是第三只眼。

翻译《孙子》，西文译本很多。很多译者发现，他们要想找到合适的字眼翻译"形"、"势"，太难，几乎不可能。为什么？

第一，这两个词，必须相反，有相互对照的意义；

第二，这两个词，还可合成一个词，能拆能合。

西方学者怎么翻译"形"和"势"，我可以举几个例子：

译者	形	势
格里菲斯(Samuel B. Griffith)	Dispositions(部署)	Energy(能量)
安乐哲(Roger Ames)	Strategic Dispositions(战略部署)	Strategic Advantage(战略优势)
索耶尔(Ralph D.Sawyer)	Military Disposition(军事部署)	Strategic Military Power(战略军事力量)
敏福德(John Minford)	Forms and Dispositions(阵形和部署)	Potential Energy(势能)

参看：

Samuel B.Griffith, trans., *Sun Tzu, the Art of War*, London, Oxford and New York: Oxford University Press, 1963, pp.85—95.

Roger Ames, trans., *Sun-tzu, the Art of Warfare*, New York: Ballantine Brooks, 1993, pp.114—121.

Ralph D.Sawyer, trans., *The Seven Military Classics of Ancient China*, Boulder, San Francisco and Oxford, 1993, pp.163—166.

John Minford, trans., *The Art of War*, Penguin Books, 2003, pp.20—30.

这四本书，是上世纪60年代以来有代表性的译本。格里菲斯的书是联合国的《中国经典丛书》之一。安乐哲的书是参考银雀山汉简本。索耶尔的书是翻《武经七书》。敏福德的书是最新出版。

上述翻译，主要是用Forms(阵形)或Dispositions(部署)翻译形，用Energy(能量)或Power(力量)或Potential Energy(势能)翻译势。

这类翻译，从中文的角度看，都有问题：

第一，它所选用的词，不是彼此相反又对应的词；

第二，也无法合成一个词。

第三，forms 是阵形，也可以写成 formation，或 battle formation。但阵形更接近于势的概念，比如阵形的奇正就是属于势。原书是放在《势》篇讲。我们不能认为，有形字的就是形，有势字的就是势。比如优势就是形，阵形就是势，不能反过来讲。《形》篇虽然讲形，但没有一个字涉及阵法。

第四，dispositions 是部署。部署是形势，形、势皆可用，但更接近于势的概念。

第五，energy 或 power，都是能量，potential energy 是势能，但它不是势，而是形。

研究形、势，我们最容易犯的错误，就是把它们当成两个完全无关的概念。其实他们只是同一件事的两个不同侧面。

所以，我们最好还是选一个词代表合成的"形势"，既是形，也是势。比如，形是 dispositions，那势也是 dispositions；势是 energy，那形也是 energy。我们要区别二者，最好是用定语去区别。比如像下面这样：

形	势
visible dispositions	invisible dispositions
potential energy	released energy

还有，英语中，更类似形势的其实是 situation。看来，形、势的翻译还值得推敲①。

（五）形势的具体表现。

《孙子》一书，贵在权谋，但权谋的体现是形势。它的绝大多数篇章都是讲形势。《孙子》讲形势，主要在《形》、《势》和《虚实》三篇，但实际应用，是《军争》、《九变》、《行军》、《地形》、《九地》五篇。

形势的具体展开，主要体现在如何把军队从本国带进敌国，从敌国的边境带到敌国的腹地，通过分散集结的运动变化，造成会战地点上的我强敌弱、我众敌寡、我实敌虚。这部分内容，下一组才讨论，但预先可以留点印象。毛泽东讲运动战，说"打得赢就打，打不赢就走"。"走"和"打"，就是形势的具体

① 上面的试译，只是顺着汉学家的译法提一点建议，并不是答案。马克梦（Keith McMahon）教授说，也可用 possible energy 译形，actual energy 译势。

体现。体育竞技，可以各赛各的，但“打”和“走”经常是结合在一起。我们看打拳，不光看他怎么出拳，什么摆拳、直拳、勾拳，还得看他的步法，闪转腾挪。中国的武术散打，更是手脚并用，腿脚不光用来走路，也用来打人，练武术的都说，人身上，十八般武器，样样都有，脑瓜和屁股都用得上。

下一组，“走”的问题很突出，因“走”而生，是带兵的问题和地形的问题。

“走”，不光是逃跑。就是逃跑，也是一门大学问。“三十六计”，最后一计，就是“走为上计”。1998年，我从西雅图转道加拿大坐飞机回北京。我身边的乘客是美国国防部的官员，他在看《三十六计》。我跟他说，这是兵法的第一计，他吓了一跳，说这不是最后一计吗？我才发现我不该用first stratagem 翻这个词。“三十六计，走为上计”，是以下策为上策。电影《胜利大逃亡》，写英美战俘从纳粹德国的集中营里逃跑。死里逃生，当然是“胜利”。战场上，你死我活，面对面地杀戮，大家都喜欢以“虎狼”自居，没有谁说，我比兔子跑得快，但《孙子》却说，善用兵者，“始如处女，后如脱兔”(《九地》)。人中吕布，马中赤兔。兔子可以比宝马，有什么不好？

《汉志·兵书略》的形势类，原有兵书11种，包括《楚兵法》、《蚩尤》、《孙轸》、《繇叙》、《王孙》、《尉缭》、《魏公子》、《景子》、《李良》、《丁子》、《项王》。

《楚兵法》是楚国的兵法。《蚩尤》是依托蚩尤的兵法。孙轸即晋国的先轸，繇叙即秦国的由余，魏公子即魏国的信陵君无忌，李良、丁子是汉人，项王即项羽。这些兵书，几乎全部亡佚，只有《尉缭》，或许与今本《尉缭子》有关。

今本《尉缭子》是以讲军法军令为主，好像看不出什么“雷动风举，后发而先至，离合背乡，变化无常，以轻疾制敌者也”。有人说，今本《尉缭子》不是兵家《尉缭》，我看，还是兵家《尉缭》。我怀疑，兵书四种，军法、军令类的兵书是另类，明显不同于一般讲谋略的兵书，即权谋、形势两类，更不同于阴阳、技巧两类。《七略》把讲军法的《司马法》归入权谋类，把讲军令的《尉缭》归入形势类，只是模仿，勉为其难。

《孙子》不是形势类的兵书，但它照样讲形势。权谋类的兵书是综合性的，可以包括形势。研究形势，《尉缭子》没有代表性，经典表述，还是要看《孙子》中的《形》、《势》二篇。

【第七讲】

（兵）势第五

势与形相反。此篇与上篇,应对照着看。

势是因敌而设的某种格局,看不见,摸不着,但它绝不是舍形而在、魂不附体,而是藏于形后,与形相伴的东西。以形应形、无形制形是势(《虚实》有“应形于无穷”),藏形(藏真形)、示形(示假形)、形人(使敌形现)也是势(《虚实》有“形人而我无形”),设局调动敌人,造成形格势禁,更属于势(《虚实》的大部分都是讲这类学问)。古人不是说,“鸳鸯绣了从头看,莫把金针度于人”(元好问《论诗绝句》),形就是鸳鸯,势就是金针。看见的都是形,看不见的才是势。

势是“看不见的手”。

我把《势》篇分为六章:

第一章,讲兵力的分配和组合,即众寡之用,分合为变。

它分四个概念:

(甲)治兵的众寡

(1)分数。是管理很多人如同管理很少人,即靠军队编制和设官分职管理军队,属于建制管理。

(2)形名。是指挥很多人如同指挥很少人,即靠金鼓旌旗等号令系统指挥军队,属于指挥联络。

(乙)用兵的众寡

(1)奇正。是打的众寡,点上的众寡,即战斗中的兵力配置。

(2)虚实。是走的众寡,面上的众寡,即运动中的分散集结。

第二章,讲战势不过奇正,但奇正相生,变化无穷。

第三章,讲势险节短,蓄势要深不可测,或高不可及,有隐蔽性;发势要短促有力,且出人意料,有突然性。它包含两组比喻,一组是用激水和鸷鸟讲,一组是用张弩和发矢讲。

第四章,讲数(即分数)、形、势的区别。

(1)数。治乱是靠数,即分数。

(2)形。强弱是靠形。

(3)势。勇怯是靠势。

第五章，讲释人任势，即靠势不靠人。

第六章，也是用打比方的方式讲话。作者以木石比人，高山比势，讲任势的道理。

下面，我们一章一章来讨论。

【5.1】

孙子曰：

凡治众如治寡，分数是也；斗众如斗寡，形名是也；三军之众，可使(必)〔毕〕受敌而无败者，奇正是也；兵之所加，如以碫投卵者，虚实是也。

这段话非常重要，一连出现四个术语。四个术语代表四个层次。前人的注释太简略，也不够准确，我把我的理解讲一下。

我理解，这四个词都是讲兵力的分配和组合：

(1)分数。原文说"治众如治寡，分数是也"。这是讲军队的建制管理。曹操说，"部曲为分，什伍为数"，这个解释大体对，但不够准确。第一，部曲是汉代编制，不是先秦编制，先秦的叫法，是"曲制"、"曲政"，前面讲"曲制"，我已经说过(第三讲)；第二，部曲、什伍都是分数，不是大的编制叫分，小的编制叫数，分开讲，就不对了。其实，分指分层，数指员额，是个合起来的词。分数很重要，一支军队，有十万来口，怎么管理？主要靠分层设级、定编定员，然后各级配备各级的军官。如《谋攻》讲军旅卒伍，就是属于这种编制，每级有每级的军官。有了各级编制和各级军官，才能管理千军万马如同管理一人。《形》篇末尾"知胜有五"的"数"，下文"治乱，数也"的"数"，均与此有关。这是第一个层次。

(2)形名。原文说"斗众如斗寡，形名是也"。这是讲军队的指挥联络。"斗众"这个词，见于《墨子·号令》。"斗众"是说指挥自己的很多人打仗，不是去斗对方的很多人。号令就是形名。"形名"，曹操的解释是"旌旗曰形，金鼓曰名"。这个解释大体对，也不够准确。他的想法，旌旗是靠看，所以叫形，金鼓是靠听，没有形，只能叫名，两个字，和上面一样，也是拆开来讲。其实，形名就是信号，不管是听是看，接受的都是信号。金鼓之声是听觉信号，旌旗之形是视觉信号，两者都是传达将军的号令，不是一个叫形，一个叫名。形名本作刑名，既是法家术语，也是兵家术语。法家（法术家）讲形名，是讲名词和概念，以及它们代表的实体。他们常在名实关系上做手脚。名家（刑名家或形名家）的诡辩术就是这么来的。古代的讼棍和刑名师爷，现代的律师，都是擅长诡辩的专家。兵家讲形名，名是号令，形是号令所指（如军队各部、武器、粮秣，等等）。军中信号，有很多种，但最常见的两种，是金鼓、旌旗。有了金鼓、旌旗，统一士兵的耳目，才能指挥千军万马，如同指挥一人。关于金鼓旌旗的制度，有些细节，我在后面的《军争》还会讲，这里先讲一下它的基本概念。这里，我想提醒大家，形名的形和形势的形，两者有密切关系，形名的基础，就是分数。比如，银雀山汉简《奇正》说，“故有形之徒，莫不可名；有名之徒，莫不可胜。故圣人以万物之胜胜万物，故其胜不屈。战者，以形相胜者也。……形以应形，正也；无形而制形，奇也。奇正无穷，分也。分之以奇数，制之以五行，斗之以形名。分定则有形矣，形定则有名〔矣〕”，就是从形名讲形势，从分数讲形名。广义的形名，是用信号或符号控制万物的生克变化。金鼓旌旗是控制形势的符号，分数是形名的基础，形名是分数的应用。从形变势，寓形于势，形名是关键。这是第二个层次。

（3）奇正。奇音 jī。原文说“三军之众，可使(必)〔毕〕受敌而无败者，奇正是也”，意思是敌无论从哪个方向进攻，我都能够用奇正去化解它，始终立于不败之地。这是讲战斗中的兵力配置，即阵形上的兵力分配。比如，前后左右中，哪个方向多一点，哪个方向少一点，有些兵力担任突击，有些兵力担任策应，等等。前者叫奇，后者叫正。这是第三个层次。

（4）虚实。原文说“兵之所加，如以碫投卵者，虚实是也”，碫音 xiá，是磨刀石。这是用打比方的方式讲话：以实击虚，等于石头砸鸡蛋。虚实和奇正不同，它是战役的兵力配置，即大规模运动中的分散集结。这是更大范围内的兵力分配。奇正是点上的分配，虚实是面上的分配。这是第四个层次。

前面，我说过，形势是“兵力的配方”，即兵力的分配和组合。这一章就是讲有哪几种分配和组合。《谋攻》说“知胜有五”，其中前两条，是“知可以(与战)〔战与〕不可以(与)战者胜，识众寡之用者胜”。“知可以(与战)〔战与〕

不可以(与)战者胜”是《形》篇的重点，“识众寡之用者胜”是《势》篇的重点。

这四个层次，都和众寡有关。分数、形名是针对己方的数字管理，奇正、虚实是针对敌方的兵力部署。前者是治兵之数，属于形。后者是用兵之数，属于势。

分数与《计》篇的“曲制”、“官道”有关，即《形》篇结尾的“数”。

分数，《孙子》无专篇。形名，即《军争》引《军政》为说的那一段，也没有专篇。奇正，见于本篇。虚实，见于下篇。《势》和《虚实》，是讲众寡之用、分合为变的主要篇章。

【5.2】

凡战者，以正合，以奇胜。故善出奇者，无穷如天地，不竭如江海。终而复始，日月是也；死而更生，四时是也。声不过五，五声之变，不可胜听也；色不过五，五色之变，不可胜观也；味不过五，五味之变，不可胜尝也；战势不过奇正，奇正之变，不可胜穷也。奇正相生，如循环之无端，孰能穷之哉！

我们读《孙子》，《势》篇最难懂。我们读《势》篇，奇正最难懂。

奇正是什么？作者有两段话。一段话是上文的“三军之众，可使(必)〔毕〕受敌而无败者，奇正是也”，一段话是这里的“凡战者，以正合，以奇胜”。前者是讲自保不败，后者是讲克敌制胜，两者互为补充。“合”是接敌，你打我，我就要还手，有所应对，这就像下象棋，当头炮，把马跳，出车拱卒是一套，兵来将挡，水来土掩，采取对等的行动。但以正应正，只能自保，不能取胜。取胜，一定要出奇，以奇破正，以奇破奇，打破僵局与平衡。

下面的话，主要是讲奇正相生，变化无穷。

作者认为，制胜是靠出奇，出奇是靠奇正相生，即奇和正相互搭配，相辅相成。奇正相生，就像天地永在，江海长流，日月盈亏，四时轮回，无法穷尽其变化。它是一种可以反复进行的排列组合，就像五声、五色、五味的排列组合。音阶，只有角、徵、宫、商、羽。颜色，只有青、赤、黄、白、黑。味道，只有酸、苦、甘、辛、咸。但五种东西搭配起来，它们组成的音乐旋律、画面形象和美食美味，却变化无穷。战势只有奇、正两个要素，但奇用多少，正用多少，哪个方向多一点，哪个方向少一点，这个配方，也是变化无穷，就像个圆圈，你顺着这个圆圈转，转来转去，总是没有开端，也没有结尾。

古人的世界观，就是喜欢转圈。寒来暑往，秋收冬藏。他们习惯的是这种时间，这种历史。五行相生，五行相克，是典型的循环论。过去，研究中国思想史，大家都以为，五行思想特别晚，这种看法值得讨论。《孙子》讲五声、五色、五味的这段话，就是典型的五行思想。

原文说，“战势不过奇正”，《长短经·奇正》作“战胜不过奇正”，《太平御览》卷二八二引作“战数不过奇正”，但《后汉书·皇甫嵩传》李贤注作“战势不过奇正”，“势”指奇正之数，还是无法否认。

势有两层概念，奇正是第一层次，虚实是第二层次。奇正是势的核心概念，虚实不过是扩大的奇正。

这是奇正的一般概念。

下面，我想带大家读一点有关材料，讲一点有关话题。

（一）银雀山汉简《奇正》的解释。

研究奇正，有篇东西，我建议大家读一下。这篇文章是银雀山汉简《奇正》。它是一篇保存比较完整的古佚书。古代兵书，失传者多，有些名气大，是题名作者的名气很大，但写得未必高明，后人把它淘汰掉了。但这篇不一样，它是写得真好，言简意赅，富于哲理性，除了《孙子》，没有哪篇东西可以和它相比。如果不是失而复得，真是太可惜了。

我们很幸运。

此篇原有篇题，就叫《奇正》，正好可以解《孙子》。

我们可以读一下，拣主要的话读一下：

（1）“天地之理，至则反，盈则败，日月是也。代兴代废，四时是也。有胜有不胜，五行是也。有生有死，万物是也。有能有不能，万生是也。有所有余，有所不足，形势是也。”

上面的话，和这里很相似，但不是讲奇正，而是讲形势。“万物”是人以外的东西，包括生物和非生物。“万生”，疑读“万姓”。《书·立政》说，“式商受命，奄甸万姓”，“万姓”指人。作者对形势的解释是“有所有余，有所不足”，可见它是数量分配。

(2)“故有形之徒，莫不可名。有名之徒，莫不可胜。故圣人以万物之胜胜万物，故其胜不屈。”

这是讲“形胜”，即有形的东西都会有名，有名的东西都会有克服它的办法。这里的两个“徒”字，都是类、属的意思。《老子》第五十章：“出生入死，生之徒十有三，死之徒十有三，而人之生，动之死，亦十有三。”马叙伦说，“徒即途、塗本字也”，应该读为道途之途[①]，不对。《韩非子·解老》：“属之谓徒也。”《老子》河上公注：“言生死之类各有十三。”这些解释才是正确的解释。“以万物之胜胜万物”，是说一物降一物，每种东西都有克服它的办法，只要你掌握了其相生相克的道理，就能克服它。

(3)“战者，以形相胜者也。形莫不可以胜，而莫知其所以胜之形。形胜之变，与天地相敝而不穷。形胜，以楚越之竹书之而不足。形者，皆以其胜胜者也。以一形之胜胜万形，不可。所以制形壹也，所以胜不可壹也。故善战者，见敌之所长，则知其所短；见敌之所不足，则知其所有余。见胜如见日月。其错胜也，如以水胜火。”

这段也是讲“形胜”。“形胜”是“以形相胜”，即以其可胜而胜之。这种“形胜”既然是“制形”、“错胜”，可见都是“势”。“制”、“错”都含有人为之义，凡人为制造的胜都属于势。作者说，“所以制形壹也，所胜不可壹也”，意思是所有人为制造的形都是靠奇正，但奇正相生却是千变万化，每次和每次都不一样。

(4)“形以应形，正也；无形而制形，奇也。奇正无穷，分也。分之以奇数，制之以五行，斗之以[形][名]。分定则有形矣，形定则有名〔矣〕”。

前人对奇正的概念争论不休，这段话不能忽略。“形以应形”，是用看得见的形对付看得见的形，这种形是现成的形。“无形而制形”是本来没有这个形，为了对付敌人才把它特意制造出来。前者是“正”，后者是“奇”。“奇正无穷，分也。分之以奇数，制之以五行，斗之以[形][名]。分定则有形矣，形定则有名〔矣〕”，这段话很重要，它说明，奇正之分，是以分数为基础。上面，我们已引用过这段话。

---

① 马叙伦《老子校诂》，北京：中华书局，1974年，中册，447页。

(5)“同不足以相胜也，故以异为奇。”

“形以应形”是“同”，“无形而制形”是“异”。“同”很单调，不能制造变化，只有“异”才能制造变化。比如上面讲的五声、五色、五味，你只有把这些不同的东西排列组合，才有变化。如果一首歌，从头到尾只有一个音，谁也受不了。“奇”永远是反常的东西。

(6)“是以静为动奇，佚为劳奇，饱为饥奇，治为乱奇，众为寡奇。”

这五句话是什么意思？恐怕不能理解为“奇”就是静，就是佚，就是饱，就是治，就是众。实际上，正可以是奇，奇也可以是正，形可以是势，势也可以是形，只不过看你从哪个角度去强调。这里说的“奇”，主要是和敌人不一样。“异”，就是和敌人拧着来，处处比敌有优势，有可以破敌的办法。

(7)“发而为正，奇发而不报，则胜矣。有余奇者，过胜者也。”

战争是“接受美学”，对方是否中计，是否就范，最关键。来而不往非礼也，往而不来也是白搭。作者强调，“奇”、“正”的区别不在于“发”，而在于“发”了以后，对方有没有反应。你出招，他接招，有来有往，这都是“正”。只有对方招架不住，你出招，他无法回报，才是“奇”。“奇”是什么？就是留一手。打拳，双方过招，你一下，我一下，多少回合下来，如果你能一拳把他放倒，最好。术语叫K.O.(knock out)。K.O.前面多少拳，不管有意无意，全是铺垫，全是“正”。剩下的这一拳，关键的这一拳，才叫“奇”。作者把这种关键一击的一击，略胜一筹的一筹叫“余奇”。什么叫“余奇”，下面还要说。

除了《奇正》篇，是个新发现，传统理解是据曹操的解释。

(二)曹操的解释。

曹操的解释，主要见于两个材料，一个是他为《孙子》写的注，一个是他自己的著作《曹公新书》。前者只有两条，一条是“先出合战为正，后出为奇”，一条是“正者当敌，奇兵从旁击不备”。后者只有一条，即“己二而敌一，则一术为正，一术为奇；己五而敌一，则三术为正，二术为奇”(《唐太宗李卫公问对》卷上引)。他的解释，很通俗，很简练，但容易被人误解。有人过于拘泥，以为先就是正，后就是奇，当敌就是正，旁击就是奇。或者以为奇正的比例是固定的。这都是没有抓住奇正的本质。奇正的本质到底是什么？这要看什么是正常，什么是反常。比如李靖，他对曹操就有所批评，认为奇正不是这么简单，可以一清二楚分开来。

（三）李靖的解释。

曹操以后，《唐太宗李卫公问对》很重要。此书分为上中下三卷，上卷就是以“奇正”为主要话题。

李靖谈奇正，有两点很突出。第一，他反对重奇轻正。第二，他反对简单的奇正划分。

李靖认为，没有正兵，奇兵也无所用之，两者不可偏废。兵贵出奇，但不能不看对手是谁，一味出奇。比如，唐平突厥靠奇兵，讨高丽用正兵，就是两种办法。正兵，是靠堂堂之阵、正正之旗，有强大实力作后盾，大兵压境，三下五除二，解决问题，这是强弱不成比例时，常有的情况。如果势均力敌，甚至反过来，对方比自己强大的多，用诈出奇，就显得格外重要。他说，正兵是古人所重（如诸葛亮和马隆）。自古兵法，都是“先正而后奇，先仁义而后权谲”。克劳塞维茨也说，诡诈对弱方更重要①。

先正后奇，是兵家反复强调的原则，也是政治家反复强调的原则。政治家比兵家更强调。战国以来，兵家尚诡诈，对政治是冲击，对道德是冲击。《老子》说，“以正治国，以奇用兵”（第五十七章），这话很有名，可以反映政治和军事的关系，政治和军事的不同。大家都说，兵家固然用奇，但奇还得放在正下，由正管着，很对。但战争是流血的政治，政治是不流血的战争，两者的区别，其实有限。

这是李靖对奇正的第一个看法。

第二点，李靖说，奇正非素分，乃临时制之，没有固定标准，奇可以是正，正也可以是奇，奇可以变正，正也可以变奇，全看对方上当不上当，料到料不到。料到的就是正，料不到的就是奇。哪怕是歪打正着，恰好把对方给蒙了，这也是奇。过去，我讲兵不厌诈，最喜欢拿空城计作例子。诸葛一生唯谨慎，大开城门，是一反常态，这是出奇，但到底是不是奇，要看司马懿的反应。司马懿怕有伏兵，不敢进，得，这就是奇了。可见，什么是正，什么是奇，往往只是一念之差，玩的全是心跳。李靖认为，曹操讲的三条，先出

① 克劳塞维茨《战争论》，第一卷，218页。

后出，正击旁击，几术为正，几术为奇，都不是关键。关键是，要给对方一个“惊喜”，让他做梦都想不到。如果非讲区别，也只是大概，即分兵力大部，与敌接战，形成牵制，是正；将军留少数精兵锐卒在手中，用于机动和关键性打击，是奇。用打牌说，正是一般的牌，奇是王牌。他的定义是，“大众所合为正，将所自出为奇”。

李靖讲奇正，是和阵法结合着讲。他讲阵法，是从黄帝到唐代。下面讲阵法，我们还会讲。这里，有意思的是，他还谈到蕃汉用兵的不同。唐太宗问，蕃兵靠马，是不是奇？汉兵靠弩，是不是正？李靖说，不是。他说，蕃兵长于马，汉兵长于弩，各有奇正。唐太宗的分法简单了点，但不是毫无道理。蕃兵骑马，流动性大，突袭性强，比起汉兵，确实更有“奇”的味道。军事对抗、任何武器，都有反制。马是草原地区驯化，弩是南方起源。汉兵以弩解马，是一种南北对抗。李将军解匈奴围，就是靠强弩。

李靖的解释很灵活。

（四）林彪的“一点两面”战术。

林彪是红军中有名的常胜将军，艾德加·斯诺的《西行漫记》这样讲。但林彪事件发生后，墙倒众人推，大家说他根本不会打仗，这是不顾历史事实。宣传效果，适得其反。后来，评十大军事家，里面还是有他，可见这么讲不行。如果他真的不会打仗，还授元帅给他干什么？我记得，辽沈战役，林彪讲过“一点两面”战术，主要是讲围城攻坚，他说，一点就是要有精锐的打击力量，要有突破点，两面不一定是两面，也可能是三面、四面。这种战术，其实就是古代的奇正。“一点两面”战术，中国有，外国也有。林彪在苏联学军事，苏联有“镰刀斧头”战术。镰刀斧头，本来是苏维埃的标志，代表工农，作为战术，则是以镰刀为正，斧头为奇。镰刀用来搂草割草，像正兵钳制；斧头用来打铁，像奇兵突破（记忆如此，未经核对）。

（五）魏立德的解释。

除上所说，我还想介绍一位法国学者的看法。除古人的看法，我认为，他的看法最值得推荐。此人叫魏立德（François Wildt）。他写过一篇文章，《关于〈孙子兵法〉中的数理逻辑》，是第一届《孙子兵法》国际研讨会（山东惠民，1989 年 5 月 22—25 日）的论文。原稿是法文，由军事科学院的徐晓军翻成中文，我帮他改过，正式发表是在会议论文集《孙子新探》

(北京:解放军出版社,1990年)122—130页,希望大家能读一读。我认为,到今天为止,关于奇正,最好的解释,就是魏先生的解释。他从什么角度讨论,值得注意。有关线索,上面讲的银雀山汉简《奇正》、曹操的说法、李靖的说法,他都考虑到了。但他走得更远,想得更深。他说,“奇”就是“余奇”,“余奇”和《易经》揲草棍的演算方法有关,这个想法很重要。我知道,他有一阵儿,猛攻《算经十书》。他说,中国的数学传统,一直看重“余奇”。“大衍之数五十”,要拿出一根放到一边,这根放在一边的草棍,绝不是可有可无,而是非常重要。“余奇”的重要性在哪里?主要在于,它是制造一切变化的关键。所有偶数加上这个“奇”,都会变成奇数;所有奇数减去这个“奇”,都会变成偶数。另外,他还提到,中国古代的统治者,喜欢自称“孤”、“寡”、“余一人”。这个“孤家寡人”,这个孤零零的人,也是“奇”。

中国古代的“奇”,还有个说法,是叫“零”。《说文解字·雨部》:“零,余雨也。”古书中的“零”和“霝”有关。本来都是雨点的意思。雨是点点滴滴的下,引申开来,便有了孤立、分散等义。秋天,大树飘零,“无边落木萧萧下”(杜甫《登高》),树叶一片一片掉下来,就是像雨点那样。还有“孤苦伶仃”的“伶仃”,也作“零丁”,“惶恐滩头说惶恐,零丁洋里叹零丁”(文天祥《过零丁洋》),也是孤零零的意思。中国的“零”是odd number(奇数)的one(一),而不是zero(零),它和西方的零完全不一样①。西方的零,是无,附于其他数字后,表示进位。这种零,一般推始于西亚;我国,旧说是从印度引进。饶宗颐教授说,中国古代也有这种零,春秋战国就有②,证据有问题,我不相信。中国古代,进位后的余数,有时用又字为隔,有时用空格表示,空格可以画成圈,这个圈并不是零。我们的零,本来意义上的零是余奇。比如专讲阵法的《握奇经》,“握奇”的“奇”,就是“余奇”。唐太宗问李靖,“握奇”的“奇”是什么意思,李靖说,“余奇为握机。奇,余零也”。唐太宗再问,也提到“阵数有九,中心零者,大将握之,四面八向,皆取准焉”(《唐

① 罗伯特·卡普兰《零的历史》,冯振杰等译,北京:中信出版社,2005年。

② 饶宗颐《说“零”》,收入《饶宗颐史学论著选》,上海:上海古籍出版社,1993年,324—328页。

太宗李卫公问对》卷上）。他们都把大将所居，处于八阵中心的阵，叫“零”。零阵可不是空阵，而是作为王牌的阵，就像象棋盘上的那个九宫格，老将躲在里面。可见零是余奇。

余奇是一切数字的中心，就像太一居于宇宙的中心，皇帝居于天下的中心；也是一切数字的归宿，一千是一，一万是一，不断进位的一，都可归入它的概念。它既是开端，也是结尾；既是中心，也是全体。

奇正的数理含义，魏先生讲得最好。

（六）阵法的奇正。

阵法就是队形排列的方式。克劳塞维茨的“几何要素”就是指它。这种东西，不仅古人练，现代也练。比如，上体育课，做个操什么的，先要集合，稍息立正，向右看齐，向前看，就是阵法的遗产。

古代战斗是靠阵法。奇正是用于面对面的战斗，和阵法直接有关。

《孙子》十三篇，没有一篇是专门讲阵法，但下文“纷纷纭纭，斗乱而不可乱；浑浑沌沌，形圆而不可败”，前人都说，这是讲阵法。

战斗不是贵族决斗，不是流氓打群架，而是项羽想学的“万人敌”。凡集团对抗，刀对刀、枪对枪，近距离肉搏，有阵没阵不一样。阵法，古今中外都有。农业民族长于步战，喜欢密集方阵，最典型。游牧民族长于骑战，喜欢散斗游击，表面看，好像没阵法，其实，人家有人家的阵法。密集方阵对骑兵驰突，以静制动，往往很被动。打拳的也知道，没有力量和速度，总是容易吃亏。

大型文艺演出，运动会的开幕式和闭幕式，排练起来，很费时间，但演出和排练基本上是一回事。阵法不同。指挥作战，照搬阵图，当然不行，古人屡有批评；但说阵图没用，全是花架子，也不见得对。其实，阵法就像拳法，平时按套路练，实际对打，全是散打，套路是被解散了。有时，队形全都乱了，难免部自为战，人自为战，好像什么队形都没有，但并不是没有队形。

古代阵法，花样很多，其实不外横竖、方圆、曲直、疏密，有各种形状；配合天地阴阳、三才五行、八卦九宫和十二辰，有各种名称。《三国》、《水浒》一类小说，把它讲得神乎其神，其实道理很简单。研究阵法，台湾学者李训祥有很好的讨论。我看过他赠送的博士论文《古阵新探》（台湾大学历史学研究所博士论文，1999年）。这里，我把我的读后感和理解讲一下，有些地方不完全一样，算是讨论吧。

下面，是最重要的几种阵：

（1）常山蛇阵，俗称“一字长蛇阵”，是一字排列的纵队或横队。《武经总要前集》卷八有此阵，名字是从《孙子·九地》来的。《九地》有“率然”。“率然”是“常（恒）山之蛇也”，能首尾相救。这种队形，也是有头有尾，可作犄角之势，自环而相救。此阵名称虽晚，但队形不晚。下面的三才阵就是由这种阵形变出。这是演练阵法的基本队形，即使现代阅兵，也得从这儿练起。

（2）三才阵，是三分的队列。《武经总要前集》卷七、卷八有此阵，叫“太公三才阵”或“三才阵”，名字是从《六韬·虎韬·三陈》来的。《三陈》有“天陈、地陈、人陈”，原来是指用兵布阵，要上应天时，下顺地利，中合人用，不是具体的阵。三才阵，也是名称晚，队形不晚。阵法，基础是参伍之法（图六九）。参是三人，伍是五人。三人，可左、中、右排列，可前、中、后排列，这是参法。五人，是合并二者，作前、后、左、右、中排列。《通典》卷一四八讲古代军制，提到一人为独，二人为比，三人为参。古代军制，有伍没参，但伍法的基础是参法（详下五行阵）。参法，既是最小，也是最大。比如最高一级的军，不管是左、中、右三军，还是前、中、后三军，都是用参法。参法，是纵队、横队的三分法。它是变阵的核心。所有阵法，只要有左、中、右或前、中、后，就必定有参法。银雀山汉简《八阵》（收入《孙膑兵法》），八阵是哪八阵，原文没有说，但它有一句话，叫“用阵参分”。八阵，不管横着看，竖着看，每一行，每一列，都是三分，就包含这种阵。三分的阵，又分两种，一种是三点成一线，作直线形；一种是三点成一角，作三角形。直线形，就是上面说的行列或常山蛇阵。三角形是它的变形。三角形也分两种，或一人突前，二人殿后，呈正三角形；或二人突前，一人殿后，呈倒三角形。突前者叫锋，殿后者叫后，好像一把剑，前有剑锋，后有剑柄。银雀山汉简《势备》（收入《孙膑兵法》）以剑比阵，说阵形像剑，就是有取于此。原文说，“斗一守二，以一侵，以二收”，作正三角形，这是步兵的阵。车骑，“分以为三，一在于右，一在于左，一在于后”，则是倒三角形。

(3)五行阵(图七〇),是按前、后、左、右、中排列,它是用左、中、右,加前、中、后,交午而成,作十字形,两中合一中,基础是参法。《武经总要前集》卷七、卷八有此阵,叫"黄帝五行阵"或"五行阵"。三才配五行,是古代的宇宙论,三皇五帝就是配合这种学说。这种阵,是以形状命名。《武经总要前集》的五行阵,是直、锐、曲、方、圆五阵。直阵,举青旗,当木;锐阵,举朱旗,当火;曲阵,举黑旗,当水;方阵,举白旗,当金;圆阵,举黄旗,当土("朱旗",卷七《阵法总说》误作"白旗",卷八《裴子法》不误)。此说与《黄帝玄女兵法》、《太公军镜要术》等古书佚文相符。《周书》佚文也有五行阵,方、圆二阵一样,但锐作牡,曲作牝,直作伏。银雀山汉简《十问》提到十种阵,有圆、方、锐、衡、箕五阵,直作衡,曲作箕。这一类的各种阵,方、圆比较简单。牝是凹形或倒三角形,左右和后面封闭,前面开口。牡是凸形或正三角形,前面和左右封闭,后面开口。曲是凵形,箕是簸箕形,其实就是牝。锐是锐角三角形,其实就是牡。衡,据吴起八阵,相当孙子八阵的车轮;据诸葛亮八阵,相当孙子八阵的雁行。直,与衡相反,据吴起八阵,相当孙子八阵的冲方(《武经总要前集》卷七、卷八)。伏阵,可能就是衡阵。以上各阵,方、圆、牝、牡最基本。李靖说"诸家兵法,唯伍法为要"(《唐太宗李卫公问对》卷中),下面的八阵就是从这种阵法变出。

(4)八阵(图七一),其实是九宫阵。九宫阵是五行阵的扩大,除前、后、左、右、中,又加了四个角。古阵中,八阵最有名。据说黄帝有风后八阵,西周有太公八阵,春秋战国有司马穰苴八阵、孙子八阵、吴起八阵,西汉有公孙宏授霍光八阵,东汉有诸葛亮八阵,西晋有马隆八阵,等等。但唐代所传,主要分两个系统。一个系统是裴绪《新令》所传,来源是孙子八阵。《隋书·经籍志》有《孙子八阵图》和《吴孙子牝牡八变阵图》,都是《吴孙子兵法》的佚篇。它是以阵形定名,即方、圆、牝、牡,加冲方、车轮、罘罝、雁行。前四种来自五行阵(中阵没有讲,可能是直阵或衡阵)。后四种是其副阵。冲方是某种方阵。车轮是中有握奇、如辐凑毂的圆阵。罘罝类牝,雁行类牡。另一个系统是《风后握奇经》传授的八阵。李筌《太白阴经》和独孤及《八阵图记》都是传这种八阵。这种八阵,据说是玄女授风后,非常古老,其实是讲式法的数术家所依托。因为玄女和风后,都是传说中的式法发明者,式法中的太乙、遁甲也使用九宫图。它是以卦位定名,也是四正四奇各

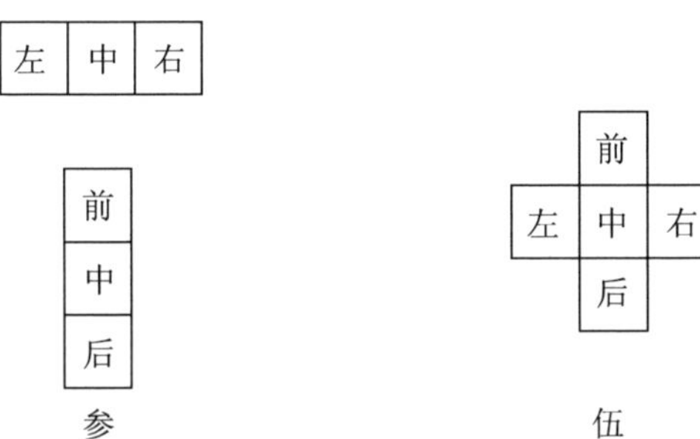

图六九　参伍

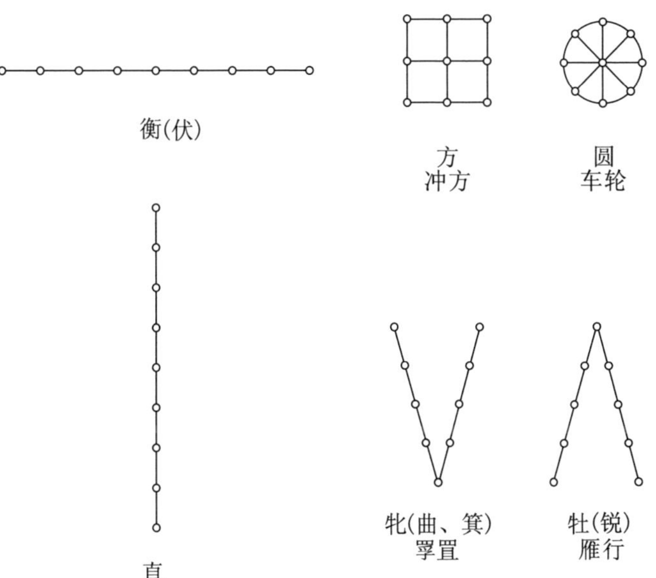

图七〇　五行阵的构成要素

方(兑)	雁行(乾)	罘置(巽)
牡(离)		牝(坎)
冲方(震)	车轮(坤)	圆(艮)

(先天卦位)

罘置(巽)	牡(离)	车轮(坤)
冲方(震)		方(兑)
圆(艮)	牝(坎)	雁行(乾)

(后天卦位)

裴绪八阵

虎(兑)	天(乾)	风(巽)
鸟(离)		蛇(坎)
龙(震)	地(坤)	云(艮)

(先天卦位)

风(巽)	鸟(离)	地(坤)
龙(震)		虎(兑)
云(艮)	蛇(坎)	天(乾)

(后天卦位)

握奇八阵

图七一　八阵

一套：天、地、风、云配乾、坤、坎、离；龙、虎、鸟、蛇（青龙、白虎、朱雀、玄武）配震、巽、艮、兑。这两种八阵，都是以五行阵为基础，五行阵有中阵，八阵也有。它们都是以中阵为枢纽。中阵就是余奇。李靖说“数起于五，而成于八”（《唐太宗李卫公问对》卷上）。九阵中，已经包含五行阵和三才阵。银雀山汉简有《八阵》篇，和孙武、孙膑有关，是非常重要的发现，但可惜的是，它没讲这八阵是哪八阵。学者怀疑，银雀山汉简《官一》（也和孙武、孙膑有关）的索、云、方、封、圜、雁行、锥行、浮沮就是这种八阵。这种八阵，其中四种，方、圜、雁行、浮沮，应即裴绪所传孙子八阵的方、圆、雁行、罘置。其他四种，索阵不详，可能相当于牝阵；云阵，或即《六韬·豹韬·鸟云山兵》的“鸟云山阵”，则相当于牡阵；封阵，或即吴起八阵的卦阵，但吴起八阵的卦阵是相当孙子八阵的罘置阵（《武经总要前集》八卷）；锥行，见银雀山汉简《十阵》（也和孙武、孙膑有关），疑是锐角三角形。上孙家寨汉简也有八种阵，是方、圆、牡、冲方、浮苴、兑武、纵、横。浮苴即罘置；兑武，恐怕不是锐（锐是牡，简文已经有牡），反而可能是牝；纵即直，横即衡。这两种八阵，都属于前一系统。

(5)十阵，银雀山汉简有《十阵》(收入《孙膑兵法》)，其实是每组两阵，共五组，一共十阵。包括枋(方)、员(圆)、疏、数、锥行、雁行、钩行、玄襄、火、水。方、圆是第一组，疏、数是第二组，锥行、雁行是第三组，钩行、玄襄是第四组，火、水是第五组。第一组，不用解释。第二组，数是密集的阵形，疏是分散的阵形。第三组，都是三角形，锥行是锐角三角形，雁行是钝角三角形；第四组，似是两种迷魂阵。第五组，《续武经总要》卷八说，水阵就是牝阵，火阵就是牡阵。它也是五行阵的变形。

(6)六花阵(图七二)，是李靖的发明(《唐太宗李卫公问对》卷中)。这种阵有六个角，和欧洲棱堡的设计有相似处，每个角和两角间的平分线各代表一位。照理说，一、三、五、七、九是一个序列(奇数的序列)，一、三、五和九，古阵都有，唯独没有七，李靖加了这种阵，就全了，但它和这些阵全都不一样，它是用六条线平分圆面，代表十二位。所谓六阵，其实是七阵，就像八阵加中阵，其实是九阵。《武经总要前集》卷八对这种阵法有介绍，六阵是配十二辰，即大黑配子，破敌配丑，左突配寅，青蛇配卯，摧凶配辰，前冲配巳，大赤配午，先锋配未，右击配申，白云配酉，决胜配戌，后冲配亥，中阵叫中黄。大黑对大赤，破敌对先锋，左突对右击，青蛇对白云，摧凶对决胜，前冲对后冲。

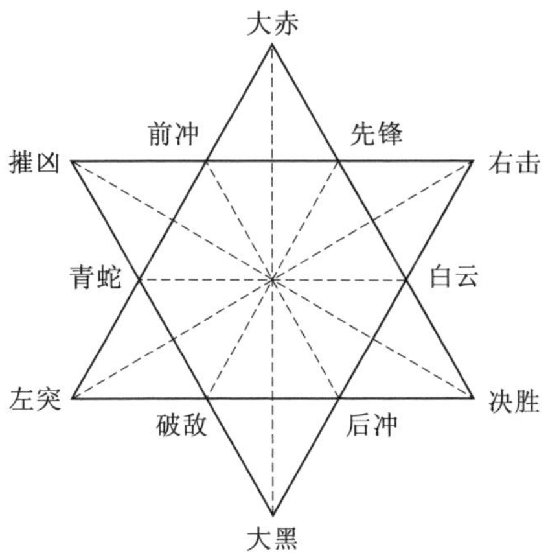

图七二　李靖六花阵

这些阵法，总结起来，有五个特点：

(1)上述阵形多取规则的几何图形，如横线、竖线、三角行、正方形、六角形和圆形等，便于按圆面切分，四面受力等，很符合力学结构。上文所说“形圆”，就是指这种结构。

(2)上述阵形与古代的式图相对应，可配三才、四象、五行、五音、八卦、八风、太乙九宫、遁甲八门和十二辰。古代式法，太乙、遁甲配九宫，六壬配十二辰。这类阵形的解释，往往都与兵阴阳的天文、地理之说有关。

(3)上述阵形，有所谓画地之法，其几何划分，往往与丘井制田法相合，也被说成是井田法。

(4)上述阵形是以伍法为基础，与古代的军制也有关系，如五人为伍，二伍为什，五伍为两，四两为卒。五人为伍、五伍为两，都是按前、后、左、右、中排列。

(5)上述阵形，三才阵、五行阵和八阵是一个系统。八阵，每边三分，含左、中、右和前、中、后，可理解为两套五行阵(中宫重合)。六花阵是另一个系统，则是与十二辰相配。

(6)上述阵形，无论哪一种，都很强调“中阵”。上面说过，这个“中阵”，就是控制一切变化的余奇。

(七)五花八门。

明清小说有个词，叫“五花八门”①，这个词也和阵法有关。“五花”就是“五花阵”②，“八门”就是“八门阵”③。五花阵，是中花加四花，其实就是前、后、左、右、中的五行阵④，和李靖六花阵没有关系。八门阵，就是八卦九宫阵，或八卦阵⑤，则属于风后八阵的系统。

戚继光讲阵法，也提到五花阵和八阵，如“夫营阵之法，全在编派伍什队哨之际，计算之定，若无预于营阵然。伍什队哨之法则，或为八阵，或九军、七军、十二辰，古人各色阵法，皆在于编伍时已定。一加旌旗立表，则虽畎亩之

---

① 如《儒林外史》第四十二回、《儿女英雄传》第三十七回。

② 如《隋唐演义》第六回、《儿女英雄传》第十八回、《野叟曝言》第一百二十二回。

③ 如《东周列国志》第八十八回、《薛刚反唐》第一回、《平山冷燕》第十六回。

④ 据《野叟曝言》第一百二十二回。

⑤ 据《水浒传》第七十六回、《三国演义》第一百回。

夫，十万之众，一鼓而就列者，人见其教成之易，而知其功出于编伍者鲜矣。故营阵以伍法队哨为首，乃以《束伍》贯诸篇，庶使知次第也。今法：长牌一面，藤牌一面，狼筅二把，长铊四枝，短兵二件，火兵一名，为一队。方而为九，直之为二伍，分而为三才、为五花。”（《纪效新书·束伍篇·原束伍》，十八卷本）。

（八）奇正和奇骇术。

奇正的奇，不仅和奇数的概念有关，也含有奇怪反常之义。出奇制胜，就兼有这两重含义。

古书有奇骇术，就是一种用奇之术：

（1）数术有刑德奇賌术。如“明于星辰日月之运，刑德奇賌之数，背乡左右之便，此战之助也”（《淮南子·兵略》），奇賌即奇骇。高诱注：“奇賌，阴阳奇秘之要，非常之术。”遁甲式有三奇八门，也叫“奇门”，此术或与之有关。

（2）方技有奇咳术。如“受其脉书上下经、奇咳术、揆度阴阳外变、药论、石神、接阴阳禁书，受读解验之，可一年所”（《史记·扁鹊仓公列传》），奇咳也是奇骇。《集解》：“奇，音羁。咳，音该。”中医脉学，除十二经脉，还有奇经八脉。

（3）兵书也有五音奇胲术。如《汉志·兵书略》兵阴阳类有《五音奇胲用兵》二十三卷，颜师古注引许慎说：“胲，军中约也。”不详何义。《说文解字·人部》：“侅，奇侅，非常也。”段玉裁注：“奇侅与今云奇骇音义皆同。”

兵家之术，最忌千篇一律，固守不变，奇正是以反常取胜。李靖所言极是。

这是古人对奇正的解释。

奇正的比例没有一定。奇正的概念也时常换位。但正是多数，用以接敌，制造对立和相持；奇是少数，用以决胜，打破僵局和困境，这是基本划分。银雀山汉简《奇正》：“形以应形，正也；无形而制形，奇也。”“发而为正，其未发者为奇。奇发而不报，则胜矣。有余奇者，过胜者也。”奇的概念来自余奇。它是置于正外，藏于正后，驾于正上，故意留下的一手，用以制造对立，超越对立，控制对立，解除对立，永远让对方感到意外的一种特殊力量。

【5.3】

激水之疾，至于漂石者，势也；鸷鸟之疾，至于毁折者，节也。故善战者，其势险，其节短。势如彍弩，节如发机。

这段话，包含两组比喻，都是讲“势险节短”。

第一组是以激水和鸷鸟为喻：

(1)激水之疾。蓄水深，则冲击力猛，喻势险。

(2)鸷鸟之疾。鸷音 zhì，猛禽。鹰鹯盘旋于天空，下扑很突然，喻节短。

第二组是以张弩和发矢为喻(图七三)：

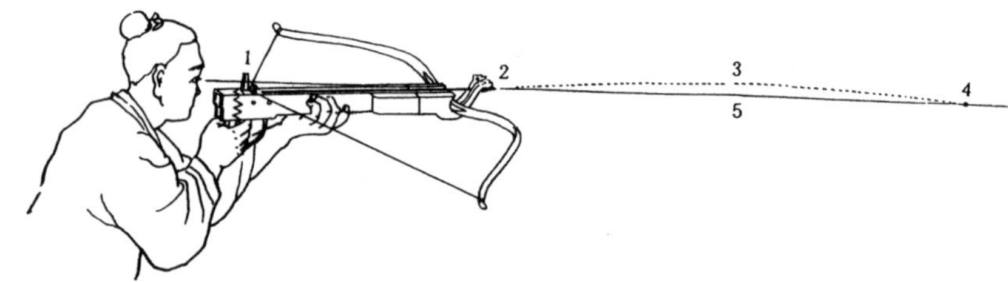

图七三　势如彍弩，节如发机

(1)势如彍弩。彍音 guō，张弩。控弦待发，如积水于高山，喻势险。

(2)节如发机。扣动扳机，是关键的一击，喻节短。

这里的“势险节短”，“势险”是把自己伪装好，隐蔽好，积聚力量，跟随目标，盯紧目标，好像狙击手，躲在草丛里，子弹上膛，用瞄准器瞄准；“节短”，是把势释放出去，实施致命打击，快速、突然、出人预料。还有，定时炸弹，嘀嘀哒哒读秒，是“势险”；突然爆炸是“节短”。香港功夫片的想象，是人能飞起来；好莱坞电影的想象，则是让你看见子弹出膛，炮弹追人跑。“势险”、“节短”，都是经过定格，才能看出来。

蓄势待发的势还是形，释放出去的势才是势。

【5.4】

纷纷纭纭，斗乱而不可乱；浑浑沌沌，形圆而不可败。乱生于治，怯生于勇，弱生于强。治乱，数也。勇怯，势也。强弱，形也。

“纷纷纭纭，斗乱而不可乱；浑浑沌沌，形圆而不可败”，前人都说，这是讲阵形。看足球，我们也有这种体会，什么四三三、四四二、三五二、五三二，都是乱中自有章法。“斗乱而不可乱”、“形圆而不可败”，不是行家，看不出来。大家看到的，全是“纷纷纭纭”、“浑浑沌沌”。

“治乱，数也。勇怯，势也。强弱，形也”，这段话还是讲开头的众寡之数，“数”就是“分数”。“势”、“形”就是“形势”。但这里没提“形名”和“虚实”。它是说，治乱取决于分数，即军队的建制管理；勇怯取决于战势，即人为的态势和作战环境；强弱取决于兵形，即双方的实力。

势是人为制造的态势。这种态势很微妙，摆出一个阵形来，你能看到的只是“形”，看不见的才是“势”，表面乱，其实不乱。上面的话，司马迁引过，在《报任安书》里。人受侮辱，宫刑为最。他说，他住监狱，是备尝耻辱，“见狱吏则头抢地，视徒隶则心惕息”，原因不是别的，全是因为“势”没有了。这就像猛虎在深山，百兽震恐，但关在笼子里，却摇尾乞食。他慨叹说，“由此言之，勇怯，势也；强弱，形也。审矣，曷足怪乎”。俗话说，狗仗人势，狐假虎威，虎落平阳被犬欺，人也一样。

太史公受宫刑，宫刑就叫“去势”。男人割球骟蛋，断子绝孙，雄风扫地，最没面子。

什么是“势”？我跟大家介绍一点古人的看法，供大家参考。

（一）银雀山汉简《孙膑兵法》论势。

《吕氏春秋·不二》说，“孙膑贵势”。孙武和孙膑是一家之学，它的论述很重要。

（1）它是以“权”、“势”、“谋”、“诈”并说（《威王问》），把“势”和权谋、诡诈列为一类，说它们都是有助获胜的手段，但并不是最迫切的东西。

（2）它说，兵贵选卒，“其巧在于埶（势）”（《篡（选）卒》）。

（3）它用兵器打比方，说“黄帝作剑，以陈（阵）象之；笄（羿）作弓弩，以埶（势）象之”；剑是每天佩带在身上，“旦莫（暮）服之，未必用也”。弓弩不一样，它是“发于肩应（膺）之间，杀人百步之外，不识其所道至”。弩的特点是射程远，你看不见它，被射中了也不知道箭从哪里来（《势备》）。

（二）《韩非子》论势。

兵家讲势，法家也讲势。先秦法家，是讲刑名法术的专家。这一派的理论基础是道家哲学，即顺应自然，无为而治。无为不是无所作为，而是高高在上,以道术作控制工具,让天下的臣民百姓,按最合理的秩序各行其是,不加干涉,而坐观其成,好像我们的自动化车间一样,全靠程序操作,电钮一按,什么都动起来了。法家,古代叫"法术之士"。大家注意最多的,只是法和术,其实还有势。大家千万不要忘记,法家还有一派是专门讲势。商鞅贵法,申不害贵术,慎到贵势,这是三派的代表人物。慎到的东西,现已失传,只有辑本。英国汉学家谭朴森(P.M.Thompson)写过一本《慎子逸文》(*The Shen Tzu Fragments*, Oxford University Press,1979)。上博楚简有一条,是作"慎子曰"如何如何,我刚把这条找出来,很兴奋,但看来看去,看不出什么法术家的色彩。韩非是法术之学的集大成者,他综合了这三派,法、术、势都讲。韩非和李斯都是荀子的学生。李斯跟荀子学"帝王之术"(《史记·李斯列传》),韩非学的也是这一套。他更关心制度问题,除了儒家,他还迷道家,对老子的东西更上心。他的思想里,既有道家的东西,也有儒家的东西。他认为,法、术、势都重要,皆治术之一端,缺了哪种都不行。

法、术、势,各有各的用。

韩非说,御臣有二柄,一是刑,二是德,刑是杀戮,德是庆赏。这两手,一硬一软,就是术。我在《大营子娃娃小营子狗》一文中讲"畜生人类学"①,非常强调驯化。我说,人能驯服大象,是靠棍子和香蕉,这两样,就是驯象的二柄。韩非说,虎能制狗,是靠爪牙。假如老虎放弃爪牙,反为狗用,虎就会反制于狗。人主失二柄,也会反制于臣(《二柄》)。

法和术不同,术是君主控制臣下的,法是官吏控制百姓的。有法,才会四海无闲人,皆致力于耕战(《和氏》)。

势的意思又不一样。势有两个意思,一是权势,二是形势,其实是政治格局。这是控制整个国家的,即使君主和官员,也要受制于它。韩非说,国是君主的车,势是君主的马。它是拉着国家走,决定国家走向的东西。没有势,等于放着马车不坐,非下车步行,太笨(《韩非子·外储说右上》)。

关于势,他提到惠子的一个说法。惠子说,如果把猿猴关在笼子里,猿猴就和猪一样(《说林下》)。因为势变了,猴子再顽皮,也闹不起来。这个

---

① 李零《花间一壶酒》,277—287页。

笼子就是势。

韩非有《难势》篇，最重要。它是围绕慎到的说法讨论势。辩题是：势与贤，哪个更重要。文章分三段，第一段是“慎子曰”，代表辩方；第二段是“应慎子曰”，代表反方；第三段是“复应之曰”，是作者回答反方。慎子说，势位比贤智更可靠，“贤智未足以服众，而势位足以诎贤者也”，“尧为匹夫不能治三人，而桀为天子能乱天下”，这是贵势说。反方是尚贤说。其说以为，尧、桀同为天子，而势位等，为什么一治一乱，还是不一样。可见，“释贤而专任势”，是本末倒置。最后，作者说，尚贤说成心抬杠，故意把贤、势对立起来，乃悖论之说。其实，势和势不一样，势有自然之势，有人为之势，“夫势者，名一而变无数者也。势必于自然，则无为言于势矣。吾所为言势者，言人之所设也”；人和人也不一样，大好人和大坏人，几千年都不一定出一个，“吾所以为言势者，中也。中者，上不及尧、舜而下亦不为桀、纣”，就一般情况而言，“抱法处势则治，背法去势则乱”，还是真理。

上文说，“吾所为言势者，言人之所设也”，这句话很重要。“势”和“设”，上古音都是书母月部字，读音完全一样。上一讲，我们已经提到，裘锡圭教授考证，古书中的这两个字经常通假。它是用音训的方法来解释。韩非强调，势是人为设置的东西，这点很重要。我一直跟大家强调，“形”是素备固有的东西，“势”是人为做出来的东西，就像下棋布子，有棋盘，有棋子，有规则，但到底怎么下，还要靠你自己去设。

读《韩非子》，我们到处可以看到这样的词句：

> 释规而任巧，释法而任智，惑乱之道也。（《饰邪》）
>
> 释法术而任心治，尧不能正一国；……（《用人》）
>
> 夫治法之至明者，任数不任人。……故有术之国，去言而任法。……故实有所至，而理失其量，量之失，非法使然也，法定而任慧也。释法而任慧者，则受事者安得其务？（《制分》）

韩非的主张很清楚，他要放弃的东西是“巧”、“智”、“心治”、“言”、“慧”，而要依靠的东西是“规”、“法”、“数”。上面说，尚贤说反对贵势说，贵势说是“释贤而专任势”。这些和本篇的说法很吻合。

韩非论势，有权势之势（即势位之势和威势之势）或形势之势。前者是权力、权威、合法性，后者是秩序、格局与平衡（权有平衡之义）。《吕氏春秋·不二》："老聃贵柔，孔子贵仁，墨翟贵廉，关尹贵清，子列子贵虚，陈骈贵齐，阳生贵己，孙膑贵势，王廖贵先，兒良贵后。"法家贵势，孙膑也贵势，先后的概念可能也与势有关。

法家的特点是释情而任法，兵家的特点是释人而任势。这种想法，和道家的想法更接近。儒家提倡以德治国，法家和兵家都不讲以德治国。不讲以德治国，不等于不讲道德，但他们给人留下的印象，往往是不讲道德，让人想起西方的马基雅维利。

法家是老实人。他们的特点，就是尽讲大实话，吓人一跳的大实话。实话是什么，就是大道理管小道理，而不是小道理管大道理。国家是庞大的社会组织，不能用个人和家里的道理去管。儒家的以德治国不灵，以礼治国也不灵，只有以国治国，才顺理成章。法、术、势，就是用国家的道理治理国家，这很符合现代国家的理念。

《孙子》和《老子》是什么关系？现在还说不清。汉画像石上有孙武和老子同时出现的例子，但他们不在同一个画面里（图七四）。

法家的"势"，过去的理解比较单薄，兵家的说法是重要补充。比如这里讲的奇正，对治术的研究就很有意义。

奇正是个哲学概念。过去，毛泽东的军事著作和哲学著作都出过单行本，和《毛主席语录》一样，也是小红书。他的哲学著作，主要是《实践论》和《矛盾论》。这两篇东西是从他的一本旧著中摘出来的。这本书叫《辩证唯物论》（讲授提纲），我手头有这本书，是华北新华书店1943年2月出版，印过1500本。那本书有点模仿苏联的教科书。后来，他不喜欢这种写法，不再提这本书。一本书变成两篇文章，本身就是提炼。为了通俗化，他还把《矛盾论》概括为"一分为二"哲学。中国本来就有这个概念，如"太极生两仪"，就是"一分为二"。但文化大革命前，出过"合二而一"事件。最近有所谓"和合学"，和过去唱反调。庞朴先生也写了《一分为三》（深圳：海天出版社，1995年）。他强调，中国哲学是一分为三。其实，让我看，中国哲学的特点，是喜欢强调制造两极又折衷两极，当坐山观虎斗的第三者。"极高明而道中庸"（《礼记·中庸》），就是高高在上，给下面的人掺沙子、和稀泥。

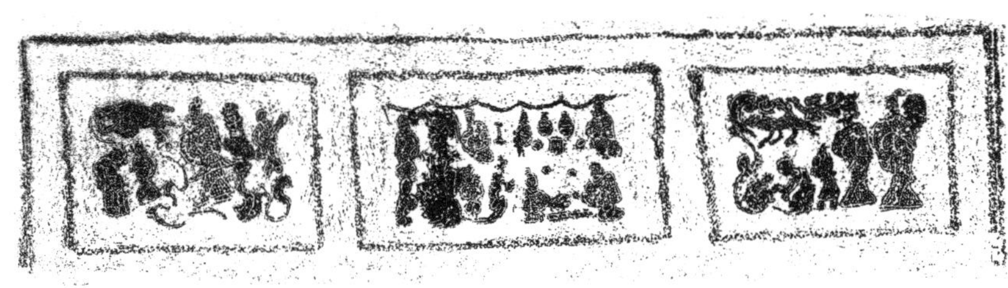

1

2

3

图七四　汉画像石上的老子和孙子

1. 画像石全图
2. 老子(榜题“老子”)
3. 孙武(榜题“孙武”)

政治家、外交家、军事家，他们都知道，控制局面的最好办法，就是制造矛盾又消灭矛盾，折衷矛盾又打破矛盾，永远当二上面的一，二背后的一，即第三者。比如，警匪片上常见，警察放出一个流氓，让他约人掐架，两拨流氓掐架，正好挨盘收拾，就是如此。两伊战争，背后的黑手也是美国。

和这类道理有关，有四句话值得玩味。

(一)姜太公钓鱼——愿者上钩。

道家的特点是无为而治，其典型说法是"黄帝垂衣而天下治"。黄帝坐在那里，一动不动，靠什么？靠专家治国，我比喻为"一个大笨蛋管所有聪明人"。大笨蛋为什么能调动这些聪明人，调动天下所有的人？主要是利用人性的弱点。太公书，现在只有《六韬》，它一开篇，就是拿太公钓鱼作引子。俗话说，姜太公钓鱼——愿者上钩，就是讲这个道理。

人的弱点是什么？无非是贪财好色、追名逐利、怕苦怕死，等等。太公说，钓鱼和钓人差不多，钓人是靠"三权"，"禄等以权，死等以权，官等以权"。《汉志·诸子略》把太公书归在道家，是很有道理的。

《孙子·九地》讲"愚兵投险"，就是利用士兵怕死，让他们自动送死。

(二)以子之矛，陷子之盾。

韩非子说，楚人有个卖矛、盾的人，一会儿吆喝说，他的矛最锋利，什么样的盾都扎得透；一会儿又吆喝说，他的盾最坚固，什么样的矛都扎不透。有人就问了，请你用你的矛扎你的盾，结果会怎样？他答不上来(《韩非子》的《难一》、《难势》)。"矛盾"这个词，后来变成哲学概念，其实是武器史的深刻道理。武器史就是矛盾史，任何武器，都有反制武器，道高一尺，魔高一丈。大家一直幻想，有一种终极武器，可以超过所有的武器，可以取代所有的武器。可是，实际上，这种武器，永远是幻想。二郎神和孙悟空斗法，你变鱼，我变鹳；你变蛇，我变鹰。现在，最厉害的武器是核武器，核武器也不是终极武器，除非把人消灭光。

终极武器，目的是打破平衡。奇的概念就是不平衡(odd 的意思，也是不平衡)。出奇就是为了打破平衡。但旧的平衡打破，又会陷入新的平衡。

扬汤止沸不如釜底抽薪，消灭武器的最好办法就是消灭所有的武器。

(三)螳螂捕蝉，黄雀在后。

动物做爱，速度很快，因为旁边老有偷窥者。古人说，蝉的后边有螳螂，螳螂的后边有黄雀，黄雀的后边有人拿着弹弓(《说苑·正谏》)。生物链，人是“终结者”。谁都想超越对立，可是对立的后面还有对立。上博楚简有《恒先》，它讲过一个道理，凡是对立面，一定有先后，一个是先，一个是后，但先的后面还有先，终极的先，就是“恒先”，就是道。同样的道理，后的后面，也是山外青山楼外楼，谁笑到最后，谁笑得最好。

(四)鹬蚌相持，渔人得利。

还有一个故事，可以反映中国哲学里的“一”是什么意思，这就是“鹬蚌相持，渔人得利”(《战国策·燕策二》)。大家都很熟悉。政治家就是这种渔翁。

政治家、外交家都懂得，“除恶”不能“务尽”，永远要留反对党。这是政治生态学。

【5.5】

故善动敌者，形之，敌必从之；予之，敌必取之。以利动之，以(本)〔卒〕待之。故善战者，求之于势，不责于人，故能择(释)人而任势。任势者，其战人也，如转木石。木石之性，安则静，危则动，方则止，圆则行。

“形之”是示形于敌，故意摆出一副假相给敌人看，让敌人上当受骗。“予之”，是用饵兵引诱敌人，也是引导敌人犯错误。“以利动之，以(本)〔卒〕待之”，下句第二字，今本有两种写法，《魏武帝注》本和《武经七书》本作“本”，《十一家注》本作“卒”，字形相近。作“本”，大概是宋人根据《唐太宗李卫公问对》卷下改字，其实是误改。简本、古书引文和旧注都可以证明，“卒”才是本来的写法，原文的意思是，用小利去引诱敌人，而用重兵去收拾它，并不是说，咱们还是守着老本，以小利诱敌，以老本胜敌。示形于敌，调动敌人，也是属于势。

“求之于势，不责于人”，“求”和“责”的意思一样，乃互文见义。求势不求人，就是放弃人，依靠势。

“故能择(释)人而任势”，这句话，一直被误读，以为是选择人，适应势，至少唐代以来就错。比如《唐太宗李卫公问对》卷上，唐李筌以下的注家，他们都是这样读。这个错误，是裘锡圭教授纠正的。他说，“河海不择细流”要读

“河海不释细流”[①]。同样，这里的“择”字也应读为“释”[②]。这个意见很正确。“释”是放弃的意思，它是说不靠人，只靠势。我对裘先生的意见做过一点补充：一是类似例子，日本学者泷川资言有相同的看法，二是《六家要指》也有这种话[③]。《六家要指》说，“至于大道之要，去健羡，绌聪明，释此而任术”，这句话最重要，最能代表道家精神。因为“去健羡，绌聪明”就是释人，“任术”就是相信道术可以左右人，这是刑名法术的根本。比如《韩非子》，就有很多精彩论述。他要放弃的是人，是人的聪明才智、争强好胜；要依靠的是道、法、术、势。《孙子》的释人任势说，和这类思想一脉相通。

“其战人也”，“战人”是一个词，即上篇的“战民”，是使民战的意思。“人”是避唐太宗讳改字，原来应作“民”。

【5.6】

故善战人之势，如转圆石于千仞之山者，势也。

这是用高山滚石为喻，为全篇作结，和上篇的形式一样。“善战人”，“战人”同上，是善于使人投入战斗。上文说，滚石头，石头和石头不一样，方的容易停下来，不如圆的容易滚。任势，就像滚圆石下山，地势越险越好滚。

这里强调的是山势，不是石头。

① 求是《说“河海不择细流”》，《文史》第七辑，北京：中华书局，1979年，104页。案：求是是裘先生的笔名。

② 求是《说“择人而任势”》，《文史》第十一辑，北京：中华书局，1981年，178页。

③ 李零《〈孙子〉十三篇综合研究》，430—431页。

【第八讲】

虚实第六

这是形势组的最后一篇。形势是讲众寡之用，有所有余，有所不足。这种众寡之用分四种：分数、形名、奇正、虚实，虚实是最后一种。作者讲形势，很有条理，一步接一步，一环扣一环。从形到势，是从静到动，由表及里；从奇正到虚实，是从小到大，由点及面。讲到虚实，是最后一步。

虚实是扩大的奇正，即通过分散集结，包抄迂回，造成预定会战地点上我众敌寡，己实彼虚，以众击寡，避实击虚，好像用石头砸鸡蛋。面上，可能我不如敌；点上，一定数倍于敌。讲到这一步，势才发挥到极点，但作者反而回到形，把这类运用之妙叫"形兵"。银雀山汉简《奇正》说，"战者，以形相胜者也。形莫不可以胜，而莫知其所以胜之形"。本篇也说，"人皆知我所以胜之形，而莫知吾所以制胜之形"。这里的"我所以胜之形"是直接作用于敌的形，明摆着的形，易见易知；"吾所以制胜之形"是人为制造，藏在形背后，敌人看不见、摸不着的形。说的是形，其实是势。这两种形结合在一起，互为表里，才是形势一词的完整含义。"形兵"是形势之学的集中体现，所有运用之妙，都包含在这两个字里。

对前面的内容加以回顾，再讲虚实，会比较清楚。

奇正和虚实，都是形势，都是形势中的势。它们的共同点是，兵力部署，不可能面面俱到，总是这个地方多一点，那个地方就少一点。银雀山汉简《奇正》说，"有所有余，有所不足，形势是也"，但两者不一样的是，奇正主要是点上的分配，虚实是面上的分配，范围大小不一样。面上的虚实是走出来的，和运动的关系更大。

读《虚实篇》，有一点要注意。简本《孙子》十三篇，它的篇题木牍，这一篇是叫《实虚》，不叫《虚实》。古代词汇，有时是反过来的。"实虚"可能是强调实，即避实击虚，以实击虚，所以把"实"字摆在前面。

虚和实，关系很微妙，比如围棋，就是专在"虚实"二字上做文章，"阔不可太疏，密不可太促"（张拟《棋经十三篇》），非常讲究。毛泽东就是用围棋的做眼和吃子，讲内线和外线，包围和反包围①。处于内线的可能被包围，但包围的又可能被反包围，实中有虚，虚中有实，关系很微妙。实有实的用处，虚也有虚的用处。《老子》不是讲过吗？"三十辐共一毂，当其无有，车之用。埏埴以为器，当其无有，器之用。凿户牖以为室，当其无有，室之用。有之以为利，无之以为用。"（第十一章）车轮，辐条之间的空，有用；器物，空虚的地方，正好盛东西；屋子，不能光有墙，没有门窗，没有门窗，人无法出入，光进不来。画家、书法家都知道"留白"的意义，虚实要用得恰到好处。

虚实和奇正是什么关系？《唐太宗李卫公问对》卷中有所讨论：

> 太宗曰："朕观诸兵书，无出孙武；孙武十三篇，无出虚实。夫用兵，识虚实之势，则无不胜焉。今诸将中，但能言背实击虚，及其临敌，则鲜识虚实者，盖不能致人，而反为敌所致故也。如何？卿悉为诸将言其要。"
>
> 靖曰："先教之以奇正相变之术，然后语之以虚实之形可也。诸将多不知以奇为正，以正为奇，且安识虚是实，实是虚哉？"
>
> 太宗曰："'策之而知得失之计，作之而知动静之理，形之而知死生之地，角之而知有余不足之处。'此则奇正在我，虚实在敌欤？"
>
> 靖曰："奇正者，所以致敌之虚实也。敌实，则我必以正；敌虚，则我必以奇。苟将不知奇正，则虽知敌虚实，安能致之哉？臣奉诏，但教诸将以奇正，然后虚实自知焉。"
>
> 太宗曰："以奇为正者，敌意其奇，则吾正击之；以正为奇者，敌意其正，则吾奇击之。使敌势常虚，我势常实。当以此法授诸将，使易晓耳。"
>
> 靖曰："千章万句，不出乎'致人而不致于人'而已。臣当以此教诸将。"

李靖认为，奇正是用来探虚实，不一定对，但奇正是虚实的基础，道理相通，很对。唐太宗说，兵书，《孙子》十三篇最好；十三篇，《虚实》最重要；《虚实》的奥妙，又全在"致人而不致于人"，可以说是抓住了要点的要点。

---

① 《毛泽东选集》，417—418页、462页。

军事上的真理都是朴素的真理。《老子》说,“信言不美,美言不信。善者不辩,辩者不善”(第八十一章)。

《虚实》篇,道理最重要,但讲起来,却像白开水。今天,我们就请大家喝白开水。普通的水,古人叫玄酒,只有到过沙漠的人才知道,美酒可以不喝,水绝对不能少。

我把《虚实》篇分为五章:

第一章,讲“致人而不致于人”。

第二章,讲“以众击寡,避实击虚”。

第三章,是一句插入语,讲越人之兵虽多,但通过形兵,总体我劣于敌,无害局部我优于敌。

第四章,讲知虚实,胜可为。

第五章,讲“兵无常势,水无常形”。

下面,我们一章一章来介绍。

【6.1】

孙子曰:

凡先处战地而待敌者佚,后处战地而趋战者劳。故善战者,致人而不致于人。能使敌人自至者,利之也;能使敌人不得至者,害之也。故敌佚能劳之,饱能饥之,安能动之。出其所(不)〔必〕趋,趋其所不意。

“凡先处战地而待敌者佚,后处战地而趋战者劳”,这两句话,“先”、“后”很重要。古代兵法,有贵先和贵后两派,比如“王廖贵先,兒良贵后”(《吕氏春秋·不二》),就是这两派。战术展开,分“走”和“打”。“走”有“先发”、“后发”,“先至”、“后至”,即先出发还是后出发,先到达还是后到达。“打”也有谁先动手的问题。先动手,可能好,也可能不好,先发还是后发,也不一定。但一般说,先到达总是占便宜。下棋有个别名,就叫“争先术”。这里的“先处战地”、“后处战地”,就是先到达会战地点还是后到达会战地点。先到的一方,以逸待劳,有先机之利,大家都是“争先恐后”。

先后的问题,是《军争》篇的重要话题。军争争什么?就是争先至、后至。下面的《军争》篇还要讲。这两篇,也是一环扣一环。

“致人而不致于人”,是讲谁主动谁被动,谁能调动谁。主动的一方是

"致人"，被动的一方是"致于人"。"致"和"至"是从同一字分化，使人来是"致"，自己来是"至"，本身就有主动被动之分。

"能使敌人自至者，利之也；能使敌人不得至者，害之也"，就是制造主动和被动。

主动和被动，是不平衡关系。只有打破平衡，才有主动和被动。奇就是制造差异，打破平衡。银雀山汉简《奇正》篇说，"同不足以相胜也，故以异为奇。是以静为动奇，佚为劳奇，饱为饥奇，治为乱奇，众为寡奇"。这里说的"敌佚能劳之，饱能饥之，安能动之"，就是变被动为主动，使整个形势倒转。

主动和被动，平衡和不平衡，除力量对比，还有心理较量。你比敌人高明，高明在什么地方？最重要的就是出人意料。你能想到的，敌人想不到。"出其所必趋"，今本作"出其所不趋"，这是个错误。你要出击的方向，应该是敌人必定会去的地方，敌人不去，岂不是扑空？简本和古书引文作"必趋"，这才是正确的写法。后人看见下文是"不意"，就把这句也改成"不趋"，其实是改错了。一字之差，谬以千里。

【6.2】

行千里而不劳者，行于无人之地也。攻而必取者，攻其所不守也；守而必固者，守其所(不)〔必〕攻也。故善攻者，敌不知其所守；善守者，敌不知其所攻。微乎微乎，至于无形；神乎神乎，至于无声，故能为敌之司命。进而不可御者，冲其虚也；退而不可追者，(速)〔远〕而不可及也。故我欲战，敌虽高垒深沟，不得不与我战者，攻其所必救也；我不欲战，虽画地而守之，敌不得与我战者，乖其所之也。故形人而我无形，则我专而敌分。我专为一，敌分为十，是以十攻其一也，则我众敌寡。能以众击寡，则吾之所与战者约矣。吾所与战之地不可知，(不可知)则敌所备者多；敌所备者多，则吾所与战者寡矣。故备前则后寡，备后则前寡；备左则右寡，备右则左寡；无所不备，则无所不寡。寡者，备人者也；众者，使人备己者也。故知战之地，知战之日，则可千里而会战；不知战地，不知战日，则左不能救右，右不能救左，前不能救后，后不能救前，而况远者数十里，近者数里乎？

"行千里而不劳者，行于无人之地也。攻而必取者，攻其所不守也；守而必固者，守其所(不)〔必〕攻也”。上面说，战术展开，可以概括为两个字：“走”和“打”。这段话，“行”就是“走”，“攻”、“守”就是“打”。“走”和“打”不一样，“走”，最好选择敌人想不到的路线，没有敌人阻截；“打”不一样。我攻，必须是敌人疏于防守的地方；我守，必须是敌人意图进攻的地方。攻是以实击虚，守是以实备虚，攻也好，守也好，都是我实敌虚，但虚不是没人。如果没人，还打什么劲？今本“守其所不攻也”也不对，敌人不来攻，还守它干吗？这句话，同样有错误，根据简本和古书引文，也要将“不”改成“必”。不然，意思满拧。

“故善攻者，敌不知其所守；善守者，敌不知其所攻”，这就是“虚实”的意思。战争是活人和活人的全面较量，主观能动性最重要，虚实的关键，不是有没有虚实，而是知不知虚实。

“微乎微乎，至于无形；神乎神乎，至于无声，故能为敌之司命”，下文说，“形人而我无形”，“形兵之极，至于无形。无形，则深间不能窥，智者不能谋”。此篇数言“无形”，都是讲隐蔽意图的重要性，鸳鸯好看，但怎么绣，飞针走线，你看不出来。势就是这种隐蔽的意图，就是深藏不露，躲在形背后的东西。敌人不摸虚实，看见的只是“形”，一点动静都没有，当然也就“无形”、“无声”。“司命”，《孙子》谈兵，强调人命关天，这是第二次讲“司命”。司命是天上的星官，管人间的死生寿夭。《作战》篇说，“知兵之将，民之司命”，还只是当自己这一方的司命，这里则是“为敌之司命”。“司命”二字很沉重，将军杀人，医生救人，固然是司命，其他很多事，也有司命。科举考试，考官是“文章司命”，范进的命是捏在周进的手中(《儒林外史》第三回)。现在，当评委的、当裁判的也都是司命。看比赛，我最恨裁判不公，即使国际比赛，有录像，也敢胡判，明明判错，也死不纠正。美国出兵伊拉克，情况也一样，根据明明是假的，联合国管不了。人权人权，首先是生命权。军人和文学家不同，文学家所关注，是一个个具体的人，他们对死亡的感受不一样。对于一个失去丈夫的妻子来说，“他”就是一切。将军不一样，他指挥千军万马，多少人和多少人，面对面厮杀，冷冰冰的数字摆在那里，哭是哭不过来的。但将军是人，士兵也是人，我方也好，敌方也好，多少人的命，全都攥在你一个人的手中，岂能当儿戏。

“进而不可御者”，“御”，简本作“迎”，这两个字，意义相同，读音也相近，都是疑母字，鱼、阳对转。《墨子·迎敌祠》，"迎敌"就是"御敌"。

"远而不可及也"，"远"，今本作"速"，也是错字，应从简本和古书引文改正。远是距离问题，速是快慢问题，不一样。距离很重要，动物有"临逃距离"，你离它太近，它就紧张，不是跟你玩命，就是撒丫子逃跑。军队也有距离感，超过一定距离，就够不着了。

"高垒深沟"，是古代的防御手段之一。这种手段，包括阵法、垒法和城守之法。阵法是人墙，没有墙。营垒，起码要挖点沟、垒点墙，编个栅栏什么的，或者环车为营。古代工事，最简单，是以栅栏围起来，其次是沟垒。沟垒，就是把土挖出来，堆在上面。挖下去的地方是沟，堆起来的地方是垒。垒的本义就是堆土。古代田亩，有沟垄，道路和沟洫相配的制度就是源于沟垄。古代长城，因山为势，堑河为防，利用自然地势，也是这种办法。小到村落，大到城邑，都是这个办法。墙，可以用土坯（古代叫墼）和砖，也可以用夯版筑，俗话叫"干打垒"。我在内蒙临河待过，他们有更省事的办法。当地水位高，只要用碾子在草皮上一滚，就会出水，可以直接用西锹在地上切，切三下，从后一撬，就是一块带草皮的土砖，太阳一晒硬邦邦，用来垒墙很结实。当地的说法，是"坷垃垒墙墙不倒"。沟垒，很简单，但大家不要看不起这类工事。第一次世界大战，各国打堑壕战，就是到处挖战壕，战壕和战壕相通。当时，因为机关枪发明，各国士兵，不敢硬冲，都是躲在战壕里，前面拉着铁丝网。迫击炮就是为了对付堑壕战，嘭，打上去，再掉下来，不是平射所能比。鲁迅说，中国多暗箭，挺身而出的勇士容易丧命，最好学欧战时候的"壕堑战"①。这就是第一次大战的经验之谈。他把堑壕叫壕堑。

"我不欲战，虽画地而守之"，我对"画地"做过考证②。"画地"，是中国古代的一个固定术语。道家讲画地，是一种特殊的防身手段。《抱朴子》说，道士入山，求仙访药，害怕狼虫虎豹、鬼怪妖魔，有两种防身手段，一种是镜子（照妖镜），他们相信，妖怪都怕镜子照，一照就现原形；另一种是画

---

① 鲁迅致许广平信（1925年3月11日），收入《两地书》，《鲁迅全集》第9卷，北京：人民文学出版社，1958年，11—14页。

② 李零《〈孙子〉十三篇综合研究》，431—433页。

地，大家读《西游记》，孙悟空要出去化缘，先得给他师父画个圈，念个咒，这种画圈念咒的办法，就是画地。兵书所谓画地，是指阵法，阵法是类似手段，没墙，敌人进不来。比如李靖引《太公书》，有"太公画地之法"，《司马法》佚文讲的阵法，就是属于这一种(《唐太宗李卫公问对》卷中)，《太白阴经》卷九，也有李筌的画地之法。

"敌不得与我战者，乖其所之也"，"乖"，简本作"膠"，"膠"与"谬"通，也是乖悖之义。它的意思是说，我之部署，跟敌人拧着来，怎么不痛快，怎么来。他往东来，我往西走，让他够不着。

"形人而我无形"，是让敌人的虚实暴露无遗，我方的虚实，敌人看不见，摸不着，就像大色狼带着墨镜看美女，美女看不见他那双贼溜溜的眼睛。《计篇》讲"示形于敌"。"示形于敌"也是属于"势"。给敌人看，看到的东西都是假的。

"我专而敌分"，这种"专"字，《说文解字》作女旁，简本作木旁。它是指集中优势兵力。

"我专为一，敌分为十，是以十攻其一也，则我众敌寡"，意思是说，不管总体上，敌我力量对比到底怎么样，只要在某个地点上，我把力量凝聚成一，敌把力量分散为十，我就是十倍于敌。我们在《谋攻》篇读过，"十则围之"，十倍于敌，就可以包围敌人了。这当然是"我众敌寡"。

"能以众击寡"至"使人备己者也"，是说只要能以众击寡，则令敌人疲于应付，无所不备，无所不寡，处处陷于被动。

"故知战之地"至"近者数里乎"，是另一层。上面讲众寡之用。众寡之用，属于知人之用。知人之用，属于"知彼知己"。这里的"知战之地"、"知战之日"，按古人的概念，就是"知天知地"。《孙子》讲"知胜"，包括四知，后面《地形》篇说，"故曰：知彼知己，胜乃不殆；知天知地，胜乃可全"，就是这四条。

【6.3】

以吾度之，越人之兵虽多，亦奚益于胜哉？

吴、越是世仇。伍子胥说，"勾践能亲而务施，施不失人，与我同壤，而世为仇雠"(《左传》哀公元年)。

这段话很重要。历史上，有些国家是老对头，如法国和英国，德国和俄国，现在的以、巴冲突，也是死结。这些老邻居，都是老仇人。春秋时期的我国，晋和楚，吴和越，也是宿敌世仇。它说明，此书是替吴国出谋划策，而以越国为假想敌，说话的背景在春秋晚期。

过去，辨伪学家怀疑《孙子》，认为此书不是吴孙子（孙武）所作，但此书有两处讲吴越相仇，一条在这里，一条在《九地》，是以春秋晚期的吴国为背景，不管书的写定或编定在什么时候，讲的事情，肯定是春秋晚期的事，至少也是依托春秋晚期的事。春秋晚期，大环境是晋、楚交争，楚国和秦国联盟（都是非姬姓国家），晋国和吴、蔡联盟（都是姬姓国家）。当时的南方，忽然很热闹，楚、吴、越三国，是转着圈地报仇，成为传奇故事。首先是楚国，楚平王杀伍员父兄，子胥报仇，投奔吴王阖闾，搬吴师，伐楚入郢，楚一度亡国。其次是吴国，越王勾践败吴于槜李，吴王阖闾伤重不治，临死叫夫差报仇，三年后，夫差灭越。最后是越国，越国灭亡后，勾践卧薪尝胆，十年生聚，十年教训，反过来灭吴，更悲壮。这些故事，真是太有意思，不但《吴越春秋》、《越绝书》讲，敦煌变文、后世的小说和戏剧也讲，出土楚简和汉晋铜镜（绍兴出土）也有这类内容。这些故事，前后关系值得注意。伍子胥、孙武伐楚入郢在公元前 506 年。越王允常是趁吴师在楚，后方空虚，乘机伐吴。这是吴越相争的序幕。越败吴于槜李在公元前 496 年，吴灭越在公元前 494 年，越灭吴在公元前 473 年。越国变得强大起来，主要在公元前 506 年后，特别是公元前 494 年后，事情距孙武见吴王和参与伐楚入郢已经有一段时间。这里说，“以吾度之，越人之兵虽多，亦奚益于胜哉”，似乎越国已经很强大，这是后来的事情。

我相信，《孙子》十三篇不会是公元前 506 年以前的作品。

这里讲多少，是从整体上讲，从计算的优势讲，角度是“形”。换个角度，从“势”上讲，情况可能相反。拳头，伸开来是虚，握起来是实。全看你哪里是虚，哪里是实。比如历史上的胡汉之争，胡仗骑射之利，速度和突袭之利，经常以少胜多，我们养兵再多，全都分散在各地，抓强盗，剿流寇，吃亏就吃亏在无法集中。明朝末年，满族只有 8 万铁骑，就把明朝灭了。下棋，双方棋子一样多，会下的可以让你多少子，不会下照样输。关键是看，谁能制造多数。制造多数是属于“势”。

【6.4】

故曰：胜可为也，敌虽众，可使无斗。故策之而知得失之计，(作)〔候〕之而知动静之理，形之而知死生之地，角之而知有余不足之处。故形兵之极，至于无形。无形，则深间不能窥，智者不能谋。因形而措胜于众，众不能知。人皆知我所以胜之形，而莫知吾所以制胜之形。故其战胜不复，而应形于无穷。

"故曰：胜可为也"，这句话很重要。本篇是讲"制胜"、"措胜"。"制胜"、"措胜"，都是人为制造的"胜"。前面，我引过荀悦的话，"形者言其大体得失之数也。势者言其临时之宜也，进退之机也"(《前汉纪·高祖皇帝纪》卷二)。大家不妨对比一下《形》篇的话。这里的话，表面上看，好像与《形》篇有矛盾。《形》篇说，"故曰：胜可知，而不可为"，明明说过"不可为"，怎么又"可为"，大家会困惑。其实，《形》篇是讲形，形是己所素备，所以说"不可为"；这里是讲势，势是因敌而设，所以说"可为"，彼此并不矛盾。

"故策之而知得失之计"，简本作"计之〔而知〕得失之□"，也许原来是作"计之而知得失之策"。

"(作)〔候〕之而知动静之理"，今本作"作之而知动静之理"，简本作"绩之而知动〔静之理〕"，"绩"，整理者以为当读为"迹"，但古书引文多作"候之而知动静之理"。我想，简本应读"刺之而知动静之理"。"绩之"应读"刺之"，"绩"和"刺"都是从朿得声，今本"作"可能是"候"字之误。"候"是伺候之义，即守望和侦察一类意思，与"刺"同义。"刺候"的"候"和"诸侯"的"侯"本来是同一个字。古代诸侯，原意是镇守边关的军事长官。汉代的边防哨卡，仍叫"候官"。

"形之而知死生之地"，"形之"即下"形兵"，是指兵力部署。兵力部署在地面上，才有死地和生地。

"角之而知有余不足之处"，"角之"指实际较量。双方的部署，哪个地方兵力有余，哪个地方兵力不足，只有通过实际较量才能看出。

"故形兵之极，至于无形。无形，则深间不能窥，智者不能谋。因形而措胜于众，众不能知。人皆知我所以胜之形，而莫知吾所以制胜之形"，大家要注意，"形兵"的"形"是人为制造的形。这种形，是看不见、摸不着的形，不但敌人不知道，他们的间谍和谋士不知道，而且自己这一边，广大的士兵也不知道。除了将军和将军身边最核心的人员，谁都不知道。大家知道的，都是摆在明面上的东西，而看不出它后面的东西。

"故其战胜不复，而应形于无穷"，战势是以形应形，以形胜形，但形的背后是看不见的势，每次和每次都不一样，变化是无穷无尽的。银雀山汉简《奇正》说："战者，以形相胜者也。形莫不可以胜，而莫知其所以胜之形。形胜之变，与天地相敝而不穷。形胜，以楚越之竹书之而不足。形者，皆以其胜胜者也。以一形之胜胜万形，不可。所以制形壹也，所以胜不可壹也。故善战者，见敌之所长，则知其所短；见敌之所不足，则知其所有余。见胜如见日月。其错胜也，如以水胜火。"

势的特点就是不重复。

【6.5】

(夫)兵形象水，水之(形)〔行〕避高而趋下，兵之形避实而击虚；水因地而制(流)〔行〕，兵因敌而制胜。故兵无常势，水无常形。能因敌变化而取胜者，谓之神。故五行无常胜，四时无常位，日有短长，月有死生。

这里讲的"形"还是"形兵"之形，虚实之形。"水之(形)〔行〕避高而趋下"，今本的"水之形"，根据简本和古书引文，应作"水之行"。"水因地而制(流)〔行〕"，今本的"流"字，根据简本和古书引文，应作"行"。"水之行"改"水之流"，是为了通俗化。

"能因敌变化而取胜者，谓之神"，用兵如神在于势。势都是"因敌变化"，单方面的东西不能叫势。这就跟下棋一样，如果你不是自己跟自己下，而是自己跟别人下，一旦走开来，这个棋局就叫势，一切要靠"双方合作"，你的一切胜利都要感谢你的敌人。

"五行无常胜"，五行，金、木、水、火、土，相生相克，一物降一物，好像圆圈，没头没尾，所以说"五行无常胜"。这种数术在军事上也有应用，叫做兵阴阳。《汉志·兵书略》说，"阴阳者，顺时而发，推刑德，随斗击，因五胜，假鬼神为助者也"。"五胜"就是五行相胜。虎溪山汉简有《阎氏五胜》，就是讲这类学问。

"四时无常位"，四时，春夏秋冬，配东南西北，一个季节代替另一个季节，从东到南到西到北，一圈一圈转下去，没有固定的方位，所以说“四时无常位”。

“日有短长”，古代历法，日子的长短不一样。古人把一日分为十六份，叫“日夕十六分比”，“日”是白天，“夕”是晚上。日夕之比，从 11 比 5，到 10 比 6，到 9 比 7，到 8 到 8，到 7 比 9，到 6 比 10，到 5 比 11，到 6 比 10，到 7 比 9，到 8 比 8，到 9 比 7，到 10 比 6。春分、秋分，是 8 比 8，日夕相等，各 8 分；夏至日最长，日 11 分，夕 5 分；冬至日最短，日 5 分，夕 11 分。这种日夕之比，每个月和每个月都不一样，所以说“日有短长”。古代计时，主要工具有两种，一种是日晷，一种是漏刻，都是用来计算日的短长。

“月有死生”，月亮从明到暗，从盈到亏的样子，也是循环往复，这叫月相。阴历，每月的开头叫朔或朏(音 fěi)，中点叫望，结束叫晦，分别相当初一、十五和三十。西周金文，过去常见，是四种月相，即初吉、既生霸、既望、既死霸。王国维考证，一个月是按这四个月相来划分，分成四段，好像西历的星期制，一月有四周，叫“四分月相说”①，但一月四等分，除不尽。学者对此有不同解释，如定点说，二分二点说，二分一点说。近来，夏商周断代工程专家组折衷诸说，得出的结论是，初吉是初一至初十，既生霸是从新月初见到满月，既望是满月后月的光面尚未显著亏缺，既死霸是从月面亏缺到月光消失②。这一解释，现在看来也有问题。上述月相，文献都有，如“初吉”见《诗・小雅・小明》，“既生魄”见《书・武成》，“既望”见《书・召诰》，“既死魄”见《逸周书・世俘》，不同只是，“霸”作“魄”(“霸”和“魄”是通假字，均指月亮的光面)。但这四种，并非全部。值得注意的是，还有三种月相，金文没有，文献有。“哉生魄”，见《尚书》的《康诰》、《顾命》，《汉书・律历志》作“哉生霸”；“旁生魄”，见《逸周书・世俘》；“旁死魄”，见《书・武成》。从道理上讲，有“哉生魄”，就有“哉死魄”。而最近，周公庙出土的甲骨上就有“哉死魄”。关于这片甲骨，我有一篇短文，还没登出来③。我的看

① 王国维《生霸死霸考》，收入《观堂集林》卷一，1—4 页，《王国维遗书》，上海：上海古籍书店，1983 年，第一册。

② 《夏商周断代工程 1996—2000 年阶段成果报告》，北京：世界图书出版公司，2000 年，35—36 页。

③ 李零《读周原新获甲骨》，《古代文明》第 5 卷，197—203 页。

法，古代月相，是三点六段。朔、望、晦是三点。初吉可能指朔日（或朔日前后），既望可能指望日（或望日前后）。朔、望之间的15天，可以整齐地分为三段：哉生魄、旁生魄、既生魄，各5天。望、晦之间的15天也可以整齐地分为三段：哉死魄、旁死魄、既死魄，各5天。这样划分，可与计旬法相配。苏东坡的中秋咏月词，“人有悲欢离合，月有阴晴圆缺，此事古难全”（《水调歌头》），所谓“阴晴圆缺”，古人叫“生霸”、“死霸”或“生魄”、“死魄”。这种月相变化也是循环往复，所以说“月有死生”。

以上就是《虚实》篇的大致内容。讲完《虚实》，形势组就结束了。我希望大家把《虚实》和《形》、《势》连在一起，好好回味一下。因为，讲完这一讲，我们的哲学课也就结束了。

读形势组，我们常常会有一种感觉，就是形和势，你中有我，我中有你，概念的界限比较模糊，而且有点飘忽不定，这很正常。因为同一件东西，你从不同的角度看，看到的结果可能很不一样。苏东坡的诗文很有禅意，如“横看成岭侧成峰，远近高低各不同。不识庐山真面目，只缘身在此山中”（《题西林壁》），如“自其变者而观之，则天地曾不能以一瞬；自其不变者而观之，则物与我皆无尽也”（《前赤壁赋》）。形势组的三篇，效果也是这样。

《孙子》讲形势，喜欢打比方。讲形，它是以深谷决水为喻；讲势，它是以高山滚石为喻；讲奇正，它是以彍弩发机为喻；讲虚实，它是以以石击卵为喻。

石头砸鸡蛋，一砸就破，这个比喻很生动。

◎附录

古书中的势

（一）银雀山汉简《孙膑兵法》论势。

“权、埶（势）、谋、诈，兵之急者邪（耶）？”孙子曰：“非也。夫权者，所以聚众也。埶（势）者，所以令士必斗也。谋者，所以令适（敌）无备也。诈者，所以困适（敌）也。可以益胜，非其急者也。”

（《威王问》）

孙子曰：兵之胜在于篡（选）卒，其勇在于制，其巧在于埶（势），其利在于信，其德在于道，其富在于亟归，其强在于休民，其伤在于数战。

（《篡（选）卒》）

孙子曰：夫陷（含）齿戴角，前蚤（爪）后锯（距），喜而合，怒而斲（斗），天之道也，不可止也。故无天兵者自为备，圣人之事也。黄帝作剑，以陈（阵）象之；笄（羿）作弓弩，以埶（势）象之；禹作舟车，以变象之；汤、武作长兵，以权象之。凡此四者，兵之用也。何以知剑之为陈（阵）也？旦莫（暮）服之，未必用也。故曰：陈（阵）而不战，剑之为陈（阵）也。剑无封（锋），唯（虽）孟贲〔之勇〕，不敢□□□。陈（阵）无蜂（锋），非孟贲之勇也敢将而进者，不智（知）兵之至也。剑无首铤，唯（虽）巧士不能进〔□〕□。陈（阵）无后，非巧士敢将而进者，不知兵之请（情）者。故有蜂（锋）有后，相信不动，适（敌）人必走。无蜂（锋）无后，……□券不道。何以知弓奴（弩）之为埶（势）也？发于肩应（膺）之间，杀人百步之外，不识其所道至。故曰：弓弩势也。何以〔知舟车〕之为变也？高则……何以知长兵之权也？击非高下非……卢毁肩。故曰：长兵权也。凡此四……所循以成道也。知其道者，兵有功，主有名。□用而不知其道者，〔兵〕无功。凡兵之道四：曰陈（阵），曰埶（势），曰变，曰权。察此四者，所以破强适（敌），取孟（猛）将也。……埶（势）者，攻无备，出不意，……中之近……也，视之近，中之远。权者，昼多旗，夜多鼓，所以送战也。凡此四者，兵之用也。□皆以为用，而莫譤（彻）其道。

*　　*　　*

……□得四者生，失四者死，□□□□……

（《势备》）

（二）《韩非子》论势。

明主之所导制其臣者，二柄而已矣。二柄者，刑、德也。何谓刑、德？曰：杀戮之谓刑，庆赏之谓德。为人臣者畏诛罚而利庆赏，故人主自用其刑德，则群臣畏其威而归其利矣。故世之奸臣则不然，所恶则能得之其主而罪之，所爱则能得之其主而赏之。今人主非使赏罚之威利出于己也，听其臣而行其赏罚，则一国之人皆畏其臣而易其君，归其臣而去其君矣。此人主失刑德之患也。夫虎之所以能服狗者，爪牙也。使虎释其爪牙而使狗用之，则虎反服于狗矣。人主者，以刑德制臣者也，今君人者，释其刑德而使臣用之，则君反制于臣矣。故田常上请爵禄而行之群臣，下大斗斛而施于百姓，此简公失德而田常用之也，故简公见弑。子罕谓宋君曰："夫庆赏赐予者，民之所喜也，君自行之；杀戮刑罚者，民之所恶也，臣请当之。"于是宋君子罕用之，故宋君见劫。田常徒用德而简公弑，子罕徒用刑而宋君劫。故今世为人臣者兼刑德而用之，则是世主之危甚于简公、宋君也。故劫杀拥蔽之主，非失刑德而使臣用之而不危亡者，则未尝有也。

(《二柄》)

主用术则大臣不得擅断，近习不敢卖重；官行法则浮萌趋于耕农，而游士危于战陈；则法术者乃群臣士民之所祸也。人主非能倍大臣之议，越民萌之诽，独周乎道言也，则法术之士虽至死亡，道必不论矣。

(《和氏》)

释规而任巧，释法而任智，惑乱之道也。

(《饰邪》)

伯乐教二人相踶马，相与之简子厩观马。一人举踶马，其一人从后而循之，三抚其尻而马不踶。此自以为失相。其一人曰："子非失相也。此其为马也，踒肩而肿膝。夫踶马也者，举后而任前，肿膝不可任也，故后不举。子巧于相踶马而拙于任肿膝。"夫事有所必归，而以有所。肿膝而不任，智者之所独知也。惠子曰："置猿于柙中，则与豚同。"故势不便，非所以逞能也。

(《说林下》)

释法术而任心治，尧不能正一国；去规矩而妄意度，奚仲不能成一轮；废尺寸而差短长，王尔不能半中。使中主守法术，拙匠执规矩尺寸，则万不失矣。君人者能去贤巧之所不能，守中拙之所万不失，则人力尽而功名立。

（《用人》）

国者，君之车也；势者，君之马也。夫不处势以禁诛擅爱之臣，而必德厚以与天下齐行以争民，是皆不乘君之车，不因马之利，释车而下走者也。

（《韩非子·外储说右上》）

造父方耨，得有子父乘车过者，马惊而不行，其子下车牵马，父子推车，请造父助我推车。造父因收器，辍而寄载之，援其子之乘，乃始检辔持筴，未之用也，而马辔惊矣。使造父而不能御，虽尽力劳身助之推车，马犹不肯行也。今使身佚，且寄载，有德于人者，有术而御之也。故国者，君之车也；势者，君之马也。无术以御之，身虽劳，犹不免乱；有术以御之，身处佚乐之地，又致帝王之功也。

（《外储说右下》）

慎子曰："飞龙乘云，腾蛇游雾，云罢雾霁，而龙蛇与蚓蚁同矣，则失其所乘也。贤人而诎于不肖者，则权轻位卑也；不肖而能服于贤者，则权重位尊也。尧为匹夫不能治三人，而桀为天子能乱天下。吾以此知势位之足恃，而贤智之不足慕也。夫弩弱而矢高者，激于风也；身不肖而令行者，得助于众也。尧教于隶属而民不听，至于南面而王天下，令则行，禁则止。由此观之，贤智未足以服众，而势位足以诎贤者也。"

应慎子曰：飞龙乘云，腾蛇游雾，吾不以龙蛇为不托于云雾之势也。虽然，夫释贤而专任势，足以为治乎？则吾未得见也。夫有云雾之势而能乘游之者，龙蛇之材美之也。今云盛而蚓弗能乘也，雾醲而蚁不能游也。夫有盛云醲雾之势而不能乘游者，蚓蚁之材薄也。今桀、纣南面而王天下，以天子之威为之云雾，而天下不免乎大乱者，桀、纣之材薄也。且其人以尧之势以治天下也，其势何以异桀之势也乱天下者也。夫势者，非能必使贤者用己，而不肖者不用己也。贤者用之则天下治，不肖者用之则天下乱。人之情性，贤者寡而不肖者众，而以威势之利，济乱世之不肖人，则是以势乱天下者多矣，以势治天下者寡矣。夫势者，便治而利乱者也。故《周书》曰："毋为虎傅翼，将飞入邑，择人而食之。”夫乘不肖人于势，是为虎傅翼也。桀、纣为高台深池以尽民力，为炮烙以伤民性，桀、纣得乘四行者，南面之威为之翼也。使桀、纣为匹夫，未始行一而身在刑戮矣。势者，养虎狼之心，而成暴乱之事者也，此天下之大患也。势之于治乱，本末有位也，而语专言势之足以治天下者，则其智之所至者浅矣。夫良马固车，使臧获御之则为人笑，王良御之而日取千里，车马非异也，或至乎千里，或为人笑，则巧拙相去远矣。今以国位为车，以势为马，以号令为辔，以刑罚为鞭筴，使尧、舜御之则天下治，桀、纣御之则天下乱，则贤不肖相去远矣。夫欲追速致远，不知任王良；欲进利除害，不知任贤能，此则不知类之患也。夫尧、舜亦治民之王良也。

复应之曰：其人以势为足恃以治官。客曰“必待贤乃治”，则不然矣。夫势者，名一而变无数者也。势必于自然，则无为言于势矣。吾所为言势者，言人之所设也。今日尧、舜得势而治，桀、纣得势而乱，吾非以尧、桀为不然也。虽然，非一人之所得设也。夫尧、舜生而在上位，虽有十桀、纣不能乱者，则势治也；桀、纣亦生而在上位，虽有十尧、舜而亦不能治者，则势乱也。故曰：“势治者则不可乱，而势乱者则不可治也。”此自然之势也，非人之所得设也。若吾所言，谓人之所得设也；若无所言，谓人之所得势也而已矣。贤何事焉！何以明其然也？客曰：“人有鬻矛与楯者，誉其楯之坚：‘物莫能陷也。’俄而又誉其矛曰：‘吾矛之利，物无不陷也。’人应之曰：‘以子之矛，陷子之楯，何如?’其人弗能应也。”以为不可陷之楯与无不陷之矛，为名不可两立也。夫贤之为势不可禁，而势之为道也无不禁，以不可禁之势，此矛楯之说也。夫贤势之不相容亦明矣。且夫尧、舜、桀、纣千世而一出，是比肩随踵而生也；世之治者不绝于中，吾所以为言势者，中也。中者，上不及尧、舜而下亦不为桀、纣，抱法处势则治，背法去势则乱。今废势背法而待尧、舜，尧、舜至乃治，是千世乱而一治也；抱法处势而待桀、纣，桀、纣至乃乱，是千世治而一乱也。且夫治千而乱一，与治一而乱千也，是犹乘骥駬而分驰也，相去亦远矣。夫弃隐栝之法，去度量之数，使奚仲为车，不能成一轮；无庆赏之劝，刑罚之威，释势委法，尧、舜户说而人辩之，不能治三家。夫势之足用亦明矣，而曰

"必待贤"则亦不然矣。且夫百日不食以待粱肉，饿者不活；今待尧、舜之贤乃治当世之民，是犹待粱肉而救饿之说也。夫曰"良马固车，臧获御之则为人笑，王良御之则日取乎千里"，吾不以为然。夫待越人之善海游者以救中国之溺人，越人善游矣，而溺者不济矣。夫待古之王良以驭今之马，亦犹越人救溺之说也，不可亦明矣。夫良马固车，五十里而一置，使中手御之，追速致远，可以及也，而千里可日致也，何必待古之王良乎！且御非使王良也，则必使臧获败之；治非使尧、舜也，则必使桀、纣乱之。此味非饴蜜也，必苦莱、亭历也。此则积辩累辞、离理失术、两未之议也，奚可以难夫道理之言乎哉！客议未及此论也。

（《难势》）

夫治法之至明者，任数不任人。是以有术之国，不用誉则毋适，境内必治，任数也；亡国使兵公行乎其地，而弗能圉禁者，任人而无数也。自攻者人也，攻人者数也。故有术之国，去言而任法。凡畸功之循约者难知，过刑之于言者难见也，是以刑赏惑乎贰。所谓循约难知者，奸功也；臣过之难见者，失根也。循理不见虚功，度情诡乎奸根，则二者安得无两失也。是以虚士立名于内，而谈者为略于外，故愚怯勇慧相连而以虚道属俗而容乎世，故其法不用，而刑罚不加乎僇人。如此，则刑赏安得不容其二？故实有所至，而理失其量，量之失，非法使然也，法定而任慧也。释法而任慧者，则受事者安得其务？务不与事相得，则法安得无失，而刑安得无烦？是以赏罚扰乱，邦道差误，刑赏之不分白也。

（《制分》）

（三）银雀山汉简《奇正》论奇正。

奇正。

天地之理，至则反，盈则败，[日][月]是也。代兴代废，四时是也。有胜有不胜，五行是也。有生有死，万物是也。有能有不能，万生是也。有所有余，有所不足，形势是也。

故有形之徒，莫不可名；有名之徒，莫不可胜。故圣人以万物之胜胜万物，故其胜不屈。

战者，以形相胜者也。形莫不可以胜，而莫知其所以胜之形。形胜之变，与天地相敝而不穷。形胜，以楚越之竹书之而不足。形者，皆以其胜胜者也。以一形之胜胜万形，不可。所以制形壹也，所以胜不可壹也。故善战者，见敌之所长，则知其所短；见敌之所不足，则知其所有余。见胜如见日月。其错胜也，如以水胜火。

形以应形，正也；无形而制形，奇也。奇正无穷，分也。分之以奇数，制之以五行，斗之以形名。分定则有形矣，形定则有名〔矣〕。

同不足以相胜也，故以异为奇。

是以静为动奇，佚为劳奇，饱为饥奇，治为乱奇，众为寡奇。

发而为正，奇发而不报，则胜矣。有余奇者，过胜者也。

故一节痛，百节不用，同体也；前败而后不用，同形也。故战势，大阵不断，小阵乃解。后不得乘前，前不得然后。进者有道出，退者有道入。

赏未行，罚未用，而民听令者，其令，民之所能行也。赏高罚下，而民不听其令者，其令，民之所不能行也。使民虽不利，进死而不旋踵，孟贲之所难也，而责之民，是使水逆流也。故战势，胜者益之，败者代之，劳者息之，饥者食之。故民见敌人而未见死，蹈白刃而不旋踵。故行水得其理，漂石折舟；用民得其性，则令行如流。　　四百八十七

(四)李靖论奇正。

太宗曰："高丽数侵新罗，朕遣使谕，不奉诏，将讨之，如何？"靖曰："探知盖苏文自恃知兵，谓中国无能讨，故违命。臣请师三万擒之。"太宗曰："兵少地遥，何术临之？"靖曰："臣以正兵。"太宗曰："平突厥时用奇兵，今言正兵，何也？"靖曰："诸葛亮七擒孟获，无他道也，正兵而已矣。"太宗曰："晋马隆讨凉州，亦是依八阵图，作偏箱车。地广则用鹿角车营，路狭则为木屋施于车上，且战且前。信乎，正兵古人所重也！"靖曰："臣讨突厥，西行数千里；若非正兵，安能致远？偏箱、鹿角，兵之大要，一则治力，一则前拒，一则束部伍，三者迭相为用。斯马隆所得古法深矣！"

太宗曰："朕破宋老生，初交锋，义师少却。朕亲以铁骑自南原驰下，横突之，老生兵断后，大溃，遂擒之。此正兵乎，奇兵乎？"靖曰："陛下天纵圣武，非学而能。臣按兵法，自黄帝以来，先正而后奇，先仁义而后权谲。且霍邑之战，师以义举者，正也；建成坠马，右军少却者，奇也。"太宗曰："彼时少却，几败大事，曷谓奇邪？"靖曰："凡兵，以前向为正，后却为奇。且右军不却，则老生安致之来哉？"《法》曰：'利而诱之，乱而取之。'老生不知兵，恃勇急进，不意断后，见擒于陛下。此所谓以奇为正也。"太宗曰："霍去病暗与孙、吴合，诚有是夫！当右军之却也，高祖失色，及朕奋击，反为我利。孙、吴暗合，卿实知言！"太宗曰："凡兵却皆谓之奇乎？"靖曰："不然。夫兵却，旗参差而不齐，鼓大小而不应，令喧嚣而不一，此真败却也，非奇也。若旗齐鼓应，号令如一，纷纷纭纭，虽退走，非败也，必有奇也。《法》曰'佯北勿追'，又曰'能而示之不能'，皆奇之谓也。"太宗曰："霍邑之战，右军少却，其天乎？老生被擒，其人乎？"靖曰："若非正兵变为奇，奇兵变为正，则安能胜哉？故善用兵者，奇正在人而已。变而神之，所以推乎天也。"太宗俛首。

太宗曰："奇正素分之欤，临时制之欤？"靖曰："按曹公《新书》曰：'己二而敌一，则一术为正，一术为奇；己五而敌一，则三术为正，二术为奇。'此言大略耳。唯孙武云：'战势不过奇正，奇正之变，不可胜穷。奇正相生，如循环之无端，孰能穷之？'斯得之矣，安有素分之邪？若士卒未习吾法，偏裨未熟吾令，则必为之二术；教战时，各认旗鼓，迭相分合。故曰：'分合为变。'此教战之术耳。教阅既成，众知吾法，然后如驱群羊，由将所指；孰分奇正之别哉？孙武所谓'形人而我无形'，此乃奇正之极致。是以素分者，教阅也；临时制变者，不可胜穷也。"太宗曰："深乎，深乎！曹公必知之矣。但《新书》所以授诸将而已，非奇正本法。"太宗曰："曹公云：'奇兵旁击。'卿谓若何？"靖曰："臣按曹公注《孙子》曰：'先出合战为正，后出为奇。'此与旁击之说异焉。臣愚，谓大众所合为正，将所自出为奇；乌有先后旁击之拘哉？"太宗曰："吾之正，使敌视以为奇；吾之奇，使敌视以为正，斯所谓'形人者'欤？以奇为正，以正为奇，变化莫测，斯所谓'无形者'欤？"靖再拜曰："陛下神圣，迥出古人，非臣所及。”

太宗曰：“分合为变者，奇正安在？”靖曰：“善用兵者，无不正，无不奇，使敌莫测。故正亦胜，奇亦胜。三军之士，止知其胜，莫知其所以胜。非变而能通，安能至是哉？分合所出，唯孙武能之。吴起而下，莫可及焉。”太宗曰：“吴术若何？”靖曰：“臣请略言之。魏武侯问吴起两军相向。起曰：‘使贱而勇者前击，锋始交而北，北而勿罚，观敌进取。一坐一起，奔北不追，则敌有谋矣。若悉众追北，行止纵横，此敌人不才，击之勿疑。’臣谓吴术大率多此类，非孙武所谓以正合也。”太宗曰：“卿舅韩擒虎尝言，卿可与论孙、吴，亦奇正之谓乎？”靖曰：“擒虎安知奇正之极，但以奇为奇，以正为正耳！曾未知奇正相变，循环无穷者也。”

太宗曰：“古人临阵出奇，攻人不意，斯亦相变之法乎？”靖曰：“前代战斗，多是以小术而胜无术，以片善而胜无善；斯安足以论兵法也？若谢玄之破苻坚，非谢玄之善也，盖苻坚之不善也。”太宗顾侍臣检《谢玄传》阅之，曰：“苻坚甚处是不善？”靖曰：“臣观《苻坚载记》曰：秦诸军皆溃败，唯慕容垂一军独全。坚以千余骑赴之，垂子宝劝垂杀坚，不果；此有以见秦师之乱。慕容垂独全，盖坚为垂所陷明矣。夫为人所陷而欲胜敌，不亦难乎？臣故曰无术焉，苻坚之类是也。”太宗曰：“《孙子》谓‘多算胜少算’，有以知少算胜无算。凡事皆然。”

太宗曰：“黄帝兵法，世传《握奇文》，或谓为《握机文》，何谓也？”靖曰：“奇，音机，故或传为机，其义则一。考其词云：‘四为正，四为奇，余奇为握机。’奇，余零也，因此音机。臣愚，谓兵无不是机，安在乎握而言也？当为余奇则是。夫正兵受之于君，奇兵将所自出。《法》曰：‘令素行以教其民者，则民服。’此受之于君者也。又曰：‘兵不豫言，君命有所不受。’此将所自出者也。凡将，正而无奇，则守将也；奇而无正，则斗将也；奇正皆得，国之辅也。是故握机、握奇，本无二法，在学者兼通而已。”

太宗曰：“阵数有九，中心零者，大将握之，四面八向，皆取准焉。阵间容阵，队间容队；以前为后，以后为前；进无速奔，退无遽走；四头八尾，触处为首；敌冲其中，两头皆救。数起于五，而终于八。此何谓也？”靖曰：“诸葛亮以石纵横，布为八行，方阵之法即此图也。臣尝教阅，必先此阵。世所传《握机文》，盖得其粗也。”

太宗曰：“天、地、风、云、龙、虎、鸟、蛇，斯八阵何义也？”靖曰：“传之者误也。古人秘藏此法，故诡设八名尔。八阵本一也，分为八焉。若天、地者，本乎旗号；风、云者，本乎旛名；龙、虎、鸟、蛇者，本乎队伍之别。后世误传，诡设物象，何止八而已乎？”

太宗曰：“数起于五，而终于八，则非设象，实古制也。卿试陈之。”靖曰：“臣案黄帝始立丘井之法，因以制兵。故井分四道，八家处之，其形井字，开方九焉。五为阵法，四为间地，此所谓数起于五也。虚其中，大将居之，环其四面，诸部连绕，此所谓终于八也。及乎变化制敌，则纷纷纭纭，斗乱而法不乱；浑浑沌沌，形圆而势不散，此所谓散而成八，复而为一者也。”太宗曰“深乎，黄帝之制兵也！后世虽有天智神略，莫能出其斗阈。降此，孰有继之者乎？”靖曰：“周之始兴，则太公实缮其法，始于岐都，以建井亩，戎车三百辆，虎贲三百人，以立军制；六步七步，六伐七伐，以教战法。陈师牧野，太公以百夫致师，以成武功，以四万五千人胜纣七十万众。周《司马法》，本太公者也。太公既没，齐人得其遗法。至桓公霸天下，任管仲，复修太公法，谓之节制之师。诸侯毕服。”

……

太宗曰：“春秋荀吴伐狄，毁车为行，亦正兵欤，奇兵欤？”靖曰：“荀吴用车法耳，虽舍车而法在其中焉。一为左角，一为右角，一为前拒，分为三队，此一乘法也。千万乘皆然。臣案曹公《新书》云：‘攻车七十五人，前拒一队，左右角二队；守车一队，炊子十人，守装五人，厩养五人，樵汲五人，共二十五人。攻守二乘，凡百人’。兴兵十万，用车千乘，轻重二千，此大率荀吴之旧法也。又观汉魏之间军制：五车为队，仆射一人；十车为师，率长一人；凡车千乘，将吏二人。多多仿此。臣以今法参用之：则跳荡，骑兵也；战锋队，步骑相半也；驻队，兼车乘而出也。臣西讨突厥，越险数千里，此制未尝敢易。盖古法节制，信可重焉。”

太宗幸灵州回，召靖赐坐曰：“朕命道宗及阿史那社尔等讨薛延陀，而铁勒诸部乞置汉官，朕皆从其请。延陀西走，恐为后患，故遣李勣讨之。今北荒悉平，然诸部蕃汉杂处，以何道经久，使得两全安之？”靖曰：

"陛下敕自突厥至回纥部落,凡置驿六十六处,以通斥候,斯已得策矣。然臣愚以谓,汉戍宜自为一法,蕃落宜自为一法,教习各异,勿使混同。或遇寇至,则密敕主将,临时变号易服,出奇击之。"太宗曰:"何道也?"靖曰:"此所谓'多方以误之'之术也。蕃而示之汉,汉而示之蕃,彼不知蕃汉之别,则莫能测我攻守之计矣。善用兵者,先为不测,则敌乖其所之也。"太宗曰:"正合朕意,卿可密教边将。只以此,蕃汉便见奇正之法矣。"靖拜舞曰:"圣虑天纵,闻一知十,臣安能极其说哉!"

……

太宗曰:"蕃兵唯劲马奔冲,此奇兵欤?汉兵唯强弩犄角,此正兵欤?"靖曰:"案《孙子》云:'善用兵者,求之于势,不贵于人;故能择人而任势。'夫所谓择人者,各随蕃汉所长而战也。蕃长于马,马利乎速斗;汉长于弩,弩利乎缓战。此自然各任其势也,然非奇正所分。臣前曾部蕃汉必变号易服者,奇正相生之法也。马亦有正,弩亦有奇,何常之有哉!"太宗曰:"卿更细言其术。"靖曰:"先形之,使敌从之,是其术也。"太宗曰:"朕悟之矣!《孙子》曰:'形兵之极,至于无形。'又曰:'因形而措胜于众,众不能知。'其此之谓乎?"靖再拜曰:"深乎,陛下圣虑!已思过半矣。"

(《唐太宗李卫公问对》卷上)

(五)古阵对照表。

(1)五行阵。

五行	《周书》佚文中的五行阵	裴绪所传黄帝五行阵	银雀山汉简《十问》中的五阵
金	方(形如□)	方(形如□)	方(形如□)
土	圆(形如○)	圆(形如○)	圆(形如○)
水	牝(形如∨)	曲(形如∨)	箕(形如∨)
火	牡(形如∧)	锐(形如∧)	锐(形如∧)
木		直(形如|)	
木	伏(形如—)		衡(形如—)

(2)八阵甲种(十阵附)。

裴绪所传孙子八阵	裴绪所传吴子八阵	裴绪所传诸葛亮八阵	银雀山汉简《官一》中的八阵	上孙家寨汉简中的八阵	银雀山汉简《十阵》中的十阵
方阵(金、兑、商、白兽)	车箱阵	同当阵	方阵	方阵	枋阵
圆阵(土、艮、宫、勾陈)	车釭阵	中黄阵	圜阵	圆阵	员阵
牝阵(水、坎、羽、玄武)	曲阵	龙腾阵	索阵	兑武阵	水阵
牡阵(火、离、徵、朱雀,太公之鸟云阵)	锐阵	鸟翔阵	云阵	牡阵	火阵
冲方阵(木、震、角、青龙)	直阵	折冲阵		冲方阵或纵阵	钩行阵
车轮阵(坤,太公之地阵)	衡阵	握机阵		横阵	玄襄阵
罘置阵(巽,太公之人阵,一曰飞翼阵)	卦阵	虎翼阵(或鱼丽阵、鱼贯阵)	浮沮阵 封阵	浮苴阵	
雁行阵(乾,太公之天阵)	鹅鹳阵	衡阵	雁行阵		雁行阵
			锥行阵		锥行阵
					疏阵
					数阵

上表各名,凡划线者,皆位置不能肯定,这里只是根据我们的估计,暂时排在某一位置上,仅供参考,不一定可靠。又表中的各套名称,本来还应有中阵,但各书只讲八阵,不讲中阵,这里只能阙如。

(3)八阵乙种。

风后八阵	先天卦位	后天卦位
天阵(乾)	南	西北
地阵(坤)	北	西南
风阵(巽)	西南	东南
云阵(艮)	西北	东北
龙阵(震)	东北	东
虎阵(兑)	东南	西
鸟阵(离)	东	南
蛇阵(坎)	西	北

(4)六花阵。

子午阵	大黑(子)、大赤(午)
丑未阵	破敌(丑)、先锋(未)
寅申阵	左突(寅)、右击(申)
卯酉阵	青蛇(卯)、白云(酉)
辰戌阵	摧凶(辰)、决胜(戌)
巳亥阵	前冲(巳)、后冲(亥)
中阵	中黄

【第九讲】

军争第七

前面六篇，咱们已经讲完了，现在可以告一段落。下一步，我们要进入的，是我称作《孙子》外篇的部分，即《孙子》的后七篇。

内六篇，外七篇，我这么分，是为了讲述的方便。

关于后七篇，有一点，我要讲一下，是它和前六篇有什么不同。

过去，史志著录，《孙子》的分卷不一样，有一卷本、两卷本和三卷本。一卷本，是不分卷。两卷本，是分前后两半，具体怎么分，不知道，有可能是卷上七篇、卷下六篇，或卷上六篇、卷下七篇。三卷本，宋以来的版本很清楚，是卷上五篇、卷中四篇、卷下四篇，或卷上四篇、卷中五篇、卷下四篇。两卷本和三卷本，都是按篇数多少二分或三分，同内容的分组无关。

银雀山简本，从篇题木牍看，是分两部分：前六篇是一组，后七篇是一组，表面看，似属第二种。但这种划分，不完全是卷帙的划分，还和内容的分组有关。其后七篇，和今本不太一样，篇次排列有点不同，但包含哪些篇，大体一样。不同点，只是没有《行军》，而多了《实虚》(即《虚实》)。这里，值得注意的是，简本篇题木牍，是把后七篇叫“七势”。也就是说，这一部分是和“势”有关。前面说过，《汉志·兵书略》对“形势”的定义，其实是出自《军争》。这一部分，确实和“形势”有关，特别是和“势”有关。因为“势”比“形”更切近实用。这是后七篇的特点。

今本后七篇比简本后七篇，组织安排得更好。我是照今本的顺序讲。

这一部分，主要讲战术应用。我们可以把它看作形势组的延续。形势组，是讲军队的开进和它在地面上的展开，灵活、机动、快速、多变。但前面讲形势，是讲“形”、“势”的概念和关系，所有讨论，只是序幕，还停留在概念的层面上，比较抽象，讲到这里，我们才进入应用，灵活、机动、快速、多变的特点才表现出来。

后七篇，又可分为两组，前五篇是一组，后两篇是一组。

我们先讲第三组，也是后七篇的主体。

为了理解第三组文章在《孙子》中的位置，我们应该做一点回顾。

前面，我们讲了两组。第一组，我叫权谋组。第二组，我叫形势组。这两组文章，都是讲谋略。谋略就是计。计有大小，权谋是大计，形势是小计，相辅而行。宋以来的兵书，喜欢说兵法如医方，用兵如用药。医是救人，兵是杀人，不容混淆。但兵有大小计，和医分医理、医方是同一道理。我用治病打比方，大计等于查体，各项指标都要查，分析生理和病理；小计是望、闻、问、切，对症下药，术语叫临床处理，高明的医生，可以手到病除。《汉志·方技略》把医书叫"方技"，我用它的术语讲，前者是"医经"，后者是"经方"。

第二组文章，是讲小计，本来应属"开药方"，但它没有开，而是先讲"配伍禁忌"的一般原理。它只讲了一点形、势的概念。形、势是一组概念，它们是从不同的角度，讲兵力的分配，即"兵力的配方"。"兵力的配方"有好多种，《势》篇把它归纳为四种：分数、形名、奇正、虚实。分数是从编制的角度讲，形名是从指挥的角度讲。两者属于形。这是投入实战的前提。投入实战，兵力分配，有点面的不同。点上是奇正，面上是虚实。前者是战斗的部署和配置，只谈打，不谈走；后者是战役的部署和配置，战斗前的行军，包抄迂回，抢时间，抢地点，战斗后的追击或退却，都要考虑，更多时间是在走，所有部署，都是靠运动来实现。两种部署都属于势。势是由静入动，真正投入实战的东西。分数、形名，这两个前提，一旦进入实战，就被纳入奇正、虚实，绝不是奇正、虚实以外的东西。《势》篇，重点是讲奇正。虚实，则放在下一篇讲。《唐太宗李卫公问对》讲得好，"千章万句，不出乎'致人而不致于人'而已"。"致人而不致于人"，就是《虚实》的精髓。讲完虚实，这一组也就完满结束了。最高深的运用之妙，作为应用背景的大道理，已经讲完了。

"致人而不致于人"是什么意思？就是牢牢掌握战场上的主动权：你是牵着敌人的鼻子走，而不是被敌人牵着鼻子走。这个道理，谁都知道，但实际做起来，很难。主动权，怎么才能拿到手？主要是靠"分合为变"：有的地方，用少数牵制多数；有的地方，用多数包围少数，好像围棋中的"做眼"。有实必有虚，有得必有失。关键是以小失换大得，吃小亏占大便宜，就像玩"石头—剪子—布"。"石头"是实，五个指头全都收起来，握成拳头；"剪子"是半实半虚，只伸两个指头，还有三个是握着；"布"是虚，五个指头全都张开。虚可以包实，实可以破虚。打仗就是这样虚虚实实，实实虚虚，三局两胜，五局三胜，一局一局比，积小胜为大胜。

打拳，出拳就有空当，攻防怎么组织，体力怎么分配，学问很大，裁判要计点，自己也要心里有数。杰克·伦敦有个短篇，叫《一块牛排》，故事是讲打拳。主人公年龄偏大，对手是年轻人，体力不行，只能拼经验，用经验弥补体力的不足。他每出一拳，挨一下打，都要仔细算，哪个地方受了伤，下面就不好用了。可惜抗呀抗，最后还是输了。武术家说，“未学打人，先学挨打”。挨打，也是学问。打比赛是综合较量，智慧、体力、意志、经验，一样不能少。下面第五章讲治心、治气、治力、治变，就是体现这种综合较量。这四治，运动员都很熟悉。

现在，我们要讨论的，就是这套虚虚实实、实实虚虚的道理，讲一下，在真刀真枪的战场上，它是怎么展开。

总之，一切理论上的东西，都是投入战斗，才见分晓。

这一组有五篇文章：《军争》、《九变》、《行军》、《地形》、《九地》。《虚实》讲的“分合之变”，是在这五篇里被具体展开。

这五篇，每篇都是三结合，即打与走相结合，人与地相结合，治兵与用兵相结合。

我来解释一下：

（一）打与走相结合。它很强调行军路线的迂回多变，强调夺取会战的先机之利，强调发起攻击的突然性和出人预料。所有兵力分配，都像行棋布子，必须走起来，才有结果。关于打和走的关系，毛泽东的概括是，“打得赢就打，打不赢就走”，一方面是“打”，一方面是“走”。“打”是歼灭战，“走”是运动战。“走”是为了“打”，“打”要依靠“走”。“打”是一个点，“走”是一个面。点受控于面。“走”比“打”更难。

（二）人与地相结合。它很强调战场的主客形势，强调战线的纵深层次，强调行军、作战的地形要求，包括地形、地貌。“走”也好，“打”也好，都要以地面为依托。古代没有空军，天上的战斗，只发生在神话里。水师，古代有，但《孙子》没有讲。它讲的战斗，都是平面作战，在陆地上进行，不像今天的战争，是海陆空，三维立体。这五篇，每篇都涉及地理，空间感很强。

（三）治兵与用兵相结合。它很强调地理因素对士兵心理的作用，强调以势屈性（让士兵心理随着战场形势的变化走，跟着“势”的感觉走），强调将军对整个协同的控制。将军把士兵投入战场，关键就在，如何愚弄其视听，不知不觉，把他们带到最危险的地方，让他们效死拚命，即使胆小鬼，也能变成勇士。这是一门大学问。协同是什么？就是三得：将得吏，吏得卒，卒得地。

第三组，《军争》是第一篇。战国形势家言，《军争》最有代表性。选读《孙子》，不可不读。荀子和临武君辩论军事，临武君说"后之发，先之至"是"用兵之要术"（《荀子・议兵》）。班固也说，"雷动风举，后发而先至。离合背乡，变化无常，以轻疾而制敌者也"就是形势家（《汉志・兵书略》）。这些说法，都出自《军争》。第三组，《军争》最重要，《九地》次之。《军争》在前，可以代表这一组，我把这一组叫"军争组"。

下面，按照顺序讲，我们先讲《军争》。

"军争"的意思很简单，就是两军争利，争夺会战的先机之利：有利的时间，有利的地点。看谁能抢先到达这个地点，在有利时间发起攻击。有利时间，就是以逸待劳、战机最好的时间。有利地点，就是我以优势兵力投入敌人的薄弱环节，有利地形在我，得之则可牵制敌人的地点。如何用时间换空间，用空间换时间，速度、劳逸怎么掌握，这里面，学问很大。

我把《军争》篇分为六章：

第一章，讲用兵之法，莫难于军争，军争之难，难就难在以迂为直、以患为利。

第二章，讲以迂为直、以患为利，到底难在哪里。以迂为直，矛盾是：走直道，容易遭敌阻截；走弯路，容易贻误战机。以患为利，矛盾是：把辎重扔掉，才能走得快，但没有辎重也不行；速度太快，则有人掉队，同时到达又太慢。关键在于折衷迂直、折衷利害，后人发，先人至。

第三章，讲军争的要求和特点，结论是，关键的关键，还是迂直之计。

第四章，讲金鼓旌旗之制，即"兵力的配方"的第二种：形名。形名对行军作战的协同很重要，对指挥联络的保障很重要，没有形名，军队就成了瞎子和聋子。

第五章，讲治兵四要，即治气（保持斗志）、治心（调解心理）、治力（节约体能）、治变（对付意外）。治兵和协同有关，和上文的叙述有关。

第六章，是讲用兵的八条禁忌，即"高陵勿向"等八句。

下面，我们一章一章来介绍。

【7.1】

孙子曰：

凡用兵之法，将受命于君，合军聚众，交和而舍，莫难于军争。军争之难者，以迂为直，以患为利。

这段话是开场白，主要是讲军争在战争中的重要性和军争的难点在什么地方。

“将受命于君，合军聚众，交和而舍”是个过程，“将受命于君，合军聚众”是它的开头，“交和而舍”是它的结尾。上面说过，战争全过程，不外两个字，“走”和“打”（就像下棋，有行棋和吃子），“打”以前，从“将受命于君，合军聚众”到“交和而舍”，都是属于“走”。

“将受命于君”，是说国君派将军出征，这是庙算以后的第一件事。“合军聚众”，是说将军开始组建军队，准备出征，这是庙算后的第二件事。它们都在出征之前。出征以后，还有个“由浅入深”的过程，这里没有讲。我们讲《九地》，才会涉及后一过程。

“交和而舍”，就是大家常说的两军对垒。古代营垒，正门叫和。天子六军，分左右二偏，每偏各有一个垒门，左边三军的垒门叫左和，右边三军的垒门叫右和。诸侯三军，只有一个垒门，也叫和。交和而舍，就是我方的垒门和敌方的垒门，两个垒门互相对着，这是双方交战前的状态。

双方开战，是“打”。“打”以前，是“走”。这种“走”，很像赛跑或竞走，看谁先到会战地点，作者叫“军争”。

两军出征后，两军对垒前，军争最难。军争难，难在什么地方？主要是两条：

（一）“以迂为直”。

我在上面说了，军争很像赛跑或竞走。但这场比赛，和田径场里的比赛不一样，双方不在同一竞技场，大路朝天，各走半边，地不是平的，共同的起跑线没有，跑道也不是固定的。它更像翻山越岭、长途跋涉的越野赛。

这样比赛，路线的问题最重要。路线对了，才能后发先至。

路线，走弓弦，还是走弓背？这是第一个难题。

军争，一般想法，两点之间，最短距离是直线，走直线，肯定最占便宜。但战场上，哪有这种好事？山不平，水不直，路是绕着走。敌人不是傻子。抄近道，直奔目标，容易暴露意图，遭敌阻截。

1966年，我在大别山待过一个冬天，有过亲身体会：(1)不认路，千万别闷头走，"问一声老表，省走千里迢迢"；(2)望山跑死马，山和山，看着近，越是直奔越绕远；(3)盘山路，顺路走最好，千万别把它当台阶，直接往上爬；(4)走错了，最好返回，千万别两点一线，直奔目标。直线前进，抄近道，往往费力不讨好，还很危险(比如山涧里，会有猎人下的夹子)。

把弯路当直路，这叫"以迂为直"。

(二)"以患为利"。

这个问题又可分为两个问题，一个问题是辎重，一个问题是协同。

辎重，是随军携带的军用物资，包括最低限度的武器装备和粮草衣被。要速度，就得丢辎重；要辎重，就得降速度。如何折衷速度和辎重，这是"以患为利"的第一条。当年，拿破仑打俄国，为了快速挺进，不带帐篷，让士兵露营，速度是有了，但时间长了不行，行军途中，减员损耗很大。特别是在俄国，俄国国土辽阔，冬天天寒地冻，长处变成短处。1812—1814年，克劳塞维茨投奔俄军，参加过这一战争，对个中的利弊深有体会。

"以患为利"的第二条，是协同。这里也有矛盾。三军之众有30000多人，如果以最快的速度行军，整个团队，体力不均衡，必然会首尾脱节。要速度，就会有人掉队；要同时到达，就得降速度。如何折衷速度和协同，这也是"以患为利"。

把不利当有利，这叫"以患为利"。

【7.2】

故迂其途而诱之以利，后人发，先人至，此知迂直之计者也。故军争为利，(众)〔军〕争为危。举军而争利则不及，委军而争利则辎重捐。是故卷甲而趋，日夜不处，倍道兼行，百里而争利，则擒三将军，劲者先，疲者后，其法十一而至；五十里而争利，则蹶上将军，其法半至；三十里而争利，则三分之二至。是故军无辎重则亡，无粮食则亡，无委积则亡。

上面讲"以迂为直"，怎么"以迂为直"？这里的答案是，"故迂其途而诱之以利，后人发，先人至"。路要走弯路，这是肯定的。因为直路，实际上没有，有也未必可以走。但弯路有的是，我们不是故意走弯路，越远越好，而是在很多弯路中，千挑万选，选一条表面曲折，其实最合理的路线，这是第一。第二，是前面有诱人的目标，让士兵疲于奔命，但乐于奔命。最后效果是，出发晚，却到达早。

这里讲先后。先后是个耐人寻味的好问题。

刚才我们说，军争最像赛跑、竞走。赛跑、竞走，当然是争先恐后，双方抢速度，谁都想比对方先到达终点。军争也一样，谁都想比对方先到达会战地点，以逸待劳。赛跑，短跑和长跑不一样。短跑，百米十秒，起跑很重要，长跑就不一定，跑在前面的，不一定先到达终点，最后拿冠军的，反而是擅长跟跑，留下体力，作最后冲刺的人。军争是长跑，不但是长跑，而且还负重，跋山涉水，好像铁人赛。它不像体育比赛，是在同一赛场内，站在同一起跑线上，按固定跑道跑。体育比赛要体现公平竞争，战争不讲这个。

战争讲先后，先发好还是后发好，不能一概而论。古代兵法，有贵先和贵后两派，比如"王廖贵先，兒良贵后"(《吕氏春秋・不二》)，就是代表人物。贵先，"先声夺人"有心理优势，"先发制人"有先机之利。这两个词，各有出典。《左传》引《军志》"先人有夺人之心，后人有待其衰"(《左传》文公七年、宣公十二年和昭公二十一年)，就是"先声夺人"的出典；而"先发制人"则出自项梁。项梁说"先发制人，后发制于人"(《汉书・陈胜传》)，来源是《孙子・虚实》的名言，即前面讲的"凡先处战地而待敌者佚，后处战地而趋战者劳"。一般都认为，先声夺人、先发制人，比较占便宜。俗话说，"先下手为强，后下手遭殃"。但有时，情况相反，谁笑到最后，谁笑得最好。

战争，"打"和"走"不一样。赛跑像"走"，球类像"打"。球赛，谁先开球，有点用，但用处不大。先开球的，都想借这个机会，一上来就压着对方打，但不一定会如愿以偿。我们经常看到的，还是悠着劲，相互试探，谁都不敢轻举妄动、贸贸然，打得很沉闷。军事也是如此。兵家讲奇正，正兵用于正面接敌，奇兵用于出奇制胜，奇兵往往都是最后才投入战斗，比如曹注，就有"先出合战为正，后出为奇"之说。当然，李靖说过，奇兵先出，还是后出，不可拘泥，指挥者要“以奇为正，以正为奇”(《唐太宗李卫公问对》卷上)，但“正兵贵先，奇兵贵后”，毕竟还是占了多数。这就像打牌，王牌可能先出，但多半还是放在后面，只是到了关键时刻才出手。下棋也是这样，刚开局，当头炮、把马跳，局面打不开。局面打开，才谈得上出奇制胜。起跑，谁领先谁占便宜，短跑比较明显，长跑不一定。作者也知道，先有先的好处，但他要破除的，恰好是对先的迷信。因为军争是长跑，抢在前面跑得快，不一定就先到终点。龟兔赛跑，没准乌龟是冠军。

这是讲“以迂为直”。

接下来，是讲“以患为利”。

为什么要“以患为利”？因为天底下的事，多半都是有其利，必有其害，便宜不能全叫你占了。军争也是如此。“军争为利，军争为危”，两军争的是利，当然有好处，但同时也是高风险。风险在哪里？作者说，有两条，一是辎重问题，“举军而争利则不及，委军而争利则辎重捐”。军争，速度很重要，但速度和辎重有矛盾。如果把辎重全都带上，当然有利于作战，这是“利”，但速度肯定上不来，这又是“患”。如果破釜沉舟，把坛坛罐罐扔掉，当然跑得快，这是“利”，但没吃没喝没武器，怎么打仗，这又是“患”。所以辎重，带当然要带，但带多少是问题。拿破仑不带帐篷，速战速决，占过便宜，但在俄国，吃了大亏。俄国太大，冬天太冷。

“辎重”这个词，现在还在用。“辎”和“重”本来都是指辎重车，即辎车和重车。前面，我们讲过，战车是马车，辎重车是牛车。辎车和重车，后来还跟衣车、軿车一起用，用来装粮草、衣装、武器这些东西。春秋战国，携带辎重，总趋势是越带越多。怎么能尽量少带还够用，这叫“以患为利”。

这是“以患为利”的第一条。

另一条是协同问题。

这里分三种情况：

(1)“是故卷甲而趋，日夜不处，倍道兼行，百里而争利，则擒三将军，劲者先，疲者后，其法十一而至”，是日行 100 里，最快，但跑得快的冲在前面，跑得慢的落在后面，只有 1/10 的人能赶到，9/10 的人都掉队，情况最糟。

(2)“五十里而争利，则蹶上将军，其法半至”，是日行 50 里，次之，1/2 到达，1/2 掉队，也只有一半人赶到。

(3)“三十里而争利，则三分之二至”，是日行30里，2/3到达，1/3掉队，也不全。

古代诸侯，一般都有三军。纵队，是上、中、下三军；横队，是左、中、右三军。三军之帅，都叫“将军”。第一种情况，三军之帅被俘，其实是全军覆没。第二种情况，上将军被俘，则是先头部队陷敌，只有一半人到达。最后一种，三军只有两军到，也不理想。

战国时期，大规模包抄迂回，远距离长途奔袭，在军事行动中日益突出。高速度的强行军是家常便饭，但军事装备也超过以往。两者的矛盾很突出。

读《左传》，我们经常会碰见一个军事术语，叫“舍”。“舍”的意思就是安营扎寨，让军队住下来。当时行军的常规速度，就是以“舍”来计算。一舍有多大？距离是30里。每行30里，就要住下来。古里和今里，都是300步(6尺为1步)，但古尺为23.1厘米，今尺为33.3厘米。古代的30里，大约只有今天的25里；50里，大约只有今天的42里；100里，大约只有今天的83里。当时，双方要谈判，一定要退舍求平，即后撤一舍、两舍或三舍。一舍是30里，两舍是60里，三舍是90里。双方后撤90里，中间有三天的路，就算彻底脱离接触了。

《左传》的“舍”是常规速度，不是破釜沉舟、背水一战，玩命跑的那一种。

战争最动物。动物对距离很敏感。你从它的身边经过，一定要保持距离，让它感到很安全。距离近了，它会做出反应，或攻击，或逃跑。食肉动物，是一有动静就追，攻击的可能比较大；食草动物，是一有动静就跑，逃跑的可能比较大。我们要接近动物，就要知道它的距离感。有些动物学家，他们要接近动物，都是慢慢接近，先在旁边的草地上装睡，让它觉得没什么危险，然后一点点靠近。当年，重耳流亡楚国，楚王说，我现在收留你，你将来怎么报答我？重耳说，假如托您的福，我能回到晋国，有一天，不幸兵戎相见，我会“辟君三舍”(《左传》僖公二十三年)。他的意思是说，我的报答，就是先让你三舍之地。这就是“退避三舍”一词的来源。“退避三舍”，就是后撤90里。这里的三个速度，100里是三舍多一点，50里是不到两舍，30里是正好一舍。一舍约合今12.47公里。顺便说一句，克劳塞维茨说，他所在的历史时期，一般的行军速度是 3 普里（约合 22.60 公里）/8 小时①。

原文，“卷甲而趋”，是把盔甲卷起来，打成行军背包，背在身上，属于轻装前进。“日夜不处，倍道兼行”，则是形容速度快。但日行 100 里，会全军覆没；日行 50 里，只有一半到达；日行 30 里，也只有 2/3 到达。这个速度并不快，其实比《左传》中的速度还慢。

说到行军中的辎重，咱们还是用赛跑、竞走打比方。军争最像什么？我说，最像负重竞走。这场比赛，不是百米短跑，而是野外长途，曲曲折折，带着很多东西走。负重竞走，体力的分配是大问题。个人有体力分配的问题，全军更有。

战国晚期，魏国有一种特种兵，叫“武卒”。武卒的考核标准，是“衣三属之甲，操十二石之弩，负服矢五十个，置戈其上，冠軸（胄）带剑，赢三日之粮，日中而趋百里”（《荀子·议兵》），应试者不是“卷甲而趋”，而是把全套盔甲都穿在身上，手拿一副强弩（十二石之弩），背上背一个装满 50 支箭的箭囊，把戈横在上面，腰间佩剑，带三天的的干粮。这种考核，必经超强训练，才有可能通过。上世纪 60 年代，“大比武”，军队拉练，口号是“一不怕苦，二不怕死”；女排，请了大松博文，魔鬼训练，爬不起来，也照样朝你发球，甚至故意拿球扣你。但一般军队，不可能都达到这个标准。体力好的和体力不好的，搁一块跑，协同的重要性就显出来了。

这里讲了两大矛盾。“迂”、“直”是一个矛盾，“患”、“利”是一个矛盾。第二个矛盾又分成两个矛盾，一是速度和辎重的矛盾，二是速度和协同的矛盾。这些矛盾，作者没有现成答案，也不可能有现成答案。“以迂为直”、“以患为利”，是从坏处着眼，折衷利弊，选择最佳方案。这是原则上的要求，不是现成答案。

【7.3】

故不知诸侯之谋者，不能豫交；不知山林、险阻、沮泽之形者，不能行军；不用乡（向）导者，不能得地利。故兵以诈立，以利动，以分合为变者也。

① 克劳塞维茨《战争论》，第二卷，415 页。

故其疾如风，其徐如林，侵掠如火，不动如山，难知如阴，动如雷震。掠乡分众，廓地分利，悬权而动。先知迂直之计者胜，此军争之法也。

军争组的五篇，全和"地"有关，但此篇只提到"故不知诸侯之谋者，不能豫交；不知山林、险阻、沮泽之形者，不能行军；不用乡（向）导者，不能得地利"，没有讲具体的地形、地貌和空间划分，只有笼统概念，没有分类描述。还有两句，就是篇末的"高陵勿向"和"背丘勿逆"。

前面，我们说过，兵阴阳的特点是"顺时而发，推刑德，随斗击，因五胜，假鬼神而为助者也"（《汉志·兵书略》）。这个定义，是讲天文历算，但大家知道，兵阴阳是数术之学在军事上的应用，中国早期，天文、地理是同一门学问，两者都属于数术之学。这门学问，不光讲时间，也讲空间。诸葛亮"上知天文，下知地理"，就是属于这门学问。地形研究，也属于兵阴阳。

兵阴阳，迷信很多，但军事气象学和军事地理学的东西，主要都集中在这门学问里。研究古代兵学，这方面的知识，也要懂一点。

古代的军事地理，首先是国与国的地缘关系，其次是一国之内的纵深层次，然后才是具体的地形、地貌。本篇对这类问题，有所涉及，但不太多。更详细的描述，是在后面的《九变》、《行军》、《地形》、《九地》四篇里。

"故不知诸侯之谋者，不能豫交"，和《九地》的交地、衢地有关。交地是两国交界的地方，衢地是多国交界的地方。战国时期，很多战争都是国际战争，外交作用很突出，特别是在国界交错的地带。《九地》说交地要控制战略要地，衢地要搞好和邻国的外交。这里也一样。作者说，如果你不了解各国的预谋，就没法提前做好外交工作。一旦军队开拔，麻烦就大了。特别是，有的开进，还不是从本国直接进入被攻击的国家，而是从第三国借道。比如晋国的假虞伐虢（借道虞国打虢国），就是先伐交，把虞国打点好，让它同意借道，等把虢国灭掉，再来收拾虞国。这就是有"豫交"。美国打伊拉克，本来也想从土耳其借道，进入伊拉克北部的库尔德地区，形成南北夹击。他们做了很多工作，没有成功，直到现在还后悔。

"不知山林、险阻、沮泽之形者，不能行军"，"山林、险阻、沮泽之形"都是难以行军的地形。"山林"，是山地和森林，翻山越岭、穿越森林，不好走；"险阻"，"险"是崖壁接近 90 度，高下悬殊的地形，"阻"是道路不通的地形，也不好走；“沮泽”，是低湿之地，如盐碱地、沼泽地，人马容易陷在里面，走路走不快。这些地形，都难以行军。《行军》讲四种处军之地，山地、河流、平陆、斥泽，其中就包括这些难以行军的地形。《九地》则说，“山林、险阻、沮泽，凡难行之道者，为(圮)〔氾〕地”，把这类地形统称为“氾地”。

“不用乡(向)导者，不能得地利”，南方人说，“问一声老表，省走千里迢迢”。向导的作用很重要。

“故兵以诈立，以利动，以分合为变者也”，“兵以诈立”，即诈为谋本，《计》篇说“兵者，诡道也”，俗话叫“兵不厌诈”；“以利动”，《九地》、《火攻》都说，“合于利而动，不合于利而止”；“以分合为变者也”，即所有变化都是靠兵力的分配，有些地点要分散，有些地点要集中。《兵书略》讲形势家，有“离合背向”一句，就是讲这个意思。“离合背向”，就是“分合为变”。

“故其疾如风，其徐如林，侵掠如火，不动如山，难知如阴，动如雷震”，“疾”、“徐”相对，“侵掠”、“不动”相对，“难知”、“动”相对。日本战国时期的名将武田信玄最喜欢这几句话，他把风、林、火、山写在旗子上。《兵书略》讲形势家，有句话叫“雷动风举”，就是出典于此。《兵书略》讲形势家，不是下定义，而是讲直观印象。机动、灵活、快速、多变，就是形势家给人的直观印象。

“掠乡分众，廓地分利，悬权而动”，这是讲“抢”，包括抢人、抢东西。前面，在《作战》篇，我已经讲过，无后方作战，运输补给是大问题，一切要就地解决，抢是为了补充自己，我们要理解古人。“掠乡分众”，是抄掠敌国的农村，瓜分敌国的人力。“廓地分利”，是扩大自己的领土(占领敌人的国土)，瓜分敌国的物力。上文说“侵掠如火”，这里说“掠乡分众”，《九地》说“重地则掠”、“掠于饶野，三军足食”。前后加起来，《孙子》一共用了四个“掠”字。过去，讲《孙子兵法》，讲到这儿，都有点不好意思。因为王者之师，怎么可以抢东西呢？宋儒批评孙子，这也是备受攻击的一点。他们说，此书很不像话，简直是虎狼之兵，和秦人的做法有什么区别？但话说回来了，孙子的时代，孙子学生的时代，他不这么讲，又怎么讲？当时的军队，总不会讲“三大纪律，八项注意”吧？“悬权而动”，“权”是秤砣，所以称轻重。战国时期，人们经常用“权”和“轻重”指权术和兵术的运用，特别是指斟酌利害。“悬权而动”，也就是“合于利而动，不合于利而止”。

这些话，都是补充上文。上文，什么最重要？作者说，首先还是路线问题，即“迂直之计”。

【7.4】

《军政》曰：“言不相闻，故为之金鼓；视不相见，故为之旌旗。”夫金鼓、旌旗者，所以一(人)〔民〕之耳目也。(人)〔民〕既专一，则勇者不得独进，怯者不得独退，此用众之法也。故夜战多(火)〔金〕鼓，昼战多旌旗，所以变人之耳目也。

《军政》是一本古书。古人称军法或军中的管理曰“军政”，军中执法的官员也叫“军政”或“军正”(汉代仍有此职)。如晋随武子说，“见可而进，知难而退，军之善政也。兼弱攻昧，武之善经也”(《左传》宣公十二年)，又楚子伐吴，“不为军政，无功而还”(《左传》襄公二十四年)。其中的“军政”就是这类意思。此书早已失传，下文“此治变者也”，张预注说，“《军政》曰：‘见可而进，知难而退。’又曰：‘强而避之。’”，这段话其实就是抄《左传》宣公十二年，并非另有所见。

我们从书名和引文看，此书当是一部军事法典类的古书，类似《司马法》的古书。同类的书，《左传》里有《军志》。如：

(1)“楚子曰：‘……《军志》曰：允当则归。又曰：知难而退。又曰：有德不可敌。……’”(《左传》僖公二十八年)；

(2)“孙叔曰：‘……《军志》曰：先人有夺人之心。’……”(《左传》宣公十二年)

(3)“厨人濮曰：‘《军志》有之：先人有夺人之心，后人有待其衰。’……”(《左传》昭公二十一年)

《黄石公三略》，《上略》引《军谶》(24 条)，《中略》引《军势》(5 条)，也是模仿这种形式。

这种书很重要。我认为，后世所谓兵法，原来就是从这类古书中提炼出来的。军法是兵法的基础。中国也好，外国也好，用兵的基础都是治兵。谁都是有兵在手，有组织好、装备好、训练好的军队，才谈得上用兵。中国的兵法，优点是谋略发达，缺点也是谋略发达。有一利必有一弊。中国，谋略用旧典，两千多年不变；制度、技术，用新法，随时更新，两者有巨大的时间差，容易前后脱节。

“言不相闻，故为之金鼓；视不相见，故为之旌旗”，金鼓旌旗（图七五），金鼓是听的，旌旗是看的。前者凭耳朵，后者凭眼睛，所以说“所以一（人）〔民〕之耳目也”。比如《周礼·夏官·大司马》讲蒐狩校阅，坐作进退，左旋右转，主要就是靠这一套。

古代的营阵最像什么？最像大型音乐、舞蹈的排练。古今中外，很多音乐、舞蹈都是模仿战阵，比如祖鲁人的舞蹈，周乐的《大武》，都是如此。将军是排练的总指挥。他坐在战车上，击鼓而进，鸣金而退，一切动作都是凭这两样来指挥。

图七五　金鼓旌旗：山彪镇1号墓出土铜鉴上的纹饰

“金鼓”，《周礼·地官·鼓人》有所谓“六鼓四金”。“六鼓”是雷鼓、灵鼓、路鼓、鼖鼓、鼛鼓、晋鼓，“四金”是金錞、金镯、金铙、金铎。《武经总要》、《武备志》也有这类器物，可参看。

“旗帜”，《周礼·春官·司常》有所谓“九旗”，通通都是红旗，有些有图案，有些没有。有图案的，日月为饰叫常，交龙为饰叫旂，熊虎为饰叫旗，鸟隼为饰叫旟，龟蛇为饰叫旐。这是一类。没图案的，全红叫旃，红底白边叫物。这是又一类。还有一类，是以鸟羽为旗，全羽（羽毛完整）为饰叫旞，析羽（羽毛被分开）为饰叫旌。《左传》也有很多旗，如郑庄公有蝥弧之旗（隐公十一年），鲁有三辰之旗（桓公二年），齐景公有灵姑銔之旗（昭公十年），越有姑蔑之旗（定公十二年），赵简子有蜂旗（哀公二年）。

古代的旗，除这种旗，还有专门的信号旗。比如《墨子·旗帜》讲的16种旗，就是属于信号旗：苍旗（青旗）代表木，赤旗（红旗）代表火，黄旗代表薪樵（柴草），白旗代表石，黑旗代表水，囷旗（原作“菌旗”，囷是圆形的粮仓）代表食物，苍鹰（原作“仓英”）之旗代表死士（敢死队），虎旗（原作“雩旗”）代表竞士（原作“竟士”，竞士是战斗力最强的部队），双兔之旗代表多卒(指敌人多,或己方需要增援),童旗代表五尺以下(1.15米以下)的小孩,姊妹之旗(原作"梯末之旗")代表妇女,狗旗代表弩,荏旗(疑即《周礼》的"旌")代表戟,羽旗(疑即《周礼》的"旞")代表剑盾,龙旗代表车,鸟旗代表骑。

旗帜上的图案,古人叫"徽号"、"徽识"或"徽章"。

欧洲的纹章(coat of arms)是类似之物,他们的盾牌,上面往往有用鹰狮等物作装饰的族徽,这种盾饰也被画在旗帜上。

上面说,协同很重要。这里说,指挥三军作战,要靠金鼓旌旗,就是属于协同。它是用信号来指挥。金鼓是听觉信号,旌旗是视觉信号。两者都是信号。《势》篇的"形名"就是这种东西。曹注说,"旌旗曰形,金鼓曰名",意思是看见的叫"形",听见的叫"名"。西方美学家讲艺术分类,基础分类是二分法,即把艺术分为视觉艺术(如绘画、雕塑)和听觉艺术(如音乐、诗歌)两大类。比如,拉辛的《拉奥孔》就是拿雕塑的拉奥孔和诗歌的拉奥孔做对比。但曹注的解释不一定对。因为"形名"的"形"是代表可视之形,可见之物,"名"是代表它们的概念或符号。旌旗和金鼓都是符号或信号。

"形名",是名家术语。名家也叫形名家。

大家不要以为,形名之学只是研究名实关系的逻辑学,或玩弄名实关系的诡辩术。这样理解,窄了点。形名,亦作刑名,本来和法律有关,和打官司有关。逻辑产生于辩论,辩论为了打官司。这种学问,本来叫刑名之学,或刑名法术之学。鲁迅的老家绍兴,特产是刑名师爷。形名用于管理,是符号管理。一个国家,一支军队,是由很多人组成,怎么才能管起来?黄仁宇说,千军万马,要从数目字上去管理。数字、概念、符号、信号、号令,都属于名。这门学问,也被推广于治术和兵法。

军队定编,设官分职,实行科层化管理,数字很重要。汉代文书有所谓"伍籍",每一级有多少人,姓什么,叫什么,老家什么地方,都要登记。有了这个花名册,才能"治众如治寡"。这叫"分数"。有了"分数",就有了军队。下一步,是用什么指挥他们去战斗,让他们"斗众如斗寡"?这叫"形名"。"形名",就是用金鼓旌旗作信号。

银雀山汉简《奇正》篇说:

故有形之徒，莫不可名。有名之徒，莫不可胜。故圣人以万物之胜胜万物，故其胜不屈。战者，以形相胜者也。形莫不可以胜，而莫知其所以胜之形。形胜之变，与天地相敝而不穷。形胜，以楚越之竹书之而不足。形者，皆以其胜胜者也。以一形之胜胜万形，不可。所以制形壹也，所以胜不可壹也。故善战者，见敌之所长，则知其所短；见敌之所不足，则知其所有余。见胜如见日月。其错胜也，如以水胜火。形以应形，正也；无形而制形，奇也。奇正无穷，分也。分之以奇数，制之以五行，斗之以形名。分定则有形矣，形定则有名〔矣〕。

这段话就是讲兵家的“形名”。它的意思是说，看得见的东西都有名，有名的东西都有对付它的办法。用看得见的东西对付看得见的东西，是正；用看不见的东西来制造看得见的东西是奇。一支军队有多少人？哪些算正，哪些算奇？怎么才能把奇和正分开来，让它如五行相胜，克服对方的形，这是属于“分”。“分”以“数”分，应当就是《势》篇所谓的“分数”。“分”定下来，才有“形”。“形”定下来，才有“名”。“斗之以形名”，就是《势》篇所说“斗众如斗寡，形名是也”。

形名，就是用“名”控制“形”的学问。

古代的指挥手段，主要是旗鼓。我们常说“旗鼓相当”，意思是两边的实力差不多；“大张旗鼓”是兴兵讨伐；“偃旗息鼓”，是放弃战斗。但古代的“形名”还不止这些。

战场上，士兵和将军隔得远，说话听不见，手势看不清，只能靠金鼓旌旗来指挥。如果两股部队，各在一方，指挥联络，问题就大了。其实，更大范围的指挥联络，古代是靠邮驿和烽燧。邮驿是用驿马接力，传递军中文书，弥补“言不相闻”。烽燧是用烟火传递信号，弥补“视不相见”。现在，北京有个中国电信博物馆，早期陈列物，主要是和邮驿和烽燧有关；晚期陈列物，主要是和近现代的邮政、电话、电报，以及更现代的卫星通讯有关。

现代的指挥联络，信号系统很复杂。简单的，有旗语、信号灯、信号枪、信号弹。复杂的，有电话、电报、无线电通讯和计算机网络。它们的前身是金鼓、旌旗、邮驿、烽燧。

古代邮驿制度，有两样东西很重要，一样是符节，一样是文书。

符节，类似合范，比如新郪虎符、阳陵虎符，都是做成老虎的形状，从中一剖两半，两半对在一起，才能发兵；鄂君启节，则是做成竹筒的形状，一分为五，作为通行证。楚玺有三合玺，也是把一个圆形的印章，一分为三，用来封存储藏文件的典匮。它们都是用合符的形式来验证。

文书，则用简牍（或帛纸）书写，外面用检覆盖，封以泥绳，加盖印章。

这些都是保密措施。《六韬·龙韬》有《阴符》和《阴书》，阴者，保密之谓也。

《阴符》讲的符，是一种简，长三寸到一尺，凡八等，实物未见，估计类似上世纪90年代以前自行车存车处的存车牌，竹制，上面写一行字，一剖两半，现在没人用了。阴书和阴符不一样，它是用文字写成，用于秘密通讯。《阴书》说，"引兵深入诸侯之地，主将欲合兵，行无穷之变，图不测之利，其事繁多，符不能明，相去辽远，言语不通"，则用书不用符。

另外，为了分敌我，辨等级，军人的服饰也极为讲究，现代军人有制服、帽徽、领章和肩章。美国兵，脖子上面还挂块小牌，上面有姓名和血型。据说，西服的领带，也是从军队来的。我国的制度是什么？这个问题值得研究。比如秦俑坑的秦俑，服饰各有区别，有什么含义；晚期有号衣，是怎么演变。这些都可纳入形名的概念来研究。

"故夜战多（火）〔金〕鼓，昼战多旌旗，所以变人之耳目也"，"变"的意思是互相调换，即夜里主要靠耳朵听，白天主要靠眼睛看，要换一下。

信号对军队很重要。我们都知道，动物和动物联络，主要靠信号。不仅表情、动作和声音是信号，拉泡屎、撒泡尿，闻一闻，也是信号。

动物驯化，对训练军队是启发。它们不懂人话，但能理解人发出的信号，甚至非常低等的动物，都懂这种"语言"。巴甫洛夫讲条件反射，反射怎么建立，无非是两条，一是食物，二是鞭子。驯化，就是让它们记吃记打。兵家说的刚柔相济，恩威并施，就是这两条的变形。军人要服从命令听指挥，他们听的，很多都是符号、信号类的东西，不是大道理。

现代战争，信息战，原型是这类东西。

【7.5】

三军可夺气，将军可夺心。是故朝气锐，昼气惰，暮气归。善用兵者，避其锐气，击其惰归，此治气者也。以治待乱，以静待哗，此治心者也。以近待远，以佚待劳，以饱待饥，此治力者也。无邀正正之旗，勿击堂堂之陈，此治变者也。

这段话，可以叫"治兵四要"。"四要"，是治四样：气、心、力、变。

治气和治心，两者不一样。气是生理水平，心是心理状态。

作者说，"三军可夺气，将军可夺心"，意思是说，三军的士气，将军的意志，有可能突然崩溃，被对手打垮。但孔子说，"三军可夺帅也，匹夫不可夺志也"（《论语·子罕》），一个普通人，意志坚强，有时却不可动摇。这句话，叶挺将军最喜欢，我也喜欢。生理水平和心理状态，对打仗很重要。搞体育的都知道，比赛前，身体状态和心理准备很重要。"治气"，是行气家的术语。行气，现在叫气功。古人说，一年四季，每个季节和每个季节，天地之气不一样，有好有坏。同样，一日之内，气也不一样。行气者要知道，什么样的气可食，什么样的气当避，这叫"治气"。我写过文章，专门讨论这个问题①。

"朝气锐，昼气惰，暮气归"，人，一天 24 小时，生理水平不一样，早上精神状态最好，白天逐渐下降，傍晚，气就泄得差不多了。为将者要懂这个道理。我们都知道，长勺之战，曹刿就是用治气之术，打败来势汹汹的齐国军队（《左传》庄公十年）。当时：

公与之乘。战于长勺。公将鼓之。刿曰："未可。"齐人三鼓，刿曰："可矣。"齐师败绩。公将驰之。刿曰："未可。"下，视其辙，登，轼而望之，曰："可矣。"遂逐齐师。既克，公问其故。对曰："夫战，勇气也，一鼓作气，再而衰，三而竭。彼竭我盈，故克之。夫大国难测也，惧有伏焉。吾视其辙乱，望其旗靡，故逐之。"

中国古代，时制划分有两套制度，一套是 12 小时，一套是 16 小时。12 小时，1 小时等于现在的 2 小时。16 小时，1 小时等于现在的 1.5 小时。16 小时，是配合表示昼夜长短的"朝夕十六分比"。昼夜长短，一年四季不一样。后世只用 12 小时，不用 16 小时。12 小时，如果四分，是朝、昼、昏、夕。

① 李零《〈孙子〉十三篇综合研究》，434—435 页。

朝是子时到寅时(上午0—6点),昼是卯时到巳时(上午6—12点),昏(即暮)是午时到申时(下午12—6点),夕是酉时到亥时(下午6—12点)。这里没讲夕。夕是晚上,人都睡了。旧注讲"治气",经常讨论某时到某时气最盛,某时到某时要差一截。话可能有一定道理,但也不能死抠。如早上6、7点,精神状态最好,我就非这个时候打,你下午6、7点跟我打,我就不打,不能这么死板。生物钟,只是个大致参考,人和人不一样。即使一样,也可以调。比如,有的人喜欢昼伏夜出,或挑灯夜战,就和喜欢早睡早起的人不一样。毛泽东就是夜里工作,床上看书,床上办公。读书人,很多也是夜猫子。我现在,精力差了,绝不熬夜,只在清晨朝气最锐的钟点起来写作,中午一定要午睡,下午看书,晚上看电视,一到9、10点钟就呼呼大睡。

善用兵者,要避开敌人士气最旺的时候,抓住他们精神疲劳、情绪低落、产生抑制的时候再打,这叫"避其锐气,击其惰归"。

"以治待乱,以静待哗,此治心者也",这个"心"就是《九地》着重强调的"人情之理"。士兵心理,什么时候害怕,什么时候不害怕,是随环境而变化。"以治待乱",是用秩序对付混乱,敌乱我不乱;"以静待哗",是用安静对付喧哗,对方大呼小叫,我一声不吭。自古军队就需要医生,不仅需要外科医生,也需要心理大夫。战争不仅伤及皮肉,而且摧残灵魂。灵魂的伤害更厉害。《六韬·龙韬·王翼》、《墨子·迎敌祠》讲,军队里有方士和巫医,他们除给士兵治病,还搞迷信活动。古代的迷信活动,往往有心理治疗作用。美国军队有牧师,现在,俄国军队也有,代替红军的政委。牧师就是他们的心理医生。

"以近待远,以逸待劳,以饱待饥,此治力者也",战争非常消耗体力,保持体力也很重要。

"无邀正正之旗,无击堂堂之陈,此治变者也",两汉文字,"阵"本来写成"陈","阵"是西晋以来才有的写法,唐代盛行这样写。"正正",简本的写法比较怪,到底是什么字,还值得研究。

【7.6】

故用兵之法:高陵勿向,背丘勿逆,佯北勿从,锐卒勿攻,饵兵勿食,归师勿遏,围师必阙,穷寇勿迫,此用兵之法也。

这里的八句话，是八条禁忌，七句带“勿”字，一句带“必”字，都是警告为将者。

头两句，“高陵勿向”、“背丘勿逆”，这是一类。它们和地形有关。地形，有阴阳、向背、顺逆。以上攻下是顺势，以下攻上是逆势。这个道理很简单。敌人占领制高点，居高临下，等于水往低处流，我不可仰攻，仰攻如遏水流，必被水淹，这叫“高陵勿向”。“背丘勿逆”，也是兵家的一种讲究。兵家讲地形，喜欢左面和前面开阔，右面和背面高峻。简化一点，只讲两个面，是前面要有出口，后面要有屏障，《行军》叫“视生处高”。敌背丘而陈是顺势，我迎之是逆势。这是讲地形。

下面，是讲六种敌人。

“佯北勿从”、“锐卒勿攻”、“饵兵勿食”，这三种是一类。一种是假装逃跑的敌人，他故意卖个破绽，骗你追他，后面是拖刀计，你不要上当。“从”是军事术语，本来的意思是跟踪追击。这种敌人不能追。一种是精兵锐卒，跟它交手，必然吃亏，也不能攻。一种是敌人派小股部队，吸引调动我方，好像鱼饵，敌人想钓大鱼，你不要上钩。

这三种是不能搭理的敌人。

还有三种，是豁出命来，跟你鱼死网破的敌人。古代作战，都是背井离乡，人心都是肉长的，谁不盼望早点回家。现代战争，美国兵好吃好喝，军事基地弄得和国内一样，什么设备都一应俱全，他们照样想家。后面，我们读《九地》，作者费那么多笔墨讲什么，就是怕士兵恋土怀乡，刚入敌境，离家太近，跑掉了。敌人要回家，归心似箭，势不可当，你不要挡他的路，这叫“归师勿遏”。敌人被包围，作困兽之斗，你一定要留下缺口，让他们跑出来再打，这叫“围师必阙”。敌人陷入绝境，走投无路，你不要往死了逼他，这叫“穷寇勿迫”。有些人不了解古人，不了解古代战争，认为对死硬之敌，决不能东郭先生，心慈手软。其实，在当时的环境下，这种说法还是有它的道理。

上面八句话，最后一句是“穷寇勿迫”。

“穷寇勿迫”，历来的引文都这么写，宋代的三个版本也这么写。唯一例外，是明代的赵本学，他认为“迫”是错字，把它改成了“追”字。

这个改动，没有根据，肯定是误改，但围绕这个改动，有件事值得一提。

中国的兵书，明清最多。特别是讲江防海防的书，骤然增多。其背景，一是明末抗倭抗清；二是对付西方入侵。这类书多是因为挨打。赵本学就是这一时代的奇人。我们在前面介绍过(见第二讲)。

穷寇该不该迫，《孙子》的答案是否定的。

我们都知道，解放军占领南京，毛泽东写过一首诗，反用此典。他说，“宜将剩勇追穷寇，不可沽名学霸王”，上句的“穷寇”，前面是“追”字，和赵注本一样。

毛泽东的诗，似乎透露出一点，他读的《孙子兵法》，可能是赵注本。因为《孙子》古本都是“穷寇勿迫”，只有赵注本是“穷寇勿追”。“迫”和“追”有点像，经常混淆，但这种写错的本子，几乎没有。我在《〈孙子〉古本研究》31页搜集到一条引文，是出自《后汉书·皇甫谧传》中董卓的话，标点本的底本是“穷寇勿迫，归众勿追”，点校者据汲古阁本和殿本把它改成“穷寇勿追，归众勿迫”，说“下云‘是迫归众，追穷寇也’，明当作‘穷寇勿追，归众勿迫’”。这段话，有学者指出，见于年代更早的袁宏《后汉纪》卷二五，原文作“卓曰：兵法：‘穷寇勿迫，归众勿追。’今我追国，是追归众、迫穷寇也。……”①可见校点者正好改错了，上下都错。赵注本在日本影响很大。日本的樱田本，服部千春说怎么怎么古老，但它的这句话，是抄赵注本，也作“穷寇勿追”，其实一点也不古老。

我们要知道，毛泽东兵法，他的心法就在这两句诗中。他熟读史书。鸿门宴，项羽把刘邦放走，在他看来是大错误。范增当时就骂，说这是“妇人之仁”。因为垓下被围，刘邦对他可并不客气。毛泽东喜欢杜牧的一首诗，叫《题乌江亭》。杜牧的诗是批评项羽。项羽兵败，走投无路，来到乌江边，乌江亭长，划个小船来接他。他说，老天既然要亡我，我还渡江干什么，当年，我率江东子弟八千，渡江击秦，今无一人生还，就算江东父老可怜我，我也没脸见他们。项羽死得可爱、悲壮，但毛泽东不喜欢。杜牧说，“胜败兵家事不期，包羞忍耻是男儿。江东子弟多才俊，卷土重来未可知”。他认为，胜败乃兵家常事，项羽应包羞忍耻，渡江而去，重新招聚人马，有朝一日，再杀回来，不该赌气轻生。毛泽东认为，该忍的时候要忍，该狠的时候

① 韩伟表《〈孙子兵法〉“十三篇”之“穷寇勿迫”乃后学缀入考》，《国学研究》第十七卷，北京：北京大学出版社，2006年，275页。

要狠，方为大丈夫。鸿门宴，不狠，是错误；乌江边，不忍，也是错误。同样是这件事，李清照也写过一首诗，叫《夏日绝句》，意思正好相反。她说，“生当作人杰，死亦为鬼雄。至今思项羽，不肯过江东”。“霸王别姬”的项羽，就是“穷寇”。“迫”的结果，是他自杀了。文学喜欢失败的英雄。在李清照眼里，这是凄美的绝唱。杜牧的诗是兵法（杜牧喜欢谈兵），李清照的诗是气节（宋人爱讲气节）。毛泽东是政治家和军事家，当然不会拿道德说事。他喜欢前者，而不是后者。

“迫”和“追”，意思不同，前者是逼迫，后者是追击。克劳塞维茨特别强调追击，因为很多战斗，都是因伤亡惨重，疲惫不堪，胜而不追，功亏一篑。在他看来，乘胜追击，扩大战果，比战斗本身还重要，斩获往往数倍于前。追是很大的学问。虽然能不能追是一个问题，但从总的原则来说，他也强调“追穷寇”①。

另外，和下一篇有关，和《九变》篇有关，我们也要预先说明一下，元代的张贲、明代的赵本学，他们说，这里的八句话都是《九变》篇的错简，这种说法不可信，下面还会讨论。

① 克劳塞维茨《战争论》，第一卷，305—319页。

【第十讲】

行军第九

这一讲，本来应该讲《九变》。但《九变》很特殊，它的内容和《九地》有关，题目也和《九地》有关，不讲《九地》，就无法理解。所以，我把它放在《九地》后面讲。

这里先讲《行军》，是为了讲述的方便，不是原书如此。

上面讲《军争》，我已经指出，运动战，"走"比"打"更重要；两军争胜，好像越野赛和竞走，路线最重要。现在，我们要讨论的，是具体怎么"走"。"走"分两方面，一是周围的地形、地貌怎么样，二是周围的敌人有什么情况。

《孙子》的这一组，讲"地"必讲"兵"，讲"兵"必讲"地"。几乎每篇都和"地"有关。作者讲"地"，不是焦点透视，放在一起讲，而是散点透视，针对不同问题，从不同角度讲，有关讨论散在各篇。他讲的"地"，不是纯自然的"地"，与人无关的"地"，而是和军事行动有关的"地"。有些是地形、地貌，有些是地区或地域。行军有行军的"地"，作战有作战的"地"，国与国的关系，国以内的深浅，也各有各的"地"。

研究《孙子》，地理学的概念很重要，我在这一讲的后面加了个附录，就是介绍有关背景。

《行军》篇，主要围绕两个问题：一个是"处军"，一个是"相敌"。

"处军"是讲四种与宿营有关的地：山、水、平陆、斥泽。四种地，都是比较具体的地形、地貌。

古人讲地形、地貌，主要有四大类：山、水、原、隰。山，包括浅山、丘陵和高地，就是这里的"山"。水，包括河流、湖泊，就是这里的"水"。原，是平原，也包括黄土高原上的塬区，则相当这里的"平陆"。隰，是低湿之地的统称，则相当这里的"斥泽"。

地球本身，总是凹凸不平。谭嗣同有一首诗，叫《潼关》。诗中有这样两句，"河流大野犹嫌束，山入潼关不解平"。山，都是高高低低；水，都是曲曲折折，没有地图看不清。凡是搞地理的都知道，两山之间，会有河谷；河流冲击过的地方，会有平原和低湿之地；道路是沿河谷、河床走，它们彼此交汇的地方，往往有聚落和城市。古人把这些东西记下来，画在地图上，对军事很有用。

1973年，马王堆汉墓3号墓出土的两种古地图（图七六、图七七），就是古代的军事地图。

《孙子》讲地形，主要有三种讲法，一种和行军有关，涉及具体的地形、地貌，如这里的四种“处军”之地；一种和作战有关，则只讲地理形势，如远近、险易、广狭、高下，以及顺逆、向背、死生。远近等形，主要见于下一篇。顺逆等形，主要见于此篇，后面的《九地》篇也讲了一点。还有一种是国土的区域概念和空间概念，则只见于《九地》。

“相敌”，是观察敌情。这种技术，属于广义的相术。

我把《行军》篇分为三章：

第一章，讲“处军”（行军中的宿营），它分四种地形：山、水、斥泽、平陆。

第二章，讲“相敌”（行军中的观察敌情），它分33种情况。

第三章，讲“法令孰行”，即各种约束规定。

下面，我们一章一章来介绍。

【9.1】

孙子曰：

凡处军相敌：绝山依谷，视生处高，战（隆）〔降〕无登，此处山之军也。绝水必远水。客绝水而来，勿迎之于水内，令半渡而击之利；欲战者，无附于水而迎客；视生处高，无迎水流，此处水上之军也。绝斥泽，唯亟去无留；若交军于斥泽之中，必依水草而背众树，此处斥泽之军也。平陆处易，右背高，前死后生，此处平陆之军也。凡四军之利，黄帝之所以胜四帝也。凡军好高而恶下，贵阳而贱阴。养生处实，军无百疾，是谓必胜。丘陵堤防，必处其阳而右背之。此兵之利，地之助也。上雨水，〔水〕（沫）〔流〕至，欲涉者，待其定也。凡地有绝涧、天井、天牢、天罗、天陷、天隙，必亟去之，勿近也。吾远之，敌近之；吾迎之，敌背之。军旁有险阻、潢井、蒹葭、（林木）〔小林〕、翳荟者，必谨覆索之，此伏奸之所〔处〕也。

这一章，可以分成前后两段，前一段是讲四种“处军”之地，一条一条分开讲；后一段是进行总结，把有关要求合起来讲。

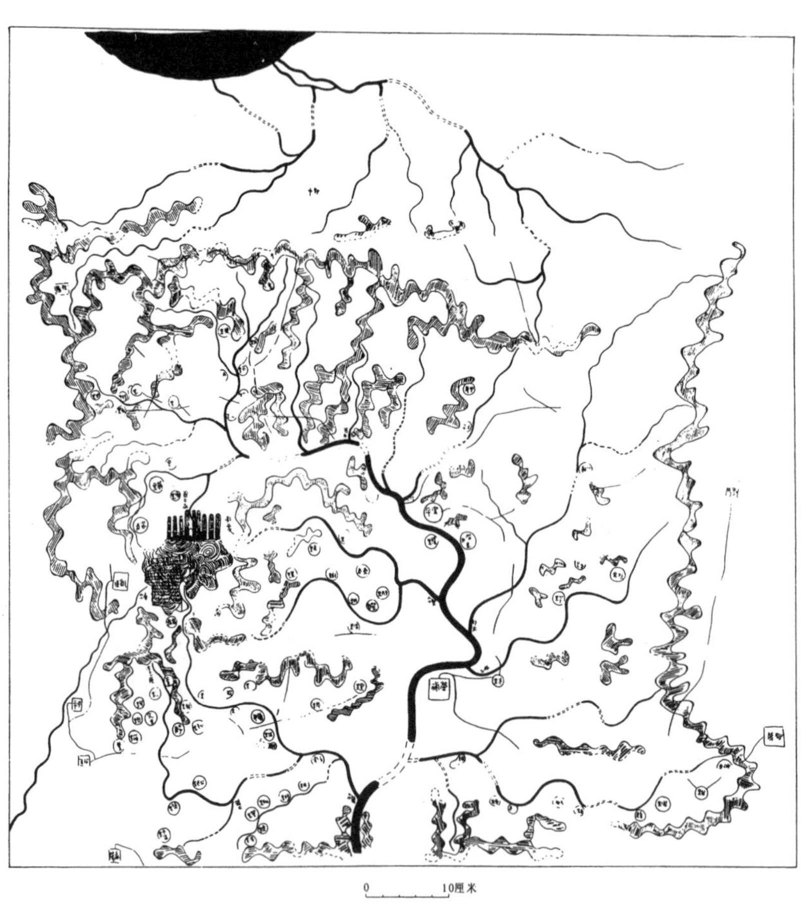

图七六　马王堆汉墓3号墓出土的《地形图》

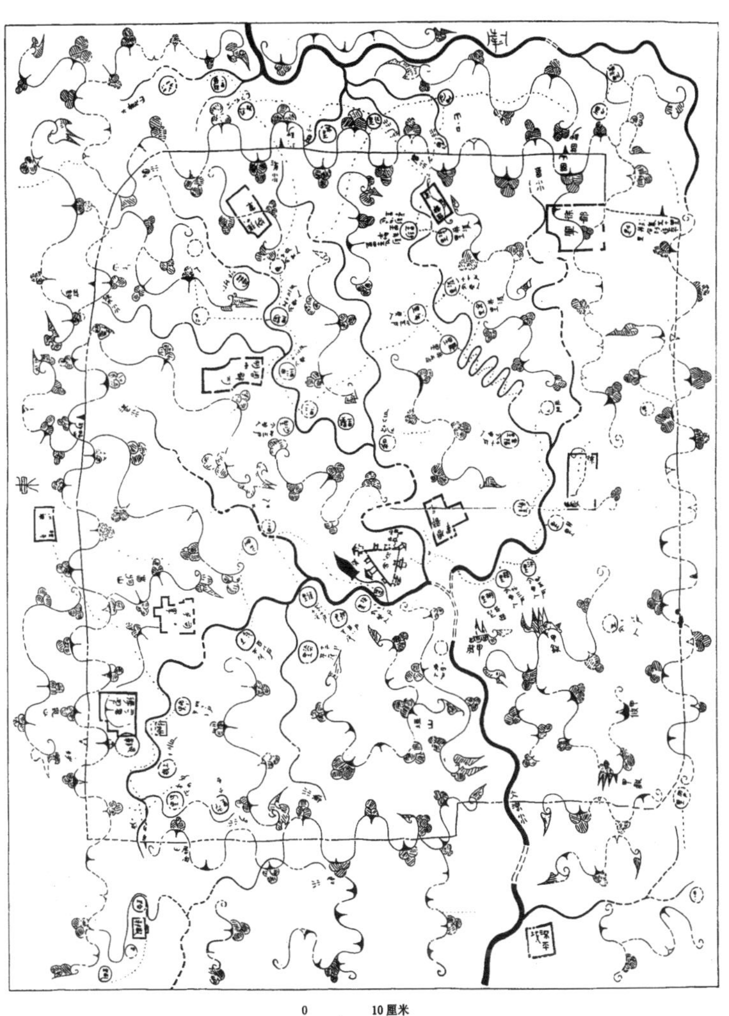

图七七　马王堆汉墓3号墓出土的《驻军图》

我们先讲前一段。

"凡处军相敌"，是提示全文，"处军"是这一段，"相敌"是下一段。

"处军"是宿营，它分四种地形："山"、"水"、"斥泽"、"平陆"。每种地形前都加了一个"绝"字，"绝"是穿越的意思。

第一是"绝山"，穿越山地，不是从山上穿，而是从谷里穿，因为道路都是沿着山间的谷地走，所以说"绝山依谷"。沿着谷地走，一是好走，二是有水草之利，但危险在于，两侧可能有伏兵。如果在这种地方宿营，一定要"视生处高"。"视生"是向阳，前有出口，视野开阔；"处高"是背阴，后有依托，居高临下。这是属于顺逆、向背、死生的概念。"视生处高"，是前低后高，前死后生，这是顺势。敌来攻我，他们是逆势。"战降无登"，则是反过来说。如敌先我占领高地，居高临下，我不可登山仰攻。仰攻，整个位子就掉过来了，我成了逆势，敌成了顺势。这句话，今本有误，写成"战隆"，应照银雀山汉简和各种古书的引文，改成"战降"。汉代，"降"、"隆"二字常混淆。如马王堆帛书的医书，就常把"癃"字写成"痒"字。"战降"，是说与从上往下攻的敌人交战。"绝山"，制高点最重要。克劳塞维茨说，制高点有三大好处，一是扼制进出之路，有交通之便；二是便于火力发挥，从上往下射击，比从下往上射程远（古代没有火器，但从上往下射箭和投掷重物，和地心引力的方向一致，也是上比下好）；三是可以居高临下，瞰制地形（山下最好没有密林遮蔽），有观察之利①。"视生处高"，就是有这三大好处。古代，占领山头，就是占领了制高点。今天不一样，制高点已经不是山头。大家争夺的是制空权，是卫星定位系统的制高点，制高点已经跑到天上去了。但制高点的重要性依然存在。

第二是"绝水"，"绝水"是渡河。渡河最怕两件事，一是敌人从上游放水，像《三国演义》讲的"水淹七军"；二是渡水渡到一半，被敌人从岸上打。"远水"，是说渡河前，在水边宿营，一定要离水远点，否则容易被水淹。如果敌人正在渡河，我不可在水里应战，而是应该在岸上等，让他渡到一半再打。如果敌人尚未渡河，我不可在岸上迎候，那样，敌人就不肯渡河了。它们都是讲这两条。水和山不同，山高水低，但也讲顺逆、向背、死生。人在有水的地方，只有站在高处，才能不被水淹，故也讲"视生处高"。水往低处

① 克劳塞维茨《战争论》，第二卷，469—473页。

流，人不能在低处迎之，也和“战降无登”是一个道理。水虽然低，但有河岸，同样也是制高点。这里，“令半渡而击之利”很重要。春秋时期，什么是正规战法，什么是不正规战法，游戏规则发生变化，但古风犹存。最初，只有双方摆好阵势，像体育比赛那样，“费厄泼赖”地玩，才配叫“战”，凡设伏偷袭、趁乱取胜，都不叫“战”，只叫“崩”、“败”、“克”、“取”（《左传》庄公十一年）。泓之役，宋国有先机之利，宋军摆好阵势，楚军还在渡河，司马子鱼说，“彼众我寡，及其未既济也请击之”，但宋襄公不让打。楚军渡过河，还没摆好阵势，司马子鱼请求打，他也不让打。最后，楚军摆好阵势，双方交手，宋军大败。宋襄公的战法，就是《司马法》里追论的古战法，贵族决斗式的老战法。司马子鱼的战法，才是讲究实际，代表潮流的新战法。宋国战败后，国人都怨宋襄公，他顽固辩解说，“君子不重伤，不禽二毛。古之为军也，不以阻隘也。寡人虽亡国之余，不鼓不成列”。司马子鱼很气愤，说这位领导根本不懂军事，简直就是瞎指挥（《左传》僖公二十二年）。其实，这是“古代”和“现代”两种不同战法的斗争。《孙子》反对这种古战法，主张“半渡而击”，和宋襄公完全相反。后世兵家都是追随《孙子》。如《吴子》就两次提到此说，一次是“涉水半渡，可击”（《料敌》），一次是“敌若绝水，半渡而薄之”（《励士》）。《料敌》讲 13 种“可击”，除了“涉水半渡，可击”，还有“敌人远来新至，行列未定，可击”，“险道狭路，可击”，这些都和宋襄公的说法正好相反。宋襄公认为，“半渡而击”，太不合古礼，也太没君子风度，但他看不起的这种非正规战法，后来反而是通用的军事原则。古代战争，水火之用甚广，但《孙子》只有《火攻》篇，没有《水攻》篇。涉及水攻，只有这一处。

第三是“绝斥泽”。“斥泽”，“斥”是盐碱地，“泽”是沼泽地，两者都是低湿之地。低湿之地，古人叫“隰”。我国北方，黄河流域有很多盐碱地。联合国粮农组织设有专项基金，用来治理这些盐碱地。过去，我在河套地区待过。那里河渠纵横，地下水位高，石头滚子一压，就出水，到处都是白花花的盐碱地，地皮就像酥皮点心，踩上去，啪嗒啪嗒。红军长征，爬雪山，过草地，所谓草地，很多就是沼泽地。这些都是难走的地形，一旦被敌人发现，麻烦就大了，必须迅速通过，不能待在里面。穿越斥泽，没有可依托的东西，只能“依水草而背众树”，这也是“视生处高”。“依水草”，是人马所安，“背众树”，是背有依托。上一讲，“凡山林、险阻、沮泽之形者”，其中的“沮泽”，就是这种地形。

第四是“绝平陆”。“平陆”，古人也叫“原”，包括高原的原。古人讲“险易”，“险”是山地，“易”是平地，水和斥泽是更低下的地形。这里的要求，也很简单，只有七个字，“右背高”和“前死后生”。古代兵阴阳，是以左前为阳，右背为阴，“右背高”的意思，就是负阳而抱阴，左前开阔，右背高峻，其实，也还是“视生处高”的意思。但“前死后生”这句话，在理解上有点麻烦。“视生处高”，从字面上讲，本来是以脸对的方向为“生”，背对的方向为“死”，这里怎么反而说是“前死后生”呢？旧注因此有争议。李筌说，“前死，致战之地；后生，我自处”，即前有敌阻，只有死战，突破敌人，才能出去，所以叫“前死”，背有依托，无须战，所以叫“后生”。但王晳说，“凡兵皆向阳，既后背山，即前生后死。疑文误也”，他认为，原文肯定写错了，本来应该是“前生后死”。后说好像很有道理，但银雀山汉简出来后，我们发现，原文还是“前死后生”。看来，李筌的解释还是对的。李筌注，是根据《孙子》本身的解释，《九地》讲“死地”，有两条解释，一条是“疾战则存，不疾战则亡”，一条是“无所往者”。第二条解释，简本有异文，分成两句，是作“背固前敌者，死地也。无所往者，穷地也”。这一解释更清楚，“前死”就是指前有敌阻。可见“死生”是指需战不需战。前有敌人挡，不战就出不去，才叫“死”；后有依托，很安全，不需战，才叫“生”。

这是前一段。

下面一段，是讲三“凡”：

(一)第一凡，是总结上文。

“凡四军之利”的“四军”，即上文的四种“处军”。“军”作动词，本身就有安营扎寨的意思，和“处军”是一个意思。

“黄帝之所以胜四帝也”，这是依托黄帝传说。战国秦汉时期，数术、方技、兵书，所有技术书，都喜欢依托黄帝。古代的兵阴阳，也是如此。如《汉志·兵书略》的兵阴阳，著录兵书16种，其中7种就是依托黄帝君臣：

> 《黄帝》十六篇。(图三卷。)
>
> 《封胡》五篇。(黄帝臣，依托也。)
>
> 《风后》十三篇。(图二卷。黄帝臣，依托也。)

《力牧》十五篇。(黄帝臣,依托也。)

《鹓冶子》一篇。(图一卷。)

《鬼容区》三篇。(图一卷。黄帝臣,依托也。)

《地典》六篇。

黄帝君臣有所谓“七辅”、“六相”,如上面的“风后”、“力牧”、“地典”,就是属于“七辅”。

“黄帝胜四帝”,属于黄帝传说。黄帝传说,属于古代的帝系传说。

古代帝系有两套五帝,一套是周系的五帝,即黄帝、颛顼、帝喾、尧、舜(《大戴礼·帝系》),一套是秦系的五帝,即太昊、炎帝、黄帝、少昊、颛顼(《吕氏春秋》十二纪、《史记·封禅书》)。后一套五帝,配以方色,就是青、赤、黄、白、黑五帝。

中国的五帝,是中国早期的“五族共和”。早先,各族祭各族的祖宗,别人的祖宗,绝对不能祭,灭谁的国家,就杀谁的人民,挖谁的祖坟,这是笨办法。后来,他们发现,要建大地域国家,族的概念必须打破,同处一国的各族,要想把他们捏在一块儿,最好的办法,就是把他们的祖宗牌位都请出来,放在一起祭。比如民国初建,讲五族共和,就有这类主意。1925年,薛笃弼在北京地坛建五族共和亭(现已无存),就是悬挂五大领袖像:黄帝、努尔哈赤、成吉思汗、穆罕默德、宗巴喀。

五色帝,各有方位。太昊在东,是因为他的后代是风姓,风姓小国,是集中在今曲阜一带;少昊在西,是因为他的后代是嬴姓,嬴姓各国秦为大,秦在今陕甘地区;炎帝在南,是因为他的后代是姜姓,姜姓有四大分支,齐、吕、申、许,原来在今河南南阳一带;颛顼在北,他的后代是尧、舜,尧、舜的故墟,传说都在今山西南部。五色帝,是以五族后代中最出名的国家的方色而命名。

这里的“黄帝胜四帝”,是以五色配五位。马王堆帛书有“黄帝四面”的传说(《经·立政》)。黄帝居中央,好像湖南出土的大禾方鼎,长着四张脸。四帝在四方,青帝在东,赤帝在南,白帝在西,黑帝在北。所谓“黄帝胜四帝”,就是中央打败四方。

古人有一种根深蒂固的观念,“文明”的民族,天生就该占据中心,占据适于农业发展的好地方,把“野蛮”的民族赶到边远荒凉的地方,和野兽和鬼怪去做伴。传说尧、舜把本为同姓骨肉的四大凶族“投诸四裔，以御魑魅”(《左传》文公十八年)就是这类想法。四凶，一说是浑敦、穷奇、梼杌、饕餮(同上)，一说是共工、三苗、伯鲧、驩兜(属于所谓古文《尚书》的《舜典》)，都是邪恶的化身。“黄帝胜四帝”，也是把不如己者边缘化。

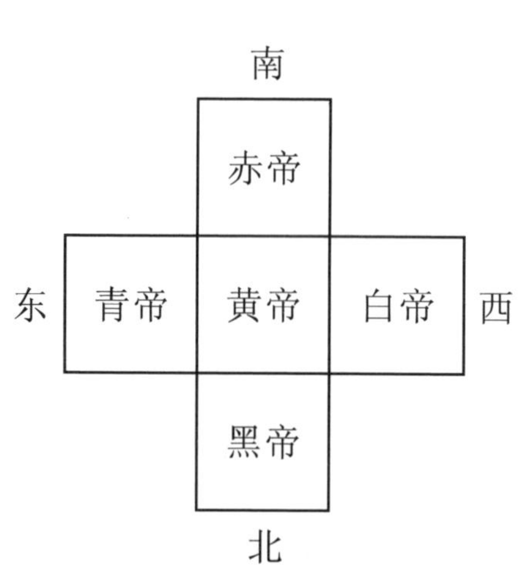

图七八　黄帝胜四帝

银雀山汉简有《黄帝伐四帝》(原书标题如此)。文章开头有“孙子曰”，整理者以为《吴孙子》佚篇，就是解释这一说法。它讲黄帝胜四帝，每一条都有“右阴、顺术、背冲”六个字。我们怀疑，“右阴”就是这里的“右背高”，指依托西北，面向东南；“顺术”则是顺着黄帝的面向，即由内向外的方向；“背冲”则是逆着四帝的面向，即由外向内的方向。黄帝伐四帝，战而胜之，是按阴阳、顺逆、向背。

为了理解的方便，我画了个示意图(图七八)。五帝，赤帝在上，居南；黑帝在下，居北；青帝在左，居东；白帝在右，居西；黄帝在中间。我这个图是上南下北，跟现在的地图不一样。古代的地图，什么方向都有，早期，上南下北多，晚期，上北下南多。这里画成上南下北，左东右西，是按中国建筑的方位概念。中国建筑，讲究正南正北，四四方方，不像西方的房子，是转着圈乱盖。我从飞机上看美国城市，他们的房子，布局很乱。古人说，君人南面，臣民北面事之，是因为尊者总是住在北房。我们讲阴阳、顺逆，前后左右的概念是以此而定。一般都是南为前，北为后，东为左，西为右。你找不着北，还找不着背吗？北字像两人相背，本来的意思就是背对的方向。

如果你不熟悉这套概念，不妨打开北京的地图，想象一下，你就是当年的皇上，端坐紫禁城中、太和殿上。黄帝四面的想象，其实就是这样来的。

北京城，四四方方。哪儿是前？哪儿是后？很清楚，正阳门在南，它叫前门。安定门、德胜门在北，是后面的两座门。左右的概念，也是这么论。左安门在哪儿？在东。右安门在哪儿？在西。古人讲左文右武，崇文门在东，宣武门在西；文华殿在东，武英殿在西，也是这么安排。

上面讲的方位，基本上就是这样一套方位。

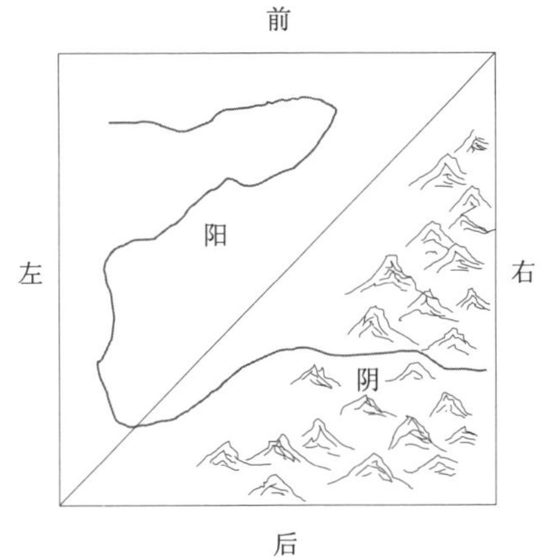

图七九　右背山陵，前左水泽

古代兵阴阳，从这种方位出发，喜欢讲“右背山陵，前左水泽”（图七九）。比如韩信战井陉，故意背水而陈，破赵后，诸将皆贺，他们问韩信说，你这么做，不是违反了兵法上讲的“右倍山陵，前左水泽”吗？韩信说，我这么做，也是照兵法上讲的，兵法上不是有“陷之死地而后生，置之亡地而后存”吗（《史记·淮阴侯列传》）。诸将问的“右倍山陵，前左水泽”，现在知道，也是出自《孙子兵法》。银雀山汉简《吴孙子》佚篇，其中有一篇叫《地刑（形）二》，就有这句，是作“右负（背）山陵，左前水泽”。负和倍，都应读为背。水泽是出口，山陵是依托。这一方面是观念上的偏好，另一方面也有实用的意义。

人为什么要以右面和后面为依托，这个问题很有意思。

右面的问题比较复杂，可能和左右手、左右脚的关系有关。人一般是用右手右脚。比如武士，一般都是右手拿剑（或其他兵器），左手拿盾。投篮用右手，踢球用右脚，也是绝大多数。可是，左撇子也很多。人走路，一般都是顺着右侧走，但也有相反的情况。比如自动扶梯站哪一侧，东京和京都不一样。欧洲中世纪比武，两马交错对刺，一般都是从右边跑，和走路一样。现代汽车，也是如此。欧洲大陆和世界上的绝大多数国家，都是右行，但英国、日本、香港却是左行。我国古代，从左往右按顺时针方向转（左行），叫顺行；从右往左按逆时针方向转（右行），叫逆行。写字也是从右往左写，是顺行；从左往右写，是逆行。转圈走，绕道走，我们都习惯按顺时针的方向走，即从右边向左边绕，但也有人是反着来。欧洲的文字，现代汉字，都是从左往右写。总的情况，傍右是主流，傍左是例外。左前开阔，右背高峻，其实就是以此定顺逆。

后面的问题，主要和人的视野有关。人的视角很窄，只能看到眼跟前，旁边的东西，斜瞅很费劲，后面是死角。这方面，人比不了牛马，更比不了兔子。马是站着睡，随时准备逃跑。兔子胆更小，一天到晚，提心吊胆，不但一有风吹草动，撒腿就跑，还得边跑边看，随时注意敌情。它的视角比牛马大，可以超过 360 度，眼光交叉于脑后，哪边有敌人，都看得一清二楚。人不行，视角超不过 130 度，最怕侧翼和背后有人打黑枪。

过去，大家要抬高孙子，总是说，孙子不讲阴阳五行这一套，不对。比如，这里的“黄帝胜四帝”，就是典型的兵阴阳说，不但有阴阳，而且配五行。

（二）第二凡，是讲处军之宜。

“好高而恶下，贵阳而贱阴”，是讲处高阳。如上面讲的“视生处高”就是处高，“右背高”，就是处阳。阴阳，以方位论，是左前为阳，右背为阴。山的阴阳是以日照论。山之南向阳，叫阳；山之北背阴，叫阴。水的阴阳是和水的流向有关。中国的水，多半是从西往东流，或从北往南流。水之西北，往往是上游，叫阳；水之东南，往往是下游，叫阴。居山北，容易挨冻（冬天）；居水南，容易被淹。

“养生处实，军无百疾，是谓必胜”，行军和打仗不同，打仗受兵刃矢石的伤害，行军受地形（如泥泞之地）、气候（如雨雪风暴）、饮食（如缺乏饮用水）和居住条件（如风餐露宿）的伤害。克劳塞维茨说，行军对军队往往伤害更大。他以拿破仑打莫斯科为例，1812 年，法军初渡涅曼河，尚有 301000 人；头 52 天，光病号和掉队，就损失 95000 人，占 1/3 弱；三星期后，战于博罗迪诺，损失 144000 人（含战斗减员）；8 天后，到达莫斯科，只剩 103000 人。当时，天气和路况都不坏，行军速度也不快，平均每天只走 11 公里，但一字长蛇，挤在路上，多少人都在行军中消耗掉了①。

“丘陵隄防，必处其阳而右背之”，这也是讲处高阳。绝水、绝斥泽、绝平陆，无险可依，也要尽量择高阳。如斥泽、平陆，可依树木；河流、湖泊，可依堤岸。

“上雨水，〔水〕（沫）〔流〕至，欲涉者，待其定也”，是讲绝水，要防洪水。

---

① 克劳塞维茨《战争论》，第二卷，427 页。

今本“沫”是错字，隶书和草书的写法与“沫”相似，应据简本改为“流”。

（三）第三凡，是讲处军之忌。

它分两条：

（1）第一条，是讲六种非常危险的地形。“绝涧”，是刀劈斧削，两山之间夹流水。这种地形，很可怕。上面讲，制高点有三大好处，它都没有，没有好处，只有坏处，三大坏处。马陵道、华容道，光是路窄，就很危险，“绝涧”是彻底夹在当中：看，看不见；出，出不去；打，也没法打，“马行在夹道内，我难以回马”（《捉放曹》）。它后面，有五个词，前面都有“天”字，简本《行军》写法不同。银雀山汉简的《地刑（形）二》（收入简本《孙子兵法》佚篇）和《地葆（保）》（收入简本《孙膑兵法》）也有这些名称。这四个本子，可以互相比较：

简本《行军》	简本《地形二》	简本《地葆》	今本《行军》
天井	天井	天井	天井
天窖	天宛	天宛	天牢
天离	〔天〕离	天离	天罗
天翘	——	天柖	天陷
天郄	——	天埖	天隙

上表的五种地形，《地葆（保）》叫“五地之杀”和“五墓”，都是非常危险的地形，必须迅速离开，千万别在它旁边待。如果躲不开，也最好是，我离它远点，敌离它近点；我面对着它，敌背对着它。上面讲过，人最怕后边，前有敌兵，后有陷阱，很可怕。

“天井”，各本都一样，顾名思义，是形状像井的大地坑。

“天牢”，“牢”、“窖”、“宛”字形相近，或有混淆。“窖”是方形的地穴。“宛”，是四边高，中间低。“牢”是牛棚或关人的地方。这几个字，哪个正确，还很难下结论，估计也是一种大地坑。

“天罗”，“天离”就是“天罗”。罗是捕兽的罗网，大概是一种草木丛生，陷入其中就难以脱身，或妨碍观察，容易有敌兵埋伏的地方。

“天陷”，“翘”、“柖”皆从召，召与臽相近，我们也不知哪个本子更正确。

陷是捕兽的陷阱，大概也是一种陷入其中就难以脱身的地形。

"天隙"，"郄"、"埢"都是"隙"的假借字，估计是一种大地缝。

上述地形，主要是地坑、地缝两大类，研究地质、地理的很感兴趣。最近，电视对这类科学考察有不少报道。美洲有，我国也有。大地坑，可以深达几百米，里面的动植物，长年不见阳光，颜色是白的。大地缝，也是很深很长。西南地区，这种地形很多，经常有人在山上采药，走着走着，突然掉进洞里。

这些地形的共同点是深陷和低下，属于"好高而恶下"的"下"。

(2)第二条，是讲行军所过，有"险阻、潢井、蒹葭、(林木)〔小林〕、翳荟"，可能埋伏着敌人的侦察兵。

"险阻"，是高峻的地形，敌人有可能藏在上面。

"潢井"，"潢"音 huáng，是水坑、沼泽之类的地形，敌人有可能藏在下面。

"蒹葭"，音 jiān jiā，芦苇。

"小林"，灌木丛。简本和《太平御览》卷二九一引是这样，今本作"林木"(《魏武帝注》本和《武经七书》本)、"山林"(《十一家注》本)，都是错字。

"翳荟"，音 yì huì，是草木丛生的地方。

这些地方，容易有伏兵，要特别小心。

【9.2】

〔敌〕近而静者，恃其险也。远而挑战者，欲人之进也。其所居(易者)〔者易〕，利也。众树动者，来也。众草多障者，疑也。鸟起者，伏也。兽骇者，覆也。尘高而锐者，车来也。卑而广者，徒来也。散而条达者，樵采也。少而往来者，营军也。辞卑而益备者，进也。辞强而进驱者，退也。轻车先出居其侧者，陈也。无约而请和者，谋也。奔走而陈兵者，期也。半进半退者，诱也。杖而立者，饥也。汲而先饮者，渴也。见利而不进者，劳也。鸟集者，虚也。夜呼者，恐也。军扰者，将不重也。旌旗动者，乱也。吏怒者，倦也。杀马肉食者，军无粮也。悬(缻)〔甀〕不返其舍者，穷寇也。谆谆谕谕，徐与人言者，失众也。数赏者，窘也。数罚者，困也。先暴而后畏其众者，不精之至也。来委谢者，欲休息也。兵怒而相迎，久而不合，又不相去，必谨察之。

这一章，主要讲“相敌”。

“相敌”的“相”，就是“相法”的“相”。古人了解世界，有两种办法，一种靠看，一种靠算。前者是“相”，后者是“卜”。比如，仰观天象，俯察地理，就是靠眼睛观察，卦象和兆象，也是用眼睛。但古代天文，无论观察还是推算，都是单独的一类，不入于相法。相法，包括相地形、相人畜、相刀剑，有很多种，但首推还是相地形，汉代叫“形法”，后世叫看风水，包括相宅、相墓。这些都是很古老的数术。

上面是讲宿营。古代宿营，和现代一样，营地周围，要派哨兵站岗、放哨、巡逻；方圆多少里，设警戒区，派侦察兵四处侦察。哨兵和侦察兵，古人叫“斥候”。汉代名将，李广和程不识，两人带兵方法不同，主要就是，程不识喜欢布岗布哨，李广不喜欢。一个谨小慎微，一个粗枝大叶。后人，文学家都喜欢李广，但军事家却颇有微辞，至少是学不来。如《何博士备论》就批评他“治军不用纪律”。

军事不是儿戏，还是小心一点好。

下面，我们就来谈一下，这 33 种“相”，有什么值得注意的地方。

我想，这些敌情，可以大致分为五类：

(1)与地形有关，如“〔敌〕近而静者，恃其险也。远而挑战者，欲人之进也。其所居(易者)〔者易〕，利也”。这些地形，有近有远，有险有易，可参看下面的《地形》篇。

(2)与草木的动静和鸟兽的活动有关，如“众树动者，来也。众草多障者，疑也。鸟起者，伏也。兽骇者，覆也。”

(3)与车辙、马迹、人踪有关，如“尘高而锐者，车来也。卑而广者，徒来也。散而条达者，樵采也。少而往来者，营军也”。

(4)与敌方行动的迹象有关，如“辞卑而益备者，进也。辞强而进驱者，退也。轻车先出居其侧者，陈也。无约而请和者，谋也。奔走而陈兵者，期也。半进半退者，诱也”。

(5)与敌方的体力、士气、心理和上下级关系有关，如“杖而立者，饥也。汲而先饮者，渴也。见利而不进者，劳也。鸟集者，虚也。夜呼者，恐也。军扰者，将不重也。旌旗动者，乱也。吏怒者，倦也。杀马肉食者，军无粮也。悬(缻)〔甀〕不返其舍者，穷寇也。谆谆谕谕，徐与人言者，失众也。数赏者，窘也。数罚者，困也。先暴而后畏其众者，不精之至也。来委谢者，欲休息也。兵怒而相迎，久而不合，又不相去，必谨察之"。"甀"，音 zhuì，小口罐。"谆谆谕谕"，音 zhūn zhūn xì xì，是絮絮不休的意思。

这里面，第三项，是很古老的观察方法，一是看路土，二是看痕迹。这是动物擅长的办法。它们的感官，比我们敏锐。动物的十八般武艺，我们几乎丢光。比如，动物的视觉和听觉，它们的夜视能力，还有嗅觉，简直神了。特别是嗅觉，我们比不了。原始人类，他们和这些老师，关系比我们近，本事比我们强，比如追捕猎物，有些丛林中的猎人，可以长途跟踪，一追多少天。他们对痕迹的观察，我们比不了。过去，我在内蒙待过，很多老乡会"打踪"，能跟着脚印，把偷走的东西找回来。比如，有一家，过冬的猪肉让人偷走了，当贼的万万想不到，第二天，失主就来敲门，说你这个混蛋，怎么把我们家的猪肉偷走了。这种本事，后来发展为一种刑侦技术。高明的侦察员，一看脚印，就能判断罪犯的高矮胖瘦，甚至男女，都能分出来。这里讲路土，尘土高而尖，是车兵留下的痕迹(车辙)；浅而宽，是步兵留下的痕迹(脚印)；分散，一条条，是打柴留下的痕迹；脚印稀稀拉拉，走过来走过去，是在安营扎寨，就是属于这类技术。我国北方，干燥季节，路土很虚很厚，一到春天，就翻浆，又很泥泞。皇帝出行，要沿路垫土洒水。这里的描写，好像是北方。

还有，作者对心理的观察也很仔细。我就不一一讨论了。

【9.3】

兵非贵益多，虽无武进，足以并力、料敌、取人而已。夫唯无虑而易敌者，必擒于人。卒未亲附而罚之，则不服，不服则难用。卒已亲附而罚不行，则不可用。故(令)〔合〕之以文，齐之以武，是谓必取。令素行以教其民，则民服；令(不素)〔素不〕行以教其民，则民不服。令素行者，与众相得也。

最后一章，是作者的总结。

作者说，兵不在多，只在善用，关键是不要轻举妄动。凡是缺心眼，少主意，大意轻敌的，都没有好下场，非让敌人活捉了不可，一定要小心谨慎。

怎么小心谨慎？作者说，主要是办好两件事，第一是得人心，得士卒心，赢得他们的信任和爱戴；第二是赏罚明，约束先定，法令素行。

这两手，他是一手软，一手硬。

作者说，“法令素行”，前提是要“与众相得”，不能一上来就玩横的，要先得到他们的信任。这是软。但取得信任后，就要申明约束，丑话讲在前面，而且要严格照法令办。这是硬。

法制社会，都是丑话讲在前面，英文叫 precautions。我在美国，不管干什么事，他们都先发给你一堆材料，里面就是这些 precautions。目的是，将来打官司，找麻烦，勿谓言之不预。比如，我在西雅图的华盛顿大学教书，上课前，他们寄我一张纸，上面说，恭喜你给我们的学生上课，请你千万注意，不要骚扰我们的女学生，当然，我们也会保护你在这方面的权利，如果有人骚扰你，请你给哪里哪里打电话。这就是“法令素行”。

这节课，我就讲这么多吧。

◎附录

中国古代的军事地理著作

过去，大家都说，诸葛亮“上知天文，下知地理”，这是受了《三国演义》的影响。其实，古代兵家要学兵阴阳，这是传统，很多数术书都有讲用兵的内容，很多兵书也有讲数术的东西，研究兵书著录的人，往往没法把两者截然划分开来。天文、地理，是兵家必修的课程，并不是诸葛亮才玩这套东西。

“天文”，本来的意思，是说天上的日月五星、二十八宿，排列有序，好像一幅图。比如《史记·天官书》，天上的星官，中间是太一、三一、北斗，外面有日月、五星、二十八宿，环而拱之，好像皇帝住在紫禁城里，外面是他的臣民百姓，这样的图画，就是古人理解的“天文”。星图就是这样的图。

“地理”也一样，李白说，“阳春招我以烟景，大块假我以文章”（《春夜宴从弟桃花园序》），“大块”是大地，大地的“文章”，不是大地上面写着什么字，而是大地本身，山山水水，高高低低，曲曲折折，好像一幅图画。它和“天文”是对称概念。

地理学，在中国古代，本来不是独立的东西，它是以星野的概念，对应于天文。《淮南子》有《天文》和《墬（地）形》，两者就是对应的。《史记》只有《天官书》，没有《地理书》，它讲“地”，是在《河渠书》。《汉书》始有《地理志》，但地理书，当时还没有成为单独的一类。

“地理”是最壮观的山水图，其构图要素，是山和水。

古代地理书，分山经和水经，各有侧重。讲水，是祖述《禹贡》；讲山，则以《山海经》最著名。

《禹贡》是《尚书》的一篇，本来是讲大禹治水，“芒芒（茫茫）禹迹，画为九州”（《左传》襄公四年引《虞人之箴》）。后世讲地理的书，多推始于《禹贡》。过去，顾颉刚先生办禹贡学会，印《禹贡》杂志，就是研究地理。《禹贡》是研究地理的品牌标志。禹贡学会的故址，我和唐晓峰先生去过，就在咱们北大的东墙外，往北走不远，一个胡同里。这个四合院，不是专家学者呼吁，早就拆掉了。现在留是留下来了，但四周是高楼，堵得死死的，好像一口井。《禹贡》是以大禹治水为话题，当然偏重于水。《史记·河渠书》和《汉书·沟洫志》，也是讲治水。著名的《水经注》，就是属于这一系统。

《山海经》，刘秀（刘歆）《上山海经表》说，它是祖述《禹贡》，后世也当地理书。上面我说，整个汉代，地理还不是单独的一类。但汉代和魏晋南北朝，讲当代历史的书骤然增多，讲当代地理的书骤然增多，原来的春秋类，早就装不下。《隋书·经籍志》把这类书分出来，独立为史部，地理附史部而传，才有专收地志的一类。此类，本来应把《禹贡》列为第一部，但《禹贡》在《尚书》内，是随《尚书》列在经部，不在这一类，《山海经》才是它的第一部。《山海经》以山为主，山是代表大陆板块，四周有四海四荒。这本书，《汉书·艺文志》已经著录，本来列在《数术略》的形法类，即相地形、相宅墓和各种相术的一类，带有神秘色彩。其实，古代讲山的书，多与寻仙访药有关，故与本草、博物、志怪相出入。它与水经类的古书不同，主要是在这个地方。

这是中国古代地理书的两大系统。

中国古代讲军事地理的书，主要都保存在兵书类的兵阴阳里，但可惜的是，《汉志·兵书略》的兵阴阳类，一本书也没有保存下来，只有《地典》，失传两千多年，突然又在银雀山汉墓中发现。

银雀山汉简，是出土兵书最多的发现。其中与兵阴阳有关，主要有以下四篇：

(一)《黄帝伐四帝》。

《孙子·行军》说"凡四军之利，黄帝之所以胜四帝也"，此篇内容与这两句有关，整理者把它编入《孙子兵法》的佚篇。它讲黄帝伐四帝，是以黄帝居中央，南伐赤帝、北伐黑帝、西伐白帝、东伐青帝，顺序克之。黄帝胜四帝，据说是靠了"右阴、顺术、背冲"。"右阴"，就是前左为阳，右背为阴。"顺术"，可能是顺斗击，斗在中央，指向四方，斗勺所向是顺，相反的方向是逆。"背冲"，冲就是逆，背冲就是背逆。这些，都是讲方向的数术。

(二)《地形二》。

此篇残缺较甚，但有些地方可据文义补字。它的词句，有些地方和《孙子》十三篇一样。如"死地"，见于《九地》；"天离、天井、天宛"，见于《行军》；"九地之法，人请(情)之里(理)"，见于《九地》。整理者把它编入《孙子兵法》佚篇，有一定道理。但它还有一些内容，为十三篇所无。此篇是否就是《孙子》佚篇，还有疑问。

此篇一开头，就是讲地形的前后左右，后面也是以此为主。如：

(1)"凡地刑(形)，东方为左，西方为右，〔南方为前，北方为后〕。"

(2)"〔后之〕，是胃(谓)重利。前之，是胃(谓)厌守。右之，是胃(谓)天国。左之，是胃(谓)〔□□〕。"

(3)"……□遂，左水曰利，右水曰积。"

(4)"右负(背)山陵，前左水泽。"

这里的最后两句，就是《史记·淮阴侯列传》引用的兵法。兵阴阳爱讲阴阳、顺逆、向背，这句话是名言。

(三)《地葆(保)》。

此篇有篇题和字数，保存很完整。它的开头有"孙子曰"，整理者认为属于《孙膑兵法》。原文讲"军与陈"，"军"就是"处军"，所谓"地保"是指军队安营扎寨的各种地形保障，和《行军》篇的“处军”是一回事。这篇文章，可分为以下11条：

(1)“凡地之道，阳为表，阴为里，直者为刚(纲)，术者为纪。纪刚(纲)则得，陈乃不惑。直者(毛)〔屯(纯)〕产，术者半死。”

(2)“凡战地也，日其精也，八风将来，必勿忘也。”

(3)“绝水、迎陵、逆溜(流)、居杀地、迎众树者，钧举也，五者皆不胜。”

(4)“南陈之山，生山也。东陈之山，死山也。东注之水，生水也。北注之水，死水。不留(流)，死水也。”

(5)“五地之胜曰：山胜陵，陵胜阜，阜胜陈丘，陈丘胜林平地。”

(6)“五草之胜曰：藩、棘、椐、茅、莎。”

(7)“五壤之胜：青胜黄，黄胜黑，黑胜赤，赤胜白，白胜青。”

(8)“五地之败曰：谿、川、泽、斥。”

(9)“五地之杀曰：天井、天宛、天离、天埮(隙)、天柖。五墓，杀地也，勿居也，勿□也。”

(10)“春毋将(降)，秋毋登。”

(11)“军与陈，皆毋政前右，右周毋左周。”

第(1)条，“阳为表，阴为里”是负阴抱阳，左前开阔，右背高峻；“直者为刚(纲)，术者为纪”，是纵向为纲(即经)，横向为纪(即纬)。纵向，面南背北，完全是生，最好；横向，坐西朝东，半死半生，差一点。

第(2)条，是说要与八风的方向相配。

第(3)条，是讲五种不好的方向和位置，一是与水流的方向交叉，二是从山下攻山上，三是面对水流的方向，四是待在下面说的五种杀地上，五是背对树木。这些都是处军的忌讳。

第(4)条，是讲山水的方向。“南陈之山”是纵向的山，“东陈之山”是横向的山，“东注之水”是横向的水，“北注之水”是纵向的水。原文是说，山是竖的好，水是横的好。

第(5)条，是说险比易好。

第(6)条，是说长的草比矮的草好。

第(7)条，是讲五色土的相克。

第(8)条，是五种最低的地，即所谓“下”，下比易又不如。原文只有四种，疑有脱文。

第(9)条，就是《行军》讲的五种最危险的地形，这里叫“五地之杀”，或“五墓”，或“杀地”。

第(10)条，春天，地气上升，降则逆地气，故曰“春毋将(降)”；秋天，地气下降，登亦逆地气，故曰“秋毋登”。

第(11)条，“军与陈”，是营军布阵。“毋政前右”，可能是说不要从前往右转。从前往右转，是属于左旋。“右周毋左周”，是要右旋，不要左旋。古人有“天道左旋，地道右周”的说法，如《逸周书·武顺》“吉礼左还，顺天以立本；武礼右还，顺地以立兵”，《白虎通义·天地》“天道所以左旋、地道右周何？以为天地动而不别，行而不离。所以左旋、右周者，犹君臣、阴阳相对之义”，就是这种说法。

(四)《地典》。

就是上面所说，《汉志》著录，失而复得的古书。此篇残缺较甚，我有一个辑本①。

《地典》是黄帝和地典的对话，因为简文残缺较甚，有些看不清，但我们从它开头的一段话看，似乎主要是讲“秋冬为阴，春夏为阳”、“南北为经，东西为纬”、“〔□□为胜，□□为〕败”、“高生为德，下死为刑”。“南北为经，东西为纬”，就是《地葆(保)》讲的“纲纪”。“高生为德，下死为刑”，则可说明，高是生，下是死。

另外，我们还应提到的是，《管子》中也有一些讲地形的篇章。如：

> 凡立国都，非于大山之下，必于广川之上。高毋近旱而水用足，下毋近水而沟防省。因天材，就地利，故城郭不必中规矩，道路不必中准绳。
>
> (《管子·乘马》)

> 凡兵主者，必先审知地图。轘辕之险，滥车之水，名山、通谷、经川、陵陆、丘阜之所在，苴草、林木、蒲苇之所茂，道里之远近，城郭之大小，名邑、废邑、困殖之地，必尽知之。地形之出入相错者，尽藏之。然后

① 李零《简帛古书与学术源流》，395—397页。

可以行军袭邑，举错知先后，不失地利，此地图之常也。

（《管子·地图》）

《乘马》的几句话，是中国筑城学的基本原则。我国的筑城传统，和欧洲不一样，他们的城，真正设防的城，往往都修在山上，如雅典的卫城、中世纪的贵族城堡，都修在山上。山下，老百姓真正住的地方，往往没有城墙，只是村镇类的聚落。我国的聚落，从很早，就是选择大河支流的二级台地，高不能太高，放在山上；低不能太低，贴近水边。太高没水喝，太低被水淹。我们的城，往往是选在“大山之下”、“广川之上”、四方辐辏、道路便利、人口众多的地方，城和市，宫和庙，都在一起，外面有城圈，城圈多为正南正北，四四方方，但也不是处处都合于规矩准绳，该拐的地方就拐，该切的地方就切。

《地图》则强调军事地图的重要性。上面列的项目，非常详尽。马王堆汉墓出土的古地图，就是这样的地图。

阅读《行军》等篇，这些出土文献，都是必要的参考。

【第十一讲】

地形第十

今天，我们讲《地形》，这篇比较好讲。

《地形》和《行军》不一样，《行军》是讲"走"，《地形》是讲"打"，两者都讲地，但地和地不一样，前面的"四地"是和行军有关，这里的"六地"是和作战有关。两者的区别很明显。

这篇东西，内容比较单纯，主要是借两条线索展开，一条是地(地形)，一条是兵(治兵)。地有"六地"，兵有"六败"，两个问题，是交叉着讲，讲一下地，讲一下兵，讲一下地，讲一下兵，最后总结一下，说两者都重要，缺一不可。

《孙子》讲地形，特点是强调人地相得。它不是就地论地，而是就人论地，特别是把地当带兵的手段。这种观点，不仅见于此篇，下篇也反复讲。

我把《地形》篇分成五章：

第一章，讲"六地"，即通、挂、支、隘、险、远。

第二章，讲"六败"，即走、弛、陷、崩、乱、北。

第三章，是对应于第一章，强调地形的重要性。

第四章，是对应于第二章，强调训练的重要性。

第五章，强调为将要"四知"，不仅要"知彼知己"(前面讲过)，还要"知天知地"，只有做到"四知"，才有"全胜"，人和地都重要。

下面，我们一章一章来介绍。

【10.1】

孙子曰：

地形有通者，有挂者，有支者，有隘者，有险者，有远者。我可以往，彼可以来，曰通。通形者，先居高阳，利粮道，以战则利。可以往，难以返，曰挂。挂形者，敌无备，出而胜之；敌若有备，出而不胜，难以返，不利。我出而不利，彼出而不利，曰支。支形者，敌虽利我，我无出也；引而去之，令敌半出而击之利。隘形者，我先居之，必盈之以待敌；若敌先居之，盈而勿从，不盈而从之。险形者，我先居之，必居高阳以待敌；若敌先居之，引而去之，勿从也。远形者，势均，难以挑战，战而不利。凡此六者，地之道也，将之至任，不可不察也。

《孙子》的地形学，从小到大，分三个层次，一个层次是和行军有关，最具体，即上一篇的“四地”，涉及山、水、斥泽、平陆，以及地形的远近、险易、广狭、死生、高下、阴阳、顺逆、向背；一个层次是和作战有关，即本篇的“六地”，只讲形势，不讲地貌；一个层次是国与国、国以内的深浅表里，则是《九地》所论，是更大的空间概念，不是具体的地形、地貌和形势，而是区域概念，“四地”和“六地”，“走”和“打”，所有问题，都可以装在里面。

上面这段话，是先讲六地之名，再讲六地的定义和对策。前三地，是先下定义，再讲对策，两者是结合在一块儿；后三地，是不下定义，只讲对策。

我们先讲一下定义。

这里，我们要注意，“六地”是六种“地形”，原书称为形者，侧重的是地理形势。

“通”的意思是通畅，往返俱便，最通畅。

“挂”的意思是挂碍，易往难返，不太通畅。

“支”的意思是彼我相持，进退两难，最不通畅。

“隘”的意思是出口狭窄，与“广”相反。

“险”的意思是高下悬殊，与“易”相反。

“远”的意思是距离遥远，与“近”相反。

这六种，前三种和后三种，可以分成两类。

前一类，主要是讲往来的通道，进出的门户，是不是通畅。这里值得注意的是，“通形”的定义与《九地》的“交地”相同，都是“我可以往，彼可以来”，但其实不一样。“交地”是国与国之间彼此相邻、互相接壤的地区，往来都很方便。这里的“通形”只是一种往返俱便的作战地形。“挂”和“支”，与“通”相反，其实是不通。

后一类，原书不下定义，也许作者觉得，谁还不知道这几个词，含义太明白，根本不必下。我们读这一段，可以参看《计》篇。《计》篇的“五事”，是比较敌我的五项，其中第三项是“地”。“地”指什么？它讲了四条，是“远近、险易、广狭、死生也”，简本多出“高下”，加上这条，一共是五条。我们可以拿这五条和这里的三条做比较。这里的“隘”，其实就是“广狭”的“狭”，反义词是“广”；“险”，则是“险易”的“险”，反义词是“易”。“险”是山地，高下之差悬殊，90度或接近90度。“易”是平地，高下之差几乎没有，0度或接近0度；“远”，也与“远近”的“远”相同，反义词是“近”。这里的三种，其实都是不利地形。相反的三种，原书不讲。

战场上有通道，有门户，就像现在的公寓楼或办公楼，也有这两样东西。我可以打个比方，“通形”，是通道没有门，完全是敞开的，或者当中有个太平门，推也行，拉也行，进去容易，出去也容易。安全通道，只能是这种门，或不要门。否则，发生火灾，互相拥挤，互相踩踏，进，进不来，出，出不去。“挂形”，是通道当中有门，但只能朝前开，朝前一推就开，回过头来再推，就打不开。1993年上半年，我在美国的赛克勒—弗利尔美术馆整理楚帛书，这两个博物馆是一个单位，中间有供工作人员走的地下通道，就是这个样子。他们有敏感卡，我没有，如果没人带，锁在里面，就出不来。“支形”，是两边顶着同一道门，谁也出不去。一种是全开，一种是半开，一种是不开。这是前三种。

至于后三种，我们可以用三维的概念来解释。我在前面讲过，《计》篇讲地形，就有三维的概念，“远近”是长度，“广狭”是宽度，“高下”是高度，“险易”是坡度。这里没讲“高下”，但“险易”已包含“高下”。“死生”，这里也没讲，《九地》会讲。

我们要把前后的概念串起来。

“六地”的对策，很简单：

“通形”，是先占领高地和阳面，保持粮道畅通，才有利。

“挂形”，只有趁敌不备，一举歼灭守敌，才能顺利返回。否则，敌人会利用地形拖住你，你就回不来了。

“支形”，是谁出头，谁倒霉，我千万不要出击，最好是假装逃跑，引敌出动，等它出到一半，再打，让它进退不得，好像搂住对方的腰，卡住对方的脖子。

“隘形”，全看谁先占领隘口，封死隘口。我先占领，一定要封死隘口；敌先占领，就看它是不是封死，封死就别打；没封死就打，这也是搂腰卡脖子。

"险形",是看谁先占领高地和阳面,我先占领,一定要利用地形优势,对付敌人;敌先占领,赶紧撤离,不可迎敌。

"远形",如果地形对双方都一样,不要主动挑战,主动挑战,非常不利。"势均"是双方的地利一样,不是说双方的兵力一样。下面也有这个词,要注意。

这六条,都是讲作战地形。作者说,这些地形上的道理,当将军的,不可不察。

【10.2】

故兵有走者,有弛者,有陷者,有崩者,有乱者,有北者。凡此六者,非天地之灾,将之过也。夫势均,以一击十,曰走;卒强吏弱,曰弛;吏强卒弱,曰陷;大吏怒而不服,遇敌怼而自战,将不知其能,曰崩;将弱不严,教道(导)不明,吏卒无常,陈兵纵横,曰乱;将不能料敌,以少合众,以弱击强,兵无选锋,曰北。凡此六者,败之道也,将之至任,不可不察也。

"六地"之后是讲"六败"。"六败"是投入战斗才出现的混乱情况,但原因却大半在于平时的训练和管理。

什么叫"败"?《左传》上的说法是,"凡师,敌未陈曰败某师,皆陈曰战,大崩曰败绩,得儁曰克,覆而败之曰取某师,京师败曰王师败绩于某"(《左传》庄公十一年)。它的意思是说,只有双方摆好阵势,才叫"战";"败"都是趁对方立足未稳,没有摆好阵势,才占了便宜,问题出在阵形上面,阵脚大乱,就完了。阵形乱,就是这里的"乱";溃不成军,就是这里的"崩";溃不成军,溃到一塌糊涂,才叫"败绩"。首都的军队被打败,叫"王师败绩于某(某地)"。这些都属于"败"。"败"里还有更寒碜的一种,是自己的将帅都叫对方给俘虏了。这种情况,从胜方的角度讲,就叫"克"。"克"是彻底打垮。如果被对方设伏偷袭,导致我方失败,从胜方的角度讲,就叫"取"。"取"是轻易取胜。

这一部分,是先列"六败"之名,然后下定义,没有对策。作者说,这六种恶果,不怨天,不怨地,都怪将军。

我们解释一下。

"走",是士兵逃跑。逃跑的原因,是双方地利相等,但当将军的指挥不当，竟然以一击十，不自量力。

“弛”，是纪律松弛。松弛的原因，是士兵太强，军官太弱，毫无管束。

“陷”，是陷敌包围。陷敌的原因，是军官太强，士兵太弱，管得太死，让他们手足无措。

“崩”，是溃不成军。“怼”，音 duì，指冤家对头。崩溃的原因，是高级军官不听调遣，遇到宿敌老冤家，逞一时之忿，擅自出战，当将军的不了解其能力，用人不当。

“乱”，是阵形大乱。大乱的原因，是当将军的太无威重，管束不严，教导不明，当官的和当兵的都任意胡来，阵形混乱，毫无秩序。

“北”，是败北，即掉转身子朝后跑。败北的原因，是当将军的不知敌情，竟然以少合众，以弱击强，又没有精兵锐卒作前锋。

这六种情况，“走”、“北”是指挥不当，“弛”、“陷”是管理不当，“崩”、“乱”是阵形崩溃。它们都属于广义的“败”。

一支军队，平时缺乏训练，缺乏管理，将军、军官和士兵，上下脱节，失其统御，纪律松懈、人心涣散，一旦遇敌，当然毫无战斗力，如果再加上指挥不当，必然是掉头就走，撒腿就跑，阵脚大乱，溃不成军。

上述“六败”崩为大。崩的本义是山崩（山体崩塌、滑坡），俗话叫“兵败如山倒”。比如牧野之战，就是典型的兵败如山倒。解放战争时期，国民党也是兵败如山倒。

这六条，都是讲失败。作者说，这些失败的道理，当将军的，不可不察。

【10.3】

夫地形者，兵之助也。料敌制胜，计险阨远近，上将之道也。知此而用战者必胜，不知此而用战者必败。故战道必胜，主曰无战，必战可也；战道不胜，主曰必战，无战可也。故进不求名，退不避罪，唯民是保，而利于主，国之宝也。

这一章，主要是强调地形的重要性。它是对应于上面的第一章。第一章讲“地”，它也讲“地”。“夫地形者，兵之助也”，是说“地形”很有用，它可以帮助“兵”。在《孙子》一书中，地形的作用很广，不仅可以帮助用兵，还可以帮助带兵。比如，《九地》就专讲这种御兵之术。另外，“地形”既然是“兵之助”，可见“兵”是主，“地”是辅。《孙子》全书中的“地”，不是脱离人，而是围绕人，完全是人化的东西。

“料敌制胜”，是属于知兵，这是上将的责任。

“计险阨远近”，是属于知地，这也是上将的责任。“险”就是上面讲的险形，“阨”音 ài，同隘，就是上面讲的隘形，“远近”则和远形有关，这里泛指上面讲的各种地形。

“上将”，本来是指三军统帅中的上军之帅，这里则指地位最高的军帅。作者指出，知兵和知地，都是上将的责任。两样都知道，才必胜，两样都不知道，则必败。

下面的话，等于说，当将军的人，如果既知兵也知地，有必胜的把握，即使国君不让打，也一定要打；如果不知兵也不知地，难逃失败，即使国君让打，也一定不要打。

这是负责任。

“进不求名，退不避罪”，这两句话，我特别喜欢。因为前面说过，人命关天，不是儿戏。在死人的问题上还图什么虚名，怕什么罪责。“唯民是保，而利合于主”，是上对得起国君，下对得起百姓。

【10.4】

视卒如婴儿，故可与之赴深谿；视卒如爱子，故可与之俱死。爱而不能令，厚而不能使，乱而不能治，譬如骄子，不可用也。

“卒”，是步兵。步兵，英语叫 infantry，来源是拉丁语的 infans，意思是婴儿。俗话说，爱兵如子，怎么带孩子是很大的学问。特别是收拾淘气包，军队的本事最大。

这一章，主要是强调训练的重要性。它是对应于上面的第二章。第二章讲“兵”，它也讲“兵”。

《计》篇讲军法，其中有一条，叫“士卒孰练”。“士卒孰练”的“练”，就是训练的结果。受过训练的士兵，古人叫“教卒”、“练士”；没受过训练的士兵，古人叫“驱众”、“白徒”(《管子·七法》)。孔子说过，“善人教民七年，亦可以即戎矣”，“以不教民战，是谓弃之”(《论语·子路》)。普通老百姓，要训练七年，才能投入战场，如果用没受过训练的老百姓打仗，等于让他们白白送死。

古代作战，主要是人与人直接对抗，行有营，战有阵，双方都靠营阵为防。一旦阵脚大乱，则溃不成军，兵败如山倒。故平时训练，主要是队形训练，主要是将军、军吏和士兵的协同。现代军队，实战队形，不同古代，仪仗方队，分列式，除用于阅兵和欢迎仪式，还有象征意义。队形训练，对培养士兵服从命令听指挥，仍有不可或缺的意义。即使当代，各国军队，也还练立正稍息正步走。这是古代治兵的遗产。

古代训练，主要是队形训练。训练方式主要是打猎，全世界都如此，英国贵族，现在还喜欢骑马打猎。清朝，满族入关后，害怕子弟被汉族腐化，每年秋天在木兰围场，聚合满八旗、蒙八旗，一块儿打猎。打猎是保持尚武精神。我们汉族，本来也是这样。

《周礼·夏官·大司马》讲四时教战之法，也是用打猎的方式。

仲春，是教“振旅”。“振旅”本来是还师前的整编，队形和实战一样。训练课目，主要是“辨鼓铎镯铙之用”，即各级军官用各自的乐器，“教坐作进退、疾徐疏数之节”。“坐”是跪姿，“作”是跪姿变立姿。“进退”是前进和后退。“疾徐”是快和慢。“疏数”是分散和密集。演习完，要围猎，用猎物献祭。这种围猎叫“搜田”（即所谓“春蒐”）。

仲夏，是教“茇舍”。“茇舍”是先除草，再安营，队形和“振旅”一样。训练课目，主要是“辨号名之用”，即各级军官用各自的花名册和登记册，清点人数和军需物资，各部有各部的旗号和番号。演习完，也要围猎，用猎物献祭。这种围猎叫“苗田”（即所谓“夏苗”）。

仲秋，是教“治兵”。“治兵”是出师前的整编，队形也和“振旅”一样。训练课目，主要是“辨旗物之用”，即各级军官用各自的旗帜，指挥他们坐作进退。演习完，也要围猎和献祭。这种围猎叫“狝田”（即所谓“秋狝”）。

仲冬，是教“大阅”。“大阅”是车兵、徒兵的联合演习。“大阅”之前，还是车兵归车兵、徒兵归徒兵，各练各的，现在则合在一起，教他们协同作战。训练课目，主要是队列行进。演习开始前，要布置场地，每250步，竖四根标杆（表）：100步竖三根，50步竖一根。演习开始，要准时集合，后至者斩。集合完毕，列阵听誓，斩牲以殉。然后，以金鼓旌旗为号，每250步为一节，练习行进：头100步，从第一根标杆开始走，起立，前进，到第二根标杆止，跪坐，是第一段；次 100 步，从第二根标杆开始走，起立，前进，到第三根标杆止，跪坐，是第二段；最后 50 步，从第三根标杆到第四根标杆，是练进攻，车兵发起冲击，徒兵进行刺杀，各三次。然后掉过头来，再练退却。每次，都是三鼓、振铎、树旗，表示起立，再次击鼓、鸣镯表示前进，鸣铙表示退却。最后也是围猎，围猎完了，也用动物献祭。这种围猎叫“狩田”（即所谓“冬狩”）。

古代治兵，最重法纪。如孙武就是以“申明军约”（《史记·律书》）而出名。司马迁讲他的行事为人，主要就是讲他用宫女练兵。这个故事，银雀山汉简也有，整理者题名为《见吴王》。孔子有“难养论”，他说的“难”，其实也是奴隶制的难处。“女子”与“小人”，是原始意义上的奴隶。现在，世界上还有 2200 万奴隶，主要是什么人？就是没有人身自由的妓女和童工。奴隶，一般都以为身份很低，但随侍左右者，最牛。后宫嫔妃和太监，牛。“昔有霍家奴，姓冯名子都。依倚将军势，调笑酒家胡”（《玉台新咏》卷一：辛延年《羽林郎诗一首》），也是不得了。奴才地位虽低，但离权力近，很多都是零距离。他们狐假虎威，狗仗人势，最难管。苏洵说，带兵有什么难，不过如“贱丈夫”管丫环、仆人、小老婆（《嘉祐集·权书下·孙武》），道理是对的。但小老婆和仆人就好管吗？也不好管。所以，这里有象征意义的是，孙武练兵，是拿女人练。他“小试勒兵”，是选美女，就像现在的选美，挑出 180 名佳丽，让吴王的宠姬当队长。这些女人，有吴王撑腰，骄、娇二气最重，正是孙武要收拾的对象。孙武一遍一遍跟她们讲，什么叫前，什么叫后，什么叫左，什么叫右，她们老是笑个不停，根本不照规矩办。孙武说，如果我没讲清，那是我的错，“三令五申”还这样，那可对不起，斩，把两个宠姬当场杀了。结果是，她们全都老实了（《史记·孙子吴起列传》）。同样，司马迁讲司马穰苴斩庄贾，也是如此。庄贾是齐景公的宠臣，也是小人得志便猖狂，他敢藐视军法，“期而后至”，也是杀无赦，毫不客气。孙武和司马穰苴，都是靠杀贵杀宠以立威。

正步走，很重要，能把人训练得像机器一样。比如，我到过美国的八宝山——阿灵顿公墓，肯尼迪，朝鲜战争、越南战争的阵亡将士都埋在那里。无名烈士墓前，一年四季，风雨无阻，永远有一队士兵，在那里守护亡灵。他们一个接一个表演交接仪式，动作有如机器人。中国台北的中正堂，里面也有这种“机器人表演”，完全是学美国。福柯的《规训与惩罚》，是我的好朋友刘北城、杨远婴翻译，所谓“规训”，这个译法是他们的发明，其实就是训练。福柯说，训练无所不在，监狱、军队、学校、医院，到处都是。军队最典型，什么歪的邪的，只要进了军队，都得给他扳直了。1666 年，法王路易十四阅兵，就有这种“机器人表演”。俄国的米哈伊尔大公在场，他说，“很好，只是他们还在呼吸”①。

“大跃进”时期，人民公社，原来的设想，是麻雀虽小，五脏俱全，工农兵学商，五位一体。“文革”时期，五七道路、毛泽东思想大学校，也是这种设想。不同处只是在于，它更强调军队，说军队才是这样的大学校。过去批“驯服工具论”，说是刘少奇的谬论。军人不做驯服工具，做什么？

军事和动物有关，训练最突出。我们讲训练，千万别忘记，这是最生物本能的办法。我们人类，最自豪的就是教化。我们称为教育的东西，从生物学的角度讲，其实就是驯化。比如驯象，人那么小，它那么大，人怎么把它弄得乖乖的，一是有香蕉，二是有刺象棍。社会也一样，古代所谓“牧民”，其实就是人把整个社会都驯化了，国君就是牧羊人。考古学家盛称，大约一万年前，有一场从根本上改变了人类生活方式的大革命——农业革命。农业革命是什么？主要就是，我们学会了驯化，不但“六畜”（马、牛、羊、鸡、犬、豕）是驯化的结果，“五谷”（黍、稷、稻、麦、菽）也是。牲口原来都是野兽，庄稼原来都是野草。动物经过训练，才会听喝，服从命令听指挥，巴甫洛夫叫“条件反射”。我们教育它们，手段就两样，一是吃，二是打，让它们记吃记打。我们人的说法，是刚柔相济、恩威并施、赏罚并行。我们觉得，这套东西真了不起，动物不配。其实，动物对动物也有教育。如虎妈妈，就教小老虎在野外生存的能力。动物园，没人教，它看见猎物也不会捕食，放进小鹿小牛，不是呼哧呼哧大喘气，追也追不上，就是追上了也不知道从哪儿下嘴，甚至害怕、打哆嗦。我在一个片子里看过，老虎跟前放个兔子，兔子都敢跟它放肆，一蹦一蹦，往起跳，居然吓唬它。老虎放归山林，必须和我们的驯化反着来，进行野化训练，不然，它非饿死不行。奴隶制，是人类驯化人的标本。奴隶恢复自由，怎么适应自由人的生活，也有这类

① 福柯《规训与惩罚》，刘北成、杨远婴译，北京：三联书店，1999 年，211—212 页。

问题。

教育的头一步，是家庭教育。家庭教育，父母的角色不一样。中国的说法，是"父严母慈"。严济慈，这个名字有意思，等于说爸爸和妈妈要相互配合。这是家里的恩威并施。《三字经》一上来就讲这个问题，人是母亲养，父亲教，"养不教，父之过"。兵家带兵，有"爱兵如子"的说法，比如吴起，就是代表。宋以来，儒的概念被泛化，什么都得贴上个"儒"字，就像现在市场里卖苹果、橘子，上面要贴个小标签，金光闪闪。医要叫"儒医"，将要叫"儒将"，最近，还时兴讲"儒商"。但"儒工"、"儒农"、"儒兵"，没人讲。其实要讲儒将，吴起才是儒将。他是曾申的学生，儒服儒冠见魏文侯。魏文侯问李克，吴起是个什么样的人，李克说，他吗，贪财好色，"然用兵，司马穰苴不能过也"。吴起这人，那才叫爱兵如子。据说，吴起为将，和普通士兵穿一样的衣服，吃一样的饭，睡觉不铺席（古无床、椅，都是席地而坐，席地而卧），行军不骑马，还和士兵一起背干粮，分劳苦。有个士兵，背上长了疮，吴起用嘴给他吸脓。士兵的妈妈听说，就哭起来。别人说，你的儿子是士兵，将军给他吸脓，你该感到荣耀，哭什么？她说，你们有所不知，从前吴将军给他爸爸吸脓，结果，他爸爸感恩戴德，拼死战斗，被敌人杀了。现在，吴将军又给他吸脓，我不知道，他会死在哪里，所以哭（《史记·孙子吴起列传》）。

"视卒如婴儿，故可与之赴深谿；视卒如爱子，故可与之俱死"，这就是形容"爱兵如子"。但光爱不行，必须有调教。

当妈的都知道疼孩子，但常常只知养，不知教，古代男权话语，叫"妇人之仁"。她们比男人本能，男人比他们政治。娇生惯养，孩子当然喜欢，但投入社会，多半是败家子。旧说"好男不当兵，好铁不打钉"，谁去当兵呢？很多情况下，都是穷人的孩子，还有就是调皮捣蛋的家伙。俗话说，"无赖子当兵"。对很多少调失教的浪荡子，当兵确实有好处，训练可以满足其暴力幻想，实战可以释放其暴力能量，还有铁的纪律在那儿管着，什么坏毛病，都能给它扳过来。正是在军队里，暴力最受控制。

过去，我给《读书》写过一篇杂文，《大营子娃娃小营子狗》[①]，内容是讲

---

① 李零《花间一壶酒》，277—287 页。

我在农村养狗的故事。老乡说，大地方的娃娃厉害，小村子的狗厉害。我养过一条狗，不是"养在深闺人不识"，而是"养在猪圈人不识"，结果，长大了，见人就咬，就连主人的话都不听。这种"小营子狗"，不就是"爱而不能令，厚而不能使，乱而不能治，譬如骄子，不可用也"吗？我把这门学问叫"畜生人类学"。我说，动物凶猛，是因为害怕。大家都知道，马不驯，易受惊，经过训练的军马，能炸弹崩于前而色不变。

现在，研究《孙子》，绝大多数人，兴趣都在管理。我在前面说过，这个兴趣是来源于日本的神话，即"日本是靠《孙子兵法》发的财"。如果这么玩管理，资源还很多，何必《孙子》？苏老泉的"贱丈夫"之学，是男性管理学。《孙子》讲带兵，也是男性管理学。人类社会，男性一直是领导，但谁都有家，谁都有妈，起码"人之初"，起码在家里，大家得服从她的领导，"永恒之女性，领导我们走"①。女性管理学，一般人不注意。有人说，可以学《红楼梦》。《红楼梦》是明清社会的缩影，贾宝玉是在脂粉堆里长大，周围全是女人。我们每个人的驯化环境，多半都是男主外，女主内，先妈后爹。女人当领导，王熙凤是模范，"金紫万千谁治国，裙钗一二可齐家"(《红楼梦》第十三回)。荣宁二府，上下几百口，太太、奶奶、丫环、奴才，一应大小事，全都听她管。她也是管理人材。古代的驯化，像斯巴达的训练，多半都是教小孩"一不怕苦，二不怕死"，怎么难受怎么来。《红楼梦》的驯化环境，完全相反，那是花柳繁华地、温柔富贵乡。家里如果太温暖，娇生惯养，到了外面，官场、商场和战场，自然不适应，或抑郁，或暴躁，宝二爷的脾气，别人头疼，他自己也头疼。用是谈不上了。

这就是"爱而不能令，厚而不能使，乱而不能治，譬如骄子，不可用也"的道理。

中国古代兵书，主要是讲用兵，但治兵也很重要。已故学者，许保林先生说，中国讲训练，主要在兵技巧家的书里②。这话有一定道理，因为技巧包括武器、武术和军事体育，确实和训练有一定关系。但严格讲，技巧主要是技术，而不是训练。我国历史上的训练，主要不是骑马射箭，舞枪弄棒耍

① 歌德《浮士德》，郭沫若译，北京：人民出版社，1955年，第二部，380页(最后一句)。

② 许保林《中国兵书通览》，北京：解放军出版社，1990年，231—232页。

大刀这一类单兵训练，而是整个军队的阵法，即队列的训练。这种东西，主要还是保存在军法，特别是各个时期的操典里。

近代训练，是西方的训练，队列是随火器的改进而改进。西方的操典，据说可以追溯到16世纪末，代表人物是拿骚的莫利斯(Maurice of Nassau，尼德兰共和国的执政)。我国，早期的东西保存太少，晚一点的东西，主要在《武经总要》和《武备志》。还有，就是明戚继光的《练兵实记》和《纪效新书》。戚继光是抗倭名将，他的鸳鸯阵很有名，是个讲训练的代表人物。

【10.5】

知吾卒之可以击，而不知敌之不可击，胜之半也；知敌之可击，而不知吾卒之不可以击，胜之半也；知敌之可击，知吾卒之可以击，而不知地形之不可以战，胜之半也。故知兵者，动而不迷，举而不穷。故曰：知彼知己，胜乃不殆；知天知地，胜乃可全。

最后一段是总结，内容是讲“知胜”。

“知胜”是靠四知：知彼知己、知天知地。

“知吾卒之可以击，而不知敌之不可击”，是知己不知彼，光从知人这一面讲，胜率是50%(一半)，但如果讲“四知”，则是25%(四分之一)。

“知敌之可击，而不知吾卒之不可以击”，是知彼不知己，光从知人这一面讲，胜率是50%(一半)，但如果讲“四知”，则是25%(四分之一)。

“知敌之可击，知吾卒之可以击，而不知地形之不可以战”，是知彼知己，光从知人这一面讲，胜率是100%(全部)，但如果讲“四知”，则是50%(一半)。

“知彼知己，胜乃不殆；知天知地，胜乃可全”，前面，《谋攻》篇的结尾，作者已经讲过“知彼知己，百战不殆；不知彼而知己，一胜一负；不知彼，不知己，每战必败”，这里的“知彼知己，胜乃不殆”，是重复《谋攻》篇的话，但除了这条，它又加了一条，是“知天知地，胜乃可全”。四条都具备，胜率才是100%。

宇宙之间，天、地、人最大，古人叫三才。三才都知道，就是什么都知道。“知彼知己”加“知天知地”，就是三才都知道，严格讲，只有这样，才能叫“胜乃可全”。但此篇只讲“地”，不讲“天”，它要强调的主要还是“地”。

“知彼知己”，是知人之用。“知天知地”，是辅助人事。有此四知，方为全胜。

◎附录

《战争论》笔记之二：克劳塞维茨论行军、宿营、给养和地形——与《孙子》比较

克劳塞维茨讲战争，是以战斗为中心。但任何军事行动，都不是打打打，一直打，而是打打停停，走走停停，更多是处于其他状态，有很多间歇。他说，战斗以外，还有行军和宿营。它们和战斗的关系是刀刃和刀背的关系[①]。这就是间歇。

（一）行军。

行军，作者分三步讲。第一，是讲两个战术要求，一是要减少无谓的伤亡，二是要整体协同，全体到达，准确无误。第二，是讲速度和辎重的矛盾，战争规模越大，装备越好，辎重越多，速度就越慢。当时，拿破仑最强调速度，但作者认为，一味求快，不要辎重，很危险。第三，是讲行军中的减员损耗，如何补充兵员的问题[②]。

《孙子》讲速度和辎重的矛盾，是在《军争》篇，不在《行军》篇。他也强调整体协同和快速推进，但不是不要辎重。

（二）宿营。

宿营，作者分两步讲。第一是野营，第二是舍营。野营住在野外，临时搭帐篷（幕营）或棚盖（厂营），比较艰苦；舍营住在营房里，比较舒适。如果连帐篷也不搭，就叫露营。露营是野营的一种。有帐篷是为了士兵的健康，没帐篷是为了快速推进。作者认为，时间短，露营有好处，但时间长，还

① 克劳塞维茨《战争论》，第二卷，388 页。
② 克劳塞维茨《战争论》，第二卷，412—428 页。

是不行，要视情况而定。当时，放弃舍营，专靠露营，是拿破仑提倡，他靠这套战术，占了不少便宜，但1812年在俄国，却吃了亏。克劳塞维茨认为，两者不能偏废[①]。1857年，恩格斯给《美国新百科全书》写词条，其中有《野营》(*Camp*)和《露营》(*Bivouac*)两条。他说，舍营是住村里，或临时的兵营里；野营有别于舍营，是搭帐篷或露营。古代野营，常环车为营。如果周围筑有防御工事，则叫营垒。露营是不用帐篷，生堆篝火，抱着枪，在野外和衣而睡(但离敌人近，连火都不能生)。这种办法，古代就有。中世纪，军队行军，累了，一般住城堡和寺院，但十字军东征，出征的乌合之众，和他们的对手一样，经常是露营。近代，正规战又恢复帐篷，但拿破仑战争时，有人说，速度比健康更重要，露营遂风行，除英国军队还偶尔用帐篷，所有国家，都视帐篷为多余[②]。克劳塞维茨对露营有所保留，他是先讲野营，后讲舍营，认为舍营还是不能废。拿破仑喜欢露营，恩格斯解说的这个词，本身就是法语词汇。

《孙子》讲宿营，是在《行军》篇，主要讲宿营的地形、地貌，以及安全警戒问题。

(三)给养。

和宿营有关，还有给养问题。克劳塞维茨讲战略要素，五大要素，统计要素是第五条[③]。

统计要素，就是给养手段。给养手段分四种，一是靠村民供应，二是靠强迫征收，三是靠正规征收，四是靠仓库储备[④]。这四种补给方式，越靠前，越利于速决，越靠后，越利于持久。拿破仑喜欢前两种，强调就地补充，作者也有所保留，认为时间长，还是不能没有后两种。此外，他还强调，不论国内还是国外，必须有作战基地和军队背后的交通线，这种交通线，既是补给线，也是退却线[⑤]。

《孙子》的《军争》、《九地》，也强调就地补充，但不是不要辎重。

---

① 克劳塞维茨《战争论》，第二卷，409—411、429—435页。

② 《马克思恩格斯全集》，第14卷，128、277—280页。

③ 克劳塞维茨《战争论》，第一卷，185页。

④ 克劳塞维茨《战争论》，第二卷，436—453页。

⑤ 克劳塞维茨《战争论》，第二卷，454—463页。

(四)地理。

地形问题,克劳塞维茨也很重视。他讲战略要素,一共五条,地理要素是第四条①。他讲地理,包括地形(也包括地貌)和地区。有关论述,主要在第五、第六、第七篇,涉及山地、江河、沼泽、森林和耕地。克劳塞维茨说,它们对军事行动的影响,主要是三点,一是是否妨碍通行,二是是否妨碍观察,三是是否妨碍火力防护②。山地、江河、沼泽,特点是妨碍通行;森林,特点是妨碍观察;耕地,情况比较复杂,有些比较平坦,有些被房屋、道路、沟渠切割,不便通行。作战地形,作者特别看重制高点。制高点,有三大优点,一是便于阻截敌人,不让他们通过;二是便于瞰制,山下的敌人,可以一览无余,尽收眼底(但山下如果有森林,情况相反);三是从山下向上射击,不如从山上向山下射击射程远,自上攻下易,自下攻上难③。地区,作者没有详细讲,但他特别强调所谓"国土锁钥"。"国土锁钥"是"不加以占领就不敢侵入敌国的地区",也就是通常说的战略要地④。

《孙子》讲地理,也是分开讲,《军争》篇只是概括讲,即"故不知诸侯之谋者,不能豫交;不知山林、险阻、沮泽之形者,不能行军;不用乡(向)导者,不能得地利"。具体讲地形、地貌,主要在《行军》篇。克劳塞维茨的五种地形,山地、江河、沼泽和耕地,大体相当《行军》篇的山、水、斥泽和平陆;森林,《孙子》没有专门讲,但《行军篇》的"军旁有险阻、潢井、蒹葭、(林木)〔小林〕、翳荟者,必谨覆索之,此伏奸之所〔处〕也",和森林有点接近。《孙子》讲"视生处高,战(隆)〔降〕无登",也是讲制高点。地区,《九地》篇的九地,其中有"衢地"。"衢地"是"诸侯之地三属,先至而得天下之众者",在这种地区作战,一是要"合交",二是要控制战略要冲,"吾将(固其结)〔谨其守〕",也类似"国土锁钥"。

军队没有投入战斗前,克劳塞维茨说,关键是保存军队,包括健康和安全。有七条,必须考虑:

(1)便于取得给养;

---

① 克劳塞维茨《战争论》,第一卷,185 页。

② 克劳塞维茨《战争论》,第二卷,464—468 页。

③ 克劳塞维茨《战争论》,第二卷,469—473 页。

④ 克劳塞维茨《战争论》,第二卷,635—640 页。

(2)便于军队舍营；

(3)背后安全；

(4)前面有开阔地；

(5)可以配置在复杂的地形上；

(6)有战略依托点；

(7)可以合理地分割配置。

“背后安全”，作者说，从前，“野营的背面紧靠天然屏障，被看作是唯一可取的安全措施”，现在的“背后安全”，却是背后的“交通线”，也就是退路。侧翼迂回，抄后路，切断对方的补给线和交通线，在现代战争应用极广。

“前面有开阔地”，作者说，也是为了便于观察，便于侦察①。

《行军》篇说，“凡军好高而恶下，贵阳而贱阴。养生处实，军无百疾，是谓必胜”，也是类似考虑；“平陆处易，右背高，前死后生”、“丘陵堤防，必处其阳而右背之”，其实也就是“右背山陵，前左水泽”，“右背山陵”就是“背面紧靠天然屏障”，“前左水泽”，也是属于“前面有开阔地”。

① 克劳塞维茨《战争论》，第二卷，386—389页。

【第十二讲】

九地第十一

今天，我们讲《九地》篇，《九地》篇最长。宋代的《孙子》版本，总字数，不计重文，大约在6000字左右（准确地说，是5967字，或5965字，或6007字），而《九地》篇，就有1000多字（准确地说，是1059字或1070字），约占全书的五分之一不到，六分之一强，一篇可顶两三篇。

这篇文章，很奇怪，不但篇幅长，内容也乱。大家读起来，会有点困难。我想帮大家梳理一下它的文章脉络，分析一下它的层次结构，看看它是怎么组织起来的。

我们先说题目，"九地"是什么？是散、轻、争、交、衢、重、氾、围、死九种（"氾"原作"圮"）。

这九种地，可以分为三大类：

（1）九地的主体和大多数，是散、轻、争、交、衢、重，它们与主客的概念有关，与开进的概念有关。这六种都是地区，不是地形、地貌。主客是什么？就是你在自己的国家打仗，还是到别人的国家打仗。在自己的国家打，自己是主，对方是客；到别人的国家打，自己是客，对方是主。这就像球赛，淘汰循环赛，要分主、客场。比赛，大家喜欢主场，主场有自己的球迷呐喊助兴，但《孙子》正好相反，它更偏爱客场。古代兵阴阳，也讲主客，如银雀山汉简《天地八风五行客主五音之居》，还有其他很多讲兵阴阳的书，早的晚的，都分主客。任忠说，"兵家称客主异势，客贵速战，主贵持重"（《陈书·任忠传》）。战争是对等行动，但对等不等于均势，攻守双方，实力不同，形势不同，大不一样。凡到别国做客，都想速战速决，打完就走。当主人的得拖着他，不能叫他就这么走了。这就是兵家的为客之道和待客之礼。散地，是自战其地，我为主，敌为客。轻地和重地，是战于他国，我为客，敌为主。入敌国浅，叫轻地；入敌国深，叫重地。无论深浅，都是上人家的国家做客，做客都是不请自来，不是空着手，而是抄着家伙，杀人越货来了。散、轻二地和重地之间，还有三种你来我往、互相争夺、带过渡性质的地区，是争地、交地和衢地。争地，是两国必争的地区。交地，是两国交界的地区。衢地，是多国交界的地区。这六种为一类，讲区域概念，上升到国土层次和地缘政治的概念。《九地》的下半篇，也把轻、重二地合称为绝地。绝地是所有客地的统称。简本还从死地分出穷地。

（2）从行军的角度讲，还有圮地。圮地是难走的地方。

（3）从作战的角度讲，还有围地和死地。围地和死地，相似，但不一样。围地，入口狭窄，归路迂远，地形本身就把人困在里面，干让对方围着打。死地，是背负险阻，后面没有退路，前面的出口被敌人封死。一种是地形挡着出不去，一种是敌人挡着出不去。

这九种地，主要是空间概念，国以内怎么样，国以外怎么样，国与国之间怎么样，不是点，而是面。作者的讲法很全面，但重点是客地。他讲客地，很有层次感。所谓"为客之道"，你来我往，都是不请自来，根本不敲门，不等门房通报，破门而入，翻墙跳窗户，直接往院子里闯，不但登堂，而且入室，把对方堵在被窝里。主地，很笼统，但可按客地反推。这种概念，最宽最广，以前讲的地形，《军争》、《行军》、《地形》的内容，全都可以装进去。所有东西加一块儿，是一种地形套餐。

我们读《九地》篇，首先要明白，什么叫主客。我们要知道，作者喜欢的是客场，而不是主场。历史上，汉胡关系，汉是农业民族，胡是游牧民族，汉族不喜欢串门，胡喜欢，经常是不请自来。格鲁塞对两者的关系有生动描写[①]。历史上的征服者是如此，近现代的征服者也是如此。清代有个叫徐建寅的人，光绪年间，曾到德国、英国和法国考察军事，留下深刻印象。这些国家，他说，有个共同特点，就是"蔑弃礼让，竞尚暴戾，挟势不论理，观兵不耀德，角力争雄，恃强凌弱，皆以战胜攻取为其立国要图"（徐著《兵学新书》凡例）。这个印象，现在也不过时。例如战后的美国，就是把自己的国家安全建立在海外驻军、海外用兵之上，五大战区（太平洋、欧洲、中央、南方、北方）司令部，控制全世界。所有国家的事，都是他们家的事。

打仗最好到别的国家打，这是西方的军事传统。《剑桥战争史》说，西方战争方式有五大优点，其中一条，就是到别人的国家打仗[②]。西方进化500年，但这一条没有变，至少美国没有变，就像俗话说的，"狗改不了吃

① 格鲁塞《草原帝国》，魏英邦译，西宁：青海人民出版社，1991年，1—6页。

② 杰弗里·帕克等《剑桥战争史》，14—15页。

屎”。孩子是自己的亲，老婆是人家的好；缺东少西，最好上人家找；打架，绝不能在自己家里打。打完了，还得想方设法，让对方买单——谁让他惹我生气呢（如庚子赔款就是如此）。《孙子》也是这样，它最不喜欢，就是在自己的国家打仗；最喜欢，就是上别的国家打仗，离家越远越好。

在《九地》篇中，做客是一个过程。当将军的，带领自己的士兵，从自己的国家到别人的国家，经两国交界或多国交界的地带，进入敌国，从敌国的边缘进入敌国的腹地，然后与敌决战，这是基本过程。

让我们想象一下，假如你是将军，率领一支侵略军，到别人的国家打仗，士兵的感觉怎么样？肯定是害怕。但作者说，没关系，人的勇怯，是随环境而变化。他对士兵心理的基本估计是，在自己国家作战，人心涣散；进入敌国不深，不容易抱团；只有把他们投入最危险的境地，他们才会因恐惧过度，紧张、抱团、勇敢。他的名言是，“投之亡地然后存，陷之死地然后生”。

为了把士兵从自己的国家带到别人的国家，远离再远离，深入再深入，直到什么熟人都看不见，举目无亲，走投无路，必须拼死一战，才有活路，很难。作者的主意是：瞒。作战意图，瞒；行军路线，瞒；路上有危险，瞒。什么都不让他们知道。

这就是《九地》篇的主要内容。

前面，我说过，《孙子》的读者，很多都是“管理癖”。我给老板上课（北京大学哲学系安排的），他们老是追着问一个问题，《孙子》的管理学是什么？我告诉他们说，主要就在《九地》篇。《九地》篇讲什么？主要就是“愚兵投险”，御兵是靠愚兵，不是哄，就是骗。他们都大失所望。

真的不可爱，可爱的并不真。

上面，我说《九地》篇难读。难读，难读在哪里？主要有两个问题。

第一，《九地》本身，是由零章碎句拼成，结构松散，前人，早就有人看出，此篇前后重复，好像一篇文章，两种记录，前面说过，后面又重复。如明赵本学《孙子校解引类·九地篇》和清邓廷罗《兵镜三种·凡例》，都有这种看法。

第二，《九地》和《九变》有关，不但词句重复，内容也有关联。前人注这两篇，一直有困惑，元朝的张贲，明朝的刘寅、赵本学，他们都认为，篇中有

"错简"。

这里只谈第一个问题。第二个问题,下一讲再谈。

《九地》篇,前半篇和后半篇,彼此重复。我把它分为13章,前半篇7章,后半篇6章:

(一)前半篇

第一章,分前后两半,分别讲九地之名和九地之变。

(甲)前半章,讲九地之名。

(1)按主客形势分。

散地:战于己国(我为主,敌为客);

轻地:入敌国浅(我为客,敌为主);

争地:两国必争(互为主客);

交地:两国交界(互为主客);

衢地:多国交界(互为主客);

重地:入敌国深(我为客,敌为主)。

(2)与行军有关。

圮地:难以行军。

(3)与作战有关。

围地:出口狭窄,归路迂远;

死地:疾战则存,不疾战则亡。

(乙)后半章,讲九地之变(九地的战术要求),即"是故散地则无战"九句。前五句用"无",后四句用"则",主要讲负面的对策。

第二章,讲待敌之法:夺爱则听。

第三章,讲为客之道:深入则专。

第四章,讲人情之理(士兵心理):甚陷则不惧,无所往则固,入深则拘,不得已则斗。

第五章,讲齐勇之政(使所有士兵一样勇敢的办法):以地制人,以势屈性。

第六章,讲将军之事(将军御兵的诀窍):愚兵投险。

第七章,是把上述内容归纳为三条:九地之变,即第一章所述;屈伸之利,即九地之变中的各种变通(参看《九变》);人情之理,即第四章所述。

(二)后半篇

第八章,再申为客之道和九地之名。为客之道,是深则专,浅则散。九地之名,和上文有同有异,增一种,缺四种:

绝地:战于敌国,包括轻、重二地,增;

衢地:四通八达,重;

重地:入敌国深,重;

轻地:入敌国浅,重;

围地:背负险阻,前有隘口,重;

死地:无路可出,重;

散地:缺;

争地:缺;

交地:缺;

氾地:缺。

第九章,再申九地之变,即"散地吾将一其志"等九句,每句都有"吾将"二字,与上相反,是正面的对策。

第十章,再申人情之理:围则御,不得已则斗,过则从。

第十一章,再申待敌之法:不争天下之交,不养天下之权,信己之私,威加于敌。

第十二章,再申将军之事:投之亡地然后存,陷之死地然后生。

第十三章,讲与敌决战,是全篇的总结。

下面,我们一章一章来介绍。

【11.1】

孙子曰:

用兵之法:有散地,有轻地,有争地,有交地,有衢地,有重地,有(圮)〔氾〕地,有围地,有死地。诸侯自战其地者,为散地。入人之地而不深者,为轻地。我得亦利,彼得亦利者,为争地。我可以往,彼可以来者,为交地。诸侯之地三属,先至而得天下之众者,为衢地。入人之地深,背城邑多者,为重地。山林、险阻、沮泽,凡难行之道者,为(圮)〔氾〕地。所由入者隘,所从归者迂,彼寡可以击吾之众者,为围地。疾战则存,不疾战则亡者,为死地。是故散地则无战，轻地则无止，争地则无攻，交地则无绝，衢地则合交，重地则掠，(圮)〔汜〕地则行，围地则谋，死地则战。

这一章，可分成前后两半，前一半讲九地之名，后一半讲经过九地，应该怎么办。

我们先讲前一半，解释一下九地之名(图八〇)①。

“散地”，是在自己的国家作战，上面说了，作者最怕主场。他认为，这种情况，人心最涣散。“散”是涣散的意思，反义词是“专”，“专”是有凝聚力，“散”是没有凝聚力。

“轻地”，是客场，作者认为，轻地比散地好，但入人之地不深，好像游泳，还浮在水面上，显得轻了点。

“争地”，是两国相争的地方，谁得到，谁占便宜，两边要你争我抢。

“交地”，是两国交界的地方，你可以来，我可以往。

“衢地”，是多国(三国或四国)交界的地方，四方辐辏，人口密集，有如四通八达的通衢大道，谁先占领，谁先得到天下之众。

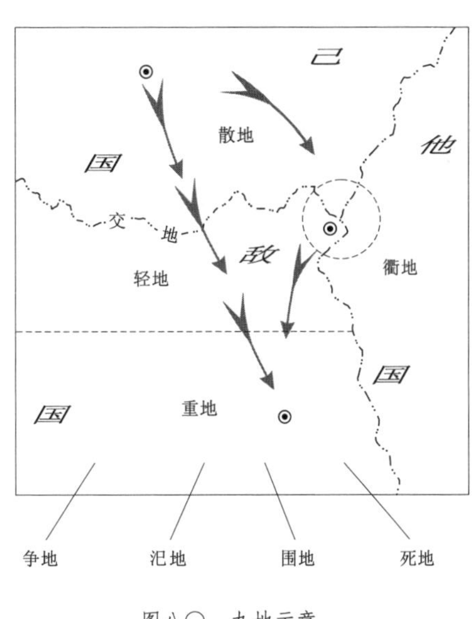

图八〇　九地示意

“争地”、“衢地”、“交地”，都是交通方便、你来我往、互为主客的地方，也是战争灾难最深重的地方。特别是衢地。战国时期，这种战略要地，也叫“四战之地”。比如今河南省的洛阳市，号称四方辐辏、天下之中，和平时期当然好，战争时期最倒霉。外围国家，情况不一样。比如，秦把渭水流域的南、北两面和西面扫平，可以长驱直入，挺进关中，没有后顾之忧。齐国

① 图中的争、汜、围、死，不能标出所在的区域和位置。

西进，楚国北上，匈奴南下，情况也类似。他们都是从外往里攻。欧洲，美、英、法、德、奥、意、俄，可比七雄，德国也是处于四战之地，英、美扼其左，俄国阻其右，两次大战，都很惨。美国在地球的另一面，就像僻处雍州的秦，最得地利。

“文明”国家，老是以中心自居，把“蛮夷”排挤到边缘。但这也就陷自己于包围之中。洛阳这个本来意义上的“中国”，占了周围不少便宜，也吃了不少亏。和平时期，大家的东西都流到它那儿去了，战争时期再抢回来。人类的均贫富，主要是这一套。

“重地”，和“轻地”相反，是入人之地深，好像游泳，沉在水底，分量显得重，不拼命蹬水上浮，就回不来了。兵至重地，不利之处，是离家门远，补给线长，不拼死一战，就回不来了。但我们要注意的是，重地是敌国的腹地，背后经过的地方很多，会有很多城邑作依托，可以作为补给的来源，也有它有利的一面。银雀山汉简《地典》说，“仳（背）邑而战，将取尉旅”（0648），“仳（背）邑而战，得其旅主”（0545）。看来，“背城邑多”也是好事。

“氾地”，“氾”音 fàn，宋本作“圯”（音 yí），圯是桥（如圯下老人的圯）。但旧注都是按圮字（音 pǐ）解释，圮是毁。贾林、梅尧臣都是以水毁之地为说，但简本作“泛地”。我们都知道，“泛”的另一种写法是“氾”。所以，情况可能是，此字本来作“氾”，后来才写成“圮”或“圯”字。氾地，当是低湿难行之地。山林、险阻、沮泽，都是难走的地，红军长征，爬雪山，过草地，万水千山，很多也是这种地。山林、险阻，主要是高地，沮泽是低湿之地。这里是以低湿之地概括一切难以行军的地方。《行军》说，“不知山林、险阻、沮泽之形者，不能行军”。

“围地”，主要是指入口狭窄，进去就出不来，如果要出来，必须兜很大圈子，从别的路绕出去的地形。

“死地”，主要是指前受敌阻，后无退路，不拼死一战，就出不来的地形。

这是前一半。

后一半，只有九句话。

散地，士兵之心散，干脆不要战斗。这是“散地则无战”。

轻地，初入敌境，士兵之心不专，千万不要停留。这是“轻地则无止”。

争地，如果被敌占领，不要强攻，还是绕开好。这是“争地则无攻”。

交地，是两国交界的地方，应迅速通过，各部要跟上，千万别掉队，造成前后脱节。这是“交地则无绝”。

衢地，是多国交界的地方，外交关系很重要。外交搞不好，会被第三国渔利。语云“螳螂捕蝉，黄雀在后”。国际关系都是三角关系或多角关系。螳螂要对蝉下毒手，就要跟黄雀搞好关系，不能请黄雀帮忙，也要请它中立，远交才能近攻(但这种事风险很大，往往有后患)。这是“衢地则合交”。

重地，是敌国的腹地，离家门太远，最大问题是补给。怎么补给？就是从背后依托的城邑、乡村抄掠。这是“重地则掠”。

氾地，不宜舍营，要赶紧离开。这是“氾地则行”。

围地，是被地形困住，硬拼不行，得赶紧想主意。这是“围地则谋”。

死地，是被敌人挡住出路，狭路相逢勇者胜，只有拼死一战，才能生还。这是“死地则战”。

上述九地，如果排个队，散地最近，重地最远，轻、争、交、衢，都是过渡。作者最喜欢重地，最不喜欢散地。氾、围、死，是另外三类。重地，深入敌国腹地，如果不能决战取胜，就回不了家，其实也是一种围地或死地。

【11.2】

古之善用兵者，能使敌人前后不相及，众寡不相恃，贵贱不相救，上下不相收，卒离而不集，兵合而不齐。合于利而动，不合于利而止。敢问敌众(整而)〔而整〕将来，待之若何？曰：先夺其所爱则听矣。兵之情主速，乘人之不及，由不虞之道，攻其所不戒也。

此章是讲“待敌”。“待敌”是等待敌人。等待敌人干什么？是等它前来，与它决战。敌人阵容整齐，人数众多，怎么才能把它打散，让它分崩离析？作者说，关键的关键，是抢先到达敌人想去的地方，占领有利地形，以逸待劳，即“先夺其所爱”。先敌到达靠什么？一是迅速，非常突然，让敌人措手不及；二是隐蔽，走是走敌人想不到的路线，打是打它想不到的地点，其实就是“以迂为直，以患为利”、“后人发，先人至”，即《军争》篇讲的那些要领。“兵之情主速”，就是俗话说的“兵贵神速”。

【11.3】

凡为客之道：深入则专，主人不克；掠于饶野，三军足食；谨养而勿劳，并气积力；运兵计谋，为不可测。

此章是讲“为客”。“为客”是到敌国作战。作者认为，只有深入敌国，才有凝聚力，才能战胜敌人。“专”是心志专一、死心塌地。“主人”，指敌军。“掠于饶野，三军足食”，是从敌国的乡下抢粮食，补充给养。“谨养而勿劳，并气积力”，是保持旺盛的体力、精神和士气，《军争》篇叫“治气”、“治心”、“治力”。“运兵计谋，为不可测”，指调兵遣将，运筹帷幄，让敌人想不到。

【11.4】

投之无所往，死且不北。死焉不得，士人尽力。兵士甚陷则不惧，无所往则固，入深则拘，不得已则斗。是故其兵不修而戒，不求而得，不约而亲，不令而信，禁祥去疑，至死无所之。

此章是讲士兵心理，下文叫“人情之理”。士兵心理，并不复杂，人心都是肉长的，谁都怕苦怕死。人怎么才能做到一不怕苦，二不怕死，是个非常微妙的问题。作者认为，这些都不是心甘情愿，而是被逼无奈，不得已。“无所往”和“甚陷”是围地、死地，不得已；“入深”是重地，也不得已。这些“不得已”，反而能激发人的斗志。

“是故其兵不修而戒，不求而得，不约而亲，不令而信”，四个“不”字都是强调“无人管理”、“自动管理”，为什么不管？因为有环境管着。作者认为，环境出勇敢。《势》篇不是说“勇怯，势也”吗？就是这个意思。这是道家的思想，也是法家的思想。道家认为，万事万物，要顺其自然，听其自化，好像种庄稼，不能揠苗助长。表面上是无为，实际上是无不为。

“禁祥去疑”，“禁祥”是禁止各种妖言惑众的东西，“去疑”是解除士兵心里的各种疑虑困惑。古人的心理特点是迷信，好像没有驯服的马，比今人更一惊一乍，四面楚歌，精神马上就崩溃。我们不要以为，光是人才有心理问题，马也有，我在美国见过，马也看心理大夫。军队里，心理大夫很重要。西方军队，随军牧师就是心理大夫。从前，苏联红军，政治思想工作是靠政委。现在的俄国军队，换了牧师，他们也是心理大夫。我国古代，军队里面没有专职的心理大夫，但有术士和方士。《六韬·龙韬·王翼》说，将军的身边，应该配备“股肱羽翼”72 人：腹心 1 人、谋士 5 人、天文3人、地利3人、兵法9人，通粮4人、奋威4人、伏旗鼓3人、股肱4人、通材3人、权士3人、耳目7人、爪牙5人、羽翼4人、游士8人、术士2人、方士2人、法算2人。他们各有分工，组成古代的司令部、指挥部，其中的术士和方士，就是这种人。原书说，“术士二人，主为谲诈，依托鬼神，以惑众心；方士二人，主百药，以治金疮，以痊万病”。术士管数术，假借鬼神，给士兵做思想工作，等于心理大夫；方士管方技，则是医生，“治金疮”的“方士”是干什么的？就是专治外伤的外科医生。《墨子·迎敌祠》也说，古代军中有巫、医、卜，“举巫、医、卜有所长，具药宫之，善为舍。巫必近公社，必敬神之。巫、卜以请(情)守，守独智(知)巫、卜望气之请(情)而已”。巫是巫师，医是方士，卜是术士。但古人对巫、医、卜的态度，是又喜又怕，既想用神秘的东西愚弄士兵，又怕“其出入为流言，惊骇恐吏民”，把他们吓着。如果有人用这套东西扰乱军心，一定要“谨微察之，断，罪不赦”。从《六韬》、《墨子》的话，我们可以看出，第一，兵家不是不讲迷信，而是很讲迷信，军中一定要有搞迷信的专家；第二，搞迷信的专家，一定要严密监视，控制起来，有什么情况，只向将军汇报，不能到外边乱讲；第三，依托鬼神，愚弄各级官兵，很有必要，但不能过分。凡扰乱军心者，一旦查出来，杀无赦。

俗话说，天机不可泄露，天机是军事秘密。

【11.5】

吾士无余财，非恶货也；无余命，非恶寿也。令发之日，士卒坐者涕沾襟，偃卧者涕交颐，投之无所往，诸、刿之勇也。故善用兵者，譬如率然。率然者，常山之蛇也。击其首则尾至，击其尾则首至，击其中则首尾俱至。敢问〔兵〕可使如率然乎？曰：可。夫吴人与越人相恶也，当其同舟济而遇风，其相救也如左右手。是故方马埋轮，未足恃也；齐勇若一，政之道也；刚柔皆得，地之理也。故善用兵者，携手若使一人，不得已也。

这里还是说，士兵也是人，贪财怕死，和一般人没两样。他们上战场，也知道前面等着的是什么，坐着的，躺着的，一把鼻涕，一把眼泪，但上了战场，就很勇敢，为什么？答案很简单，就是“投之无所往”。“无所往”，就是哪儿都去不了，走投无路。人的很多潜能，不逼出不来。

“诸、刿之勇”，“刿”音 guì。“诸”是专诸，“刿”是曹刿。这两个人是古代的恐怖分子。

中国古代的恐怖分子，名气最大，要属司马迁笔下的五大刺客：曹沫、专诸、豫让、聂政、荆轲（《史记・刺客列传》），加上要离，是六个人。这六个人，年代较早，是曹沫和专诸。曹沫比孙武早，专诸和孙武年代相近，但也早一点，其他人都晚于孙武。

曹沫就是这里的曹刿。曹刿是春秋中期的鲁国人，以勇力事鲁庄公。此人出身卑贱，很聪明，也很勇敢。他的事迹，主要有两件，一件是长勺之战，他以治气之术，打败齐国，见于《左传》庄公十年；一件是柯之盟，齐国和鲁国在柯签订不平等条约，在庄严的外交仪式上，曹刿用匕首劫持齐桓公，迫使他退还鲁国的土地，见《史记・刺客列传》。最近公布的上海博物馆藏楚简，里面有一篇佚书，叫《曹沫之陈》[1]，就是此人的兵法。他的名字，原来是写成“敓蔑”（图八一）。

图八一　上博楚简《曹沫之陈》

专诸为春秋晚期人，是吴王阖闾即位前，替他刺杀王僚的亡命徒。

这两个人都很玩命。他们轻生死，重然诺，司马迁很佩服。汉代画像石，不仅老子、孔子和他们的学生经常出现，刺客也是常见的主题。

汉朝推翻秦朝，什么都反着来，秦王扫六合，既然是野蛮统一，荆轲当然是壮士。更何况，汉朝的大功臣张良，原来也是刺杀秦王的在逃犯。当时的人，对刺客都津津乐道，也就不足怪了。

恐怖主义，政治观点不同，真是越说越乱，我在《中国历史上的恐怖主

---

① 马承源主编《上海博物馆藏战国楚竹书》（四），上海：上海古籍出版社，2004 年，239—285 页。

义：刺杀和劫持》一文里，叫“恐怖主义一锅粥”[①]。国际上，定义起码上百种，联合国为此辩论，至今莫衷一是。我向读者介绍，引用了《不列颠百科全书》的定义。有人说，这个定义不对，但《现代汉语词典》的最新一版收了这个词条[②]，恰好就是抄《不列颠百科全书》。《不列颠百科全书》说，凡“对政府、公众或个人蓄意使用恐怖手段或令人莫测的暴力，以达到政治目的”，就属于恐怖主义，“各种右翼和左翼的政治组织、民族主义团体、民族集团、革命者以及政府秘密警察都有利用恐怖主义者”[③]。

恐怖主义都是互为因果，摩萨德和黑七月是对等的东西。

恐怖分子，经常搞暗杀和劫持，是非功过不论，有件事，必须肯定，他们都是很勇敢的人。“911”，布什老是说，恐怖分子都是胆小鬼，我就奇怪了，他们连命都不要，怎么还是胆小鬼？我们要知道，他们玩的就是“诸、刿之勇”。

以前，我写过一篇《读〈剑桥战争史〉》[④]，文章提到六大刺客。有人在网上说，李零可犯了个大错误，他怎么会把军事家曹刿和刺客曹沫混为一谈。其实，我并没有错。他们不知道，这两个名字是通假字。后来，我写过一篇文章，澄清过这一点[⑤]。

这里，曹刿和专诸是相提并论，专诸是刺客，没有问题吧？曹刿跟他搁一块儿，以“勇”著称，他不是曹沫又是谁？

曹刿不只是一位军事家，也是一位恐怖分子，《孙子》就是很好的证明。

我说，恐怖是战争的继续，恐怖主义也是兵法，还举过吴起的例子，他说，“今使一死贼伏于旷野，千人追之，莫不枭视狼顾。何者？恐其暴起而害己也。是以一人投命，足惧千夫”(《吴子·励士》)。照他设想，假如有一支五万人的军队，个个都像这种“死贼”，恐怕就是天下无敌了。吴起是最有名的兵家，他都要学“死贼”，最后，死到临头，还玩兵法。那个玩法也很

① 李零《花间一壶酒》，77—99 页。

② 中国社会科学院语言研究所词典编辑室《现代汉语词典》，北京：商务印书馆，2005 年，第 5 版，781 页。

③ 《不列颠百科全书》，第 16 卷，第 527 页。

④ 李零《花间一壶酒》，43—76 页，原载《读书》2002 年 8—10 期。

⑤ 李零《为什么说曹刿和曹沫是同一人》，《读书》2004 年 9 期，129—134 页。

恐怖。

“故善用兵者，譬如率然。率然者，常山之蛇也。击其首则尾至，击其尾则首至，击其中则首尾俱至。敢问〔兵〕可使如率然乎？曰：可”，这是当时常用的比喻。蛇很神秘，它和我们不一样，我们没有尾巴，只有一截尾巴骨，夹在腚沟的上方。我们的屁股是在身体中间，顾头就顾不了腚，顾腚就顾不了头。蛇，首尾相顾，宛转自如，人比不了。作者说，善用兵的人就像“率然”。“率然”本来是形容动作自如的样子，这里则用作蛇的名称。《孙子》说，“率然”是“常山之蛇也”。“常山”，简本作“恒山”，恒山改常山，是避汉文帝讳。这个恒山，不是山西浑源的恒山，而是河北曲阳的恒山。山西的恒山，清代才定为北岳。清代以前的北岳，在今河北曲阳县。《神异经·西荒经》把出率然之蛇的恒山当成今浙江常山县的常山，就更不对了。

“夫吴人与越人相恶也，当其同舟济而遇风，其相救也如左右手”，这段话提到吴越相仇。春秋晚期，吴国和越国是老仇人。但有趣的是，如果同舟而济，遇上风暴，他们也会互相救助。原因是环境使然。美国电影《波特马克河上的惨案》是演真事，不是同舟而济，而是同机而飞，就有类似的情况。那条河在华盛顿，飞机起降要飞过一个湖，波特马克河，就在机场附近。俗话说，不打不相识；民族融合，也是不打不融合。现在，苏州人和绍兴人已经打不起来了，但以、巴还在打，很多地方，还是冤冤相报何时了。我们人类，也有一条共同的船，就是我们的地球。难道非碰上全球性的灾难，我们才肯罢手吗？

“是故方马埋轮，未足恃也；齐勇若一，政之道也；刚柔皆得，地之理也。故善用兵者，携手若使一人，不得已也”，“方马埋轮”，是把马头连在一起，车轮埋住，防止奔逸，作者说，这种办法靠不住。要使所有的士兵互相救助，有如一人，主要靠两样，一是将得吏，吏得卒，上下协同；二是人得地，靠环境逼迫。

【11.6】

将军之事，静以幽，正以治。能愚士卒之耳目，使之无知；易其事，革其谋，使(人)〔民〕无识；易其居，迂其途，使(人)〔民〕不得虑。帅与之期，如登高而去其梯；帅与之深入诸侯之地，而发其机。若驱群羊，驱而往，驱而来，莫知所之。聚三军之众，投之于险，此将军之事也。

"将军之事"，是讲将军带兵的诀窍。读《孙子》，想学管理学的，主要得看这一段。

"静以幽，正以治"，这两句，很神秘。我来解释一下。"静以幽"，即"静而幽"，"正以治"即"整而治"。"静而幽"是什么劲儿？我琢磨，大概就是不声不响，什么主意都藏在肚子里，脸上看不出来，嘴上也不说，一切保密。"整而治"是什么劲儿？我琢磨，就是整个军队，上上下下，一切都很有秩序。前者是管理的方式，后者是管理的效果。

"能愚士卒之耳目，使之无知"，作者的御兵之术，主要就是愚兵，让他们无知。"不识不知，顺帝之则"（《诗·大雅·皇矣》），是古代治术的最高理想。

"易其事，革其谋"，是不断变更作战行动和作战计划；"易其居，迂其途"，是不断变更宿营地和行军路线。目的都是为了蒙蔽士兵。

"帅与之期，如登高而去其梯；帅与之深入诸侯之地，而发其机"，是连哄带骗，把士兵带到敌国的腹地，然后才披露战机，让他们好像登高去梯，只好拼死一战。这种损招，《三十六计》叫"上屋抽梯"（第28计）。

"若驱群羊，驱而往，驱而来，莫知所之"，这也是一种比方。古代统治者，都喜欢以牧羊人自居。《管子》有《牧民》篇。

"聚三军之众，投之于险，此将军之事也"，这句话是点明主题。

我把《孙子》的御兵术叫"愚兵投险"。

【11.7】

九地之变，屈伸之利，人情之理，不可不察也。

这是上半篇的总结。

"九地之变"，就是第一章后一半的九句话。

"屈伸之利"，是说有的事可以做，有的事不可以做，不是都可以做。《九变》篇（见下一讲）有五个"有所不"，就是讲"屈伸之利"。

"人情之理"，就是第四章的"投之无所往，死且不北。死焉不得，士人尽力。兵士甚陷则不惧，无所往则固，入深则拘，不得已则斗"。

这是上文的三个要点。

【11.8】

凡为客之道，深则专，浅则散。去国越境而师者，绝地也。四通者，衢地也。入深者，重地也。入浅者，轻地也。背固前隘者，围地也。无所往者，死地也。

这是下半篇的开头。其中除“凡为客之道，深则专，浅则散”。是对应于上半篇的第三章，其他都是与上半篇的开头相对应。

“凡为客之道，深则专，浅则散”，就是上文的“凡为客之道：深入则专”。

“绝地”，上文没有。“绝”是隔绝之义。“去国越境而师者”，是离开祖国，与后方隔绝的地方，其实也就是敌境。“绝地”是客地的统称。

“衢地”，上文作“诸侯之地三属，先至而得天下之众者”。“衢”的本义是四通八达的路，这种地也是四通八达。比如北京的居庸关，为北门锁钥，它所在的山叫八达岭，那个地方就是南来北往的战略要冲。插队时，我上内蒙，坐火车，走京包线，老是从那儿过。这种四通八达的地方，就叫衢地，不一定非是平原上的通衢大道。

“重地”，上文作“入人之地深，背城邑多者”，定义差不多。

“轻地”，上文作“入人之地而不深者”，定义差不多。

“围地”，上文作“所由入者隘，所从归者迂，彼寡可以击吾之众者”。“背固”是背有险阻，山路迂曲，后面的退路比较绕远；“前隘”是前面的入口狭窄，好像葫芦口。

“死地”，上文作“疾战则存，不疾战则亡者”。死地是走投无路。没有路，怎么办？只有下定决心，拼死一战。

最后这一条，简本不一样，是作“倍（背）固前敌者，死地也。毋（无）所往者，穷地也”。它的意思是说，死地和围地不一样，前面不是隘口，而是拦路的敌军。“无所往者”反而是搁在下一句，多出一个“穷地”。

【11.9】

是故散地吾将一其志，轻地吾将使之属，争地吾将趋其后，交地吾将（谨其守）〔固其结〕；衢地，吾将（固其结）〔谨其守〕，重地吾将继其食，（圮）〔氾〕地吾将进其途，围地吾将塞其阙，死地吾将示之以不活。

这九句话，和第一章的九句话可以对比。

散地，士兵战于本国，人心涣散，应使之心志专一。“散”的反义词是“专”。上文作“无战”，是从负面讲；这里作“一其志”，是从正面讲。

轻地，士兵初入敌境，其心也未专，容易掉队，应使之连属。上文作“无止”，是说不要停下来；这里作“使之属”，是怕有间断，意思也是一反一正。

争地，是两国必争之地，如果敌人已经占领，应疾趋其后。上文作“无攻”，是不要从正面攻；这里作“趋其后”，是绕到后面打。简本则作“争地吾将使不留”。

交地，是两国交界的地方，这种地方是前后方的连接点，一定要用重兵把守。上文作“无绝”，是强调道路通畅，这里作“固其结”，则是强调固守要津。

衢地，是多国交界的地方，为战略枢纽，也要用重兵把守。上文作“合交”，是强调外交的重要性，这里作“谨其守”，和交地相似，也是强调其把守。这两句的顺序，简本和今本相反，“守”作“恃”，这里是从简本的顺序。

重地，是深入敌境，麻烦最大是补给线太长，应就地补充给养。上文作“掠”，是讲抢粮食；这里作“继其食”，则是讲补充粮食。

圮地，是难以行军的地方，关键是要迅速摆脱，进入阳关大道。上文作“行”，是强调赶紧离开，不要逗留；这里作“进其途”，是强调转入好走的大道。

围地，是出口狭窄，但作者说，为了激励士气，反而要把它堵起来。上文作“谋”，是强调动脑筋；这里作“塞其阙”，是强调拼死一战。

死地，是前有敌兵，后有险阻，不战则坐以待毙。上文作“战”，是强调拼死一战；这里作“示之以不活”，是示敌以必死。

《孙子》主张，一定要把士兵逼到绝境，他们才会拼死一战。按照这个原则衡量，绝地比散地好，重地比轻地好；围地和死地，是绝境中的绝境，当然更好。如果换位思考，情况相反，敌人深陷重围，一定要留缺口；敌人走投无路，不要苦苦相逼。《军争》说，“围师必阙，穷寇勿迫”，就是这个道理。古代士兵到别国作战，言语不通，举目无亲，你把他逼急了，作困兽之斗，即使取胜，伤亡也太大，还是留下生路好。这是合理的考虑。但我们必须注意，迫和追不同。克劳塞维茨指出，战争的目的是彻底打垮敌人，追击比战胜更重要，放走退却的敌人，即使取得胜利，也是很大的隐患[①]。毛泽东也主张“宜将剩勇追穷寇”。

【11.10】

故兵之情，围则御，不得已则斗，过则从。

“兵之情”就是上面讲的“人情之理”。

“围则御，不得已则斗，过则从”，就是上面讲的“兵士甚陷则不惧，无所往则固，入深则拘，不得已则斗”。“过”是过分，比如“甚陷”就是“过”。我在“文革”中有过这种体会，错误错到荒谬绝伦，大家就会指鹿为马；人太害怕了，也会不害怕。

【11.11】

是故不知诸侯之谋者，不能预交；不知山林、险阻、沮泽之形者，不能行军；不用乡(向)导者，不能得地利。四五者，一不知，非(霸王)〔王霸〕之兵也。夫(霸王)〔王霸〕之兵，伐大国，则其众不得聚；威加于敌，则其交不得合。是故不争天下之交，不养天下之权，信己之私，威加于敌，故其城可拔，其国可隳。

“是故不知诸侯之谋者，不能预交；不知山林、险阻、沮泽之形者，不能行军；不用向导者，不能得地利”，这段话，《军争》篇也有，除了“预”作“豫”，完全一样。

“四五者，一不知，非王霸之兵也”，曹注说，“四五者”，也可能指九地(四加五等于九)，也可能指上面这几句话。我看，这里不一定是准确的数字。“王霸”，值得注意，今本作“霸王”，简本作“王霸”。古代统一天下才叫“王”，不能统一天下只叫“霸”。“霸”就是“伯”(两个字，是通假关系)。伯本来是兄弟行辈中的老大，即老大哥。中央王国之外的地方国家，割据一方的霸主，商代叫方伯。比如周文王，原来就是西方伯，今陕西境内的各国，他是老大哥。这是伯，不是王。当时的王，是商纣王。在商王面前，他还是低人一等。春秋五霸，霸还是这种概念，如齐桓、晋文称霸，这种霸就是类似西方伯那样的伯，它只是诸侯之长，还不是王。周天子才是真正的

① 克劳塞维茨《战争论》，第一卷，305—319页。

王。战国七雄，称霸不过瘾，闹到后来，有五国相王，齐、秦称帝。霸而称王，王而称帝，王和霸的概念，才有所混淆。“王霸”，古书也作“霸王”（如《左传》闵公元年、《礼记·经解》、《孟子·公孙丑上》），但这种“霸王”仍是并列关系（霸和王），和汉代的概念还不一样。司马迁说越王勾践号称“霸王”（《史记·越王勾践世家》）、项羽号称“西楚霸王”（《史记·项羽本纪》），这种霸王才专主于霸，和今语所说的“霸王”接近，其实是霸主。当今世界，所谓超级大国，就是现在的老大。“文革”期间，毛泽东号召，“深挖洞、广积粮、不称霸”，“不称霸”就是不当天下的霸主。但既不欺负人，也不被人欺负，很难。这里，简本的叫法比较原始，不容易和后世的“霸王”混淆，我们作“王霸”。

“夫（霸王）〔王霸〕之兵，伐大国，则其众不得聚；威加于敌，则其交不得合”，这是讲战略威慑。前者是伐兵，后者是伐交。战略威慑，都是两手并用，现在叫炮舰政策、实力外交。外交的后面是武力。

最后，“是故不争天下之交，不养天下之权，信己之私，威加于敌，故其城可拔，其国可隳”，这也是讲战略威慑。“交”是外交，“权”是强权。你不争取天下的外交支持，也不孝顺天下的强权，靠什么？靠的是实力。“信己之私，威加于敌”，“信”是伸的意思，它是说，我的意志就是一切，想怎么来就怎么来，我把我的想法，用强硬的方式，直接加在对方头上，就能把对方的列城打下来，国都摧毁掉。春秋战国时期，国都叫“国”，其他城邑叫“城”。“隳”是堕坏城郭，摧毁城墙，“国”而曰“隳”，可见这里的“国”不是整个国家，而是它的首都。强加于人很重要。我们说，战争打到白热化，反而可能降级，进入谈判与媾和，原因就是有实力。全世界的政治家，他们都讲现实主义。美国打伊拉克，联合国不批准。但打下来了，立个临时政府，大家又赶紧承认，联合国也承认。这就是列强的硬道理。

【11.12】

施无法之赏，悬无政之令。犯三军之众，若使一人。犯之以事，勿告以言；犯之以利，勿告以害。投之亡地然后存，陷之死地然后生。夫众陷于害，然后能为胜败。

管理的最高境界是无人管理，用“看不见的手”去管理。现代的无人管理，主要靠信息化、自动化和市场法则。古人没有这些，但他们很聪明，照样懂得以势屈人。九地本身就是势。“施无法之赏，悬无政之令”，是说赏罚和规定都是看不见的东西。为什么看不见？因为用不着，自有环境管着他，环境本身就是赏罚和命令。“犯”即“范”，是约束的意思。作者说，当将军的要把三军之众管得像一个人一样，主要靠两条，一是靠你干什么，而不是说什么；二是只跟士兵讲好处，不跟他们讲坏处。这其实就是骗。“投之亡地然后存，陷之死地然后生”，当将军的明明要把士兵投入最危险的境地，把他们拖到害里面，却不告诉他们这就是害，这不是哄骗是什么？

【11.13】

故为兵之事，在于顺详敌之意，并敌一向，千里杀将，是谓巧能成事。是故政举之日，夷关折符，无通其使，厉（励）于廊庙之上，以诛其事。敌人开阖，必亟入之。先其所爱，微与之期，践墨随敌，以决战事。是故始如处女，敌人开户；后如脱兔，敌不及拒。

最后这段话，是讲决战。整个是用韵文写成。四个事字和意、使、之、期等字是押之部韵，向、将是押阳部韵，户、据是押鱼部韵[①]。它既是全文的总结，也是第三组的总结。整个第三组，很多篇幅，都花在“走”上，这一篇也是。但走啊走，最后总要落实到打。讲到这儿，才画上了完满的句号。

作者讲决战，主要讲两点，一是隐蔽性，二是突然性。

这一章，有五段话。

第一段，是泛言决战的这两个特点。“顺详敌之意，并敌一向”，是摸清敌人的意图，悄悄尾随敌人，这是隐蔽性；“千里杀将”，是从千里之外，突然出现在敌人面前，杀掉对方的将军，这是突然性；“是谓巧能成事”，巧就巧在，它既有隐蔽性，又有突然性。

第二段，是讲决策的隐蔽性。“政举”，是指出兵越境；“夷关折符，无通其使”，是关闭所有关口，注销往来的通行证，断绝两国使者的往来。现在两国打仗，也是先撤使馆和疏散侨民。“廊庙”，是朝廷。

第三段，是讲开进的隐蔽性。“敌人开阖”，阖音 hé，门户。“开阖”就是

① 《孙子》全书，还有不少地方是夹用韵文，这只是一个例子。

"开户"，敌人一开门，就噌地钻进去。

第四段，是讲到达的隐蔽性。"先其所爱"，是先敌到达敌人想去的地方，即上文的"先夺其所爱"；"微与之期"，是暗地等待敌人前来；"践墨随敌"，是顺着敌人的行军路线，好像木匠按照墨斗画出的线来锯木头；"以决战事"，是最后与敌决战。

第五段，是打比方，用处女和脱兔比喻决战的隐蔽性和突然性。"始如处女"，是说一开始很静，好像没过门的大姑娘，含羞带怯；"后如脱兔"，是说后来动起来，却像兔子，撒腿就跑，挡都挡不住。一是喻其静，一是喻其动。静是隐蔽性，动是突然性。

《势篇》说，"势如𢐿弩，节如发机"，"其势险，其节短"，瞄准和放箭，也是这种关系。《孙子》全书的写法就是由静到动，"始如处女，后如脱兔"。

【第十三讲】

九变第八

《九变》篇的位置本来在《军争》篇的后面，为了便于讲述，我把它的位置挪了一下，放到《九地》篇的后面讲。原因，前面说过，主要是这两篇，内容相关，没法分，《九变》篇的内容，不过是《九地》篇的一部分。不讲《九地》，《九变》没法讲。我的目的，不是搞新编。

今天，我要讲的《九变》篇，文章不长，但很奇怪。

第一，它的位置是在《军争》篇之后（简本的位置，估计是在《军争》、《虚实》的后面），但内容却与它后面的《九地》有关。《九变》是第八篇，《九地》是第十一篇，《九地》没讲的东西，它先讲。

第二，这篇文章，一共有四小段，每段话都相对独立。“九变”是哪九变？“五利”是哪五利？上下文是什么关系，从题目到内容，都是一笔糊涂账，从曹操起，一直说不清。

第三，在《孙子》全书中，它最短，宋代三个本子，不计重文，只有 240 字，或 248 字，约占全书的 1/24，或 1/25，但和它有关的《九地》篇，又最长，前面讲过了，是 1/5 不到，1/6 强。

古书，选、编比写更重要。

《孙子》的特点，是言简意赅，文章很有条理。宋梅尧臣就说过，“其文略而意深”，“其言甚有次序”（欧阳修《孙子后序》引），我也这么看。但先秦古书，一般是用自成片断的短章拼凑而成，不是起承转合，一气呵成写下来。文章条理怎么样，要看整理编辑的水平，编得好，文气比较连贯；编得不好，就会像语录体，一段是一段，完全是草稿的样子。这个道理，其实不难理解。我们讲课，大家记笔记，老师的讲话，本来就很乱，大家的记录也不全，每个同学和每个同学，记得不一样。如果要发表，可以有两种面貌，一种是记录稿，一种是整理稿。记录稿，当然可以保持原貌，老师在上面咳嗽，学生在下面笑，都记下来。但整理稿就不一样了，肯定要删繁就简，调整次序，打乱重编。编和编不一样。整理得好，会很有条理；不好，会杂乱无章。有时还会剩下一点材料，怎么安排也安排不进去，最后扔在一边。我的印象，《孙子》全书，从总体上讲，很有条理，但并非全都如此，即使这样有条理的书，也不能以后世文章的写法要求它，特别是《九地》、《九变》两篇。《九地》篇太长，内容凌乱，前后重复，似乎整理加工不够；《九变》篇太短，好像是从前者分出，虎头蛇尾，它是尾。我们不妨把它当《九地》篇的附录来读。

下面，我带大家读这篇，庖丁解牛，把文章的结构，从头到尾解剖一下。

在这方面，我有很多感受。

当年，我读《孙子》，这篇东西，最让我困惑，读不懂。中学的时候读不懂，插队的时候读不懂，插队回来还是读不懂。1974—1976 年，我在北京跑图书馆，前人的注释，差不多都看过，从曹操到郑友贤，“九变”说也好，“五变五利”说也好，没有一种令人信服。我一度相信过“错简”说，张贲、刘寅、赵本学，大刀阔斧，改易原书，吸引过我。郭化若将军的《今译新编孙子兵法》（北京：人民出版社，1957 年）、杨炳安先生的《孙子集校》（北京：中华书局，1959 年），也改原书。这两本书，都写于上世纪 50 年代，是我的入门书，中学的时候就读。它们的影响也很大。文科研究，也有闭门造车，发明永动机的狂热。为了弄清全书的章句关系，我在山西农村，曾把《孙子》十三篇全都抄下来，粘成一个纸卷，每天转着读，试着改，好像西方的拼字游戏。但“错简”说，也不能让我满意。

后来，通过研究银雀山汉简，通过全面搜集和整理《孙子》的古本资料，我的看法发生变化。

现在，我的认识是：

第一，《九地》最长，《九变》最短，两篇的内容，往往相关，有些句子也重复，这不是偶然的。

第二，我很怀疑，《九地》是全书整理的尾巴，最后没有加工好。《九变》就是从《九地》割裂，用该篇草稿中的剩余资料拼凑而成。

第三，《九变》编辑太差，本身无法通读，只有联系《九地》篇，才能理解。

第四，古书的整理，不管多么粗糙，多么不合理，也不能按今天的道理读，今天的道理改，最好保持原样。我不认为，古书要改，要按我们理解的文理、文气去改，一直改到我们认为文通字顺为止，那就成了新编。

我把《九变》分为四章：

第一章，是由“凡用兵之法”三句，加“(圮)〔氾〕地无舍”五句，加“途有所不由”五句而构成。其中没有“九变”、“五利”等字眼。

第二章，是论将必知“九变”。它提到“九变”、“五利”，但什么是“九变”，什么是“五利”，原文没有解释，它和上文的关系并不清楚。

第三章，是论智者之虑，兼顾利害。兼顾利害，乃知变通，和上文好像也有关系，但并不明显。

第四章，是论将有五危。五危皆因不知变通，和上文好像也有关系，但并不明显。

这四章，每章都是独立的片断，彼此没有联系。

下面，我们一章一章来介绍。

【8.1】

孙子曰：

凡用兵之法，将受命于君，合军聚众。(圮)〔氾〕地无舍，衢地合交，绝地无留，围地则谋，死地则战。途有所不由，军有所不击，城有所不攻，地有所不争，君命有所不受。

上面说过，这一章是由三部分组成：

(1)“凡用兵之法，将受命于君，合军聚众”，这三句和《军争》篇的开头一样，但文气不足，和下面十句话接不上。《军争》篇的开头，这三句后，还有“交和而舍，莫难于军争”，它是说，整个战争，从“受命于君，合军聚众”到“交合而舍”，所有事，没有比军争更难。如果没有后两句，前面的话就很突兀。可见这段文字早已残缺，没头没尾。

(2)“(圮)〔氾〕地无舍，衢地合交，绝地无留，围地则谋，死地则战”，这五句和《九地》篇讲“九地之变”的话非常相似。下面是对照：

九变	九地
(圮)〔氾〕地无舍	(圮)〔氾〕地则行
衢地合交	衢地则合交
绝地无留	去国境而师者，绝地也(今本) 争地则无留(简本)
围地则谋	围地则谋
死地则战	死地则战

左栏“无舍”就是“则行”。“绝地”不在九地之数，但却是《九地》篇中的词。《九地》没有“绝地无留”，但有“去国境而师者，绝地也”，“无留”也出现于该篇简本（虽然是放在“争地”下）。无论如何，还是和《九地》有关。其他三句，基本一样。这段话，九地之目不全，没提散、轻、争、交、重五地，次序也不同，九地只选四地，再加绝地，一共是五地。《九地》篇的九句话，原来是作“是故散地则无战，轻地则无止，争地则无攻，交地则无绝，衢地则合交，重地则掠，(圮)〔氾〕地则行，围地则谋，死地则战”，该篇称为“九地之变”，这里只是摘录。

(3)“途有所不由，军有所不击，城有所不攻，地有所不争，君命有所不受”，一连用了五个“有所不”。“有所不”，和“必”(非什么不可)相反，是古人表示变通的话。

上面三部分，后两部分，前五后五，一共是十句话。这十句话，从曹注起，就有不同解释。他在《九变》篇的篇题下说，“变其正，得其所用九也”，这是“九变”；然后，又于“不能得人之用矣”下说，“谓下五事也，九变，一云五变”，这是“五变”。他的“九变”是哪九变，不清楚；“五变”则是指上文的“途有所不由”五句，而不是下文的“是故智者之虑”等句(详张预注)。

后来的十家注，或十一家注，正好是两大派：

(1)“九变”说(李筌、贾林、何延锡)。是把上述十句中的前九句当“九变”，而把“君命有所不受”摘出，当这九句的结语。

(2)“五变五利”说(梅尧臣、张预、郑友贤)。是以“(圮)〔氾〕地无舍”五句为“五变”，“途有所不由”五句为“五利”，说“五变”是“九变”的省略和颠倒次序，“九变”就是《九地》篇的“九地之变”，即“是故散地则无战，轻地则无止，争地则无攻，交地则无绝，衢地则合交，重地则掠，(圮)〔氾〕地则行，围地则谋，死地则战”。

还有一种说法，是宋以后的新解，可以称为“错简”说。提出者是元代的张贲，明代的刘寅和赵本学。

张贲的注已经失传，他的说法还保存在刘寅的书里。

刘寅的书，叫《武经七书直解》，一般简称为《直解》。

赵本学的书，前面讲过，是叫《孙子校解引类》，一般简称为《校解》。

元明时期，受宋代理学影响，学者都很看重文理的分析，反对“有一句解一句”（《直解》的《孙武子·九变》），这有一定道理。但他们偏爱理校，流于极端，是乱改古书，这个风气并不好。他们读古书，凡是读不通的地方，动不动就说“错简”。“错简”怎么办？他们说，必须删改移易。重出，应该删；位置“不合理”，应该搬（搬到他们认为“合理”的位置）；该合并的地方，也要合并。

张贲、刘寅、赵本学的校改，就是属于这一类。

他们的看法是：

（1）《九变》开头的“将受命于君，合军聚众”，与《军争》重出，是该篇错简，应该删去。

（2）“(圮)〔汜〕地无舍，衢地合交，绝地无留，围地则谋，死地则战”五句，其中只有“绝地无留”一句不见于《九地》，其他四句与《九地》重出，也肯定是“错简”，应该删去。

（3）删去上面的句子，“九变”就成了空白。他们说，《军争》、《九变》相邻，容易窜乱，《军争》篇末，不是有“高陵勿向，背丘勿逆，佯北勿从，锐卒勿攻，饵兵勿食，归师勿遏，围师必阙，穷寇勿迫”八句吗？这八句话，句式与“绝地无留”相同，肯定是《九变》篇的错简，错放在上一篇。我们只要把这八句搬过来，放在“凡用兵之法”后面，“绝地无留”前面，与“绝地无留”合起来，我们就恢复了“九变”。

唐宋注家讲“九变”，主要是盯着《九变》和《九地》的关系。这三位可不一样。他们认为，上述二说都有毛病，都该反对。“九变”说的毛病，主要是顾了“九变”，就顾不了“五利”。原文下节既然是“九变”、“五利”并说，可见是两码事。如果说，上述十句话，前九句是“九变”，那“五利”往哪儿摆？这是一个矛盾。“五变五利”说，则正好相反，它是顾了“五利”，顾不了“九变”。此说强调，“九变”就是抄《九地》，上述十句话，前面五句是“九地之变”的“缺而失次”，但值得注意的是，“绝地无留”却并不见于《九地》。更何况，《九变》在前，《九地》在后，哪有前面抄后面的道理。

《直解》和《校解》，都是影响很大的古书，不仅在中国影响大，在日本也影响很大。很多注本都采用这种改动。张贲、刘寅、赵本学的改动，我不赞同，但他们对旧说的矛盾，看得很清楚，对我仍有启发。

过去的讨论，哪些是正确的，哪些是错误的，我的总结是：

上面三种说法，“九变”说，明明十句，前五后五，非得说是九，比较别扭，“五利”往哪儿摆，也是问题。“五变五利”说，“五变”既然是节抄“九地之变”，那还有什么独立意义，顺序也成问题，抄下来的东西怎么反而在被抄的东西前面。“错简”说，也有问题，“绝地无留”，虽然不是原封不动抄《九地》，但这个词还是《九地》篇所固有，它和《九地》有关，还是无法否认。更何况，他们说，《军争》的尾巴就是《九变》的开头，这也毫无根据。

现在，银雀山汉简已经出土，对检验旧说很重要。

我的印象是：

(1)简本《军争》篇，篇末最后一简是“倍(背)丘勿迎，详(佯)北勿从，围师遗阙，归师勿遏，此用众之法也。四百六十五”，可见这些话并非《九变》篇的错简，因而张贲、刘寅、赵本学的改动是不能成立的。

(2)简本相当《九变》的一篇，篇题未见，字句残缺较甚，篇题木牍也没留下它的题目，但留下的东西，和今本出入不大。我们估计，简本已经就是现在这个样子。

(3)在银雀山汉简中，还有一个佚篇，叫《四变》。整理者认为，这是《吴孙子》的佚篇。题名《四变》，是整理者根据内容加上去的。这篇东西，主要是解释“途有所不由，军有所不击，城有所不攻，地有所不争，君命有所不受”，每条各是一段。它的第五句，原文的解释是，“军令有反此四变者，则弗行也”。这种说法，有点像李筌等人的“九变”说，也是把“军令有所不受”看作前面四句的结语。但它只涉及后五句，讲了半天，还是只有“四变”，没有“九变”。我是把它看作《九变》篇的注释。这个注释最早，比曹操还早，但未必比《九变》的原文早。《九变》的原文本身，混乱摆在那儿，其实更古老。

说到“错简”，我想插说几句。这个词，大家用得很滥，其实很有问题。很多做古文献研究的，都爱使用这个词，特别是用于校勘古书。他们把看上去好像位置不对的辞句叫“错简”，和张贲、刘寅、赵本学是一样的。这样用并不妥当。因为很多人都以为，古书中的问题，是年深月久，竹简的编绳断了，原来的书，简编散乱，哪根简在前，哪根简在后，次序忽然乱了，重新缀联，已经不是原来的顺序。

我说，这是误解。

现在，我们整理地下出土的竹简，也要重新拼联，以定简序。十年前，上海博物馆的马承源馆长（已故的前馆长）请我到上海博物馆整理楚简，我做过这种工作。我们也有拼错的时候。但这种错误和大家习惯说的"错简"，完全不是一回事。因为简册抄写，是像我们写字转行一样，都是接着抄，上一根简的结尾是接着下一根简，不是一句一句分开抄。每根简的容字，大概都差不多，本来没有关系的两根简，一根简的结尾和另一根简的开头，拼在一起还能读，这种几率，很低很低。除极个别巧合，都无法通读。

我曾经指出，古文献界说的"错简"，其实是章句割裂，是章句和章句之间的位置问题和次序问题①。我们要知道，古书是联字成句，联句成章，联章成篇，联篇成书。篇和篇是分开抄，章和章，有时是分开抄，有时是用章句号点开，连着抄。只有句和句，完全是连着抄。古代文章，和现在的文章不一样，不但篇次可以移动，章句也可移动。这种移动，就像我们在电脑上改文章，都是板块移动。这和本来意义上的"错简"根本不是一回事。

这种情况，不能叫"错简"。

古人写文章，不是像我们这样写。章句和章句，连接不太紧密，结构比较松散，逻辑性也不一定很强。我们不能说，它看上去不顺眼，文理不通，文气不畅，就随便改，非按我们的标准，把它改顺了不可。

总之，我的印象是，这篇文章和《九地》有关，肯定有关。《九地》虽前后重复，层次比较乱，有点啰里啰唆，但内容比较全，什么都谈到了。此篇不一样，它只讲了一点和《九地》有关的话，强调要有所变通，离开《九地》，就显得没头没尾，不知道在讲什么。文章是糊涂文章。但此篇再糊涂，从简本看，西汉时期就这样，用不着改动。这类问题，古书多有，我们不必大惊小怪。

【8.2】

故将通于九变之利者，知用兵矣；将不通九变之利，虽知地形，不能得

① 李零《〈孙子〉十三篇综合研究》，364—367页。

地之利矣；治兵不知九变之术，虽知五利，不能得人之用矣。

这里提到“九变”，提到“五利”，都很突兀，根本没有解释。

“九变”是什么？“五变五利”说已经指出，这里既然说“故将通于九变之利者，知用兵矣；将不通九变之利，虽知地形，不能得地之利矣”，可见“九变”和地形有关；上述十句话的前五句，明显是摘《九地》篇开头的“九地之变”，即“是故散地则无战，轻地则无止，争地则无攻，交地则无绝，衢地则合交，重地则掠，(圮)〔氾〕地则行，围地则谋，死地则战”。可见“九变”就是“九地之变”。我赞同这种分析。

“五利”是什么？“五变五利”说也已指出，就是上述十句话的后五句，即“途有所不由，军有所不击，城有所不攻，地有所不争，君命有所不受”。这五个“有所不”，都是讲变通之利。我一直认为，这段话也和《九地》有关。《九地》篇有一段话，叫“九地之变，屈伸之利，人情之理，不可不察也”。“九地之变”是上面那九句，“人情之理”是“兵士甚陷则不惧，无所往则固，入深则拘，不得已则斗”，“屈伸之利”，就是这里的五个“有所不”。

【8.3】

是故智者之虑，必杂于利害。杂于利而务可信也，杂于害而患可解也。是故屈诸侯者以害，役诸侯者以业，趋诸侯者以利。故用兵之法，无恃其不来，恃吾有以待之；无恃其不攻，恃吾有所不可攻也。

这一章，是讲兼顾利害。

“是故智者之虑，必杂于利害”，是说智者的考虑，一定要兼顾利害。

“杂于利而务可信也，杂于害而患可解也”，“务可信”，与“患可解”相对，“务”是名词性主语，指想干的事；“信”是谓语动词，这里读为伸。它的意思是说，智者之虑，考虑害，要兼顾利；考虑利，要兼顾害。兼顾利，想干的事才能干成；兼顾害，头疼的问题才能解决。

“是故屈诸侯者以害，役诸侯者以业，趋诸侯者以利”，“诸侯”指敌国。这段话的意思是说，用害屈服敌人，用事调动敌人，用利调动自己，合于利才上敌国去打仗。

“故用兵之法，无恃其不来，恃吾有以待之；无恃其不攻，恃吾有所不可攻也”，是强调我方素有准备。《形》篇说，“昔之善战者，先为不可胜，以待敌之可胜"，就是这个意思。

【8.4】

故将有五危：必死可杀，必生可虏，忿速可侮，廉洁可辱，爱民可烦。凡此五者，将之过也，用兵之灾也。覆军杀将，必以五危，不可不察也。

这里的"将有五危"，危在什么地方？主要是性格偏执、钻牛角尖。

孔子说，人有四大毛病，要彻底根除，一是臆测，二是偏执，三是顽固，四是主观，即所谓"毋意，毋必，毋固，毋我"（《论语·子罕》）。

"必"就是非什么不可。

小孩，娇生惯养的小孩，才非什么不可。好吃好喝好玩具，红包奖励，妈妈不给就撒泼打滚。

战争不是儿戏。

战争是个充满不确定性的领域，它最忌讳的就是死心眼儿。如果你一定要说，我非什么不可，麻烦就大了。您一定要死，就等着被杀；一定要活，就等着被抓；火气大、脾气急，难免被人激，被人气，被人欺，被人戏；爱惜羽毛，死要面子活受罪，也是自取其辱；心疼老百姓，什么事都婆婆妈妈，更是自找麻烦。

郭店楚简《语丛三》有两句话，叫"有所不行，益。必行，损"（简9—16）。"有所不行"，好处大；非什么不行，只有吃亏。

上面的五个"有所不"，是懂得变通，"必死"、"必生"和其他怪癖，是不知变通。不知变通，结果是"覆军杀将"，不但损兵，而且折将，亏大了。

研究古书的复杂性，此篇是好教材。

这一讲比较短，我在后面加了个阅读材料，把毛泽东军事著作中比较重要的话摘了一下，大家可以读一下，和《孙子兵法》比一下。

◎附录

毛泽东论军事——与《孙子》比较

(一)战争是政治的继续(引用克劳塞维茨《战争论》)。

"战争是政治的继续",在这点上说,战争就是政治,战争本身就是政治性质的行动,从古以来没有不带政治性的战争。①

"战争是政治的特殊手段的继续"。政治发展到一定的阶段,再也不能照旧前进,于是爆发了战争,用以扫除政治道路上的障碍。……障碍既除,政治的目的达到,战争结束。障碍没有扫除得干净,战争仍须继续进行,以求贯彻。……因此可以说,政治是不流血的战争,战争是流血的政治。②

案:以上见《论持久战》。"战争是政治的继续",就是《司马法·仁本》讲的"正不获意则权"。原书注释说,"参看列宁的《社会主义与战争》第一章和列宁的《第二国际的破产》第三节"。其实,列宁是转引,原始出处是克劳塞维茨《战争论》的第一章第二十四节。

(二)用矛用盾:保存自己,消灭敌人。

战争的目的不是别的,就是"保存自己,消灭敌人"(消灭敌人,就是解除敌人的武装,也就是所谓"剥夺敌人的抵抗力",不是要完全消灭其肉体)。古代战争,用矛用盾:矛是进攻的,为了消灭敌人;盾是防御的,为了保存自己。直到今天的武器,还是这二者的继续。轰炸机、机关枪、远射程炮、毒气,是矛的发展;防空掩蔽部、钢盔、水泥工事、防毒面具,是盾的发展。坦克,是矛盾二者结合为一的新式武器。③

---

① 《毛泽东选集》,468页。

② 《毛泽东选集》,469页。

③ 《毛泽东选集》,471—742页

案:以上见《论持久战》。参看《抗日游击战争的战略问题》第二章(《毛泽东选集》397—398 页)。克劳塞维茨强调,战争的目的就是消灭敌人,这里是消灭与保存并说。作者以矛、盾为喻,既讲了战争的目的,又概括了武器史。

(三)定计和用计。

指挥员的正确的部署来源于正确的决心,正确的决心来源于正确的判断,正确的判断来源于周到的和必要的侦察,和对于各种侦察材料的联贯起来的思索。指挥员使用一切可能的和必要的侦察手段,将侦察得来的敌方情况的各种材料加以去粗取精、去伪存真、由此及彼、由表及里的思索,然后将自己方面的情况加上去,研究双方的对比和相互的关系,因而构成判断,定下决心,作出计划,——这是军事家在作出每一个战略、战役或战斗的计划之前的一个整个的认识情况的过程。粗心大意的军事家,不去这样做,把军事计划建立在一相情愿的基础之上,这种计划是空想的,不符合于实际的。鲁莽的专凭热情的军事家之所以不免于受敌人的欺骗,受敌人表面的或片面的情况的引诱,受自己部下不负责任的无真知灼见的建议的鼓励,因而不免于碰壁,就是因为他们不知道或不愿意知道任何军事计划,是应该建立于必要的侦察和敌我情况及其相互关系的周密思索的基础之上的缘故。

认识情况的过程,不但存在于军事计划建立之前,而且存在于军事计划建立之后。当执行某一计划时,从开始执行起,到战局终结止,这是又一个认识情况的过程,即实行的过程。此时,第一个过程中的东西是否符合于实况,需要重新加以检查。如果计划和情况不符合,或者不完全符合,就必须依照新的认识,构成新的判断,定下新的决心,把已定计划加以改变,使之适合于新的情况。部分地改变的事差不多每一作战都是有的,全部地改变的事也是间或有的。鲁莽家不知改变,或不愿改变,只是一味盲干,结果又非碰壁不可。①

案:以上见《中国革命战争的战略问题》,参看《孙子·计》。《计》篇也是讲这两个过程。

① 《毛泽东选集》,173—174 页

(四)示形(引用《孙子·计》)。

敌人会犯错误,正如我们自己有时也弄错,有时也授敌以可乘之隙一样。而且我们可以人工地造成敌军的过失,例如孙子所谓"示形"之类(示形于东而击于西,即所谓声东击西)。[①]

案:以上见《中国革命战争的战略问题》。"示形",即《计》篇的"兵者,诡道也。故能而示之不能,用而示之不用,近而示之远,远而示之近"。

(五)知彼知己,百战不殆(引用《孙子·谋攻》)。

有一种人,明于知己,暗于知彼,又有一种人,明于知彼,暗于知己,他们都是不能解决战争规律的学习和使用的问题的。中国古代大军事学家孙武子书上"知彼知己,百战不殆"这句话,是包括学习和使用两个阶段而说的,包括从认识客观实际中的发展规律,并按照这些规律去决定自己行动克服当前敌人而说的;我们不要看轻这句话。[②]

案:以上见《中国革命战争的战略问题》。

孙子论军事说:"知彼知己,百战不殆。"他说的是作战的双方。唐朝人魏徵说过:"兼听则明,偏信则暗。"也懂得片面性不对。可是我们的同志看问题,往往带片面性,这样的人就往往碰钉子。《水浒传》上宋江三打祝家庄,两次都因情况不明,方法不对,打了败仗。后来改变方法,从调查情形入手,于是熟悉了盘陀路,拆散了李家庄、扈家庄和祝家庄的联盟,并且布置了藏在敌人营盘里的伏兵,用了和外国故事中所说木马计相像的方法,第三次就打了胜仗。《水浒传》上有很多唯物辩证法的事例,这个三打祝家庄,算是最好的一个。[③]

案:以上见《矛盾论》。

我们承认战争现象是较之任何别的社会现象更难捉摸,更少确实性,即更带所谓"盖然性"。但战争不是神物,仍是世间的一种必然运

① 《毛泽东选集》,203 页

② 《毛泽东选集》,175 页。

③ 《毛泽东选集》,301 页。

动，因此，孙子的规律，“知彼知已，百战不殆”，仍是科学的真理。①

案：以上见《论持久战》，作者三引“知彼知已，百战不殆”，这是他最喜欢的话。上面讲定计、用计，贯穿的就是这一思想。

（六）避其锐气，击其惰归（引用《孙子·军争》）。

江西反对第三次“围剿”时，红军实行了一种极端的退却（红军集中于根据地后部），然而非此是不能战胜敌人的，因为当时的“围剿”军超过红军十倍以上。孙子说的“避其锐气，击其惰归”，就是指的使敌疲劳沮丧，以求减杀其优势。②

案：以上见《中国革命战争的战略问题》。

（七）兵不厌诈。

错觉和不意，可以丧失优势和主动。因而有计划地造成敌人的错觉，给以不意的攻击，是造成优势和夺取主动的方法，而且是重要的方法。错觉是什么呢？“八公山上，草木皆兵”，是错觉之一例。“声东击西”，是造成敌人错觉之一法。在优越的民众条件具备，足以封锁消息时，采用各种欺骗敌人的方法，常能有效地陷敌于判断错误和行动错误的苦境，因而丧失其优势和主动。“兵不厌诈”，就是指的这件事情。……我们不是宋襄公，不要那种蠢猪式的仁义道德。③

案：以上见《论持久战》。《孙子》两言诡诈，曰“兵者，诡道也”（《计》）、“故兵以诈立”（《军争》）。兵不厌诈，和宋襄公的战法正好相反。毛泽东赞成兵不厌诈，不赞同宋襄公。

（八）运用之妙，存乎一心。

古人所谓“运用之妙，存乎一心”，这个“妙”，我们叫做灵活性，这是聪明的指挥员的出产品。灵活不是妄动，妄动是应该拒绝的。灵活，是聪明的指挥员，基于客观情况，“审时度势”（这个势，包括敌势、

① 《毛泽东选集》，480页。
② 《毛泽东选集》，203页。
③ 《毛泽东选集》，481—482页。

我势、地势等项）而采取及时的和恰当的处置方法的一种才能，即是所谓“运用之妙”。①

案：以上见《论持久战》。“运用之妙，存乎一心”是岳飞的话（见《宋史·岳飞传》），前面讲过。

（九）十六字诀（游击战）。

我们的战争是从一九二七年秋天开始的，当时根本没有经验。南昌起义、广州起义是失败了，秋收起义在湘鄂赣边界地区的红军，也打了几个败仗，转移到湘赣边界的井冈山地区。第二年四月，南昌起义失败后保存的部队，经过湘南也转到了井冈山。然而从一九二八年五月开始，适应当时情况的带着朴素性质的游击战争基本原则，已经产生出来了，那就是所谓“敌进我退，敌驻我扰，敌疲我打，敌退我追”的十六字诀。这个十六字诀的军事原则，立三路线以前的中央是承认了的。后来我们的作战原则有了进一步的发展。到了江西根据地第一次反“围剿”时，“诱敌深入”的方针提出来了，而且应用成功了。等到战胜敌人的第三次“围剿”，于是全部红军作战的原则就形成了。这时是军事原则的新发展阶段，内容大大丰富起来，形式也有了许多改变，主要是超越了从前的朴素性，然而基本的原则，仍然是那个十六字诀。十六字诀包举了反“围剿”的基本原则，包举了战略防御和战略进攻的两个阶段。在防御时又包举了战略退却和战略反攻的两个阶段。后来的东西只是它的发展罢了。②

案：以上见《中国革命战争的战略问题》。十年内战时期，毛泽东的战略方针是以游击战为主，运动战为辅；抗日战争，是游击战向运动战过渡；解放战争时期，才变成以运动战为主，游击战为辅。十六字诀概括了游击战的基本原则，非常简练。

（十）打得赢就打，打不赢就走（运动战）。

“打得赢就打，打不赢就走”，这就是今天我们的运动战的通俗的

① 《毛泽东选集》，484页。

② 《毛泽东选集》，198—199页。

解释。天下也没有只承认打不承认走的军事家，不过不如我们走得这么厉害罢了。对于我们，走路的时间通常多于作战的时间，平均每月打得一个大仗就算是好的。一切的“走”都是为着“打”，我们的一切战略战役方针都是建立在“打”的一个基本点上。然而在我们面前有几种不好打的情形：第一是当面的敌人多了不好打；第二是当面敌人虽不多，但它和邻近敌人十分密接，也有时不好打；第三，一般地说来，凡不孤立而占有十分巩固阵地之敌都不好打；第四是打而不能解决战斗时，不好再继续打。以上这些时候，我们都是准备走的。这样的走是许可的，是必须的。因为我们承认必须的走，是在承认必须的打的条件之下。红军的运动战的基本特点，就在这里。①

案：以上见《中国革命战争的战略问题》。“打得赢就打，打不赢就走”是对运动战的概括，非常生动。

(十一)以迂为直。

为了进攻而防御，为了前进而后退，为了向正面而向侧面，为了走直路而走弯路，是许多事物在发展过程中所不可避免的现象，何况军事运动。②

案：以上见《中国革命战争的战略问题》。“为了走直路而走弯路”就是“以迂为直”。“以迂为直”，见《孙子·军争》。

(十二)集中优势兵力。

集中兵力看来容易，实行颇难。人人皆知以多胜少是最好的办法，然而很多人不能做，相反地每每分散兵力，原因就在于指导者缺乏战略头脑，为复杂的环境所迷惑，因而被环境所支配，失掉自主能力，采取了应付主义。

……

……我们是以少胜多的——我们向整个中国统治者这样说。我们又是以多胜少的——我们向战场上作战的各个局部的敌人这样说。

① 《毛泽东选集》，225 页。
② 《毛泽东选集》，189—190 页。

这件事情已经不是什么秘密,敌人一般地都摸熟我们的脾气了。然而敌人不能取消我们的胜利,也不能避免他们的损失,因为何时何地我们这样做,他们不晓得。这一点我们是保守秘密的。红军的作战一般是奇袭。①

案:以上见《中国革命战争的战略问题》。

(十三)伤其十指不如断其一指(歼灭战)。

对于人,伤其十指不如断其一指;对于敌,击溃其十个师不如歼灭其一个师。②

歼灭战和集中优势兵力、采取包围迂回战术,同一意义。没有后者,就没有前者。人民赞助、良好阵地、好打之敌、出其不意等条件,都是达到歼灭目的所不可缺少的。③

案:以上见《中国革命战争的战略问题》。"集中优势兵力,各个歼灭敌人",属于战术学。《孙子》论用势,有所谓奇正、虚实之术,就属于这一类。所有战术原则,毛泽东最强调这一条。他说,集中优势兵力,至少是两三倍于敌,最好是五六倍于敌。这个原则,他在《中国革命战争的战略问题》中讲(《毛泽东选集》,217—222页、231—232页),在《集中优势兵力,各个歼灭敌人》中讲(《毛泽东选集》,1195页)。《目前形势和我们的任务》讲"十大军事原则"(《毛泽东选集》,1247页),其中也有这一条。

(十四)速决和持久。

因为反动势力的雄厚,革命势力是逐渐地生长的,这就规定了战争的持久性。……

战役和战斗的原则与此相反,不是持久而是速决。在战役和战斗上面争取速决,古今中外都是相同的。在战争问题上,古今中外也都无不要求速决,旷日持久总是认为不利。惟独中国的战争不能不以最大的忍耐性对待之,不能不以持久战对待之。④

① 《毛泽东选集》,217—222页。
② 《毛泽东选集》,231页。
③ 《毛泽东选集》,232页。
④ 《毛泽东选集》,228—229页。

案：以上见《中国革命战争的战略问题》。中国对付北方游牧民族的入侵，习惯上是取战略防御。俄国对付拿破仑，苏联对付希特勒，中国对付日本，也是如此。入侵者利于速决，防御者只能反其道而行之，但在战役和战斗上，谁都主张速决。

（十五）以弱胜强，后发制人。

谁人不知，两个拳师放对，聪明的拳师往往退让一步，而蠢人则其势汹汹，辟头就使出全副本领，结果却往往被退让者打倒。

《水浒传》上的洪教头，在柴进家中要打林冲，连唤几个"来""来""来"，结果是退让的林冲看出洪教头的破绽，一脚踢翻了洪教头。

春秋时期，鲁与齐战，鲁庄公起初不待齐军疲惫就要出战，后来被曹刿阻止了，采取了"敌疲我打"的方针，打胜了齐军，造成了中国战史中弱军战胜强军的有名的战例。请看历史家左丘明的叙述：

……（略）

当时的情况是弱国抵抗强国。文中指出了战前的政治准备——取信于民，叙述了利于转入反攻的阵地——长勺，叙述了利于开始反攻的时机——彼竭我盈之时，叙述了追击开始的时机——辙乱旗靡之时。虽然是一个不大的战役，却同时是说的战略防御的原则。中国战史中合此原则而取胜的实例是非常之多的。楚汉成皋之战、新汉昆阳之战、袁曹官渡之战、吴魏赤壁之战、吴蜀彝陵之战、秦晋淝水之战等等有名的大战，都是双方强弱不同，弱者先让一步，后发制人，因而战胜的。①

案：以上见《中国革命战争的战略问题》。

中国如晋楚城濮之战，楚汉成皋之战，韩信破赵之战，新汉昆阳之战，袁曹官渡之战，吴魏赤壁之战，吴蜀彝陵之战，秦晋淝水之战等等，外国如拿破仑的多数战役，十月革命后的苏联内战，都是以少击众，以劣势对优势而获胜。②

---

① 《毛泽东选集》，197—198 页。

② 《毛泽东选集》，480 页。

如果避免了战略的决战，“留得青山在，不愁没柴烧”，虽然丧失若干土地，还有广大的回旋余地，可以促进并等候国内的进步、国际的增援和敌人的内溃，这是抗日战争的上策。……历史上，俄国以避免决战，执行了勇敢的退却，战胜了威震一时的拿破仑。中国现在也应这样干。①

案：以上见《论持久战》。防御是抵御进攻和等待进攻。长勺之战体现了这种等待：等待转入反攻。这里提到不少历史上的战例，我国军事学界，特别喜欢分析和研究这几个战例。这里还提到了拿破仑的用兵。拿破仑成亦速决，败亦速决。他在俄国的失败，是深刻教训。

（十六）围棋：做眼和吃子（包围和反包围）。

从整个抗日战争看来，由于敌之战略进攻和外线作战，我处战略防御和内线作战地位，无疑我是处在敌之战略包围中。这是敌对于我的第一种包围。由于我以数量上优势的兵力，对于从外线分数路向我前进之敌采取战役和战斗的进攻和外线作战的方针，就使各个分进之敌的每一个处于我之包围中。这是我对于敌的第一种包围。再从敌后游击战争的根据地看来，每一孤立的根据地都处于敌之四面或三面包围中，前者例如五台山地区，后者例如晋西北地区。这是敌对于我的第二种包围。但若将各个根据地联系起来看，并将各个游击战争根据地和正规军的战线联系起来看，我又把许多敌人都包围起来。例如在山西，我已三面包围了同蒲路（路之东西两侧及南端），四面包围了太原城；在河北、山东等省，亦有许多这样的包围。这是我对于敌的第二种包围。由是敌我各有加于对方的两种包围，大体上好似下围棋一样，敌对于我我对于敌之战役和战斗的作战好似吃子，敌之据点和我之游击根据地好似做眼。在这个“做眼”的问题上，表示了敌后游击战争根据地之战略作用的重大性。……如果我们能在外交上建立太平洋反日阵线，把中国作为一个战略单位，又把苏联及其他可能的国家也各作为一个战略单位，我们就比敌人多了一个包围，形成了一个太

① 《毛泽东选集》，496页。

平洋的外线作战，可以围剿法西斯日本。这一点在今天当然还没有实际意义，但不是没有这种前途的。①

案：以上见《抗日游击战争的战略问题》。

包围和反包围——从整个战争看来，由于敌之战略进攻和外线作战，我处战略防御和内线作战地位，无疑我是在敌之战略包围中。这是敌对于我之第一种包围。由于我以数量上优势的兵力，对于从战略上的外线分数路向我前进之敌，采取战役和战斗上的外线作战方针，就可以把各路分进之敌的一路或几路放在我之包围中。这是我对于敌之第一种反包围。再从敌后游击战争的根据地看来，每一孤立的根据地都处于敌之四面或三面包围中，前者例如五台山，后者例如晋西北。这是敌对于我之第二种包围。但若将各个游击根据地联系起来看，并将各个游击根据地和正规军的阵地也联系起来看，我又把许多敌人都包围起来，例如在山西，我已三面包围了同蒲路（路之东西两侧及南端），四面包围了太原城；河北、山东等省也有许多这样的包围。这又是我对于敌之第二种反包围。这样，敌我各有加于对方的两种反包围，大体上好似下围棋一样，敌对于我我对于敌之战役和战斗的作战，好似吃子，敌的据点（例如太原）和我之游击根据地（例如五台山），好似做眼。如果把世界性的围棋也算在内，那就还有第三种敌我包围，这就是侵略阵线与和平阵线的关系。②

案：以上见《论持久战》。这两段话几乎一模一样。做眼和吃子，比喻很生动。围棋是古代的军中之戏，模仿的就是包围和反包围。毛泽东讲的“内线中的外线”（《毛泽东选集》，473—476页），也是属于包围和反包围。

（十七）世界上只有猫和猫做朋友的事，没有猫和老鼠做朋友的事。

我们的敌人大概还在那里做元朝灭宋、清朝灭明、英占北美和印度、拉丁系国家占中南美等等的好梦。③

---

① 《毛泽东选集》，417—418页。

② 《毛泽东选集》，462页。

③ 《毛泽东选集》，396页。

案:以上见《抗日游击战争的战略问题》。

日本军队的长处,不但在其武器,还在其官兵的教养——其组织性,其因过去没有打过败仗而形成的自信心,其对天皇和对鬼神的迷信,其骄慢自尊,其对中国人的轻视等等特点;这是日本军阀多年的武断教育和日本的民族习惯造成的。我军对之杀伤甚多、俘虏甚少的现象,主要原因在此。……在以歼灭战破坏敌人的气焰这一点上讲,歼灭又是缩短战争过程提早解放日本士兵和日本人民的条件之一。世界上只有猫和猫做朋友的事,没有猫和老鼠做朋友的事。①

日本地主资产阶级的野心是很大的,为了南攻南洋群岛,北攻西伯利亚起见,采取中间突破的方针,先打中国。那些认为日本将在占领华北、江浙一带以后适可而止的人,完全没有看到发展到了新阶段迫近了死亡界线的日本帝国主义,已经和历史上的日本不相同了。……日本打了中国之后,如果中国的抗战还没有给日本以致命的打击,日本还有足够力量的话,它一定还要打南洋或西伯利亚,甚或两处都打。欧洲战争一起来,它就会干这一手;日本统治者的如意算盘是打得非常之大的。②

案:以上见《论持久战》。元朝和清朝以异国之君入主中国,是日本心中的榜样。二次大战,日本的战略目标是中、苏、美三国。中国是第一目标,软柿子,先捏。1931年,日本侵占我国东北;1937年,全面侵华。苏联是第二目标,因为它是穷棒子搞起来的共产国家,是德、意、日、英、法、美的共同敌人,德、日东西夹击,英、美乐观其成。日本军方分南攻派和北攻派,最初尝试北上。1939年,苏军在诺门罕(旧译诺门坎)重创日军,日本北上失败,才决计南下。美国强大,离得远,是第三目标。1941年,日军袭击珍珠港,才把这个隔岸观火、火中取栗的国家卷进来。《论持久战》写于1938年5月,日本南攻南洋群岛,北攻西伯利亚,后来都成为现实。毛泽东说,日军不仅武器好,而且训练有素,战斗力强,他们根本看不起中国,除非打下它的气焰,中日不可能做朋友。

(十八)乞丐和龙王比宝,未免滑稽。

① 《毛泽东选集》,492—493页。

② 《毛泽东选集》,499页。

“拼消耗”的主张，对于中国红军来说是不适时宜的。“比宝”不是龙王向龙王比，而是乞丐向龙王比，未免滑稽。①

案：以上见《中国革命战争的战略问题》。乞丐和龙王比宝，军备竞赛最典型，说是比武器，其实是比钱。世界是个大赌场，美国是庄家。赌钱不输的，只有庄家。美国立国200多年，卷入海外军事冲突235次（其中25—30次具有全面战争的性质），平均每年一次，还有余。如果考虑到，美国放弃孤立主义，只是近60多年的事，他们卷入军事冲突的频率就更高。美国玩命造武器，不打仗干什么？武器升级换代很快，能用的用，不能用的卖，淘汰的武器绝不能砸手里，全都源源不断转售于其他国家，这是全球动乱的根子所在。美国需要对手，需要大家全都投入他所开设的这个大赌场，逼大家不断下注。谁钻这个套，谁倒霉；不钻，又无所容身。苏联就是这么叫美国给比垮的。美国的安全，是建立在全世界的不安全上。

① 《毛泽东选集》，231页。

【第十四讲】

火攻第十二

本书最后一组，是《火攻》、《用间》。它和前面三组不太一样。这两篇，每篇各讲一个专题，每个专题都是独立的，无法归入前面的任何一组，只能算是“另外”或“其他”，借用先秦子书的说法，就是相当于杂篇。

我们先讲《火攻》。

“火攻”，简单讲，就是用火作进攻手段，或用火来帮助进攻。本篇下文说，“故以火佐攻者明”，“佐”就是帮助的意思。

古人对火攻很重视。《武经总要前集》有专门一卷，即卷十一，讲水攻和火攻，火攻是与水攻并列。但《孙子》只讲火攻，不讲水攻。它认为，火攻比水攻更重要。的确，在战争中，火的使用更经常，更普遍，技术含量也比水高。

火是最古老的武器，也是最先进的武器。

火攻之用，有赖天时，特别是与候风有关，这类研究，现在属于军事气象学，古代叫风角。风角是数术的一种，用于军事，属于兵阴阳。作为攻击手段，则与兵技巧有关。

兵阴阳，特点是“顺时而发，推刑德，随斗击，因五胜，假鬼神而为助者也”（《汉志·兵书略》）；兵技巧，特点是“习手足，便器械，积机关，以立攻守之胜者也”（同上）。前者以天文、历法、占星、候气、式法、选择和地理等术为主，后者以武器、武术和攻城、守城等术为主，火攻与这两者都沾边儿。

我把《火攻》分为四章：

第一章，讲五火之名。

第二章，讲五火之用。

第三章，讲火攻比水攻更有效。

第四章，劝人慎战，“合于利而动，不合于利而止”。

下面，我们一章一章来介绍。

【12.1】

孙子曰：

凡火攻有五，一曰火人，二曰火积，三曰火辎，四曰火库，五曰火队。

文章开头，首先是讲五火之名，介绍火攻主要有哪五种。

这五种火攻，就是上面列举的“火人”、“火积”、“火辎”、“火库”、“火队”。

“火人”，是烧对方的人，首先，当然是对方的战斗人员，但老百姓，往往跑不了。西方传统，打仗是军人的事，和老百姓无关。日本也是，武士打仗，老百姓观战。19世纪以前，欧洲没有民兵。法国革命，因为革命，才有全民皆兵。拿破仑靠民兵打仗，把民兵制传播开来，在当时是一场革命。但我国不一样，春秋战国以来，就有这场革命。西方制定的国际惯例，不伤平民、不杀俘虏，美国美化的高科技，精确打击、零伤亡，其实是古老的骑士原则（我们打仗，老百姓别掺乎），但敌人如果全民皆兵，或老百姓持敌对态度，他们玩的是另一套规则（比如恐怖主义），这些原则就成了剃头挑子一头热。

“火积”，是烧对方的粮草，“积”是委积，委积是储存起来的粮食和草料，其实也就是烧对方的粮仓和草料场。古代的粮仓分两种，方的叫仓，圆的叫囷。粮仓的陶器模型（明器），出土发现，数量很多，特别是秦墓，随葬这类器物，一直是传统。汉以来，全国各地继承了这种习俗。最近，考古工作者在河南灵宝和陕西宝鸡发掘了西汉时期的大型粮仓，都是方仓（图八二）。

“火辎”，是烧对方的随军辎重。我在前面说过，“辎”的本来含义，是运送军用物资的车，即辎车。辎车也叫重车，用牛拉。军队开拔，随军携带的武器装备和衣被粮草，都叫辎重。

“火库”，是烧对方的武器库。“库”是武库，不是一般的仓库或粮库。古代，一般仓库，习惯叫法是府。粮库，就是上面说的仓囷。“库”字象屋下有车，古人的解释，是放兵车的地方（《说文解字·广部》，很多注疏也这么讲）。古代出征前，有授甲授兵的仪式，兵车和武器是临时发授。公元前712年，郑庄公伐许，授兵于大宫，公孙阏与颍考叔争车，就是在郑国的宗庙发授武器。车从哪里来？就是从库里拉出来的。古代的库是武库。武库是放武器的，既藏战车，也藏一般的兵器。战国兵器的题铭，除记负责监造的官员和工匠，也记放置兵器的武库，如“左库”、“右库”，就是武库的名字。1961—1962年，中国科学院考古研究所在陕西西安市发掘过汉代的武库（图八三），位置在未央宫和长乐宫之间。

1

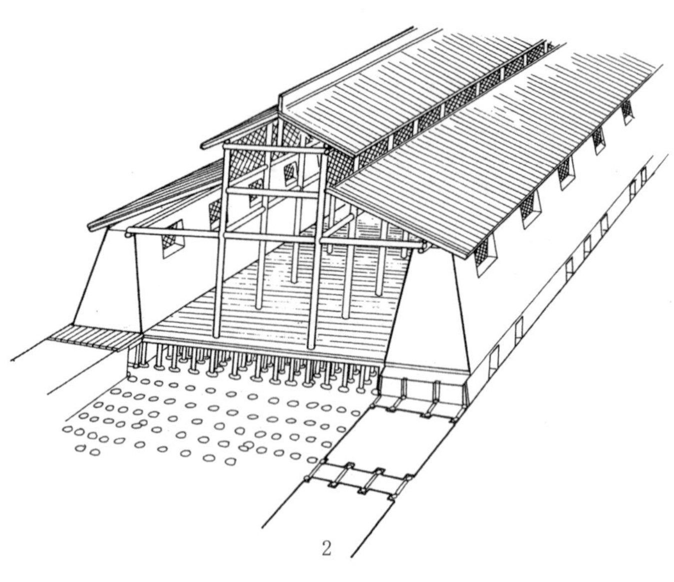

2

图八二　西汉泝河码头仓储遗址

1. 发掘现场
2. 复原图

1

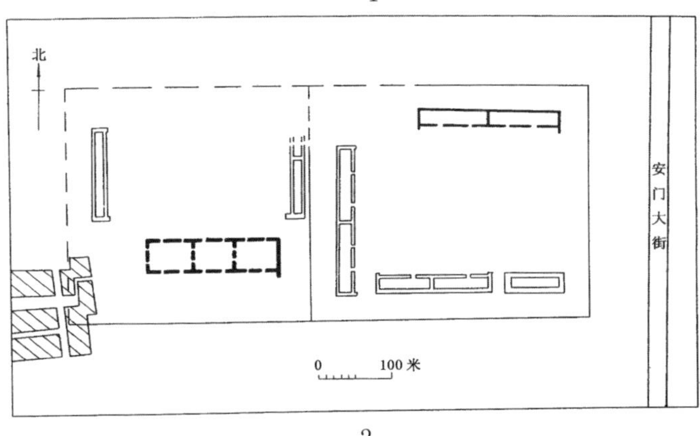

2

图八三　陕西西安发现的汉代武库遗址

1. 发掘现场
2. 平面图

“火队”，历来有争议。旧注有三说，一说“队”是队伍之队，“火队”是烧敌人的军队，这就和“火人”重复了；一说“队”是队仗之队，队仗是武器，也和“火辎”、“火库”重复；一说“队”读隧，解释为粮道，也和“火积”重复。这些解释都不能令人满意。我曾写文章，讨论过这个问题。《墨子·备城门》，其中也有“队”。这种“队”，似分两种，一种是攻方用以突破的冲锋队；一种读为隧，不是粮道，而是地道。前一说法，和“火人”也有点重复。读《墨子·备穴》，我们可以知道，烟、火是对付穴城的主要办法。我觉得，地道说也许更好①。

总之，这里的火攻对象，首先是敌人的有生力量，烧人是第一位。其次，是烧敌人的粮草。千军万马，没吃没喝，打击最大。再下来，是烧敌人的随军物资。《孙子·军争》说“军无辎重则亡”，打击也很直接。再下来，才是敌人的武器库。最后是敌人攻城的地道。

这个顺序，有轻重缓急。

【12.2】

行火必有因，烟火必素具，发火有时，起火有日。时者，天之燥也；日者，月在箕、壁、翼、轸也。凡此四宿者，风起之日也。凡火攻，必因五火之变而应之。火发于内，则早应之于外。火发而其兵静者，待而勿攻。极其火力，可从而从之，不可从则止。火可发于外，无待于内，以时发之。火发上风，无攻下风。昼风久，夜风止。凡军必知五火之变，以数守之。

此章是讲如何发动火攻，实施火攻。它分两部分：

(一)“行火必有因”至“风起之日也”，是讲发动火攻之前的准备工作。我们先谈这一段。

“行火必有因，烟火必素具，发火有时，起火有日”，是说发动火攻之前，要有准备工作。准备工作，第一是准备点火器材，第二是选择点火时间。这种准备，都是火攻的必要条件，原文叫做“因”。“烟火”，是点火的器材，简本作“因”，但古本多作“烟火”，也许原作“因”，后来读为“烟”(“煙”的异体)，干脆用“烟火”来解释前面的“因”。暂时，我们还是按传本解释。

① 李零《〈孙子〉十三篇综合研究》，437 页。

“发火有时，起火有日”，“时”是四时之时，不是十二时之时。四时是大时，一年四分的大时。十二时是小时，一日十二分的小时。时和日不一样，时是季节，日是日子。选择时日属于兵阴阳。

“时者，天之燥也”，是干旱的季节。中国北方，冬春时节，天气最干燥，风最大。一到冬天，电视台就提醒大家，要注意防火了。

“日者，月在箕、壁、翼、轸也”，“月在”是讲月躔，即月亮行天的位置。什么位置？即二十八宿的四个星宿：箕、壁、翼、轸（图八四）。“轸”音 zhěn。

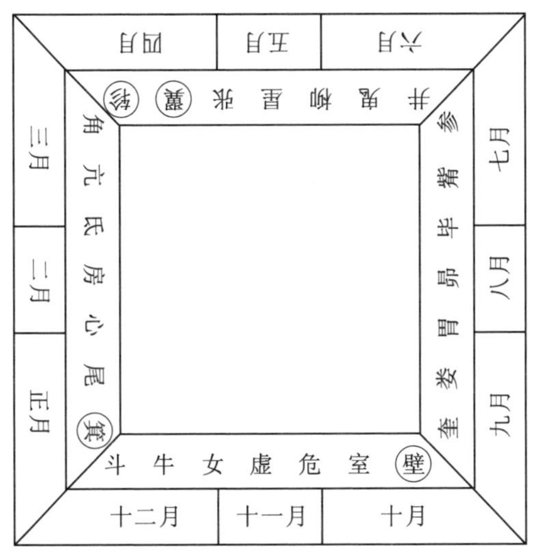

图八四　二十八宿

二十八宿，按日月右行的顺序，分为四宫：

东宫：角、亢、氐、房、心、尾、箕。

北宫：斗、牛、女、虚、危、室、壁。

西宫：奎、娄、胃、昴、毕、觜、参。

南宫：井、鬼、柳、星、张、翼、轸。

箕是东宫的最后一宿，位于东北，相当于孟春；壁是北宫的最后一宿，位于西北角，相当于孟冬；翼、轸是南宫的最后两宿，位于东南角，相当于孟夏。其中不包括西宫。

这两条是用来定“风起之日也”，即刮风的日子。

日比时，更为具体。

古代研究风，什么时候刮风？风从哪个方向来？多大多小？这种学问叫风角。

关于风角，大家比较陌生，我想解释一下。

风角是候风的学问，监视风向和风力大小的学问。这两个字的意思，简单讲，就是“候四方四隅之风，以占吉凶也”（《后汉书·郎颉传》李贤注）。“四方”也叫“四正”。“四方”是正东、正南、正西、正北，“四隅”是东北、东南、西南、西北。“四方”加“四隅”，就是八方，四面八方的八方，一共八个方向，统称是“角”。用八方风占吉凶，就是风角。风角是古代数术的一个门类，用于军事，属于兵阴阳。

风角，起源很古老。中国大地，是一块倾斜的大地，西北高而东南低，水，一般朝东流，共工怒触不周山，中国的神话描述过这种特点。它的气候也很有特点，一年四季，非常分明，风是季风，春夏秋冬，各有各的风，东南西北，刮转圈圈风。

候风，基础是候气。气分阴阳，阴阳消长，可以做不同的划分。粗分是两大类，东南为阳，西北为阴，主要是东南风和西北风打架。林黛玉说，“但凡家庭之事，不是东风压了西风，就是西风压了东风”（《红楼梦》第八十二回）。东风和西风打架，主要是东南风和西北风打架。

八风之前，早期有四方风，如《山海经·大荒经》有一套，《尔雅·释天》有一套。甲骨卜辞就已提到四方风，和《山海经》的四方风，名字差不多。

八方风，是从四方风发展而来，四方加四隅，增加了四个角上的风。它也有三套，一套是《吕氏春秋·有始》、《淮南子·地形》的八风，一套是《淮南子·天文》、《史记·律书》的八风，一套是《太公兵书》（《灵枢经·九宫八风》引）的八风。

另外，《周礼·春官·保章氏》讲候风，还有十二风，则是在八风之上又加了四风，和钟表按十二时划分表盘一样。

古代战争，风很重要。谁占上风，谁占下风，一直是表示胜败优劣的传统说法。

传说黄帝伐蚩尤，蚩尤兴风雨云雾，黄帝九战九不胜，最后得风后、玄女之助，才打败蚩尤。风后之名，可能就与风角有关。

又《国语·郑语》提到“虞幕能听协风”，虞幕是古虞国的国君，也叫虞思，此人见于《左传》哀公元年，据说是夏少康时人。

中国古代数术，门类很多，风角与占星、候气、式法、选择、鸟情、五音均有交叉，特别是与鸟情、五音，关系更密切。

鸟情，是用鸟来占卜，观察鸟如何飞，如何叫，以定吉凶。这是候风的方法之一。《左传》僖公十六年说，“六鹢退飞过宋都，风也”，即有六只鹢鸟，逆风而飞，倒退着飞过宋的都城（不是首都之都，而是都县之都），说明风很大。这就是用鸟情候风。和鸟情有关，鸡羽和相风乌，是古代候风的工具。相风乌就是古代的风向标，中国有，外国也有。

五音，也叫钟律或纳音，则是用吹律定声的方法来候风和占断吉凶。例如《左传》襄公十八年说，公元前555年，晋人听说楚国的军队来犯，晋国的师旷说，没关系，我一遍一遍唱“南风”，一遍一遍唱“北风”，发现“南风”不如“北风”强，多死亡之声，楚国一定不会成功（“晋人闻有楚师，师旷曰：‘不害。吾骤歌北风，又歌南风，南风不竞，多死声。楚必无功。’”）。师旷为什么这么讲，主要是因为，晋在北方，楚在南方。南风代表南方的音律，即五音的徵音和十二律的仲吕、蕤宾、林钟，北风代表北方的音律，即五音的羽音和十二律的应钟、黄钟、大吕。师旷是乐师，他是凭南音、北音谁更强来判断楚师、晋师谁厉害，这就是用律声断吉凶。《史记·律书》，今本是后补，原来叫《兵书》，它说六律是万物的根本，“其于兵械尤所重，故云‘望敌知吉凶，闻声效胜负’，百王不易之道也”。今《六韬·龙韬·五音》，《太平御览》卷三二八引《六韬》佚文，还有银雀山汉简《天地八风五行客主五音之居》，都是风角和五音相结合。

风角之术，西汉有魏鲜《集腊明正月旦决八风》（《史记·天官书》、《开元占经》卷九三引）。据说，京房、翼奉也精通风角。东汉，风角尤盛，精通此术者，有郎顗（《后汉书》本传）、张衡（《后汉书》本传），以及张成（《后汉书·党锢列传》）、吴伉（《后汉书·宦者列传》、景鸾、何休（《儒林列传》）、任文公、谢夷吾、李南、段翳、廖扶、樊英（《后汉书·方术列传》）。

汉唐史志著录的风角书，往往都是与鸟情同占，或与五音同占。可惜的是，这些古书大多亡佚，没有留下来。隋唐风角书，多依托京房、翼奉。

晚唐易静有《兵要望江南》，是以《望江南》的曲调，把用兵之要（主要是兵阴阳）编成口诀，共有700多首。其中放在“委任第一”（讲选将），首先就是“占风角”。这一类的第一首词，上来就说，“兴兵道，风角最为先。若是迎风权且住，后来风助合苍天，大战我当先”。可见风角在古代兵家的重要性。宋代也有《望江南风角集》，见《宋史·艺文志》子部五行类。

古代数术，时间和空间有对应关系，东南西北对春夏秋冬。天官，日月二十八宿，就是按苍龙、朱雀、白虎、玄武四宫，对应东南西北，对应春夏秋冬。风角和二十八宿占，彼此有对应关系。“日者，月在箕、壁、翼、轸也。凡此四宿者，风起之日也”，就是属于以月躔候风的二十八宿占。

这种二十八宿占，似乎很古老，比如《诗经》、《尚书》就已提到过这类说法：

(1)《诗·小雅·渐渐之石》：“月离于毕，俾滂沱矣。”

(2)《书·洪范》：“庶民惟星，星有好风，星有好雨。日月之行，则有冬有夏。月之从星，则以风雨。”

上面两条，前一条是说月亮行经毕星，会下大雨，毕星主雨。后一条是说月亮行经某些星宿，就会有风雨，有些星主风，有些星主雨。哪些星主风？哪些星主雨？原文没有说，《洪范》传的解释是“箕星好风，毕星好雨”。

汉唐天文书，记载这类数术，一般叫“月犯列宿”。如：

(1)箕星。

“箕星为风，东北之星也。东北地事，天位也。故《易》曰‘东北丧朋。’”（《汉书·天文志》）

“箕：月入箕，……有暴风，失行于箕者，大风。……”（《乙巳占·月干犯列宿占》）

“月犯箕七：……《含文嘉》曰：‘月至箕，则风扬。’《春秋纬·考异邮》曰：‘月失行，离于箕者，风。’”（《开元占经·月犯东方七宿·月犯箕七》）

(2)壁星。

“东壁：……月宿壁，不雨则风。……”（《乙巳占·月干犯列宿占》）

“郗萌曰：月宿东壁，不雨则风。……”（《开元占经·月犯北方七宿·月犯壁七》）

(3)毕星。

“雨，少阴之位也。月去中道，移而西入毕，则多雨。故《诗》云‘月离于毕，俾滂沱矣’，言多雨也。《星传》曰：‘月入毕则将相有以家犯罪者。’言阴盛也。《书》曰：‘星有好风，星有好雨，月之从星，则以风雨。’言失中道而东西也。故《星传》曰：‘月南入牵牛南戒，民间疾疫；月北入太微，出坐北，若犯坐，则下人谋上。’”（《汉书·天文志》）

“毕：……月失行，离毕则雨。……”（《乙巳占·月干犯列宿占》）

“《诗》曰：‘月离于毕，俾滂沱矣。’谓大雨也。《春秋纬·考异邮》曰：‘月失行，离于毕，则雨。’蔡氏《月令章句》曰：‘月离者，所历也。’班固《天文志》曰：‘月入毕，则多雨。’……”（《开元占经·月犯西方七宿·月犯毕五》）

(4)翼星、轸星。

“及巽在东南，为风；风，阳中之阴，大臣之象也，其星，轸也。月去中道，移而东北入箕，若东南入轸，则多风。”（《汉书·天文志》）。

“轸：月宿轸，则多风；……”（《乙巳占·月干犯列宿占》）

“《郗萌占》曰：‘月宿轸，风；……’”（《开元占经·月犯南方七宿·月犯轸七》）

图八五　七星坛诸葛祭风

术家认为，一年四季，孟冬（冬十月）、孟春（春正月）、孟夏（夏四月），是多风的日子；孟秋（秋七月）是多雨的日子。多风之星，箕为最。轸当后天卦序的巽位，巽是风的符号，居其次。壁又其次。翼与轸相邻，只是连类而及，上面的引文并不怎么谈翼。

中国的季风有方向，一般说，春天刮东北风和东风，夏天刮东南风和南风，秋天刮西南风和西风，冬天刮西北风和北风。风的方向对火攻很重要。

风角，按今天的概念，是军事气象学。罗贯中笔下的诸葛亮，上知天文，下知地理，就是这方面的专家。

诸葛亮借东风，是《三国演义》中

的著名故事(图八五)。但《三国志》讲赤壁火攻,主要归功于周瑜,苏东坡《念奴娇》(赤壁怀古)也说,"遥想公瑾当年"。他们都没提诸葛亮。曹操说,赤壁之战,他的失败,是因为疫病流行,主动撤退,撤退时把船烧了,"横使周瑜虚获此名"(《三国志・吴书・周瑜传》)。为《三国志》作注的裴松之也说,"至于赤壁之战,盖有运数,实由疾疫大兴,以损凌厉之锋,凯风自南,用成焚如之势,天实为之,岂人事哉"(《三国志・魏书・贾诩传》裴注)。风倒是刮过,刮的是南风。

借东风,不是《三国演义》的虚构,唐杜牧有《赤壁》诗,已有这种说法:

> 折戟沉沙铁未销,自将磨洗认前朝。
> 东风不与周郎便,铜雀春深锁二乔。

《三国演义》讲赤壁之战,曹操横槊赋诗,在建安十三年十一月十五日。周瑜派庞统献连环计成功,本来很得意,忽然想到风向不对,马上口吐鲜血(四十八回),为什么?因为当时是隆冬时节,江上刮的是西北风,而他盼的是东南风。诸葛亮看周瑜,说你的心病我知道,只有一方可治,就是借东风。诸葛亮自称得异人之授,能呼风唤雨。他在南屏山上摆七星坛,在坛上祭风。所谓七星坛是什么样?就是把上面说的二十八宿,按东南西北各七星画在旗子上,苍龙七宿用青旗,玄武七宿用黑旗,白虎七宿用白旗,朱雀七宿用红旗,各依方色排列。诸葛亮在台上作法,借三日三夜东南大风,即从十一月二十日甲子开始刮,到十一月二十二日丙寅止。一开始没有动静,周瑜沉不住气,说:"孔明之言谬矣。隆冬之时,怎得东南风乎?"鲁肃说:"吾料孔明必不谬谈。"结果,"将近三更时分,忽听风声响,旗幡转动。瑜出帐看时,旗带竟飘西北——霎时间东南风大起"(四十九回)。

整个故事,就是讲风角之术。

关于《孙子》中的这类技术,过去有不同评价。郭化若将军认为,这些说法,毫无科学依据①。但钱宝琮先生(我国著名的天文学史和数学史专家)说,箕星好风,毕星好雨,还是有科学根据②。

---

① 郭化若《今译新编孙子兵法》,北京:中华书局,1962年,96页。

② 钱宝琮《论二十八宿的来历》,收入《钱宝琮科学史论文选集》,北京:科学出版社,1983年,327—351页;原载《思想与时代》,43期(1947年),10—20页。

(二)"凡火攻"至"以数守之"这一段,主要是讲实施火攻。

火攻,和做饭一样,要掌握火候,心急吃不了热豆腐。

"凡火攻,必因五火之变而应之",这里的"五火之变",和前面的"九地之变"是类似说法。"变",指情况变化。"应之"是拿出对策。这里一共有六种情况,六种对策:

(1)"火发于内,则早应之于外",是讲从里面点火,刚刚点火的情况。如果派人潜入敌军,在里面纵火,外面一定要派人围堵,事先就部署在外面,就像烧饭,下面点火,上面有个锅盖。这是第一步。

(2)"火发而其兵静者,待而勿攻",则是讲火点起来以后的情况。火点起来了,一般情况下,敌人会惊呼乱跑,如果没有动静,恐怕就有问题,可能对方不在,或有埋伏,最好等待观望一下,不可急于进攻。这是第二步。

(3)"极其火力,可从而从之,不可从则止",是讲火烧得差不多了,该出锅就得出锅了。这时,局势比较明朗,该动手就动手,不行就打住。这是第三步。"火力",简本作"火央","央"是"千秋万岁乐未央"(汉代吉语)的"央"。"乐未央"是乐得没够,"央"是尽的意思。

(4)"火可发于外,无待于内,以时发之",和上面的情况相反,是从外面点火,敌人在里面,我们在外面,我们不能钻进火圈,在里面策应。总之,不管火从里面点,还是从外面点,都是人守在外面,不能自己也跳到锅里,跟敌人一块儿煮。"以时发之",上面讲的发火有两种,一种发于内,一种发于外。发于内,有早中晚三段;发于外,也有这三段。这里省略不谈。

(5)"火发上风,无攻下风",俗话说,风助火势,火乘风威,风向的辨别很重要。放火的只能在上风头,不能在下风头。这是常识。

(6)"昼风久,夜风止",这是讲风势的起落,即白天刮久了,晚上就停止。《老子》有句话:"飘风不终朝",即转圈圈风都刮不长,一个上午也就差不多了。这也是常识。最后两条是讲风。

最后,作者说,"凡军必知五火之变,以数守之","数"就是上面说的内外关系、早中晚关系、上下风关系、昼夜风势大小的差异,等等。总之,是各种度的把握。

【12.3】

故以火佐攻者明，以水佐攻者强。水可以绝，不可以夺。

火攻、水攻都是攻，但攻击的效果不一样。作者认为，两者都重要，都是有效的攻击手段，但火攻比水攻更积极有效。《孙子》没有《水攻》，只有《火攻》，原因可能在这里。

“故以火佐攻者明，以水佐攻者强”，“明”，旧注以为是明白的意思，即非常明显，我们北京话说“明摆着的”，就是这个意思。杨炳安先生指出，这种说法不妥，清代学者王念孙讲过，《左传》哀公十六年和《国语·周语》有“争明”一词，都是“争强”的意思，这里的“明”和“强”是“异文同义”（杨炳安《孙子会笺》，郑州：中州古籍出版社，1986年，192—193页）。他的说法，对我很有启发。我理解，“争明”的“明”是显赫之义，确实与“强”有类似之处。两个字都是好意思，基本对等。火攻和水攻都厉害。这是第一层意思。

第二层意思，就不太一样，孰轻孰重，就分出来了。“水可以绝，不可以夺”，“绝”是断绝的意思，如杜牧注说“绝敌粮道，绝敌救援，绝敌奔逸，绝敌冲击”，四个“绝”字都是断绝的意思。这个解释没问题。但“夺”不一样。“夺”在古书中有两个意思，一个意思是夺取，一个意思是去除。旧注以“夺敌积蓄”为说，不太好。火只能把敌人的积蓄烧掉，怎么能夺取它？我们认为，这两句和上两句不太一样。“绝”是断绝，只能阻隔，比较消极。“夺”是去除，把进攻的敌人赶走，比较积极。水利于隔绝，火利于驱除，作用不一样。作者这么讲，有一定道理，但逻辑不够严密，因为水攻也不见得都是起断绝的作用，比如以水灌城，水淹七军，杀伤力也很大。我的看法是，这只表明，作者对火攻更偏爱。

《武经总要前集》，攻城法在第十卷，守城在第十二卷，中间的第十一卷，是讲水攻和火攻。作者说，水攻的作用主要有五条：

（1）“绝敌之道”；

（2）“沉敌之城”；

（3）“漂敌之庐舍”；

（4）“坏敌之积聚”；

（5）“百万之众，可使为鱼害之轻者，犹使缘木而居，县（悬）釜而炊”。

这里面，只有第一条是讲“绝”，其他四条都是讲用水淹。书中内容只限三方面，一是测水平，二是水战，三是渡河。严格讲，水战是用楼船和水师的问题，不属于用水来进攻。测水平和渡河，也不属于水攻。老实说，除了拿水淹敌人的城池，淹敌人的房子，淹敌人的军队和粮草，把他们困在水中，水攻本身，也真没什么好讲。它的技术含量，比起火攻，差得太远。

【12.4】

夫战胜攻取而不修其功者凶，命曰“费留”。故曰：明主虑之，良将修之，非利不动，非得不用，非危不战。主不可以怒而兴师，将不可以愠而致战，合于利而动，不合于利而止。怒可以复喜，愠可以复说（悦），亡国不可以复存，死者不可以复生。故明主慎之，良将警之，此安国全军之道也。

这是最后的总结，主要是一段警告，警告国君和军将。

它没有直接提到火，但承接上文，又好像与火有点关系。关系是什么？主要是战争很像火，要慎之又慎。人离不开水火，但又害怕水火。俗话讲，水火无情。古人说：“夫兵犹火也，弗戢，将自焚也。”（《左传》隐公四年），意思是说，战争就像火，火这个东西，非常危险，你要懂得控制它，如果失去控制，就像过去我们骂帝国主义的话，那是“玩火者，必自焚”。

“夫战胜攻取而不修其功者凶，命曰‘费留’”，意思是说，国君和军将，不能只求战必胜、攻必取，不问代价，不计后果，如果是这样，肯定要倒霉。这样蛮干胡来，只能叫“费留”。“费”是费金钱，“留”是费时间，传统说法，就是“老师”。“老师”不是当教书匠讲的老师，“老”是个动词，是说把军队拖老了，拖皮了，拖垮了。“老师”是用兵的大忌。就像上面说的，“弗戢，将自焚也”。

下面几句，是作者的警告。作者在《计》篇中说，“兵者，死生之地，存亡之道”，战争是关系到军民死生、国家存亡的大事，绝不是儿戏。他强调说，打仗，一切看的是利害，绝不可逞一时之忿，轻举妄动，“主不可以怒而兴师，将不可以愠而致战，合于利而动，不合于利而止。怒可以复喜，愠可以复说（悦），亡国不可以复存，死者不可以复生”。“合于利而动，不合于利而止”，也见于《九地》。“（兵）以利动”（《军争》）是全书的基本观点。

战争是血气之争，但“怒”和“愠”却经常坏事。发脾气，最没用。作者在《谋攻》篇批评过“将不胜其忿”，在《地形》篇批评过“忿速可侮”。现在讲火攻，是再一次警告。

◎附录一

火攻的遗产

本篇讲火攻。火在军事上有什么重要性，这个问题，很有必要补说几句。

我想用最概括的语言，讲一下武器发明史，看看火的重要性在哪里。

（一）早期的武器有四种，火最重要。

人类的武器，有四样最古老：木、石、水、火。

木，古人斩木为兵，制作棍棒，棍棒是最原始的武器。金属兵器，戈、矛、戟、殳都有长柄，用来杀伤的端部或锋刃，虽可变换花样，但都是棍棒的延伸。宋以来的武术，特别重棍术，认为长兵训练，棍术是基础。《水浒传》，江湖好汉，“全仗一条杆棒，只凭两个拳头”（四十四回），杆棒是很管用的兵器。还有，古人弦木为弧，剡木为矢，最初的弓矢，也是利用树枝。弓矢是最早的弹射武器，“成吉思汗，只识弯弓射大雕”，所有草原帝国，无数控弦之士，都是受惠于这一影响深远的发明。弩是它的进一步改造。

石，人类在石器时代生活最长，长达250万年。石块也是最原始的武器。它可以直接握在手中，砍砸或投掷，也可制作各种锋刃类的武器。青铜时代的戈、矛和斧钺，不仅材质是石器的延伸，器形也可在石器中找到原型。特别是细石器的发明，用石叶、石片做箭头，威力更大。现在的巴勒斯坦人，还用石头打坦克，这有强烈的象征意义。

水，对人的重要性很明显。水是生命之源，断水则人不能活。水太大，人或为鱼鳖，也不行。围城断水，以水灌城，属于水攻。但自然状态的水，比较难于控制，不像火，可以做成各种武器，直接杀伤。

火，对人最重要。人的智力进化，离不开肉食。肉食对大脑发育很重要。动物不会使用火。只有人，掌握了火的应用，玩火玩得出神入化，取暖、炊食、狩猎、战争，无所不用其极。大家一讲战争，总是说，战火纷飞，战火连天。火和军事，缘分最大。

这些都是旧石器时代的发明，人类最古老的发明。

（二）金属兵器的发明，也离不开火。

新石器时代、青铜时代和铁器时代，和军事有关，最大的发明，主要有四样，快马（驯化马）、轻车（战车）、利刃（金属兵器）和筑城术。高帆、多桨和多层的楼船，也是这一时期的发明。海军和陆军，步兵、车兵和骑兵，相继出现。

金属的兵器，是后来发展起来的。它的出现是大革命。步兵的武器和甲胄，很多都是金属制造（但甲也用革）。车兵和骑兵，战车和马具（衔勒、鞍辔和马镫）也离不开金属。金属是石器和陶器的延伸（矿石加陶范），但矿石变金属，同样离不开火。

五行旧说，石可代土。上述四种，加上金，就是兵器史的五行。五大要素，火最重要。

（三）火是最原始的武器，也是最先进的武器。

火在军事上应用极广。野战用，攻城也用。攻方用，守方也用。冷兵器时代，我们已有弩和抛石器。这两样东西，射程最远，杀伤力最大。弩是枪的前身，投石器是炮的前身。它们和火药结合，变成火器，是一次更大的革命。

中国古代的火攻，例子很多，如三国时代的赤壁之战，就是用火攻。苏东坡的前后《赤壁赋》使它大出其名。还有罗贯中的《三国演义》，“欲破曹公，宜用火攻；万事俱备，只欠东风”（第四十九回）。诸葛亮借东风，更是深入人心。但早期火攻，光烧不炸。爆炸要靠火药。

火药是咱们中国人的发明。鲁迅说，中国人发明火药，光知道“做爆竹敬神”①。这是故意泼冷水。其实不然。历史上，高科技，总是军事优先。

① 鲁迅《电的利弊》，收入《伪自由书》，《鲁迅全集》第5卷，北京：人民文学出版社，1957年，12—13页。

我国发明火药，主要用途，也是杀人。

火药发明前，古人不知爆炸为何物，但爆炸的想象，还是有一点。例如，古代穴城，惯用手法，是先挖坑道，再支坑木，然后灌油，然后放火，柱倒，城亦崩塌，这就是当时的"土爆破"，《墨子·备穴》已谈到。

火药的发明，可追溯到隋唐炼丹家的各种伏火法，但"火药"一词，1023年才见于史书记载(《宋会要辑稿》职官三十之七)。

宋代的火攻，已经使用火药。《武经总要前集》讲火攻，手段很多。除战国时期的老办法，如火禽(图八六)、火兽(图八七)、火炬(图八八)，还有很多新发明，如火箭(图八九)、火球(图九〇)、火炮(图五三)、炮楼(图五四)、猛火油柜(图九一)。火炮，是采用抛石器的样子，只不过，它抛出的是火球，而不是石弹。炮楼，前面讲十二攻的穴城(第五讲)已经提到。猛火油柜，是从阿拉伯传入的喷火器。猛火即希腊火(石油基纵火物)，这是早期的火焰喷射器。另外，研究宋代的火药，还有四个火药配方：烟球方、毒药烟球方(图九二)、火炮火药方(图九三)、蒺藜火球方(图九四)。讲中国火器史的专家对这些都很重视，但不包括炮楼。我很怀疑，它是早期的管状火器。

火的杀伤力，主要是靠火烧、烟熏和毒气，爆炸增加了它的威力。

中国科技史，我国的四大发明，这是其中之一。

中国的火药和火器，是靠蒙古西征，西传中亚，西传印度，西传阿拉伯，西传欧洲。14世纪，火炮传入欧洲，对封建堡垒构成巨大威胁。"火药革命"后，欧洲堡垒，不得不降低城墙高度，把城圈做成五角形或六角形(图九四)，即所谓棱堡(bastion)。我们说的"船坚炮利"，就是欧洲人利用我们的发明，青出于蓝，而胜于蓝，给我们还礼来了。他们走出中世纪，他们征服全世界，都离不开火药的发明。

火药是火的延伸，火药是火的革命。

现代火器，在过去500年里，有飞速发展。两次大战的所有发明，从各种改进的枪炮和军舰，一直到坦克、飞机、火箭、导弹、火焰喷射器、凝固汽油弹和各种核武器，能量释放的终极效果，都是爆炸和燃烧。

这就是火攻的遗产。

图八六　火禽

(《武经总要前集》卷十一：十八页正)

图八七　火兽

(《武经总要前集》卷十一：廿页正)

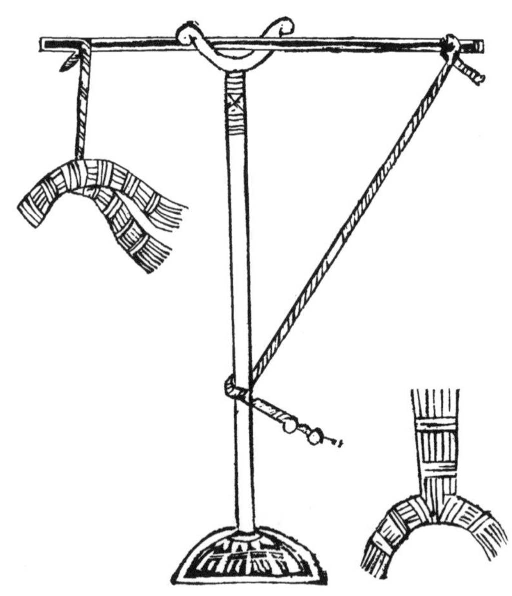

图八八　火炬
（《武经总要前集》卷十二：五二页正）

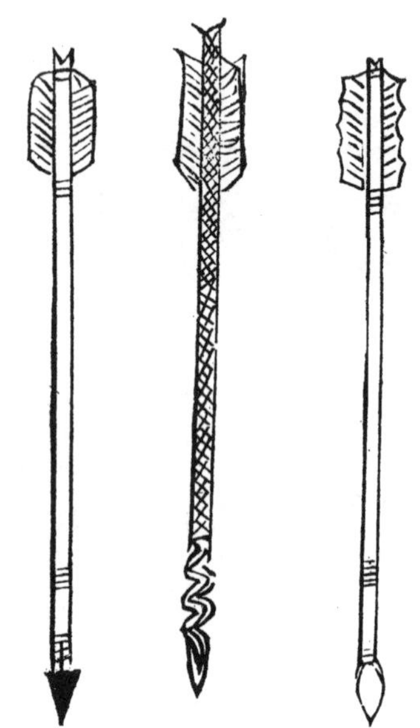

图八九　火箭
（《武经总要前集》卷十三：三页正）

图九〇　火球

(《武经总要前集》卷十二:五六页正)

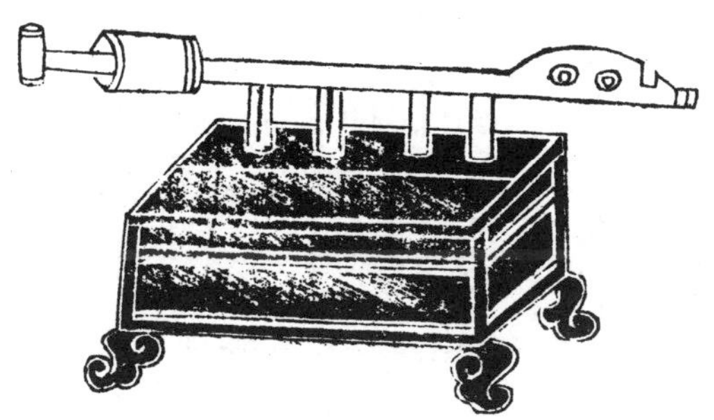

图九一　猛火油柜

(《武经总要前集》卷十二:五八页背)

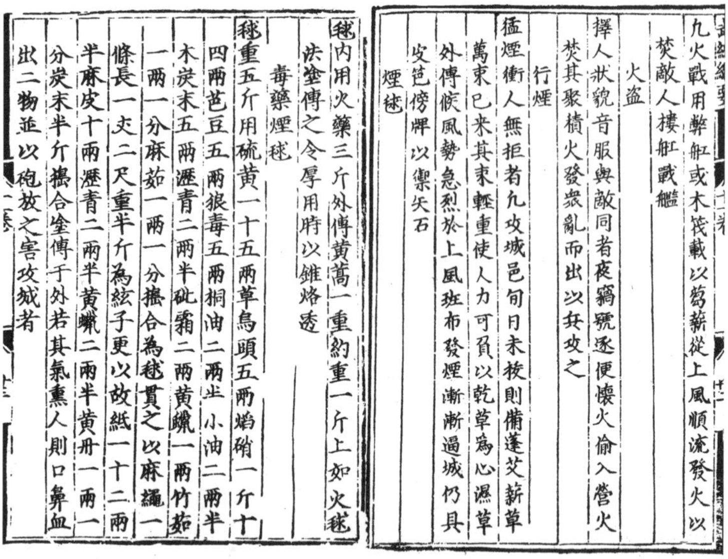

九火戰用弊舡或木筏載以葛薪從上風順流發火以
焚敵人樓舡戰艦

火盜

擇人狀貌音服與敵同者夜竊號逐便懷火偷入營火
焚其聚積火發衆亂而出以兵攻之

行煙

猛煙衝人無拒者凡攻城邑旬日未拔則備蓬艾薪草
萬束已來其束輕重使人力可負以乾草為心濕草
外傅候風勢急烈於上風班布發煙漸漸逼城仍具
皮笆傍牌以禦矢石

煙毬

毬內用火藥三斤外傅黄蒿一重約重一斤上如火毬
法塗傅之令厚用時以錐烙透

毒藥煙毬

毬重五斤用硫黄一十五兩草烏頭五兩焰硝一斤十
四兩芭豆五兩狼毒五兩桐油二兩半小油二兩半
木炭末五兩瀝青二兩半砒霜二兩黄蠟一兩竹茹
一兩一分麻茹一兩一分擣合為毬貫之以麻繩一
條長一丈二尺重半斤為絃子更以故紙一十二兩
半麻皮十兩瀝青二兩半黄蠟二兩半黄丹一兩一
分炭末半斤擣合塗傅于外若其氣熏人則口鼻血
出二物並以砲放之害攻城者

图九二　烟球方和毒药烟球方

（《武经总要前集》卷十一：卅二页背、卅三页正）

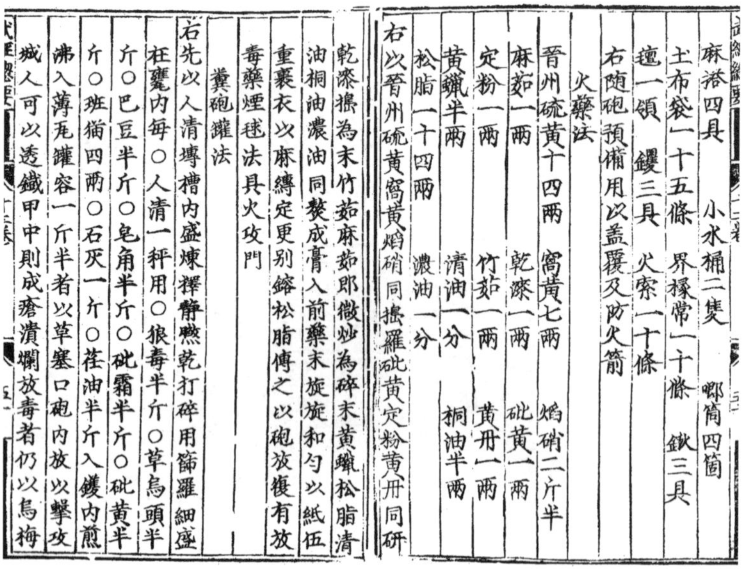

麻搭四具　小水桶二隻　唧筒四箇
土布袋一十五條　界椽常一十條　鍬三具
氊一領　鑊三具　火索一十條
右隨砲預備用以蓋覆及防火箭

火藥法

晉州硫黄十四兩　窩黄七兩　焰硝二斤半
麻茹一兩　乾漆一兩　砒黄一兩
定粉一兩　竹茹一兩　黄丹一兩
黄蠟半兩　清油一分　桐油半兩
松脂一十四兩　濃油一分
右以晉州硫黄窩黄焰硝同擣羅砒黄定粉黄丹同研
乾漆擣為末竹茹麻茹即微炒為碎末黄蠟松脂清
油桐油濃油同熬成膏入前藥末旋旋和匀以紙伍
重裹衣以麻縛定更別鎔松脂傅之以砲放復有放
毒藥煙毬法具火攻門

糞砲罐法

右先以人清𡏟槽內盛煉擇靜燥乾打碎用篩羅細盛
在甕內每○人清一秤用○狼毒半斤○草烏頭半
斤○巴豆半斤○皂角半斤○砒霜半斤○砒黄半
斤○斑猫四兩○石灰一斤○荏油半斤入鑊內煎
沸入薄瓦罐容一斤半者以草塞口砲內放以擊攻
城人可以透鐵甲中則成瘡潰爛放毒者仍以烏梅

图九三　火炮火药方

（《武经总要前集》卷十二：五十页背、五一页正）

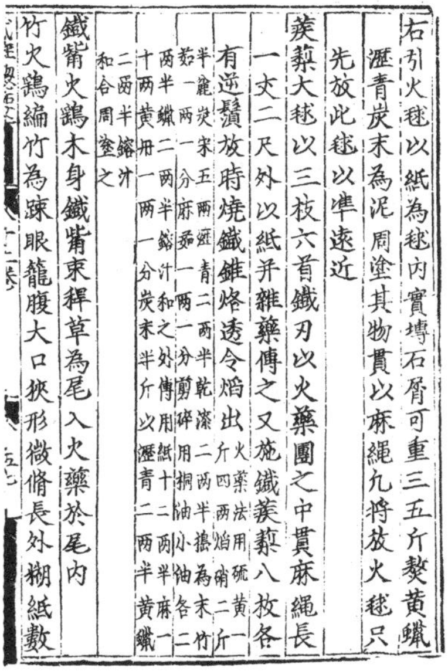

右引火毬以紙為毬內實塼石屑可重三五斤熬黃蠟瀝青炭末為泥周塗其物貫以麻繩凡將放火毬只先放此毬以準遠近

蒺藜火毬以三枝六首鐵刃以火藥團之中貫麻繩長一丈二尺外以紙并雜藥傅之又施鐵蒺藜八枚各有逆鬚放時燒鐵錐烙透令焰出（火藥法用硫黃一斤四兩焰硝二斤半麄炭末五兩瀝青二兩半乾漆二兩搗為末竹茹一兩一分麻茹一兩一分剪碎用桐油小油各二兩半黃蠟二兩半鎔汁和之外傅用紙十二兩半麻一十兩黃丹一兩一分炭末半斤以瀝青二兩半黃蠟二兩半鎔汁和合周塗之）

鐵觜火鷂木身鐵觜束稈草為尾入火藥於尾內

竹火鷂編竹為疎眼籠腹大口狹形微脩長外糊紙數

图九四　蒺藜火球方

（《武经总要前集》卷十二：五七页正）

图九五　棱堡

◎附录二

《六韬》论五音、火攻和候风

武王问太公曰："律音之声，可以知三军之消息、胜负之决乎？"

太公曰："深哉！王之问也。夫律管十二，其要有五音：宫、商、角、徵、羽。此其正声也，万代不易。五行之神，道之常也，可以知敌。金、木、水、火、土，各以其胜攻之。古者三皇之世，虚无之情，以制刚强，无有文字，皆由五行。五行之道，天地自然。六甲之分，微妙之神。其法：以天清净，无阴云风雨，夜半，遣轻骑往至敌人之垒，去九百步外，偏持律管，当耳大呼，惊之。有声应管，其来甚微。角声应管，当以白虎；徵声应管，当以玄武；商声应管，当以朱雀；羽声应管，当以勾陈；五管声尽不应者，宫也，当以青龙。此五行之符，佐胜之征，成败之机。"

武王曰："善哉！"

太公曰："微妙之音，皆有外候。"

武王曰："何以知之？"

太公曰："敌人惊动则听之，闻枹鼓之音者，角也；见火光者，徵也；闻金铁矛戟之音者，商也；闻人啸呼之音者，羽也；寂寞无闻者，宫也。此五者，声色之符也。"

（《六韬·龙韬·五音》）

武王问太公曰："引兵深入诸侯之地，遇深草蓊秽，周吾军前后左右，三军行数百里，人马疲倦，休止。敌人因天燥疾风之利，燔吾上风，车骑锐士，坚伏吾后，吾三军恐怖，散乱而走，为之奈何？"

太公曰："若此者，则以云梯、飞楼，远望左右，谨察前后。见火起，即燔吾前，而广延之，又燔吾后。敌人若至，则引军而却，按黑地而坚处。敌人之来，犹在吾后，见火起，必远走。吾按黑地而处，强弩材士，卫吾左右，又燔吾前后。若此，则敌不能害我。"

武王曰："敌人燔吾左右，又燔吾前后，烟覆吾军，其大兵按黑地而起，为之奈何？"

太公曰："若此者，为四武冲陈，强弩翼吾左右。其法无胜亦无负。"

（《六韬·虎韬·火战》）

又曰："从孤击虚，高人无余，一女子当百夫。风鸣气者，贼存，在十里；鸣条，百里；摇枝，四百里。雨沾衣裳者，谓润兵；不沾者，谓泣兵。金气自鸣及焦气者，军疲也。"

（《太平御览》卷三百二十八引《六韬》佚文）

案：《六韬·虎韬·火战》的"按黑地而坚处"，是以火止火之法，即借云梯、飞楼登高望远，发现敌人纵火，一定要提前烧出一条隔离带，在这块"黑地"上坚守。

◎附录三

《太白阴经》论风角

巽为风，申明号令，阴阳之使也。发示休咎，动彰神教。《春官》保章氏，以十二风，察天地之妖祥，故《金縢》未启，表拔木之征；玉帛方交，起偃禾之异；宋襄失德，六鹢退飞；仰武将焚，异鸟先唱。此皆一时之事。且兴师十万，相持数年，日费千金，而争一旦之胜负。乡导之说、间谍之词，取之于人，尚犹不信，岂一风动叶、独鸟鸣空，而举六军，投不测之国？欲幸全胜，未或可知。谋既在人，风鸟参验，亦存而不弃。

夫占风角，取鸡羽八两，悬于五丈竿上，置营中，以候八风之云。凡风起初迟后疾，则远来；风初疾后迟，则近来。风动叶十里，摇枝百里，鸣枝二百里，坠叶三百里，折小枝四百里，折大枝五百里，飞石千里，拔木五千里。三日三夜，遍天下；二日二夜，半天下；一日一夜，及千里;半日半夜,五百里。

(《太白阴经·风角》)

宫风,声如牛吼空中。徵风,声如奔马。商风,声如离群之鸟。羽风,声如击湿鼓之音。角风,声如千人之语。

子、午为宫,丑、未、寅、申为徵,卯、酉为羽,辰、戌为商,巳、亥为角。

宫风发屋折木,未年兵作。

徵风发屋折木,四方告急。

商风发屋折木,有急兵。

羽风发屋折木,米价贵。

角风发屋折木,有急盗贼、战斗。

岁月日时,阴德阳德自处,阴德在十二干,阳德在天。

岁月日时,子刑卯,卯刑子,丑刑戌,戌刑未,未刑丑,寅刑巳,巳刑申,申刑寅,辰、午、酉、亥各自相刑。

子、丑、寅、巳、申为刑上,卯、戌、未为刑下。

风从刑下来,祸浅;风从刑上来,祸深。三刑为刑上、刑下、自刑。

凡灾风之来,多挟杀气,克日,浊尘飞埃。

凡祥风之来,多与德气并,日色晴朗,天气温凉,风气索索,不动尘,平行而过。

凡申子为贪狼,主欺绐不信,亡财遇盗,主攻劫人。

巳、酉为宽大,主福禄,主贵人君子。

亥、卯为阴贼,主战斗杀伤,谋反大逆。

寅、午为廉贞,主宾客、礼仪、嫁娶。

丑、戌为公正,主报仇怨,主兵。

辰、未为奸邪,主惊恐。

贪狼之日,风从宽大上来,所主之言,仍以贪狼,参说吉凶,他仿此。

有旋风入幕,折干戈,坏帐幕,必有盗贼入营,将军必死。

旋风从三刑上来,其兵不可当。有风从王气上来,官军胜。大寒大胜，小寒小胜。

凡风蓬勃四方起，或有触地，皆为逆风，则有暴兵作。寅时作，主人逆；辰时作，主兵逆；午时发，左右逆；戌时发，外贼逆。

宫日，大风从角上来，有急兵来围，至日中折木者，城陷。

羽日，大风暝日无光，有围城，客军胜。

阴贼日，风从阴贼上来，大寒，有自相杀者。

商日，大风从四季上来，有贼攻城，关梁不通。

（《太白阴经·五音占风》）

【第十五讲】

用间第十三

这是《孙子》的最后一篇，内容是讲如何使用间谍，分工协作，刺探情报，执行各种特殊任务，如暗杀、破坏等等。

今本把《用间》放在最后，很巧妙。它喜欢讲“知胜”，开头讲，中间讲，结尾讲，处处讲。比如《计》篇，它一上来就讲“知胜”。作者说，“知胜”没什么诀窍，关键是“多算胜少算”，即敌我双方，谁得算更多。既谈比较，当然有敌有我。中间各篇，这个话题也反复出现，反复展开。比如《谋攻》说，只有“知彼知己”，才能“百战不殆”。这是强调“知胜”中的“知人”；《地形》说，除“知彼知己”，还要“知天知地”，则又加上天和地。天时地利，也不能少。最后，轮到《用间》，作者强调，“成功必出于先知”，“先知”是靠间谍刺探敌人的情报，重点是落在“知彼”。“知彼知己”靠情报，“知天知地”靠兵阴阳，两者都是技术性很强的工作。这里，值得注意的是，《孙子》讲“知胜”，一共有四个要素，它们都重要，但原书顺序，“知彼知己”是在“知天知地”前，“知彼知己”中，“知彼”又在“知己”前。前人都说，《孙子》始于《计》篇，终于《用间》，是个巧妙的安排。

“知彼”和“知己”，“知彼”靠什么？主要靠间谍，这点很清楚。“知己”不一样，一般认为，主要靠正常渠道，如机要往来，上命下达，下情上报，内部互相通气，等等。但即使和平时期，秘密监控也少不了。内部的情报工作，其实也是间谍工作。特务组织，自己控制自己的特务组织，古代就很发达，现代忌讳多，但也少不了。民主政治的特点，是公开性和透明度，但间谍怎么公开？怎么透明？不公开，不透明，就让人不愉快：公众害怕，政治人物也害怕，特别是某些非常时期（如二战和冷战），比如胡佛和贝利亚，给人的印象就不好，但任何国家都离不开。过去还只是安点儿窃听器什么的，现在则使用监控录像。什么地方都安，银行安，地铁、飞机场安，办公室安，住宅安，马路上安，出租车里也安（纽约的反恐措施），就差厕所了。奥维尔的小说《1984 年》，说将来的人就是生活于这种监控之中。2004 年都过去了，“老大哥”那一套，现在都实现了，不是他讲的集权国家，而是民主国家——有钱人才为安全问题头疼，全世界的风吹草动，都和美国的安全有关。更何况，敌我互派间谍，你中有我，我中有你，反间谍，也是在自己的内部开展。所以，“知彼”和“知己”并不完全是两回事。

“间”，原作“閒”。中国古书中的“间”和“谍”，意义互训，连言无别，分开讲，还不完全一样。

“间”，本义是间隙，作动词讲，有离间、乘间（抓住机会）等含义，作名词，则引申为“伺候间隙”之人。“伺候间隙”，是刺探情报或刺探机密的意思。刺探情报或刺探机密的人，叫“间”。这种用法的“间”，和“谍”含义相近，《尔雅·释言》以音训的方法解释这个字，说“间”是“俔也”（俔音 xiàn）。郭璞注说，“俔”就是《左传》中的“谍”，西晋时候，也叫“细作”。“细作”，也就是后人说的“探子”或“密探”。

“谍”，作为动词，也有刺探之义，作为名词，则指传递情报的人。《说文解字·言部》的解释是“军中反间也”。《左传》桓公十二年孔颖达疏说，谍是“诈为敌国之人，入其军中，伺候间隙，以反报其主”。但这种“反间”不是下文的“反间”，而是送还情报的“返间”，本篇叫“生间”。

《左传》的间谍，只叫“谍”，不叫“间”，《周礼》的间谍也叫“谍”，“邦谍”是与“邦贼”、“邦盗”并列（《周礼·秋官·士师》），和叛徒、内奸等坏蛋是一类人。它们提到的都是“谍”。但《大戴礼·千乘》：“以中情出，小曰间，大曰讲”（“讲”，或读媾，以为媾和之义，我有点怀疑，或是“谍”字之误），已提到“间”。《孙子》以“间”称间谍，是年代较早的古书。

“间谍”，作为合在一起的词，则见于《六韬·龙韬·王翼》。太公说，将军的指挥部有 72 人，其中有“游士八人，主伺奸候变，开阖人情，观敌之意，以为间谍”，间谍和游士有很大关系。

英语的间谍，一般叫 spy 或 agent。前者，作为动词，是监视、察看的意思，和上文当间谍用的“间”字有相近之处。后者，有代理人之义，也叫情报人员（intelligence agent 或 intelligencer），或秘密工作者（secret agent）。他们组成情报机关、谍报网，则近于上文的“谍”。

现代汉语，还有“特务”一词，最近则喜欢说“特工”。“特务”是外来语，日语的外来语（tokumu）。它是翻译英语的 special service，也是间谍的意思。我国军队，还有一种叫“特务连”的编制，是负责侦察和保卫。这个外来语，比我国古书中的“间谍”一词更流行，含义更广泛，也包括秘密警察，即类似明代锦衣卫的组织。冷战时期，上世纪50年代，是抓特务的“黄金时代”，西方国家抓（如卢森堡夫妇案），共产党国家也抓（如九国共产党情报局间谍案），全世界抓，我国也不例外。当时，讲这类故事的小说和电影很多，我爱看。但大家习惯说“特务”，很少说“间谍”。

小时候，我有同学，爸爸是情报部门的，在国外使馆工作，大家觉得挺神秘，都说他爸是干那个的，和电影里的特务差不多。他回家问他爸，您是特务吗？他爸勃然大怒，厉声呵斥，骂他胡说八道。原因是，我们只把敌方的间谍叫特务，自己可不这么说。要说，也叫地下工作者或秘密工作者，没人叫特务。

间谍和特务，经常都是当坏词，尤其是特务，绝对负面。为了表示轻蔑，有时还要加上个“狗”字。但所有国家都离不开。内政需要，外交需要，军事也需要。很多政府部门、驻外机构和军队里面，都安插了这种人，这是公开的秘密，谁都知道。

如前苏联，1917—1922年有肃反委员会，即著名的契卡（Cheka）；1922—1934年，有安全局（GPU）；1934—1941年，有内务部（NKVD）。这些都是秘密警察。1941年，内务部（后来叫MVD）分化出安全部（NKGB，后来叫MGB）。二次大战期间，它管外国的谍报和内部的劳改营，非常重要。1954年，苏联成立国家安全委员会，就是著名的克格勃（KGB）。

美国也一样，对内有联邦调查局（FBI），到处安窃听器；对外有中央情报局（CIA），全世界的政变，差不多都和它有瓜葛。

正如《孙子》所说，“微哉微哉，无所不用间也”。银雀山汉简的《孙膑兵法·篡（选）卒》也说，“不用间，不胜”。

我把《用间》分为三章：

第一章，讲“间事之重”。

第二章，讲“五间之用”。

第三章，讲伊挚、吕牙当间谍的故事，强调“非圣贤不能用间，非仁义不能使间”。

下面，我们一章一章来介绍。

【13.1】

孙子曰：

凡兴师十万，出征千里，百姓之费，公家之奉，日费千金，内外骚动，怠于道路，不得操事者，七十万家，相守数年，以争一日之胜，而爱爵禄百金，不知敌之情者，不仁之至也，非(人)〔民〕之将也，非主之佐也，非胜之主也。故明君贤将所以动而胜人，成功出于众者，先知也。先知者，不可取于鬼神，不可象于事，不可验于度，必取于人，知敌之情者也。

这一章，主要讲“用间”对战争的重要性。和《作战》相似，作者也是用战争经济学讲话，先给读者算一笔账。

作者说，如果出动一支十万人的大军，千里迢迢到国外作战，老百姓和国家的开销，必定“日费千金”，这是重复前面讲过的话，《作战》开头的话，我不再解释。

但这里有两条很重要，前面没有说。

第一，这里提到，如果出动一支十万人的大军，则“内外骚动，怠于道路，不得操事者，七十万家”，这是很重要的社会史资料。因为这里又牵涉到中国古代的井田制。过去中国史学界讨论古史分期，喜欢争井田制。其中很多都是无谓之争。我在前面讲过，井田制没什么神秘，井就是里，一井九顷，如井字划分，四方连续，计里画方。它是按里来编户齐民、授田纳粮的制度。这种制度，并不是唯一的制度，它只是古书中讲的野制，即首都以外边鄙县邑的制度，采地实行的制度。最初，井田并不出军。后来出军，也分两种，一种我叫野制甲种，一种我叫野制乙种。前者是每 10 家出一人，后者是每 7.68 家出一人(参看第五讲)。这里所说，是第二种制度。“七十万家”是个约数，实际上是 76.8 万家。这里要注意，过去讲井田制，除《周礼》、《司马法》佚文的说法，还有一种说法，是孟子编造的井田制。孟子的井田制，和《诗经》的描写不一样。《诗经》的公田是私田以外的大田，私田和公田是分开的(《诗・小雅・大田》)。孟子的公田不一样，他是把作为大田的公田给分了，“包产到井”，公田都是一小块一小块，包在私田当中。本来的井田是九户之田，他只安排八户，把中间一户的地空出来，当公田用，八家共耕(《孟子・滕文公上》)。曹注说“古者八家为邻，一家从军，七家奉之，言十万之师举，不事耕稼者七十万家”，是用孟子编造的井田制讲这里的出军制度，肯定不对。因为古书讲的井都是九家为邻，没有“八家为邻”这一说。如果真是“八家为邻”，那也是八家出一人，而不是七家出一人，原文就该是“内外骚动，怠于道路，不得操事者，八十万家”。孟子的井田制，完全是他幻想的井田制。当时，公田的经营出了问题，这是他设计出来的挽救措施。古泗水一带，今曲阜周围，是“古国博物馆”，那里有很多小国。孟子是邹人，邹（即邾）的旁边就是滕国。孟子在滕国推销他的主张，没准搞个实验基地，他的规划是这样，但实行起来很困难，肯定没有普遍性。我们不要上孟子的当。因为，按土地制度的一般规律，这是不可能的。

第二，这里提到，“相守数年，以争一日之胜”，看来当时的战争，一打就是好几年，时间很长。这点也很值得注意。前面，我们说过，读古书，我们的印象，春秋时期，战争一般比较短；战国时期，才比较长。这是大概的印象，很笼统的印象。情况会不会有例外？比如说，春秋时期，特别是春秋晚期，会不会有一拖几年的大仗？史料有限，我们不敢说绝对不会有，但大概不会有。特别是作为一般情况（这里是放在“凡”字的后面讲），恐怕是不会有。战国时期，也只是战国晚期，恐怕才有这样的大仗和恶仗。比如，同样的话，韩非子也说过，时间相当晚。《老子》第四十六章说“天下无道，戎马生于郊”，韩非子解释说：“天下无道，攻击不休，相守数年不已，甲胄生虮虱，燕雀生帷幄，而兵不归。”（《韩非子·喻老》）就是用他当时的情况来讲《老子》。《尉缭子·武议》也有类似的话，作“起兵，直使甲胄生虮者”。你想，军队派出去，几年不回家，盔甲（战国流行皮甲）长出虱子来了，麻雀在营帐里做了窝，这是什么景象？真是惨透了。《孙子》的这两句，也许是后学的手笔。

作者说，战争规模很大，时间很长，结果是劳民伤财。劳民，10 万军队，要 70 万家转输，疲于道路，田里的庄稼都荒了；伤财，“日费千金”，一年下来，就是 36 万，三年下来就是 100 多万。而收买间谍能花多少？只不过是“爵禄百金”，“百金”只是每天 1/10 的开支。他给我们算这笔账，主要是想告诉你，在收买间谍这件事上，千万别抠门。抠门是残忍，没有良心。间谍都是出生入死、冒险犯难的人，这点钱算什么？花钱买情报，其实是省钱，花多少都值。大家都说，现代是信息时代，信息中的很多都是情报，间谍比什么时候都更活跃。最近的美国军费预算报告，其年度预算高达 4395 亿美元(用于伊拉克、阿富汗的1200亿美元还不算);情报开支,原来一直捂着,最近,电视上说,有消息了,是一年440亿美元。

凡事,当未雨绸缪,毋临渴掘井。战争,更是如此。动手之前,一定要"先知"。"先知"从哪儿来?作者说,"不可取于鬼神,不可象于事,不可验于度,必取于人,知敌之情者也"。

这几句话是什么意思?也要解释一下。它是说,敌情不能凭超验的手段去获得。超验的手段有三种。"取于鬼神",曹注说"不可以祷祀而求"是对的。古人急了,他能想到的第一种办法,就是向鬼神祷告,烧香磕头,摆放祭品,念念有词,请鬼神保祐。还有两种,是"象于事"和"验于度",则属于数术。中国古代有所谓象数之学。数术分两大类,一类取于象,一类取于数。前者是用肉眼观察,如相宅墓,看风水,相人、相马、相刀剑。后者是用数理推算,如式法、选择、卜筮。古人认为,吉凶休咎,有象有数,象靠观察,数靠推算。一般说,相术属于前一类,占卜属于后一类。但很多数术,既有象,也有数。比如天文,夜观天星、望云省气是取于象,推躔度、排干支是取于数;卜筮,龟以象为主,筮以数为主,但《周易》,则有象有数。曹注讲这两种办法,说"不可以事类而求"、"不可以事数度也",似乎前者是用类推,后者是用计算。这样讲,还不太准确。我理解,"象于事"是相法,"验于度"是占卜。这两种方法,也就是《易·系辞下》说的"象事知器,占事知来"。"象事知器",是用观察的方法,从"象"上来理解事物的构造,比如风水讲气脉,人畜讲骨法,都是用这种办法。"占事知来",则是用占卜的方法预测未来。前者就是"象于事",后者就是"验于度"。

总而言之,作者说,这些办法都靠不住。

中国古代,祷告、相术和占卜,应用极广。比如兵阴阳,很多内容就是属于这一类。我们读《左传》,也可以找到很多例子。在《左传》中,国之大事,祭祀和战争,是占卜的主要对象。特别是战争,更是占了绝大多数。战争最难预测,古人卜问最多,即使现代人,也免不了胡猜乱蒙,但它是死生存亡的大事,开不得半点儿玩笑,限制占卜,也以兵家最突出。

过去,大家说,孙子是个唯物主义者,主要就是指这段话。其实,这并不等于说孙子不信鬼神。同样,《尉缭子·天官》说"天官、时日不若人事",或"天官"就是"人事",这也只是告诫大家,用兵要根据实际,不能拘牵数术。

在现实问题上，作者很现实。他认为，成功和胜利是出于先知，先知是靠情报，情报不是从鬼神那里得来的，不是从占卜活动得来的，而是从人，从掌握情报的人，即间谍那里得来的。古人所谓先知，本来很神秘：生而知之是先知，学而知之是后知。先知是圣人，一般人是“事后诸葛亮”。先知和一般人不一样，不一样就不一样在，他们能预卜尚未发生的事。我们现在也有这个概念，叫预测学。我还记得，上世纪80年代末，我国有股“气功热”，什么都换了科学术语，“场”和“能量”满天飞，“预测”之说很流行。预测分两种，一种有科学依据，一种没有科学依据。后者只能叫猜测学。比如望云省气，某种云会下雨，就有一定道理，但式盘类的占卜，就是蒙人。人类对未知的东西，一直是采取这种态度，不知道的事，经常靠猜，特别是马上就要做决定，又没有什么规则可循，往往都是借助占卜测运气。占卜的特点是模拟机缘。比如两个队踢足球，谁先开球，要靠抛掷硬币看正反，这就是最简单的占卜。古代占卜，经常都是数法并用，这种不灵，就换另一种。比如《左传》最重卜筮，就是卜筮并用。卜是用乌龟壳卜，答案比较直接，卜不灵（不符合心愿），就用筮。筮有三易：周易、连山、归藏，这种不行，用那种。最后都不行，还曲为解释，自圆其说。这是猜测学。人都是机会主义者，喜欢蒙。我说过，占卜和赌博是同一个道理。克劳塞维茨说战争最像赌博，但取得敌情，能靠这样的方法吗？不行。作者说，咱们还是老老实实，掏腰包，买间谍吧。

【13.2】

故用间有五：有因间，有内间，有反间，有死间，有生间。五间俱起，莫知其道，是谓神纪，人君之宝也。因间者，因其乡人而用之。内间者，因其官人而用之。反间者，因其敌间而用之。死间者，为诳事于外，令吾间知之而传于敌间也。生间者，反报也。故三军之事，莫亲于间，赏莫厚于间，事莫密于间，非圣智不能用间，非仁义不能使间，非微妙不能得间之实。微哉微哉！无所不用间也。间事未发而先闻者，间与所告者皆死。凡军之所欲击，城之所欲攻，人之所欲杀，必先知其守将、左右、谒者、门者、舍人之姓名，令吾间必索知之。（必索）敌间之来间我者，因而利之，导而舍之，故反间可得而用也；因是而知之，故乡间、内间可得而使也；因是而知之，故死间为诳事，可使告敌；因是而知之，故生间可使如期。五间之事，主必知之，知之必在于反间，故反间不可不厚也。

此章讲五种间谍，因间、内间、反间、死间、生间，五种间谍各有分工，配合使用。这是个谍报网，主要环节都已具备，已经是相当成熟的谍报网。

他们的分工是：

(一)从敌方收买的间谍。包括三种：

(1)"因间"，原文的解释是"因其乡人而用之"。"乡人"这个词，古书多见，用法有三种，一种指乡大夫，即负责管理乡的官员；一种指乡里的居民，即一般民众；一种指自己的同乡，即出门在外碰见的老乡。古人说的"乡"，不是"乡下"的"乡"，而是"六乡"的"乡"，"州乡"的"乡"，他们是住在首都的人或首都郊区的人。这里的"乡人"，与下文的"官人"相反，它是指住在敌国州乡的普通居民，或移民该国的老乡，肯定不是乡大夫。下文，这种间谍也叫"乡间"，贾林、张预说，这里的"因间"当作"乡间"，但曹注以来的古本和古书引文，都已经是这个样子，银雀山汉简本，恰好残去这个字，无从判断。这种间谍，是平民百姓，可以搜集敌方下层的情报。

(2)"内间"，是用敌国的官员为间谍。这种间谍可以搜集敌方上层的情报。

(3)"反间"，是收买敌国的间谍，反过来为我所用。这种"反间"，既不是许慎用来解释"谍"字的"军中反间"，也不是《三国演义》所说"反间计"的"反间"。"反间计"是挑拨离间，利用矛盾，制造矛盾，让敌人上下猜疑，自己杀自己，自己整自己。《三十六计》的第33计就是这个计。诳事，诳音kuáng，假情报。

(二)从我方派出的间谍。

(4)"死间"，是我方派出，传假情报给敌国的间谍。传假情报，风险很大，事情一旦败露，往往丢脑袋，所以叫"死间"。

(5)"生间"，是我方派出，传真情报回国的间谍。他人在情报在，一定要把情报安全送回来，当然得活着，所以叫"生间"。

这五种间谍，反间隐藏最深，知情最多，为第一环节；因间、内间，配合反间使用，为第二环节；死间传假情报于敌，生间传真情报于己，为第三环节。第一环节是取得情报，第二环节是传递情报，第三环节是传假情报给敌人，送真情报给自己。

反间是第一步，最关键，不可不厚，花钱最多，保密层次最高。

这是古代的谍报网。

现代的谍报机关，分工更细。甭管什么事，都有人调查，有人打听。负责调查、打听的人，也是五花八门，什么身份都有。他也许是合法的外交官，有外交豁免权，发现了，只能驱逐出境，没法把他抓起来。收买敌方官员当间谍，也很常见。平民间谍，身份就更多。普通告密者和职业间谍，有时也不好分。他也许是商人，也许是旅游者，甚至可能是学者。比如近现代的西方探险家，1900 年前后，丝绸之路上的探险家，过去我们说，他们是帝国主义间谍，把我们的宝贵文物给偷走了。近年来，什么事都爱反过来讲。大家说，偷得好，偷得好，如果不是他们把这些宝贝运走，藏在他们的博物馆里，兵荒马乱，搁咱们手上，还不早就糟践完了，谢还谢不过来；他们，斯文赫定呀，斯坦因呀，伯希和呀，科兹洛夫呀，大谷光瑞呀，那可都是大学者，根本不是间谍。这种说法也不对头。他们是学者，但很多人也从事间谍活动，不但搜集中国的情报，彼此之间也互相侦察。比如美国人霍普科克(Peter Hopkirk)写的《丝绸之路上的洋鬼子》(*Foreign Devils on the Silk Road*，Amherst：The University of Massachusetts Press，1980)，大家可以找来看看。他就做过很多调查，说明这些学者，他们的间谍活动真不少。学者是间谍，一点不奇怪。美国的汉学，二次大战以后，分出一个中国学，后来还有北京学，背景也有情报成分。

间谍，内外的划分很重要，对敌人而言，我们是外，他们是内。他们自己，因间是外，内间是内，反间更是内中之内，核心中的核心。所以反间最重要，不可不厚。自己派出的间谍当然好，自己人，可靠。但他们是从外面打入的人，训练再好，也不如本国人。其工作，更多是汇拢情报，传送情报。第一手的工作，还是利用当地人。外国人和本国人就是不一样。比如我们这些炎黄子孙，个个都是黄皮肤、黑眼睛，改革开放前，突然来个金发碧眼大鼻子，就很扎眼，很容易被怀疑。我国古代，没有这么大差别，但各地风俗不一样，一听口音就不对，很难开展工作。换了敌国的人，就没有这类问题。比如上世纪五六十年代，我们说的“美蒋特务”，其实主要还是台湾、香港那边派来的特务，黄皮肤、黑眼睛。作者讲五种间谍，前三种都是敌国之人，道理就在这里。

敌我双方，互派间谍，本以隐蔽为特点，藏得越深越好。因间是老百姓，暴露在外，不显眼。内间是官员，藏在里面，反而危险性大。隐蔽最深，要属反间，更危险。但隐蔽有隐蔽的好处，暴露有暴露的好处。彼此藏得深了，谁都够不着谁，也是麻烦。有些间谍影片就讲了，双方最怕就是中间有个模糊地带，彼此都看不清。碰到这类死角，有时还故意卖个破绽，故意打草惊蛇(《三十六计》的第 13 计)。因为只有暴露了，对方才会来。来了，明知是敌间，有时还不能抓，欲擒故纵(《三十六计》的第 16 计)，放长线钓大鱼。现在的国际间谍，很多都是双重间谍或多重间谍，同时给好几家做事，经常你中有我，我中有你，原因就在这里。这种间谍，双方都需要。

间谍工作很危险。干间谍工作和读间谍小说，完全是两码事，他们玩得越危险，我们看着越好玩。

对于战争来说，各种各样的事都需要刺探。国家机密要刺探，一般敌情也要搜集。所以间谍的使用，范围甚广。作者说，“微哉微哉！无所不用间也”。

“间事未发而先闻者，间与所告者皆死。”这点也很重要。情报工作是保密工作，上面说，“事莫密于间”。情报机关都是单线联系，如果走漏消息，间谍和与间谍接头的人，都不能留活口，必须杀人灭口，手段很残忍。

“凡军之所欲击，城之所欲攻，人之所欲杀，必先知守将、左右、谒者、门者、舍人之姓名”，“军之所欲击”是野战，“城之所欲攻”是攻城，这是正规的军事手段。“人之所欲杀”是刺杀。刺杀是恐怖主义。恐怖主义也是军事手段。“守将”等五词，《墨子》城守各篇常用，我做过一点考证①。“守将”是守城的总指挥，也简称为“守”或“将”。守城，是男女老少齐动员，城中有个指挥中心，守将守在那儿。军队也一样，有自己的指挥部。郡县制的郡守和县令，他们有一个重要职责，就是把守城池。野战攻城，首先要刺探守将

① 李零《〈孙子〉十三篇综合研究》，438 页。

是谁，叫什么名字；其次，是他的“左右”，即他的贴身保镖和其他伺候他的人。“谒者”，是管通报的人，或把门的警卫。我国的普通单位都有传达室，要害部门还有警卫室，里面的人就是这种人。“门者”，是看守城门的人。“舍人”，是看守官舍的人。

五种间谍怎么用？第一步，是从身边做起，一定要查清敌人打入我方内部的间谍，把他挖出来，收买利用，然后放回去，为我们做事，这是反间；第二步，是启用乡间和内间，让他们配合反间，搜集情报；第三步，是玩真真假假，即派死间把假情报传给敌人，派生间把真情报传回国内。这些情报，主要来源是反间，反间最重要。

《孙子》有《用间》，特别重视情报工作，《战争论》没有这样的章节。克劳塞维茨讲战争的不确定性，因素很多，其中一条就是情报的不可靠。他说，“任何一个统帅所能确切了解的只是自己一方的情况，对敌人的情况只能根据不确切的情报来了解。因此，他在判断上可能产生错误，从而可能把自己应该行动的时机误认为是敌人应该行动的时机”①。如何鉴别情报的真假，确实很复杂。

【13.3】

昔殷之兴也，伊挚在夏；周之兴也，吕牙在殷。故明君贤将，能以上智为间者，必成大功。此兵之要，三军所恃而动也。

上面，我说过，间谍故事好玩，我喜欢。间谍影片，西方流行，007 最有名。007 是影片主人公詹姆斯·邦德(James Bond)的间谍代号。这套系列片，风靡全世界。肖恩·康纳利(Sean Connery)，乔治·拉赞贝(George Lazenby)，罗杰·摩尔(Roger Moore)，提摩西·达顿(Timothy Dalton)，皮尔斯·布鲁斯南(Pierce Brosnan)，一群帅哥，轮番上演，一演就是六十多年。007 的特点是趾高气扬、神乎其神，帅气、霸气、流氓气，集于一身(特别是布鲁斯南演的 007)。他的口头禅是，“我是詹姆斯·邦德”。西方影片的俗套和意识形态宣传，他是一应俱全。007 有钱，有可上天入地下海配备各种神奇武器的跑车，无所不能。导演早就安排好了，故事背景一定在旅游

① 克劳塞维茨《战争论》，第一卷，39 页。

胜地。全世界，好山好水，名胜古迹，任他游。敌人大施美人计，美女也安排好了，任他睡。他把美女睡了，不但不中计，还让美女反水，反过来帮忙。他总是深入虎穴，千难万险，如履平地。虎穴不是苏联、古巴和朝鲜，就是阿拉伯国家。这是西方理想的间谍。

我国也有间谍，但大家熟知的间谍多是小人物，上不了台面。中国古代的大间谍，要属伊挚、吕牙。他们的故事，大家不熟悉，我想多说两句。

中国古代的间谍是阴谋家。

什么是阴谋家？

《汉志·诸子略》有道家类，一上来的五本书，排在《老子》之前的五本书，《伊尹》、《太公》、《辛甲》、《鬻子》、《管子》，都是古代讲治国用兵的书。伊尹是帮助商汤灭夏的功臣，太公、辛甲、鬻子是帮助周文王、周武王灭商的功臣，管仲是帮助齐桓公取威定霸的功臣。这五大功臣的前两位，就是有名的阴谋家。

伊挚，挚音 zhì，就是古书经常提到的“伊尹”。“伊”是地名，即战国的伊氏邑，在今山西安泽县西。“尹”是当时的官名。古书中的人物，有些是传说，但伊尹是实有其人。商代的甲骨卜辞，里面就有这个人。东周铜器，宋代出土的叔夷钟（其实应叫叔弓镈），铭文提到“伊小臣”，也是这个人。他的名字叫挚。

吕牙，就是古书经常提到的太公。《封神榜》里的姜老爷、姜太公、姜尚、姜子牙，就是这个人。太公姓姜，但姜太公、姜尚、姜子牙一类说法，古代没有。古代，只有女人才称姓，而且一定要称姓；男人不称姓，而且一定不能称姓。这个人，你叫他太公可以，叫他吕尚可以，叫他吕牙也可以，但不能叫姜太公、姜尚和姜子牙。同样，周公也不能叫姬旦，秦始皇也不能叫嬴政。但这种叫法，大家叫惯了，怎么纠，也纠正不过来。最近，我们在陕西开周公庙遗址的讨论会，到处都是周公这周公那，罗泰（Lothar von Falkenhausen）教授说，咱们每天都吃“周公鸡蛋”。我们不要再让周公当鸡蛋了。当然，姜太公的说法，这个俗称，恐怕是改不过来了。“吕牙”的“吕”是以地名为氏。姬周和姜姓世代通婚，关系很密切，姜姓是周的舅氏，即我们现在说的姥姥家、舅舅家。考古学家研究商代以前的先周文化，他们把陶鬲都分了姓，这种是“姬姓陶鬲”，那种是“姜姓陶罐”，吵得不亦乐乎。历史上的姜姓，有四大分支：齐、吕、申、许。齐是最有名的姜姓国家，但它是出自于吕。吕和申都在今河南南阳。许国数迁，也在今河南境内。太公的名字，古书有三种叫法，一种是吕尚，一种是吕牙，一种是吕望。吕尚，《诗·大雅·大明》称"师尚父"，"师"是西周军官的统称，不一定是后世三公那样的师；"尚父"，古代男子的字多缀以父字，女子的字多缀以母字，我们从周秦名字的惯例看，这是他的字。后人称勋臣元老为"尚父"，是误解了"尚父"的含义。吕牙，仅见于此，则可能是他的名。司马贞《史记索隐》说尚是他的名，牙是他的字，是弄反了。吕望，也叫太公望，这个名字比较怪，但战国古书，《孟子》、《韩非子》已这么叫。司马迁说，西伯昌遇吕尚，大喜过望，有"吾太公望子久矣"（《史记·齐太公世家》）的感叹，如果翻成白话，就是"我爸爸盼望先生已经很久了"。可见所谓"太公望"者，只不过是他的一种尊号，意思是"爸爸盼"，就像我们盼亚运会，把熊猫叫盼盼一样。"太公"是文王的爸爸，而不是吕牙本人。省掉"望"，光叫"太公"，等于管他叫爸爸。后人称他为"太公望"也好，"太公"也好，都不是他的本名，而只是一种外号。

吕尚垂钓磻溪，文王访之，拜而为师，很有名。这个故事，见于《六韬·文韬》的《文师》篇，还有其他一些古书。故事说，文王在渭水北岸打猎，史编占卜，说他会得到一位老师。文王到河边去看，碰见太公在钓鱼。文王问，你是喜欢钓鱼吗？他说，我喜欢的不是钓鱼，而是钓鱼的象征意义。它像什么呢？就像人君以禄位吸引人，让他们为自己卖命。这是道家治国的理念。他的名言是，"天下非一人之天下，乃天下之天下也"，只有得人心者才能得天下，"道之所在，天下归之"。《六韬》的所有对话，就是接着这个故事而展开，好像小说前面的楔子。

这个故事后来演变成一句歇后语，就是"姜太公钓鱼——愿者上钩"，他钓上来的大鱼是周文王。

"姜太公钓鱼——愿者上钩"，这是最典型的道家思想。姜太公钓鱼，鱼怎么样，大小长短，不用管，该做的只是垂放钓饵，这是无为；鱼闻到饵香，会自动往下钩的地方跑，这是无不为。道家讲"无为无不为"，就是这个意思。

"姜太公钓鱼"还是古代典型的访贤故事。被访的都是隐居山林的高人逸士，不是躬耕垄亩，就是垂钓河边。访者则是已经当了帝王或准备夺天下的帝王种子。如三代禅让，上博楚简《容成氏》讲的禅让故事，尧让天下于舜，舜让天下于禹，都玩这一套。故事里的贤人要端着点谱，显得牛一点。访贤的要纡尊降贵，礼贤下士，显得特别礼貌，特别诚恳。前者是东游西逛找不着，后者是一个劲儿在后面追。最后就算找到了，被访者也要数辞不就，最后拗不过了，说再让我就不好意思了，这才出山。《三国演义》里的"三顾茅庐"，诸葛亮在隆中，卧龙岗上，搭个茅草房，自得其乐，后人叫"诸葛庐"。刘备思贤若渴，两次登门都扑了个空。最后，大雪天，到家堵他，才算把他请出来。"三顾茅庐"就是从这个模式发展而来。《儒林外史》第一回，吴王访王冕，只请教，不拜师，也可归入这一类。我们很早就喜欢讲这种故事，贤人是闲人，江湖之上，藏龙卧虎，大能人多是隐者。

《太公》是阴谋书的典型，就是依托吕尚。它是借文武图商的故事讲阴谋诡计，和后世的《三国演义》差不多。司马迁说，"周西伯昌之脱羑里，与吕尚阴谋修德以倾商政"（《史记·齐太公世家》），所谓"阴谋修德"，就是夹起尾巴做人，韬光养晦装孙子。当时学西周阴谋的，都奉此书为"本谋"，就像后世老农民，是拿《三国演义》当教材。此书在汉代是大书。它分三种：《太公谋》、《太公言》、《太公兵》，隋唐以来，则叫《太公阴谋》、《太公金匮》、《太公兵法》。《六韬》是其中一部分。它的书名，本身就有趣，让人觉得，作者肯定是老头子。年轻人，好色好勇，血气未定，血气方刚，嘴上没毛，办事不牢。阴谋诡计，最好由老头子讲。两汉盛行神仙家说，神仙都是老头。比如《黄石公三略》，张良的老师叫黄石公，就是个神仙。据说，张良游山玩水，走到一桥上，桥上有个老头，倚老卖老，故意把鞋扔到桥底下，叫张良下去捡。开始，张良也搓火，真想抽他。但打老头，不像话，他忍住了。居然把鞋捡上来，还单膝下跪，给他穿在脚上。老头满意，说"孺子可教"，但真的约好见面，又两次拿他开涮，每次去了，都说他迟到，直到最后一次，张良在门外，溜溜儿等了大半夜，才让老人满意，终于把《太公兵法》传给他（《史记·留侯世家》）。我国传统，大家一直相信，老头的经验最丰富。这就像过去的电影，觉悟最高，肯定是老贫农。汉代把吕尚叫太公，是沿袭战国的叫法。孟子说，太公是"天下之大老"（《孟子·离娄上》）。古人说，太公遇文王70多岁，牧野之战90多岁，康王六年他还在，已140多岁，顾颉刚先生说，这怎么可能？牧野之战，他大概也就30多岁，其实是个小伙子[①]。顾先生的想法，我同意，但具体年龄，不好估。他说太公称太公，是因为他是齐国的开国元勋，太是表示地位之尊，不一定对。前面，我说了，"太公望"只是外号，本来是指文王他爸爸盼望见到的人。外号叫得久了，大家就糊涂了，还以为他本人也是老头。京剧扮相，诸葛亮是须生，周瑜是小生，大家的印象，"遥想公瑾当年，小乔初嫁了，雄姿英发"（《念奴娇·赤壁怀古》），肯定很年轻，但实际上，诸葛亮比周瑜小六岁。

伊挚、吕牙当间谍，过去，大家都不知道是怎么回事。旧注对此事没有考证。1989年孙子兵法研究会在山东惠民开会，我写过一条札记，才把事情讲清楚，可参看[②]。

我估计，这类故事，原来是保存在《伊尹》、《太公》二书中。现在，这两本书的古本都已失传，但还有四条史料保存下来，一条见于《孟子·告子下》，一条见于《吕氏春秋·慎大》，一条见于古本《竹书纪年》，一条见于《鬼谷子·午合》。

伊挚当间谍，曾五次投汤，五次投桀。据说，汤派伊尹入夏，为了装得像，曾故意追射伊尹，这是苦肉计（《三十六计》的第34计）。夏桀好色，喜新厌旧，自从爱上岷山氏的二女，就不再搭理他的大老婆妺喜氏。岷山氏的二女，叫琬和琰。琬也叫女苕，琰也叫女华（上博楚简《容成氏》也提到琬和琰），肯定比较年轻。他是喜新厌旧。三个女人吃醋，正好被伊尹利用。伊尹用反间计（《三十六计》的第33计），从妺喜那里得到很多情报。最后，时机成熟，一举推翻夏朝。

另外，《管子·轻重甲》引管子语，说夏桀喜欢两个人，一个是内宠，叫女华，就是上文提到的琰；一个是外宠，叫曲逆（似为隐语，是曲意逢迎之义），则是男性的嬖臣。"汤之阴谋"就是以这两个人为内应，才得以实现。看来，伊尹的工作对象，是三个女的加一个男的。

吕牙当间谍，和这个故事类似，也是三次投文王，三次投商纣，但细节

---

① 顾颉刚《太公望年寿》，收入《史林杂识》，北京：中华书局，1963年，209—211页。

② 李零《〈孙子〉十三篇综合研究》，438—440页。

已不得而详。

这两个人能跑来跑去，恐怕是双重间谍，至少表面上是如此，否则怎么这么随便？想来就来，想走就走。

过去读这段话，很多人都不相信。他们说，伊挚、吕牙是商周圣人，他们怎么可以三番五次，叛变投敌当间谍？这是亵渎圣人。汉将李陵降匈奴，本来是被逼无奈，身不由己。武帝死后，政府请他回国，为他平反，他谢汉使之召，有一句话，叫"丈夫不能再辱"。一次叛变已经是辱，两次叛变怎么可以。王国维给清朝做事，民国这个主子，他不认。他跳昆明湖前，留下个纸条，也说"经此事变，义无再辱"。过去，这叫气节。伊挚、吕牙倒好，一个叛变五次，一个叛变三次，前人说，这也太不像话。宋代学者假正经，居然为此辩论，怀疑者说，伊挚本来是夏的臣民，吕牙本来是商的臣民，他们怎么会叛变祖国当间谍？孙子这么讲，岂不是把间谍这样的下流工作抬得太高了吗？所以，宋人郑友贤出来辩护，他说，圣人干大事，当然要守正，但正的东西玩不转，"未尝不假权以济道"；兵家所谓用间，如果是为权而权，流于诡诈，不能回到正，当然不像话，但圣人不一样，只要处之有道，就是用权，最后也会回到正（见宋本《十一家注孙子》附《十家注孙子遗说并序》）。

太公阴谋，在古代兵书中是自成一派。他的传人，名气最大，是苏秦和张良。前者是纵横家，后者是画策臣。两汉三国，这一派影响很大。比如三国时期，"英雄"一词很时髦，曹操跟刘备说，"今天下英雄，唯使君与操耳"，吓得刘备把筷子都掉了（《三国志·蜀志·先主传》）。《三国演义》第二十一回讲刘备种菜，曹操"青梅煮酒论英雄"、"说破英雄惊杀人"，就是发挥这个故事。辛弃疾的词也说，"天下英雄谁敌手？曹、刘。生子当如孙仲谋"（《南乡子·登京口北固亭有怀》）。"英雄"这个词就是来自《六韬》，《三略》用得最多。

最后，我要补充一下，《用间》的最后一章，今本是讲两大间谍，银雀山汉简本，和它不太一样，是讲四大间谍，多出两个人。这两个人，大概都是东周的间谍，一个是□率师比，一个是苏秦。

简文说，"〔□之兴也，□〕率师比在陉"，"□率师比"这个人，现在还搞不清；"陉"作国名，也没有听说，或者是个地名？问题还要做进一步研究。

苏秦，大家很熟悉，他是传太公阴谋的大外交家。上面，我们说过，现代的间谍，很多是外交家。其实，古代也是如此。战国时期，国际关系很复杂，螳螂捕蝉，黄雀在后，不伐交，没法打仗。当时的外交家，不光是一般的外交使节（行人、宾客、使者），很多还擅长游说，古人叫纵横家。比如苏秦，挂六国相印，就是有名的国际大间谍。

苏秦的著作在哪儿？《汉书・艺文志》里有本叫《苏秦》的书，已经失传，但我国著名目录学家余嘉锡先生考证，今《鬼谷子》是汉代《苏秦》三十二篇中的一部分。大家要研究外交阴谋，一定要研究《鬼谷子》。另外，《战国策》和马王堆帛书《战国纵横家书》，也是研究苏秦的必要参考。

当然，这里增加的两大间谍，孙武是不可能见到的，见到的话，就成了侯宝林说的“关公战秦琼”。这种情况，在古书体例的研究上是叫“增益”，同样的例子，其实很多。我们既不要以偏概全，仅凭个别词句，就说《孙子》是伪书，也不要误判增益之文为古已有之。它们肯定是后人加上去的。但什么时候加上去，要具体问题具体研究。比如这一条，我们可以肯定的是，它比孙武晚，但绝不会晚于汉武帝时期，也不会早过苏秦活动的战国晚期。

《文子・下德》有一段话：

> 夫怒者，逆德也；兵者，凶器也；争者，人之所乱也。阴谋逆德，好用凶器，治人之乱，逆之至也。

《淮南子・道应》有类似说法。

我们从阴谋书的源流也可以看出，间谍是什么工作。

目的是高尚的，手段是卑鄙的，这两样东西能搁一块儿吗？很多人都想不通。这是不懂政治，也不懂兵法。政治和朋友是两码事，不能乱掺乎。政治，难免与狼共舞；朋友，才能肝胆相照。

大道理并不是小道理加小道理，代表它们的集合。好人加好人也不等于好国家。

儒家的君子国，从来没有。法家爱讲大实话，大家不爱听。

《三略・中略》说：“非阴谋，无以成功。”这是大实话。

写在后面的话

兵者凶事，不得已而用之。兵法是没办法的办法。

该讲的都讲了。

最后，说几句感想，信笔写来，杂乱无章，供大家参考。

一

中国的特产是兵法，兵法的精髓是兵不厌诈：

流动作战，机动和突袭。

不打则已，打，就给敌人一个惊喜。

这样的兵法，骑马民族都知道，流寇也熟悉：

打得赢就打，打不赢就走。

三十六计，走为上计。

汉怎么对付胡是兵法，胡怎么对付汉也是兵法。

官怎么对付匪是兵法，匪怎么对付官也是兵法。

正规的兵法是兵法，不正规的兵法也是兵法。

就连恐怖主义，也是兵法。

战争是政治的继续。

旗鼓相当的战争是战争，强弱不敌的战争也是战争。

恐怖主义，是战争的继续。

二

农民战争史，属于“五朵金花”。

多少人写呀写，真说的跟朵花儿似的。

然而，时过境迁，花儿已经蔫儿了。

新一代的史学家都说，不值得研究。

我不同意。

老百姓不写兵法，但个个有兵法。

他们的兵法，值得研究。

过去，我们太认同造反者。

在大家眼里，他们是革命军队——孟子叫“王者之师”，假如他们成功的话。

对他们的落后、愚昧、破坏性，还有命中注定的悲剧性，

我们的认识太不够。

无产者，无恒心。

从无到有，是个转不出的圈：

爱与恨是同一个东西。

一部《水浒传》，写什么？

要想当高官，杀人放火受招安。

李自成进北京，他的部下能干什么？

搜罗金钱美女，拷问降官。

临城劫车案，民国第一大案，轰动世界的恐怖事件。

孙美瑶，正经生意人，因为被抢，变成抢人的人。

1923 年，他胆大包天，政府都惹不起，他竟然把一火车的洋人给劫了，

扣在今山东枣庄市的抱犊崮上。崮是一种绝妙地形:高山顶上,峭然凸起,四面绝壁,上为平地,就像脑袋上长个大瘤子(旅游开发商请注意,那里适于搞攀岩运动)。

政府也有怕的——不怕土匪怕洋人,心想糟糕,别把八国联军又招来了。打,不行,外国不干,赶紧派人谈判。

你猜,土匪的条件是什么?请政府招安——收编匪众为一旅,根本不要钱。

政府答应了他的条件。

六个月后,旅长孙美瑶被杀(不杀不足以平洋愤)。

孙美瑶是宋江的老乡(都是山东人)。

宋江,只反贪官,不反皇帝,还帮朝廷打方腊,不像李逵,头脑简单,目标明确:杀去东京,夺了鸟位。

此事有助读《水浒》。

1970年12月18日,毛泽东接见斯诺,唐闻生在座。毛泽东说,我这个人很简单,是"老和尚打伞,无法无天"。大概是照字面直译,斯诺的记录不一样。他说,毛泽东自称,他是a lone monk walking the world with a leaky umbrella(一个打着破伞云游四方的孤独和尚)[①]。

别听学者瞎掰。

天人合一,其实是政教合一,天上管着地上。

这是人家欧洲的传统。

中国的政教结构,是绝地天通,天上管天上,地上管地上,

天上管不了地上。

天道不公,老百姓可以替天行道:

> 老天爷,你年纪大,耳又聋来眼又花。

① Edgar Snow, *The Long Revolution*, New York: Random House, 1973, p.175.

你看不见人，也听不进话。
杀人放火的享受荣华，吃斋念佛的活活饿杀。
老天爷，你不会作天，你塌了吧！

这是无天。

春秋战国，礼坏乐崩，出于礼者入于法。
不是没法。

大家都说，中国坏就坏在人治，人治大于法治，法管不了皇上。
然而，法更管不了群众——法不治众。
秦汉帝国，法若凝脂，照样管不了。
跑得了皇上，跑不了群众。

皇上无道，谁都可以作乱：
前有陈胜、吴广，后有朱元璋、李闯王。
脑袋掉了碗大个疤，敢把皇帝拉下马。
这是无法。

中国的百姓，都懂兵法：
没有规则，就是唯一的规则。
天不怕，地不怕，皇上和法律都不怕。
真是无法无天。

三

中国的兵法，是汉族写的。
少数民族不写兵书（匈奴没有文字），但他们的兵法最厉害。
什么是匈奴兵法？什么是蒙古兵法？

中国的北方是欧亚草原，西部是丝绸之路，连接中亚、西亚、北非和欧洲。

东西交通，南北对抗，一直是大问题。

华夏，中国也。古人这么说。

华在陕西，夏在山西。

山西是夏代的摇篮，境内多戎胡，汉胡南来北往，彼此通婚，是个文化大漩涡。

我相信，自己身上，有胡人的血。

草原就像大海。

匈奴和他们的继起者，像聪明的航海家，顺着海岸线，寻找新大陆。

汉地就是这片新大陆。

他们的崛起，多在汉胡交界处。

传说，匈奴的祖先是夏人的后代，名叫淳维。

唐虞以前，没有匈奴。据说，有叫山戎、猃狁和荤粥的部族，在荒凉的北方游牧，放的是马、牛、羊。

草原上，埋头吃草，还有一些汉地看不见的动物：比如橐驼，即骆驼，汉人呼为“马肿背”，还有马的亲戚：駃騠、騊駼、弹騱，大概是驴、骡（分马骡、驴骡）和野马、野驴之类吧？

当然，还有野兽，虎、狼和熊，还有天上飞的鹰。

斯基泰艺术、鄂尔多斯艺术，经常表现这些动物：后者扑食前者。

他们随水草迁徙，没有城郭，没有农田，居无定所（他们住帐篷），但各个部落，有自己的领地（他们有固定的夏牧场和冬牧场，不是毫无规律地迁徙，汉胡之间，也有半农半牧的过渡型经济）。

草原上的人喜欢太阳，突厥碑铭以东方为上，哈萨克的帐篷，门口朝东方。

草原上的人喜欢石头，山顶上，道路边，到处有人堆放，一摞摞的石片和石块。他们有石城、石屋、石墓、石祭坛，居址附近的山岩上，也到处留下了他们的杰作，美丽的岩画。

匈奴没有文字，只靠口语（但它的后继者，突厥和辽、金、西夏，还有元代和清代，他们有文字），还有悲怆苍凉的歌。

他们爱打猎。

牧起于猎。

小孩，未骑马，先骑羊，射鸟射鼠；大一点，射狐射兔。打猎是他们的第一课（满族入关后，木兰秋狝，不忘骑射，是怕忘本）。

匈奴男子，春夏放牧、秋冬射猎，“士力能毌（弯）弓，尽为甲骑”。

猎人是天生的军人。

牧人也是。

牧人是更聪明的猎人，他们把剩下的猎物养起来，变成第一批被驯化的动物。

他们的武器，分长兵和短兵。长兵是弓矢，短兵是刀鋋。

他们手上是弓，胯下是马，既能跑，又能打，好像自行火炮和坦克车。

露营和就地补充（拿破仑的兵法），也是他们最擅长。

他们的兵法是，“利则进，不利则退，不羞遁走。苟利所在，不知礼义”。司马迁的这句话，罗布淖尔汉简上也有（图九六），不像汉族爱面子。

图九六　罗布淖尔汉简：……人。利则进，不利……

匈奴，所有人都食肉衣裘，用毡作靴子和被褥，不像汉族，只有老头才有吃肉的特权。

他们没学过《孝经》。年轻力壮，吃最好的肉；年老力衰，吃剩下的肉。他们的伦理是，“贵壮健，贱老弱”，一切为了战士。

道德也要符合生存法则。

草原的生存法则，锻造出坚毅的伦理道德，小的自强，老的自尊，谁说道德不如汉（请看由余对秦穆公之问，请看电影《楢山节考》，西方的生存法则有类似性）。

还有，他们的婚俗，也和汉族不一样，爸爸死了，可以娶妈妈（亲母以外的妈妈）；兄弟死了，可以娶嫂子和弟媳，汉族误解为乱伦。

最后，他们只有名，没有姓、字。名不避讳，可以直呼其名。

请看汉代的汉人司马迁的描述，描述我们的老邻居。

语在《史记》的《匈奴列传》。

四

是一群富裕的农人，把他们视为恶魔的人投之四裔：野兽出没的丛林榛莽，鸟迹罕至的大漠草原，天涯海角的孤立小岛？还是一群走失的猎人和采集者，在野兽匮乏的另一块天地，意外发现了一个适于驯化植物的世界，一个适于刀耕火种的世界？

文明和野蛮分成了两个世界。

以往的文明定义，一直由农业民族定。

农业文明以老大自居，把自家兄弟叫野蛮，

这是农业中心论。

草原文明和农业文明是兄弟关系，只是生存环境不同，适应方式不同。

前者比后者更靠天吃饭，一场大雪，一场大旱，常常把他们逼入绝境，逼迫他们四出寻觅，寻找最后的生存希望。

后者比前者富足，却是天生颓废，一遇侵袭，就陷于崩溃。

文明的趋势是腐化（弱势和优势都在腐化），

前者对后者的侵袭，是定期的惩罚，

就像历代的农民起义。

有趣的是，它们还此呼彼应。

格鲁塞说，这是人文地理变社会问题，"定居人民与游牧人民之间的相互情感是等于在一个近代城市中包含着一个资本主义社会和一个无产阶级之间的情感"①。

胡汉之争和穷富之争，彼此颇多相似性。

---

① 格鲁塞《草原帝国》，4页。

格鲁塞的《草原帝国》写得真好，序言尤其好：

阿提拉、成吉思汗、帖木尔……他们的名字出现在所有的回忆录里。西方纪年学者们的，中国或波斯的编年史学家们的记载里把他们的形象大众化了。他们，伟大的野蛮人，出现于完全文明化了的时代，而在几年之间突然地把罗马世界、伊朗世界或中国世界变成为一堆废墟。他们的来临、他们的动作和他们的失踪似乎是难以解释的，以至于实际的历史，将这些人看作是上帝降下来的灾难，对古老的各种文明的一种惩罚。

…… ……

……在天旱的年代里，那些贫苦的突厥—蒙古游牧者在少草的草原上向外流亡，从一个涸水点到另一个涸水点，一直到达农田的边缘，北直隶或乌浒河外地的门户，在那里他们惊愕地观赏定居人民的文明奇迹，丰富的收获，乡村充满着谷物，都市显得豪华。这种奇迹，或者更确切一点说，这种奇迹的秘密，即在建立这些人类蜂窝时所费的艰苦的劳动是不可能为匈奴人所了解的。假使他们眼花了，他们就像一只狼——匈奴人的兽祖（"图腾"）——从雪地里走近了农庄：因为他们瞧见了篱墙后面的猎物。千年来他们的反射作用是突然的侵入、掠夺，带走了战利品的逃亡。

…… ……

……虽然在物质文明方面游牧人是很落后的，但他们在军事上保持着一种先进的、极大的优势。他们是骑射手。他们用优良的射手组成了一种非常灵活的骑兵队。这种专门"武器"使他们在定居人民面前保持着一种优越性，犹如在近代欧洲有炮兵部队来保证它对其余世界的优越性。毫无疑问，汉人或伊朗人并不是没尝到这种武器的〔厉害〕（原书脱"厉害"，今补）。在耶稣纪元前第三世纪时，汉人就改变了他们的服装，以适应于骑兵。至于在伊朗，从帕提亚人时起就知道由一群逃奔着的骑士射出的飞矢的滋味。但不论是汉人、伊朗人、俄罗斯人、波兰人和匈牙利人，都不能够在这方面和蒙古人相比。蒙古人从小就会追逐奔驰于无际的草原上的野鹿，习惯于看不见的和长期的埋伏，及猎户的各种诡计；是在这种场合他们获得食物，即生活在这种场合他们是所向无敌的。但他们并不是时常与敌人对立；相反的，他们在出人意料之外时攻击敌人，然后即刻逃走；重新出现，便猛烈追敌；但不让敌人牵制住；将敌人围困，使其精疲力竭；最后，他们才来打倒那疲劳的像一只难以逃脱的猎获物般的敌人。这个骑兵队的机动性，引起幻觉上的遍在性，在成吉思汗的两位有名的战略家，哲别和速不台掌握之下，它变成了一种巧妙的战术。卜兰迦宾与鲁卜鲁乞曾经看到这种战术的实施，他们特别留心于这种战术的绝对优越性。方阵与军团是走过去了，因为它们是固定于马其顿与罗马的政治组织，它们如同所有的国家一样，建立、存在和灭亡，是有组织的国家的有系统的创作。草原上的骑射手在欧亚大陆上统治了十三个世纪，因为他们是土地的自然创造物，是饥饿和惨苦的儿子；骑射是游牧人民的惟一手段，使他们在饥馑的年代里避免全部的灭亡。……

骑射手是忽然地出现、射击和逃跑的。他的射箭在古代和中世纪是一种不直接的射击。在那个时代里，它的效力和破坏性几乎相等于我们今天的炮队的射击。为什么这种优越性已不存在了？为什么十六世纪后游牧人民不再对定居人民使用权威了？正因为定居人民已经用炮兵来对抗他们。在很短的时期里，定居人民获得了一种人为的优越地位，把几千年的彼此关系“推翻”了。是用炮击的方法，伊凡雷帝驱散了金帐汗国末期的继承者，而中国皇帝康熙慑服了喀耳木克人，是为世界历史的一个时期的终止作出了标记，是第一次，但也是永久的，军事技术改变了阵势，文明比野蛮强大的多了。①

欧洲和中国都遭遇过蛮族入侵，一波又一波。

欧洲扛不住，早就野蛮化，一直是“五胡十六国”，一直是“魏晋南北朝”，直到文艺复兴。

中国扛到宋代，也扛不住，从蒙古草原到中国东北的森林沃野，元代和清代，两个最大的征服王朝，在那里崛起，

① 格鲁塞《草原帝国》，1—6页。

和中国的名字连在一起，
和中国的版图连在一起，
成为世界上最大的统一王朝。
伟大的野蛮人，世界敬畏你。

五

最近出版的《狼图腾》[1]，卖得很火。

作者说：

中国文化太软，汉民族太面，简直就是羊，不是羊，而是猪，猪圈里面养的猪，靠人吃饭的东西，没出息，不像骑马民族，他们崇拜狼，狼多强悍。

我们是做狼，还是羊？这是难题。
20 世纪 80 年代，有人说，中国落后，全怪不吃肉，
我们被归入吃草一族，当然是羊不是狼。
做狼就要吃羊，做羊就要喂狼，
没有第三条路。

狼肯定爱羊，
流着口水，用它的牙齿和胃。
狼吃羊，狼是主语，
但没有羊吃草，哪来狼吃肉？

羊怎么变狼？是更大的难题。
特别是以羊的面孔出现，
不必长出锋利的爪牙，
光是沉默，也足以威慑狼。

① 姜戎《狼图腾》，武汉：长江文艺出版社，2004 年。

我记得，三岛由纪夫讲过一个故事（出处忘了）：

有只老鼠，痛恨自己不是猫，所以宣布：从今天晚上，我不再是老鼠，而是猫。

有人从他身边走过，说：

瞧，好大的老鼠！

老鼠生气，

以死明志，跳进水缸。

但老鼠还是老鼠，毕竟不是猫。

猫从不承认，它是自己的同类。

《狼图腾》说，狼是草原王，生物链上的终结者，整个草原的保护者。没有狼，兔子和老鼠会把草原啃光（动物学家说，兔子是老鼠的亲戚），羊得感谢狼。

吃肉的不只是狼，

还有虎，所有大型的猫科动物。

食肉者有共识：彼此可以打架，但谁也吃不了谁，

要吃，全是吃草的胆小鬼。

牧人的记忆里，草原上还有虎。

斯基泰铜器，鄂尔多斯铜器，有个常见主题：

虎一跃而起，抱着高大动物的脖子乱啃。

如今怎么样？

虎，凶猛，独往独来，像“沙漠里的国王”，可怜。

它们只吃肉，

不肯纡尊降贵，像熊猫那样，没肉吃，就改吃竹子，

也不肯投诚，向家猫学习，加入驯化动物的行列。

所以，它们才

吃了上顿没下顿，时常挨饿：

逮机会，扑腾一阵儿，不敢没命追，稍不留神，就脑溢血；
没机会，得节省体力，经常睡大觉，好像绝食的犯人。
它们的择偶过于挑剔，生育力也极差。
杀了我一个，没有后来人。

狼，打不过虎，但比虎有团队精神，或曰社会性。
狼与人处处相通，难怪变成狗，
被人招安。
狗是人类最忠诚的奴隶，当贴身侍卫的奴隶。

狗的忠诚是发自本能，死心塌地，人比不了，
因而最受人类疼爱，
虽然人类也骂狗，还拿狗骂人。
没有变成狗的狼，
一怕饥饿，二怕猎人，
对月长啸，凄凉中夹着哀伤。

牛马，有力，但不是孔武有力。
因为吃草，他们缺乏攻击性。
它们的力，主要是用来耕田、拉车，或者被人骑。
它们也是人类的奴隶。

中国北方的牛是黄牛，南方的牛是水牛。
水牛北上，出现在河南的南端。
黄牛南下，到处有。
它们都是先卖苦力后卖肉，鞠躬尽瘁，死而后已。

季老（羡林），儿时没肉吃，有一回，村中杀牛，他娘舍不得吃，全都留给小季吃。他记忆中的牛肉，是拿尿煮，不然嚼不动。

睡虎地秦律早就规定，不准杀耕牛。要杀，准是老牛。

我在农村那阵儿，还是如此。

羊，不敌虎狼，但埋头吃草，满地都是美食，
蓝天白云，怡然自得。
草原上留下的是羊，牧人放的羊。
它们奉献的是血肉，而不是苦力。

草原上的牲口是马、牛、羊（还有骆驼），
农区也养，
除这三种，还有鸡、犬、豕，号称六畜。
汉族嘴馋，以猪为主，但吃羊、吃鸡也吃狗。
马不好吃，牛是耕畜，除了祭祀，早就禁杀。
牧区主要吃牛、羊。
内地也养羊，和猪一样，圈养，主要靠畜不靠牧。

北京，涮羊肉，过去，是赶活羊进北京（看钟阿城的小说）。
如今，河北圈养，数量惊人，赶羊不划算。
最好吃的羊是旱地的羊。
我听承志说。

《狼图腾》说，狼会围猎，是最好的战术家，
《孙子兵法》不如“狼子兵法”。
但草原上的战术有两种，一种是追击，一种是逃跑。
羊有羊的兵法：
羊都跑了，狼就得饿死，谁让它们不吃草。
狼再厉害，也不如人厉害。
最厉害的战术，还是猎人的战术。

人也要吃肉。
人和人的狗，

不让狼吃羊，
谁是终结者？

狼吃肉。

吃肉好。

贵族都是肉食者。

天下荒乱，百姓饿死，晋惠帝说“何不食肉糜”（《晋书·惠帝纪》），您别觉得可笑。

这是普遍真理，放之四海而皆准。

好吃的东西，谁不想吃？

应该吃，必须吃。

不吃，就是公开拒绝好东西，成心跟自己找别扭，自绝于人类主流的吃饭标准。

主流，不一定是多数，而是多数追随的少数。

穷人最恨肉食者，但绝不恨肉糜。

大家哭着闹着，都要吃肉糜。

要命的问题是，急等吃喝的地方没的吃，有好吃好喝的地方又不让去。

美国说，天下大乱，何不搞民主？

《狼图腾》说，我们要当狼，不当羊。

但草原上的狼，所剩无几，剩下的都是羊。

《狼图腾》说，我们要当狼，当就当海狼，
可是海上哪有狼？
我猜，
“草原上的狼”，是西人害怕的“黄祸”。
“海上的狼”，是欧美列强。
黄土的黄，黄草的黄，曾经也是流行色，
如今是什么？
有人杜撰了一个词，叫“蓝色的文明”。

六

韦格蒂乌斯的《兵法简述》[①]，是罗马衰落时期的兵书，年代相当我国的西晋、东晋、十六国。欧亚大陆的两端，同是蛮族入侵的大潮。

骑马民族像决堤的洪水，农业民族像拦水的堤坝。我们修了长城，罗马修了长城，都没有挡住这股潮。

长城是一道大墙。

罗马军团的战无不胜，是靠步兵方阵。

方阵也是墙，人肉做成的墙。

国歌说，“把我们的血肉筑成我们新的长城”。

公元 378 年，亚德里安堡之战，哥特骑兵重创罗马步兵，伏尸四万。

韦氏想重振罗马军团。

他说，罗马四面受敌，论人高马大，不如日耳曼；论人多势众，不如高卢、西班牙；论财大气粗、足智多谋，不如北非；论兵法娴熟、理论深刻，不如希腊。罗马昔日的辉煌，全靠募兵精良，吃苦耐劳有训练。

怎么选兵？

他有个说法，南方人，离太阳近，人很聪明，但血气不足，最怕白刃格斗；北方人，离太阳远，热衷厮杀。

北方人终于来了。

文明招来了野蛮，

就像腐肉招来了鹰鹫。

亚历山大帝国，罗马帝国，重心都在南欧。

欧洲，除东欧的一部分，属于欧亚草原的西端，北欧有不少森林，大陆的南部、西部和北部，环海，但内陆是以农业为主。

日耳曼人、凯尔特人、斯拉夫人南下，匈奴人东侵，全都分散在北欧和

① 弗拉维乌斯·韦格蒂乌斯·雷纳图斯《兵法简述》，袁坚译，北京：解放军出版社，2006 年第二版。

西欧，中欧和东欧，南方人管他们叫野蛮人。

他们的野蛮人，并不全是骑马民族，既有猎人、牧人和渔民，也有农人，农人是主要的居民。

欧洲的文明是农业文明。
他们吃肉，但肉、奶并不是主要食物，老百姓就更不用说了。
他们靠海的航海，但绝大多数都不是靠航海为生。
欧洲的现代海军，是起源于北欧海盗，
就是拿海说事，也只能叫海盗文明。
维京人以船载马，四处抄掠，
我到挪威，看过他们的船，尖底高帆。

真正的海洋民族是太平洋中的岛民。
真正的草原民族是匈奴、蒙古人。
真正吃肉的民族是爱斯基摩人。

七

物竞天择，弱肉强食，推广于社会，叫社会达尔文主义，
这在西方是禁忌。
但军事学上，谁也无法否认，
我们都是动物的学生。

古人说，含牙戴角之兽，见犯则校。
战争，是兽性大发。
研究兵法，
离不开动物学的眼光。

动物也有兵法。
苍蝇、蚊子，也是我们的老师。

现在读历史，时兴倒着读，反着读，倒霉看反面，什么都悔不当初：

统一不如分裂，革命不如不革命，孙中山不如北洋军阀，维新派不如守旧派，孔子是全世界人民的大救星，五四运动是洋学生受赤化影响……

干脆把皇上请回来得了。

但皇上绝无后。

20 世纪 80 年代的启蒙思潮，

我有一个说法，叫“服丧未尽的余哀”①。

很多事都像回光返照，“无可奈何花落去，似曾相识燕归来”。

就像过气的时装，又转回来了。

历史也是时尚。

达尔文的《物种起源》，本来是讲生物进化，但意义却远远超出生物学。在西方，它引发了宗教大地震，山呼海啸。

1895 年，严复把赫胥黎讲进化论的书（《进化论与伦理学》），用文言翻成中文，叫《天演论》，介绍到中国。它在当年的影响，今天难以想象，也是山呼海啸。

中国人的共鸣，是世纪危机感。

最近，登岳麓山，看黄兴、蔡锷的墓，别有一番滋味在心头。

> 独立寒秋，湘江北去，橘子洲头。
> 看万山红遍，层林尽染；
> 漫江碧透，百舸争流；
> 鹰击长空，鱼翔浅底，万类霜天竞自由。
> 问苍茫大地，谁主沉浮？

我从其中读出的是《天演论》。

---

① 李零《放虎归山》，沈阳：辽宁教育出版社，1996 年，14 页。

农业文明，以谷物为主食，军事上常取守势。

草原文明，以肉类为主食，军事上常取攻势。

这是狼羊之喻的主要根据。

欧洲文明比我们更有蛮风，吃肉也多一点，军事上更没得说，非常厉害。

他们是蒙元帝国之后最大的世界征服者。

想到他们，就想到狼。

人和动物不一样。

别的不说，吃法就不一样。

什么是文明的吃法？

狼也好，虎也好，都是屁股后头撵，贴近了，直接扑上去，照脖子就啃。

人，甭提多虚伪。

有人牵牛过堂下，将以衅钟鼓（用牛血祭钟鼓），齐宣王说，快把它放了吧，"吾不忍其觳觫"。

他的心太软，受不了牛无辜就死浑身哆嗦的可怜相，叫人换只羊（《孟子·梁惠王上》）。

人有一张管不住的嘴，什么都吃，

杂食，广谱。

保护动物，有亲疏远近。欧美人士带头，光保护鲸鱼、海豚和猫、狗，还有种群数量不足的野生动物，其他

照吃不误。

有人只吃鸡、鸭、鱼，不吃牛、羊、猪，

很不彻底。

苍蝇、蚊子、老鼠，

也没听说有谁保护。

佛教讲六道轮回，想到动物，就想到自己。

猪八戒的头一戒就是戒杀，包括杀动物。
和尚吃斋，比我们觉悟高，但也有绷不住的酒肉和尚，
素鸡、素鸭、素鱼，全素斋，嘴素心不素。
还是炼丹的道士彻底，干脆吃石头。

文明的意思，就是眼不见为净：
别牵着牛羊，在眼跟前转悠，拉远点！找别处下手。
杀牛宰羊，有屠夫，十八道程序，
煎炒烹炸，有厨师，又十八道程序，
端上来，就没人哆嗦了。
人有人的局限，克服不了。

历史为我们留记录，留下的是血流成河。
文学到处撒同情，撒下的泪水也流成了河。
逝者如斯夫，不舍昼夜！

哲学总是追问不休，但终极答案在哪里，找呀找呀找不着。
宗教说，我们有答案：或曰寂灭或曰死，或曰上帝或曰无，
全是空头支票。

答案就是没有答案。
战争并不例外。

2006 年 1 月 17 日写于北京蓝旗营寓所

附录一：关于碬、碫两字的再认识*

碬字和碫字都从石旁。其实，叚是碬的本字，段是碫的本字，原来就含有石旁。经典借叚为假，借段为锻，都是引申的用法。

《说文解字·又部》："叚，借也，阙。[illegible]，古文叚。[illegible]，谭长说叚如此。"①许慎是以叚为假。这个字，他只知道含有又，其他部分怎么分析，他说不清，所以用了一个"阙"字。

《说文解字·殳部》："段，椎物也，从殳耑省声。"这是以段为椯或锻字。②"椎物"指用槌（木制的锤子）捶捣某物或用锤（金属的锤子）锤锻某物。许慎说段字"从殳"，这是对的，但"耑省声"的说法却与古文字不合。③

其实，从古文字的写法看，这两个字的左半都是从石或省去口的石，也就是厂旁，右半都作以手持物状，只不过前者拿的是刀，后者拿的是锤（或槌）。

叚字和段字非常相似。特别是谭长说的叚字，与段字的小篆几乎完全一样（左半完全相同，区别只在右半的上部）。难怪古书中的这两个字常常混淆（例子不胜枚举）。前人说，这种混淆，唐以来很突出。其实叚、段混淆

---

* 编者按：本书第七讲所引《孙子》原文"如以（碫）〔碬〕投卵者，虚实是也"已据本篇考证修正为保留"碬"字。

① 叚字的古文写法，可参看徐在国《传抄古文字编》，北京：线装书局，288 页。注意：其中《汗简》4.52 和《集篆古文韵海》4.29 的第三、四种写法与古文字更接近。

② 《说文解字·木部》："椯，箠也。"则是用木槌捶捣，类似锻字。

③ 许慎是据谭长说的字体猜想，把这个字与椯字联系到一起。

并非从唐才开始。如《诗·大雅·公刘》“取厉(砺)取锻(碫)”，毛传：“锻，石也。”郑笺：“锻石，所以为锻质也。”毛氏、郑氏所谓当“锻质”用的“锻石”，其实相当碫字。碫是垫放锤锻物的石砧。砧亦作碪或礩，[①]这段话，古代有异文。《释文》：“厉，本又作砺。锻，本又作碫，丁乱反。《说文》云：‘碫，厉(砺)石。’《字林》大唤反。”《广雅·释器》也是以“砺”训“碫”。张揖、陆德明都把当砺石讲的碬写成碫，就是属于形近混用。其实，碬是砺石，碫是锻质，两者不能混为一谈。

今本《说文解字·石部》只有碬字，没有碫字。大徐本：“碬，厉(砺)石也，从石叚声。《春秋传》曰：‘郑公孙碬，字子石。’”小徐本略有不同，作：“碬，厉(砺)石也，从石段声。《春秋》曰：‘郑公孙碫，字子石。’”今《春秋》经传作“公孙段”。清代的《说文》四大家，段玉裁、桂馥、王筠、朱骏声，全都认为今本《说文》的碬字是碫字之误。

《孙子·势》：“如以碬投卵者，虚实是也。”清孙星衍《孙子十家注》认为《孙子》中的碬字是碫字之误。王念孙《广雅疏证》讲碫、砺二字的关系，引及此句，也说“各本讹作碬，今订正”。银雀山汉简《孙子兵法·势》，与今本“碬”对应，简本作“段(碫)”。整理者引清孙星衍说，认为今本“碬”是“碫”之误。[②] 过去，受这些说法影响，我曾把《孙子·势》中的“碬”字当成“碫”字的错字。[③]

现在看来，问题仍值得讨论。

第一，西周金文有叚字(图九七：1、2)和段字(图九七：3)。[④] 叚字的字形可以分析为从石从刀从又。它的刀旁有两种写法，一种写成两撇(后来隶变为コ)，一种写成三撇。写成三撇者，常被学者当成爪。其实这不是爪，而是刀旁的变形。战国文字的刀旁仍保留着这种写法(图九七：4—6)，有

① 礩亦作质。这是石质的藉垫物。如果是木质，则写成椹、櫍，如果是金属，则写成鑕。

② 银雀山汉墓竹简整理小组《银雀山汉墓竹简》〔壹〕，图版七页：简48；摹本10页：简48；释文10—11页。

③ 李零《〈孙子〉十三篇综合研究》，北京：中华书局，2006年，36—37页。

④ 叚字，见容庚《金文编》，北京：中华书局，1985年，207页：0493；段字，见同书，192页：0465。

些甚至繁化,写成刅字。[①] 叚字像以手持刀,磨于砺石上,和段字不同。段字的字形可以分析为从石从殳。古文字,殳旁和攴旁的不同点是,前者持棍,后者持椎(即槌或锤)。段字像持锤锻击于石砧上。

图九七

1、2: 西周金文:叚　　3:西周金文:段

4、5:战国文字:利　　6:战国文字:則

7—9:楚简:叚　　10:西汉文字:叚　　11—15:西汉文字:段

第二,上博楚简和清华大学出土楚简有“叚”字(图九七:7—9),写法也是从石从刀从又(或省又)。[②]

第三,秦汉时期的简牍,如睡虎地秦简、马王堆帛书、银雀山汉简、武威

① 刀旁的写法,参看:高明、涂白奎《古文字类编》(增订本),上册,101 页:利;103 页:则;105 页:制字。谭长说。

② 李守奎等编《上海博物馆藏战国楚竹书(一—五)》文字编,北京:作家出版社,2007 年,155 页:叚;李学勤主编《清华大学藏战国竹简》〔壹〕,上海:中西书局,2010 年,213 页:叚。

汉简，①叚字还是刀从又（图九七：10）。段字，有些与叚字略有差别（图九七：11、12），有些则无法区分（图九七：13－15）。② 银雀山汉简《孙子兵法·势》的段字从摹本（图九八）看的确接近于前一种写法的段字（图九七：11、12），③但我们不能排除，这也可能是形近混用。

上面，我们从古文字材料分析，叚（或碬）与段（或碫）都是石头，这是共同点，但两者有区别。叚是砺石（磨刀石），段是石砧（供捶、锻用的石砧），用途不一样。

图九八

《孙子·势》篇，“以碬投卵”也好，“以碫投卵”也好，差别不太大。它要强调的只是以石击卵，至于用什么石头，不重要，无论哪种石头，都无害于文义的理解。但《说文解字》的碫字不能这么说。它既然指砺石，恐怕还是以作碬更合适，不遑改为碫字。

总之，今本《说文解字》和《孙子兵法》中的碫字不一定是错字，稳妥起见，还是以保留原貌更合适。

2011年6月30日写于北京蓝旗营寓所

① 参看：陈振裕、刘信芳《睡虎地秦简文字编》，武汉：湖北人民出版社，1993年，25页：段；陈松长《马王堆简帛文字编》，北京：文物出版社，2001年，117页：叚，122页：段；骈宇骞《银雀山汉简文字编》，北京：文物出版社，2001年，102页：叚，106页：段；徐富昌《武威仪礼汉简文字编》，台北市：国家出版社，2006年，72页：段，210页：假。

② 段字与从身从殳的殷字也非常相像。图九七：11的段字，引自《银雀山汉简文字编》122页，就是把殷字写成了段字。

③ 《马王堆简帛文字编》117页叚字的第一例，写法同《银雀山汉简文字编》其实应释段，无论从字形和文例看，都应改隶于段字。

附录二:答徐勇先生*

徐勇先生:

谢谢你的书评！谢谢你的鼓励和批评。

我把刚刚出版的《唯一的规则》寄上,请查收。我敢肯定,这书也有错误。比如我把《史记·项羽本纪》错写成《史记·项羽世家》就是一例(18页),我在发行会上已检讨过。

其实,我是"老改犯",自己的东西,每次打开电脑都会改,不光为了改错,也是为了提高,更多的目的是追求表达的效果。我的脑子不是精密仪器,比起很多人,准确率实在不怎么高,每次看校,自己看,学生看,专业校对看,还是免不了出错。我根本不敢奢望你说的境界(岳飞达到的境界)。好在我的书还有再版的机会,每次加印都会做一些修改。

尊作指出的错误,我已请中华书局改正,刚好他们正准备重印。上次见面,我曾恳请你将所有错误列出,以便修改。后来,你寄我一封信,没说错在哪里,只说要写书评,我就耐心等,不想干扰你的批评。现在终于出来了,是中华书局徐卫东寄我。

尊作提出的几条意见,我都仔细核对过。我们是熟人,不妨交流一下,你看对不对:

(1)"孙子的经典化"一节,你说要"简明扼要",我很赞同,但我想解释

* 编者按:徐勇"试评《兵以诈立——我读〈孙子〉》",见《中国史研究动态》2009年9期。李零先生参考徐文意见,对本书文字有所修正。本篇是他给徐勇先生的信件。

一下。我写书，从不把读者分为专业和通俗两界。我的授课对象是中文系的本科生和研究生。经典化是我近年反复思考的问题，我写这节，只是想把《孙子》经典化的过程理清楚，而不是告诉读者要找哪几本书。参考书，我是放在后面讲。我写书，当然力求通俗，特别是近年来对学院程式化的学术有所反省之后，但这不是为通俗而通俗，更不是为了取悦媒体和大众（我早就谢绝电视和媒体的一切采访），他们想听什么我就讲什么。不然，我为什么还要抵制如火如荼的商战书呢？我认为的通俗是深入浅出，简单说，就是把通俗当顶楼而不是地基。

（2）120 页引《长短经》，是指你说的那段话上面的一段引文，不能说是错误。

（3）38 页讲《日本国见在书目》"前"字误衍，你说得很对。其实此处，年代也不准确，中华书局的徐俊先生向我指出，第二次印刷已改正。

（4）8 页讲《管子》，似无大误。古人不自著书，乃常识，但不能执此以断真伪或拒绝引用。古书依托名贤，自有思想史的意义。讲《管子》，不一定就不能讲管仲。《管子》依托管仲，这是齐国讲兵法的传统，《孙子》、《司马法》、《六韬》，无不尽然。我这段话，不是讲管仲写没写过兵书，而是讲《七略》有诸子论兵单行别出之例。《管子》论兵的几篇，就是其中之一（原在《兵书略》），班志省重，在今《管子》中。

（5）199 页引裘锡圭文，"江海"是"河海"之误，你说得很对。

（6）79 页引《商君书·境内》是《商君书·徕民》之误，也说得很对。

（7）104 页引《商君书·徕民》，"移民"是向西方，也很对。

另外，我在自序中说，"手中有书，心里不慌"，这话的下文不是"我的感觉一天一天好起来"，你用省略号连接，恐怕不妥。这话是在上文，原来是讲我对讲课的认识，如何一步步改进，从没人听到听众很多。我一共讲了三条。这只是第一条，下文其实是"我出了两本书：《〈孙子〉古本研究》（北京：北京大学出版社，1995 年）和《吴孙子发微》（北京：中华书局，1997 年）。这两本书，对有关研究做了全面清理，基础是有了。最近，中华书局把这两本书合在一起，稍加修订，取名为《〈孙子〉十三篇综合研究》（北京：中华书局，2006 年），进行再版，是本书的研究基础和辅助读物"，我的意思是说，空手讲课，难免心慌，有了书，有了文本研究做基础，才不会心慌。过去，我是拿那两本书做讲课的基础，和这本书无关。我不是说，出了这本书，我就扬扬得意。

书一出来，就不再属于自己。我的书当然是你的靶子，也是大家的靶子。

语云，人非圣贤，孰能无过，过而能改，善莫大焉。书都有错，无书不出错，只要是人就会出错，虽圣贤不能免，何况如我，既不聪明，也不细心。我只能追求少出错，错了有机会改。

重要的是改。

小错可以随书改，大错不能，只能另写附记作检讨。

研究错误，国外有专门的学问。人为什么会犯错误，原因很多，记忆力好不好，对想象力和推理的控制如何，是不是反复核对，还有健康状况、心理状况、疲劳程度和学术水平等等，都可能是致误之由。但我想，这跟畅不畅销不一定有直接联系（顺便说一下，我的书最多只到七八万，从未达到过两位数，此书只有 46000 本，还是印了好几次。在中华书局的书里实在算不上畅销）。比如我的记忆力就不强，思维也飘忽不定，常有牝牡骊黄不能辨的低级错误，年纪大了，对自己的记忆就更没信心，很多事，要马上写在本子上，以备查看。

这次重印，我又发现一些错误。我的其他书，也都有错，希望你能随时指出。

耑此申谢，并祝

春安！

李零顿首

2010 年 3 月 13 日